最新整理珍藏版 本书编委会主编

[学术顾问] 汤一介 文怀沙

中国书店

大清十二帝

二

清宫密档全揭秘 大清皇帝全纪实

皇帝是封建王朝政权和神权的象征，有着至高无上的权力。清朝作为专制主义中央集权发展的顶峰时期，其在位的十二位帝王上演了中国封建社会最后一幕历史大剧。

第三卷

一心向佛，遁入空门

—— 清世祖顺治皇帝爱新觉罗·福临

顺治一生大事记

崇德八年

1643年癸未明崇祯十六年正月，清太宗皇太极有病，命和硕亲王以下，副都统以上，诣堂子行礼。

八月，太宗坐逝于寝宫清宁宫，无疾而终。礼亲王代善及诸王文武群臣定议，拥立太宗第九子福临为嗣皇帝，以郑亲王济尔哈朗、睿亲王多尔衮辅政，明年改元顺治。福临于大政殿举行即位大典。

九月，葬太宗于盛京昭陵。

十月，上太宗尊谥为应天兴国弘德彰武宽温仁圣睿孝文皇帝，庙号太宗。

顺治元年

1644年正月，顺治帝御大政殿（笃恭殿）受贺，命礼亲王代善勿拜。郑亲王济尔哈朗谕部院各官，凡白事先启睿亲王，而自居其次。

二月，祔葬太妃博尔济吉特氏于福陵，改葬以罪赐死之妃富察氏于陵外。

三月，大学士希福等进删译《辽史》、《金史》、《元史》。李自成攻陷北京。明崇祯帝自缢。

四月，固山额真何洛会告肃亲王豪格悖妄罪，废为庶人。晋封多罗饶余贝勒阿巴泰为多罗饶余郡王。大学士范文程启睿亲王多尔衮往定中原，以大军南伐祭告太祖、太宗。

五月，多尔衮率大军抵达燕京，明文武诸臣士庶郊迎清军入城。多尔衮进入皇城，居火后余生的武英殿理事。明福王朱由崧即位于江南，改元弘光，以史可法为大学士，驻守扬州督师。

六月，多尔衮及诸王、贝勒、贝子、大臣等定议迁都燕京，遣辅国公屯齐喀、和托、固山额真何洛会前往盛京迎驾。

七月，考定历法，为时宪历。以迁都祭告上帝、陵庙。多尔衮谕令，因军事方殷，新补各官可暂服用明式衣冠。设故明长陵以下十四陵官吏。多尔衮致书史可法，劝其主削号归藩，史可法严词拒绝。始修乾清宫。

八月，顺治帝车驾到达广宁，给明十三陵陵户祭田，禁止樵牧。

九月，顺治帝车驾到达通州，多尔衮率诸王、贝勒、贝子、文武群臣于行宫朝见顺治帝。顺治帝自正阳门入宫。初定郊庙乐章。奉安太祖武皇帝、孝慈高皇后、太宗文皇帝神主于太庙。

十月，顺治帝亲诣南郊告祭天地，遣官告祭太庙、社稷。以睿亲王多尔衮功最高，命礼部建碑纪绩。上太宗尊谥，告祭郊庙、社稷。顺治帝御皇极门（后改称太和门），举行入关后的登极典礼，颁诏天下，大赦。

十一月，设满洲司业、助教，官员子孙有欲习国书、汉书者，并入国子监就读。罢明定陵守者，

顺治二年

1645年正月，命多罗饶余郡王阿巴泰为都统，代豪格征山东。以太宗第七女固伦公主下嫁内大臣鄂齐尔桑子喇玛思。

二月，始修《律例》。谕豫亲王多铎移师定江南，英亲王阿济格征讨李自成。

三月，始祀辽太祖、金太祖、世宗、明太祖于历代帝王庙，并定从祀大臣。

四月，豫亲王多铎师至扬州，谕南明史可法投降，史

可法拒降被杀，清兵对城内人民持续进行了十天大屠杀，史称"扬州十日"。

五月，命内三院大学士冯铨、洪承畴、李建泰、范文程、刚林、祁充格等纂修《明史》。

六月，再次强制推行剃发令，并命于十月在江南举行乡试，以笼络汉族士人。册封孔子为"大成至圣文宣先师"，多尔衮亲自谒拜孔子庙。

闰六月，李自成逃亡湖北九宫山，自缢而死。明唐王朱聿键在福州建隆武政权，鲁王朱以海在绍兴建鲁王监国政权。

七月，清兵进至嘉定，进行三次大屠杀，史称"嘉定三屠"。

十月，豫亲王多铎师还，顺治帝幸南苑迎劳之，加封和硕豫亲王多铎为和硕德豫亲王。

顺治三年

1646年正月，以肃亲王豪格为靖远大将军，率师西征四川。郑成功在福建沿海一带抗清。

三月，翻译完成《洪武宝训》。

十月，和硕德豫亲王多铎还师，上郊劳之。太和殿、中和殿修缮完成。

十一月，明唐王朱聿在广州建立绍兴政权。明桂王朱由榔在广东肇庆建永历政权。

十二月，位育宫修缮完成。郑成功在海上起兵抗清。

顺治四年

1647年三月，《大清律》成。停止圈地。

七月，加封和硕德豫亲王多铎为辅政叔德豫亲王。多尔衮罢郑亲王听政，只令豫亲王参与。顺治帝幸边外阅武。

十二月，定摄政王对皇帝停止行跪拜礼。是年，在京畿大规模圈地。

顺治五年

1648 年八月，许满汉官民互相嫁娶。

十一月，天于圜丘，以太祖武皇帝配享。追尊太祖以上四世为皇帝，并奉册宝于太庙。

顺治六年

1649 年正月，内三院官制。

三月，政和硕德豫亲王多铎薨，摄政王多尔衮师次居庸，还京临丧。

顺治七年

1650 年二月上太后谥为孝端正敬仁懿庄敏辅天协盛文皇后，合葬昭陵。

十二月初九日，摄政王多尔衮逝于喀喇城。顺治帝亲自祭奠于郊外，臣民为其服制。收摄政王信符，贮藏内库。尊摄政王为懋德修道广业定功安民立政诚敬义皇帝，庙号成宗。议英王阿济格罪。顺治帝亲政。

顺治八年

1651 年正月，顺治帝亲政，御太和殿。

顺治九年

1652 年三月，赐满洲、蒙古贡士麻勒吉，汉军及汉贡士邹忠倚等进士及第出身有差。

十二月顺治帝于南苑召见五世达赖喇嘛。每旗设宗学，凡未受封宗室之子十岁以上均可入学。

顺治十一年

1654 年二月，日于郊。始行耕耤礼。定每年仲春亥日行耕耤礼。

三月，三子玄烨（即康熙皇帝）生。

顺治十二年

1655年正月，修《顺治大训》。纂《资政要览》，顺治帝亲写序文。修建乾清宫、景仁宫、承乾宫、永寿宫，遣官告祭天地、太庙。

三月，颁布重视文教上谕。设日讲官。

四月，诏修《太祖圣训》。

五月，郑亲王济尔哈朗逝。辍朝七日。

六月，封博果铎为和硕庄亲王。命名宫禁为紫禁城，后山为景山，西苑南台为瀛台。命内十三衙门立铁牌，严禁内监干政。

顺治十三年

1656年闰五月，乾清宫、坤宁宫、交泰殿及景仁宫、永寿宫、承乾宫、钟粹宫、储秀宫、翊坤宫修缮完成。

七月，和硕襄亲王博穆博果尔逝。顺治帝开始移居乾清宫。

八月，承皇太后训示，编《内则衍义》书成，顺治帝亲写序言。

九月，追封和硕肃亲王豪格为和硕武肃亲王。谕礼部，晋内大臣鄂硕之女贤妃董鄂氏为皇贵妃。

十二月，册内大臣鄂硕女董鄂氏为皇贵妃，颁恩赦。加上皇太后尊号为昭圣慈康恭简安懿章庆皇太后。命礼部筹建奉先殿。准开玉牒馆纂修《玉牒》，每十年一开馆。每三年举行一次大阅礼。

顺治十四年

1657年正月，祈谷于上帝，以太祖武皇帝配享。谕令停止八旗举行乡会两试。

三月，奉太宗文皇帝配享圜丘及祈谷坛。以太祖武皇帝、太宗文皇帝配享方泽。以配享礼成，大赦天下。顺天、江南等地发生科场舞弊案。

四月，设置盛京奉天府。

十月，以开日讲祭告先师孔子于弘德殿。幸南苑。始行阅武。修孔子庙。昭事殿、奉先殿成。召见海会寺僧憨璞聪。

十一月，奉先殿修成，奉列朝帝后神位，定元旦、冬至、万寿、册封、月朔望，奉帝位于前殿，帝亲行礼。

十二月，以皇太后疾愈，赉旗兵，赈贫民。

顺治十五年

1658年正月，顺治帝亲试丁酉科顺天举人，考场设在太和门，以满兵监视。

五月，裁撤詹事府。

七月，改内三院大学士为殿阁大学士。设翰林院及掌院学士官。

九月，以内院大学士觉罗巴哈纳、金之俊为中和殿大学士，额色黑、成克巩为保和殿大学士，蒋赫德、刘正宗为文华殿大学士，洪承畴、傅以渐、胡世安为武英殿大学士，卫周祚为文渊阁大学士，李霨为东阁大学士。

顺治十六年

1659年二月，下令今秋举行会试。

五月，发内帑银三十万，以其半赈济云贵贫民，一半当作兵饷。九月，尊兴京祖陵为永陵。

十一月，顺治帝猎于近郊，先后次汤泉、三营屯。遣官祭祀明帝诸陵，并增陵户，加以修葺，禁止樵采。

十二月，定世职承袭例。

顺治十七年

1660年正月，京师文庙成。以御极十七年以来，天下未治，下诏，本年正月祭告天地、太庙、社稷，抒忱引责，自今而后，元旦、冬至、寿令节庆停止所上表章，并颁恩赦。

八月十九日，皇贵妃董鄂氏薨，辍朝五日，以宫女多人殉葬，丧礼逾制。二十一日，追封董鄂氏为皇后。

九月十日，火化董鄂妃。幸昌平，观故明诸陵。

十月，大觉禅师玉林琇劝阻顺治帝削发为僧。

顺治十八年

1661年正月初二日，顺治帝患痘，病危。召原任大学士麻勒吉、学士王熙起草遗诏。初七日，逝于养心殿。遗诏中对十八年的朝政进行检讨，指出十四项罪责。遗诏立第三子玄烨为太子，特命内大臣索尼、苏克萨哈、遏必隆、鳌拜四大臣辅政，辅佐年仅八岁的幼帝。初八日，遣官颁行遗诏于全国。初九日，玄烨即皇帝位。

二月，移顺治帝梓宫于景山寿皇殿。裁撤十三衙门。

三月，为顺治帝上尊谥"章皇帝"，庙号"世祖"。

四月，郑成功收复台湾。

六月，罢内阁，复内三院。

十一月康熙帝亲祀于圜丘。世祖章皇帝升祔太庙。

家庭成员

后妃

皇后

废皇后，科尔沁博尔济吉特氏。蒙古科尔沁部卓礼克图亲王吴克善之女，孝庄文皇后的侄女。初，摄政王多尔衮为帝纳聘。顺治八年正月，吴克善送女京师，八月立为皇后。十年八月，诏以册立三载，志意不协，废为静妃，改居侧宫。生卒年不详，葬地不详。

孝惠章皇后，科尔沁博尔济吉特氏，蒙古科尔沁部镇国公后封贝勒绰尔济之女，孝庄文皇后的侄孙女，废后的堂侄女。生于崇德六年（1641）辛巳十月初三日。顺治十一年，五月聘为妃，六月册为后。十五年正月顺治帝以太后生病时她奉侍不勤为由停其中宫笺表，三月遵太后旨恢复如初。其实是顺治帝因宠爱皇贵妃董鄂氏，欲再次废后以立董鄂氏为后，因太后旨事未成。康熙帝即位后，尊为母后皇太后；初上徽号曰仁宪皇太后；后屡加徽号，曰仁宪恪顺诚惠纯淑端禧皇太后。曾抚育康熙帝皇五子胤祺、皇九女即固伦温宪公主。康熙五十六年丁酉十二月薨，年七十七。葬孝陵之东，曰孝东陵。谥曰孝惠皇后；雍正、乾隆累加谥，曰孝惠仁宪端懿慈淑恭安纯德顺天翼圣章皇后。无子女。

孝康章皇后，佟佳氏。固山额真、赠少保、都统、一等承恩公佟图赖之女。生于崇德五年庚辰。顺治时入宫为妃。顺治十一年三月十八日（1654.5.4）于景仁宫生皇三子玄烨，是为康熙帝。康熙帝即位后尊为圣母皇太后；初上徽号曰慈和皇太后。康熙二年二月薨，年二十四，随葬孝陵，谥曰孝康皇后。雍正、乾隆累加谥，曰孝康慈和庄懿恭惠温穆端靖崇文育圣章皇后。后家佟氏，本汉军，后康熙帝命改佟佳氏，入满洲旗。后族抬旗自此始。有一个儿子，皇三子玄烨，即康熙帝。

孝献皇后，董鄂氏。满洲正白旗，内大臣后晋三等伯鄂硕之女，抚远大将军费扬古之姊。生于崇德四年（1639）。顺治十三年入宫，时年十八，宠冠后宫。八月立为贤妃，九月进皇贵妃。十四年十月初七生皇四子，三月殇，未命名，追封荣亲王。顺治十七年八月庚子八月十九日薨，年二十二。后随葬孝陵。死后顺治帝追封她为皇后，追赠今谥，曰孝献庄和至德宣仁温惠端敬皇后。世称董鄂妃。

侧妃

恭靖妃，浩齐特博尔济吉特氏，蒙古浩齐特部额尔德尼郡王博罗特之女。顺治时入宫为妃，康熙十二年十二月尊为皇考恭靖妃，二十八年四月初二日薨。

端顺妃，阿霸垓博尔济吉特氏，蒙古阿霸垓部一等台吉布达希布之女。顺治时入宫为妃，康熙十二年十二月尊为皇考端顺妃，四十八年六月二十六日薨。

淑惠妃，科尔沁博尔济吉特氏，蒙古科尔沁部镇国公后封贝勒绰尔济之女，孝惠章皇后之妹，孝庄文皇后的侄孙女。顺治十一年五月册为妃，康熙十二年十二月尊为皇考淑惠妃，五十二年十月三十日薨，年七十余。

宁悫妃，董鄂氏，长史喀济海之女，顺治时入宫为妃。顺治十年癸巳七月十七日丑时生皇二子福全，即裕宪亲王。康熙十二年十二月尊为皇考宁悫妃，三十三年甲戌六月二十一日薨。

悼妃，科尔沁博尔济吉特氏。蒙古科尔沁部和硕达尔汗亲王曼殊锡礼之女，是孝庄文皇后的侄女，为孝惠章皇后和淑惠妃的姑姑，废后的堂妹。因其年纪幼小，待年宫中，未行册封，即正式成为皇帝之妃。顺治十五年

（1658）三月初五薨，追封为悼妃。悼，悲伤也，亦作年幼者之称。

贞妃，董鄂氏，轻车都尉一等阿达哈哈番巴度之女，孝献皇后之族妹。顺治时入宫为妃，顺治十八年辛丑正月初七日以身殉世祖死，是顺治帝后妃中唯一殉葬者。康熙帝追封为皇考贞妃。

恪妃，石氏，吏部侍郎石申之女。初，世祖稽古制选汉官女备六宫，妃与焉，赐居永寿宫，冠服用汉式。她是顺治朝正妃中唯一的汉人妃子。康熙六年丁未十一月三十日薨，康熙帝追封为皇考恪妃。

庶妃

庶妃巴氏，也称笔什赫氏，即笔什赫额捏福晋。顺治八年十一月初一生皇长子钮钮，殇；十年十二月十三生皇三女，五岁殇；十一年十二月二十生皇五女，七岁殇。生卒年不详。她是为顺治帝生育子女最多者。

庶妃穆克图氏，也称塞母肯氏，即塞母肯额捏福晋。云骑尉伍喀女。顺治十七年十二月生皇八子永干，八岁殇。生卒年不详。

庶妃唐氏，即唐福晋。顺治十六年生皇六子奇授，七岁殇。生卒年不详。

庶妃钮氏，也称牛氏，即牛福晋。顺治十七年生皇七子隆禧，即纯靖亲王隆禧。生卒年不详。

庶妃陈氏，顺治九年三月十五生皇长女，两岁殇；顺治十四年十一月生皇五子常宁，后封恭亲王。生卒年不详。

庶妃杨氏。顺治十年十二月生皇二女，即和硕恭悫公主，下嫁瓜尔佳·讷尔杜。生卒年不详。

庶妃乌苏氏。顺治十一年十二月初二生皇四女，八岁殇。生卒年不详。

庶妃那拉氏。顺治十四年十月初六生皇六女，五岁殇。生卒年不详。

皇子

皇长子，爱新觉罗·牛钮（幼殇），母亲为庶妃巴氏。

皇次子，裕宪亲王爱新觉罗·福全，母为宁悫妃董鄂氏。康熙六年（1667），封裕亲王，参与议政。二十九年，任抚远大将军，征准噶尔部葛尔丹叛乱，在乌兰布通大获全胜。三十五年，从圣祖再征葛尔丹。康熙四十二年六月二十六日病卒，享年51岁，谥曰宪。

皇三子，圣祖仁皇帝爱新觉罗·玄烨，生于顺治十一年三月十八日，母为孝康章皇后佟佳氏。

皇四子，赐荣亲王（夭折），生于顺治十四年十月七日，母为孝献端静皇后董鄂氏，时为董鄂妃。

皇五子，恭亲王爱新觉罗·常宁，母为庶妃陈氏，生于顺治十四年（1657）十一月，康熙十年（1671）封为和硕恭亲王。康熙二十九年（1690），在康熙亲征葛尔丹的战争中，任安北大将军，率领右翼军出征。康熙四十二年（1703）六月初七日去世，享年四十七岁。

皇六子，爱新觉罗·奇绶（夭折），母为庶妃唐氏。顺治十六年（1659）十一月生，康熙四年（1665）十一月初六日殇，年七岁。

皇七子，纯靖亲王爱新觉罗·隆禧，母为庶妃钮氏，顺治十七年（1660）四月生，康熙十三年封为纯亲王。康熙十四年，分给佐领。康熙十八年七月隆禧患重病，圣祖皇帝亲临为其召太医。其后隆禧薨，享年二十岁。圣祖皇帝哀痛辍朝三日。谥曰：靖。

皇八子，爱新觉罗·永干（夭折），母为庶妃穆克图氏，顺治十七年（1660）十二月生，康熙六年（1667）十二月初二日殇，年八岁。

公主

皇长女（1652—1653），顺治九年三月十五生，母为庶妃陈氏，顺治十年十月殇。

皇二女，和硕恭悫长公主，母为庶妃杨氏。15岁时下嫁给瓜尔佳氏讷尔杜。

皇三女（1653—1658），顺治十年十二月十三生，母为庶妃巴氏，顺治十五年三月殇。

皇四女（1654—1661），顺治十一年十二月初二生，母为庶妃乌苏氏，顺治十八年三月殇。

皇五女（1654—1660），顺治十一年十二月二十生，母为庶妃王氏，顺治十七年十二月殇。

皇六女（1657—1661），顺治十四年十月初六生，母为庶妃那拉氏，顺治十八年二月殇。

养女一：和硕和顺公主，13岁时下嫁尚之隆，承泽亲王硕塞之二女，其母为纳喇氏。

养女二：和硕柔嘉公主，12岁时下嫁耿聚忠，安郡王岳乐之第二女。

养女三：固伦端敏公主，18岁时下嫁博尔济吉持氏班第，简亲王济度之第二女。

重要辅臣

多尔衮

介绍名片

爱新觉罗·多尔衮（1612—1650），努尔哈赤第十四子，皇太极之弟。其母为大妃乌拉纳喇氏，同母兄阿济格，弟多铎。清朝初期杰出的政治家和军事家，完成大清一统基业的关键人物。皇太极死后，顺治帝年仅六岁。他作为摄政王，实际上是当时中国的最高统治者，也是入关后清政权的真正缔造者和完成统一中国大业的杰出奠基人。

1626年封贝勒；1636年因战功封和硕睿亲王；1643年辅政，称摄政王；1644年指挥清军入关，清朝问鼎中原，先后封叔父摄政王、皇叔父摄政王、皇父摄政王；1650年去世后，先追尊为成宗义皇帝，后被顺治帝追论谋逆罪削爵；1778年乾隆帝为其平反，复睿亲王封号，评价其"定国开基，成一统之业，厥功最著"。

一生简历

多尔衮是努尔哈赤第十四子，明万历四十年（1612）十月二十五日降生在赫图阿拉，生母阿巴亥，姓乌拉纳喇氏。这时，努尔哈赤已不再是地位低微的小部落头领，而是统一了女真各部的"聪睿恭敬汗"，并且正在进一步发展统一事业，为建立清朝奠定基础。当多尔衮诞生未满百日，努尔哈赤就率大军进攻乌拉，最终灭亡了其妻阿巴亥的母国，多尔衮母子面临着被打入冷宫的危险。但是，由于努尔哈赤优待降顺者的政策，以及阿巴亥富于心计，善为周旋，使他们母子安然度过难关，随着时间的流逝，多尔衮也步入了台吉的行列。

公元 1616 年，努尔哈赤建立后金国，年号天命，两年后以"七大恨"告天，发动了对明朝的进攻，揭开了明清战争的序幕。在对明战争节节胜利中，后金内部的矛盾斗争也不断发生。天命五年（1620）九月，努尔哈赤宣布废黜大贝勒代善的太子名位，而"立阿敏台吉、莽古尔泰台吉、皇太极、德格类、岳托、济尔哈朗、阿济格阿哥、多铎、多尔衮为和硕额真"，共议国政。也就是说，从此时起，多尔衮以八龄幼童跻身于参预国政的和硕额真行列。这样一个改变后金政治格局的重大行动，是从当年三月努尔哈赤体弃滚代皇后富察氏开始的。当时虽然给大福晋富察氏头上加了四条罪状，但是都缺乏足够的根据，例如四大罪之一，便是代善与富察氏关系暧昧，实际上，是有人对他们进行陷害。

富察氏被休弃之后，取代她作为大福晋的正是多尔衮之母阿巴亥。这样，努尔哈赤爱屋及乌，多尔衮及其兄弟阿济格、多铎地位上升便在情理之中了。此外，代善由于处处计较而失去乃父的欢心，又听信后妻的谗言而虐待已子硕托，这就为觊觎其地位的人们带来了反对他的口实，造成了前面所说的其"太子"地位的被黜。这样，在努尔哈赤共治国政的制度下，多尔衮兄弟便第一次成为均衡力量的鼎足之一。

多尔衮此时还不是旗主贝勒，而仅与其弟多铎各领十五牛录，他毕竟还是一个未成年的孩子，政治地位不如阿济格，甚至不如多铎。在天命年间许多重大活动中，都不见多尔衮的踪影。天命元年（1616）正月初一的朝贺典礼中，可以亲自叩拜努尔哈赤的宗室显贵中，阿济格与多铎分列第六、第七位，而多尔衮则不允许参与其中。尽管如此，除四大贝勒和乃兄乃弟之外，多尔衮是领有牛录最多的主子，超过了德格类、济尔哈朗、阿巴泰等人，在当时来说，也算是颇有实力的一位台吉了。

但是，好景不长。努尔哈赤在天命十一年（1626）八月十一日去世，临终前曾召见爱妻乌拉氏阿巴亥，似乎要授以遗命。但众贝勒早就担心多尔衮三兄弟力量迅速壮大，便在拥戴皇太极继位为汗之后九个时辰，迫令阿巴亥自尽殉夫，声称是太祖的"遗命"。这时候，多尔衮三兄弟的处境最为艰难，他们既失去了政治依靠，又面临着兄弟们对其所领旗分的抢夺。

皇太极继位之后，虽未向他们开刀，但也通过三份效忠的誓词把他们的地位贬得很低，特别是皇太极在后来一系列加强皇权的行动中，更是处处压制他们两白旗的势力。连代善、阿敏和莽古尔泰三大贝勒都处处受挤，多尔衮兄弟又怎能幸免。但是，皇太极知道，若要削弱最威胁皇权的三大贝勒的权力，自己的实力还不够，还必须拉拢和扶植一些跟他无甚利害冲突的兄弟子侄，其中就有多尔衮。

天聪二年（1628）二月，十七岁的多尔衮随同皇太极进军蒙古察哈尔多罗特部，取得敖穆楞大捷。因其作战英勇有功，深得皇太极赏识，被赐以美号"墨尔根戴青"，意为聪明王。从此，聪慧多智、谋略过人的多尔衮，逐渐成为后金军的主要统帅之一，为他将来的进取开始奠定基础。

天聪二年（1628）三月，皇太极废黜了恃勇傲物的阿济格之旗主，以多尔衮继任固山贝勒。少年多尔衮在夹缝中求生存，开始显示出他善于韬晦的过人聪明。他一方面紧跟皇太极，博取他的欢心和信任，而绝不显示自己的勃勃野心；另一方面则在战场上显示出超人的勇气和才智，不断建树新的战功。

多尔衮几乎是每战必出征，而且每次都表现得无比英勇。由于多尔衮在军事、政治上已经成熟和值得信赖，在天聪五年皇太极设立六部时，命他掌吏部事，更全面地参与军政大事。

天聪三年（1629），皇太极率军攻明，多尔衮在汉儿庄、遵化、北京广渠门诸役中奋勇当先，斩获甚众，一年半后，他又参加了大凌河之役，攻克坚城的功劳也有他一份。天聪八年（1634），皇太极再度攻明，多尔衮三兄弟入龙门口，在山西掳掠，结果"宣大地方，禾稼践伤无余，各处屋舍尽焚，取台堡、杀人民更多、俘获生畜无数"。

当然，使他声名鹊起的是征服朝鲜和攻击蒙古察哈尔部之役。朝鲜和察哈尔被皇太极视为明朝的左膀右臂，是后金攻明的后顾之忧。天聪六年（1632）皇太极虽大败察哈尔部，林丹汗走死青海大草滩，但其残部仍散布在长城内外，于是天聪九年（1635），皇太极便命多尔衮率军肃清残敌。结果他首遇林丹汗之妻囊囊太后及琐诺木台吉来降，又趁大雾包围林丹汗之子额哲所部，使人劝其归顺，双方盟誓而回。这一次出征，多尔衮不费一刀一枪，出色地完成了皇太极的使命。更具重大意义的是，多尔衮从苏泰太后（林丹汗之妻）那儿得到了遗失二百余年的元朝传国玉玺，其玺"交龙为纽，光气焕烂"，后金得之，使皇太极获得称帝根据及招揽人心的工具。果然，皇太极闻讯大喜，亲率王公大臣及众福晋等出沈阳迎接凯旋之师，对多尔衮等亦大加褒奖。

皇太极亲征朝鲜，多尔衮也在行伍之中。他率军进攻朝鲜王子、王妃及众大臣所居之江华岛，一方面竭力劝降，一方面"戢其军兵，无得杀戮"。对投降的朝鲜国王"嫔宫以下，颇极礼待"。这使朝鲜君臣放弃继续抵抗，减少了双方的杀戮。

中华藏书

第三卷 一心向佛，遁入空门

中国书店

五四三

这两役之后，战局顿时改观，皇太极除去了后顾之忧，便可全力对付明朝。他在天聪十年（1636）改国号为清，年号崇德，南面称帝，与明朝已处在对等的地位。多尔衮在这两大战役中所立的战功，也使他的地位继续上升。正月初一新年庆贺大典时，多尔衮首率诸贝勒向皇太极行礼，这与十二年前的情形相比，可谓天壤之别。当年四月皇太极称帝，论功行封，多尔衮被封为和硕睿亲王，已列六王之第三位，其时年仅二十四岁。

在此之后，多尔衮几次率师攻明，均获辉煌战绩。崇德三年（1638）他被授予"奉命大将军"，统率大军破墙子岭而入，于巨鹿大败明军，杀死明统帅卢象升。然后兵分两路，攻打山东、山西，多尔衮所部共取城三十六座，降六座，败敌十七阵，俘获人畜二十五万七千多，还活捉明朝一亲王、一郡王，杀五郡王等，给明朝以沉重打击。班师之后，多尔衮得到了马五匹、银二万两的赏赐。崇德五年到六年，多尔衮又以松锦决战主将的身份走上战场。起初，他由于违背皇太极的部署，私遣军士探家而遭到急于破城的皇太极的责罚，但他仍以郡王的身份继续留在军中，一方面屡次上奏提出作战方略，一方面率领四旗的护军在锦州到塔山的大路上截杀，并在攻破松山后率军围困锦州，迫使明守将祖大寿率部至多尔衮军前投降。松锦之战后，明朝关外只剩下宁远孤城，清军入关已是早晚的问题。

然而，多尔衮并不是一介武夫，这点连皇太极也看得很清楚，因此，在更定官制时，便把六部之首的吏部交给他统摄。根据他的举荐，皇太极将希福、范文程、鲍承先、刚林等文臣分别升迁，利用他们的才智治国。根据他的建议，皇太极又对政府机构作了重大改革，确定了八衙官制。此外，文臣武将的袭承升降、甚至管理各部的王公贵胄也要经他之手任命。在统辖六部的过程中，多尔衮锻炼了自己的行政管理能力，为他后来的摄政准备了条件。

更需注意的是，多尔衮一直秉承其兄皇太极意旨，对加强中央集权发挥了重大作用。崇德元年和二年，皇太极两度打击岳讬，意在压制其父代善正红旗的势力，多尔衮等人揣摩帝意，故意加重议罪。崇德三年遣人捉拿叛逃之新满洲，代善略有不平，便被多尔衮抓住大做文章，上报皇太极，欲加罪罚。这些举动，正合皇太极心意，他一方面对忠君的兄弟表示赞赏，另一方面又减轻被议者的处罚，以冀感恩于他。多尔衮通过这一打一拉，稳固了自己的独尊地位。

在清军入关前，多尔衮追随皇太极南征北战，为清朝统一东北及蒙古各部做出了成绩，其地位已跃居诸王之上。但是，皇太极并没有料到，多尔衮正利用皇帝的信任，逐渐削弱昔日曾打击他与母亲之人的势力，等待时机，觊觎权柄。

崇德八年（1643）八月初九日，皇太极暴疾而死。多尔衮虽然觊觎皇位，但毕竟是一位久经考验的政治家，他审时度势，未敢贸然行动。

平心而论，皇太极遗留下的空位，只有三个人具备继承的资格：代善、豪格、多尔衮。但实际上竞争最激烈的是后两人。就这两人来说，豪格居长子地位，实力略强，这不仅因为他据有三旗，而且由于代善和济尔哈朗已经感到多尔衮的咄咄逼人，从而准备投豪格的票了。果然，皇太极死后不久，双方就开始积极活动，进而由幕后转为公开。

两黄旗大臣图尔格、索尼、图赖、锡翰等议立豪格，密谋良久，并找到济尔哈朗，谋求他的支持。而两白旗的阿济格和多铎也找到多尔衮，表示支持他即位，并告诉他不用害怕两黄旗大臣。双方活动频繁，气氛日益紧张，首先提出立豪格的图尔格下令其亲兵弓上弦、刀出鞘，护住家门，以防万一。

是年八月十四日，诸王大臣在崇政殿集会，讨论皇位继承问题。这个问题是否能和平解决，直接关系到八旗的安危和清皇朝的未来。两黄旗大臣已经迫不及待，他们一方面派人剑拔弩张，包围了崇政殿；另一方面手扶剑柄，闯入大殿，率先倡言立皇子，但被多尔衮以不合规矩喝退。这时，阿济格和多铎接着出来劝多尔衮即位，但多尔衮观察形势，没有立即答应。多铎转而又提代善为候选人，代善则以"年老体衰"为由力辞，既提出多尔衮，又提出豪格，意见模棱两可。豪格见自己不能顺利被通过，便以退席相威胁。两黄旗大臣也纷纷离座，按剑向前，表示："如若不立皇帝之子，我们宁可死，从先帝于地下！"代善见有火并之势，连忙退出，阿济格也随他而去。多尔衮见此情形，感到立自己为帝已不可能，迅速提出他的意见，主张立皇太极幼子福临为帝，他自己和济尔哈朗为左右辅政，待其年长后归政。这一建议，大出众人所料。立了皇子，两黄旗大臣的嘴就被堵上了，豪格心中不快，却又说不出口。多尔衮以退为进，自己让了一步，但作为辅政王，也是实际掌权者。济尔哈朗没想到还有利于自己，当然不会反对。代善只求大局安稳，个人本无争位之念，对此方案也不表示异议。这样，这个妥协方案就为各方所接受了，但由此而形成的新的政治格局却对今后数年乃至数十年的政局起着巨大影响。

多尔衮之所以选中福临为帝，一是由于他年甫六龄，易于控制，而排除了豪格，因而也排除了叶布舒、硕塞诸皇子；二是由于其母永福宫庄妃深得皇太极之宠，地位较高，选其子为帝更易为诸大臣所接受，甚至可以说是符合先帝的心愿。当然，麟趾宫贵妃的名号虽高于庄妃，但她的实际地位并不高，所以她才两岁的幼子博穆博果尔不可能被选中。同时，辅政王的人选也代表了各方势力的均衡。既然黄、白二旗是主要竞争对手，福临即位便已代表了两黄和正蓝旗的利益，多尔衮出任辅政王则是必然之事。但他一人上台恐怕也得不到对手的同意，所以便拉上济尔哈朗。在对方看来，这是抑制多尔衮的中间派，在多尔衮想来，此人又比较好对付。而对下层臣民而言，多尔衮和济尔哈朗是皇太极晚年最信任、最重用的人，许多政务都由他们二人带头处理，所以对他们出任摄政也并不感意外。

就这样，多尔衮妥善地处理了十分棘手的皇位争夺问题，自己也向权力的顶峰迈进了一步。随后，统治集团处理了反对这种新格局的艾度礼、硕讬、阿达礼、豪格及其下属，稳固了新的统治。多尔衮的这一方案，在客观上避免了八旗内乱，保存了实力，维护了上层统治集团的基本一致。当然，他这一提案，是自己争夺皇位不易得逞之后才提出来的，是在两黄旗大臣"佩剑向前"的逼人形势下提出的中策或下策，而并非是他一开始就高瞻远瞩、具有极广阔的胸襟。

崇德八年（1644）八月二十五日，六岁的福临即位，改明年为顺治元年。睿亲王多尔衮和郑亲王济尔哈朗共同辅政，继而称摄政王；"刑政拜除，大小国事，九王（多尔衮）专掌之"。济尔哈朗仅管"出兵等事"。

不论多尔衮主观上如何打算，他拥立福临这一行动，在客观上避免了满洲贵族的公开分裂和混战，并且争取了两黄旗一部分大臣，如固山额真谭泰、护军统领图赖、启心郎索尼，对他都表示了支持。这对下一步入关作战的协调一致，夺取全国政权，无疑是很重要的。

多尔衮辅政以后，到入关前，他采取了一系列措施来限制旗主、加强集权。

多尔衮在争得摄政王首位之后，即着手打击政敌豪格。顺治元年四月初一，原来支持豪格的固山额真何洛会，告发豪格有怨言，语侵多尔衮，图谋不轨。借此，多尔衮以"言词悖妄"、"罪过多端"为由，要置豪格于死地。只是由于福临涕泣不食，豪格才免去一死，但被罚银五千两，废为庶人。同时，以"附王为乱"的罪名，处死了豪格的心腹大臣俄莫克图、扬善、伊成格、罗硕等。

至此，在短短的八个月内，多尔衮便集大权于一身。多尔衮这一系列做法，虽是个人的争权活动，但客观上对清政权的进一步巩固却具有重要的意义，它使得清朝的军政大权得以集中，指挥得以统一。这构成了清兵入关的必要前提和可靠保证。

这时候，清廷已经意识到实现努尔哈赤和皇太极遗志的时机到了。四月初四日，即吴三桂刚刚叛归山海关之时，内院大学士范文程上书多尔衮，认为"如秦失其鹿，楚汉逐之，是我非与明朝争，实与流寇争也"。主张立即出兵进取中原。他提出，"战必胜，攻必取，贼不如我；顺民心，招百姓，我不如贼"，因此要一改以往的屠戮抢掠政策，"严禁军卒，秋毫无犯"。即不仅在战略上改变得城不守之策，要入主中原，在战术上也要招揽民心。多尔衮接受了范文程的建议，并在得到北京为农民军攻破的确报之后，"急聚兵马而行"，与农民军争夺天下！

四月初十日，"吴三桂移檄至京，近京一路尽传"。李自成此时方知事态的严重，于十三日亲率部队往山海关讨吴，但仍带有招降他的侥幸心理，行军速度亦颇迟缓，十九日前后才兵临关城之下。在此期间，吴三桂已派出使者向清军求援，使者于十五日便见到了多尔衮，向他递交了吴三桂的信函，表示如清兵支援，则"将裂土以酬"。还不是投降的意思。多尔衮知道这是一个千载难逢的机会，但他非常谨慎，一方面召集大臣谋士们商议，一方面派人回沈阳调兵，再一方面故意延缓进军速度，逼迫吴三桂以降清的条件就范。由于事态紧急，吴三桂只得答应多尔衮的要求，请清军尽快入关，因为二十一日清军还距关十里，而关内炮声隆隆，喊杀阵阵，农民军已经开始攻城了。

多尔衮非常了解吴三桂的窘境，因此长时间地作壁上观，在李自成即将攻下东西罗城和北翼城，吴三桂几次派人又亲自杀出重围向他求救的情况下，估计双方实力已大损，这才发兵进入山海关。在与农民军的决战中，他又使吴军首先上阵，在双方精疲力竭之际再令八旗军冲击，结果农民军战败，迅速退回北京。可以说，在山海关以西发生的这次著名战役前后，多尔衮充分利用了汉族内部的矛盾，挟制了吴三桂，使他不得不充当清军入主中原的马前卒。

山海关战役后，李自成慌忙退出北京，撤到山陕一带休整力量，以图再举。多尔衮则乘胜占领了北京，接受明朝遗老们的拥戴。从此，历史又翻开了新的一页。

清兵入关后，多尔衮继续采纳汉官范文程、洪承畴等人的建议，不失时机地采取了一系列笼络明朝士人的措施。这对清朝统一中国，有着很大的影响。

九月，福临入山海关，多尔衮率诸王群臣迎于通州。福临到北京后，马上封多尔衮为"叔父摄政王"，并为他"建碑纪绩"。多尔衮的同母兄阿济格、弟多铎也都升为亲

中華藏書

大清十二帝·最新整理珍藏版

中国书店

五五〇

王。济尔哈朗则仅被封为"信义辅政叔王"。至此，摄政王只此多尔衮一人。

十月一日，福临在北京"定鼎登基"，宣告"以绥中国"，"表正万邦"。从此，清王朝把统治中心从关外转移到了关内，在统一全国的道路上又前进了一步。

在不到一年里，多尔衮为清朝立下了两件大功：一是拥戴福临，巩固了新的统治秩序；二是山海关之战中运筹帷幄，击败了农民军，占领了北京城，开启了清王朝入主中原的历史。特别是他占领北京之后，严禁抢掠，停止剃发，为明崇祯帝朱由检发丧，博得了汉族士绅的好感，然后迎请顺治小皇帝赴京登基，很快稳定了占领区内的形势。这些功绩，在顺治元年开国大典上均得到表彰，不仅给他树碑立传，还赐他大量金银牲畜和衣物，并封他为叔父摄政王，确立了他不同于其他任何王公贵族的显赫地位。

李自成退入山陕之后，原明朝降官降将纷纷反水，但他在顺治元年（1644）六月仍积极准备反攻，坐镇平阳（今山西临汾），分兵三路北伐。另一支农民军在张献忠率领下已在成都建大西国，统一了全川，而多尔衮对此尚不了解。其他小规模的农民军则更是活动频繁，使近畿地区常常飞章告急。除此之外，残明势力已于五月中拥戴福王朱由崧为帝，定都于南京，改年号为弘光。虽然其政权君昏臣暗，但毕竟尚拥有中国南部的半壁富庶江山，兵多粮足，构成清朝统一中国的障碍。

在这种情况下，多尔衮提出的战略是：对农民军的主要力量坚决消灭，其中对地方小股起义、"土贼"则剿抚并用；而对南明政权则是"先礼后兵"。在此方针领导下，多尔衮先后派叶臣、石廷柱、巴哈纳、马国柱、吴惟华等进攻山西，十月攻陷太原，进而包围陕西。同时，多尔衮派出大量降清的明官对南明君臣招抚，并写信给南明阁臣史可法，提出"削号归藩，永绥福禄"。在南明派出左懋第使团来北京谈判过程中，他将其软禁起来，并不给予明确的答复。此时，清军已于九月占领山东，十月进据苏北，与史可法的军队沿河相峙。在这种形势下，多尔衮认为全面进攻农民军和南明政权的时机已经成熟，便于十月先后命阿济格和多铎率军出征，向农民军和南明福王政权发起了战略总攻。就当时双方力量对比而言，多尔衮过高地估计了自己的实力。由于他双管齐下，本来不多的兵力却分兵作战，兵分则势弱，容易被分别吃掉；况且此举很容易引起汉民族的同仇敌忾，使他们暂释前嫌，有可能携手作战。就在这年十月，大顺农民军二万余人进攻河南怀庆，获得大胜。败报传来，给多尔衮猛然敲了警钟。他立即令多铎暂停南下，由山东入河南，与北面的阿济格军对陕西形成前后夹击之势。历史的偶然性再一次救了多尔衮，使他得以在战略上改变两个拳头打人的方针，而集中优势兵力，各个击破。很快，多铎于十二月底破潼关，李自成放弃转移西安。多尔衮下令由阿济格追击农民军余部，而多铎则继续南下。至顺治二年（1645）二月，农民军连战失利，五月，李自成牺牲于湖北通山之九宫山。这时多铎军已克扬州，史可法殉难。接着，清军渡过长江，南京不战而克，朱由崧被俘，弘光政权灭亡。

　　这一连串的胜利不禁使多尔衮喜出望外，他以为天下就此平定，江山已归一统。五月底，他已对大学士们表示要重行剃发之制，六月初，正式向全国发布剃发令。这好像是一根导火索，一下子点燃了各地的抗清烽火。本来清军南下就打破了南明官绅"联清抗闯"的迷梦，鲁王政权、唐王政权已纷纷建立起来，这一下则更激化了民族矛盾，使各阶级各阶层的汉族人民纷纷起来抗争，其愤怒的情绪，如火山爆发，正如一首诗写道："满洲衣帽满洲头，满面威风满面羞。满眼干戈满眼泪，满腔忠愤满腔愁。"鲁王朱以海政权曾在十月给清军以重创，被时人评论为"真三十年来未有之事"。唐王朱聿键政权也颇想有所作为，在仙霞岭一线设防备战，但终因这两个政权的腐朽，内讧不断，而被清军各个击破。

此时，剩下的抗清力量的主体是李自成、张献忠农民军的余部和自发起义的广大人民。大顺农民军余部李过、高一功、郝摇旗等与南明何腾蛟、堵胤锡部联合抗清，在湖南等地连获大捷。张献忠牺牲后，大西农民军在李定国等人率领下，与永历政权联合，也接连掀起抗清高潮。其他如山东榆园军、山西吕梁山义军等亦在北方暴动，搞得多尔衮防不胜防。根据《清世祖实录》的不完全统计，从顺治二年七月起到五年七月止的三年中，关于反清斗争及清兵攻击农民军的记录就达一百二十条左右，而官书未载的小规模斗争更是不计其数。此外，还有明降将金声桓、李成栋、姜瓖等人各怀着不同的目的在江西、广东和山西宣告反清，也使多尔衮一时手忙脚乱。虽然各地起义由于各种各样的原因先后为清军镇压下去，但直到多尔衮离开人世，他也没能看到一个他所希望的"太平"天下。

在进行统一战争的同时，多尔衮也采取各种措施，力图使国家机器正常运转。

在政治体制上，他无法完全采用在关外时期的一套来治理如此庞大的国家，而是接受了明皇朝的现成制度，并且任用所有明朝的叛将降臣，因而十分得心应手。在中央机构中，仍以六部为最重要的国家权力机关，尚书皆由满人担任。到顺治五年，多尔衮于六部实行满汉分任制度，命陈名夏、谢启光等六汉人侍郎任汉尚书，但其地位要低于满尚书，金之俊对此曾表示不胜感慨，更不胜恐惧。多尔衮力图表现得比较开明，因此除原有的都察院之外，六科十三道也保留了下来，并一再鼓励官员犯颜直谏。

总的来说，中央机构虽承明制，但也保留了某些满族特有的制度。除满官权重这一点外，还引进了议政王大臣会议、理藩院等机构，其内院的权力比起明代的内阁要小得多，并对原明臣试图增大内院权力的努力加以压抑。地方机构有一些不同，由于新朝急需用人，所以普遍任用了降清的汉官。如多铎克南京后，把南下途中招降的明将吏三百七十二人分别任命各级职务。洪承畴总督江南军务后，也一次推荐旧官一百四十九名，这些都得到多尔衮的批准。多尔衮把明朝遗留下来的国家机器全盘继承下来，乃是为适应清朝以少数民族入主中原而施行的明智之举，但急于补缺，宽于任人，难免把明朝的弊习带到新王朝来。

改革中多尔衮最重视整饬吏治。明代胥吏之弊遗留入清，他曾批示："衙役害民，从来积弊。如果有巨奸，即加重治，严禁重蹈明朝故辙。"如发现吏部中有四名小吏，为害甚多，他批示道："三法司严审追拟，毋得徇纵。"府、州、县守一级，贪劣者亦不乏其人。如牛金星之子牛铨，降清后任黄州知府，他在任上贪污受贿，被人举劾。多尔衮批道："牛铨著革了职，并本内有名人员，该督抚按提问具奏，该部知道。"最贪酷的大员当属福建巡按周世科，其为非作歹，令人发指。被人参劾之后，多尔衮批示革职，并令督抚按审问定罪，最后将其就地斩首。此外，他还十分重视传统的京察大计，对各级官员严格考核。顺治七年正月，大计全国官员，对谢允复等八百一十六名官员分别加以革职、降调、致仕。

除整顿旧官之外，多尔衮还注意选用新人。他自称："别的聪明我不能，这知人一事，我也颇用功夫。"所以自入北京伊始，便多次下诏各地征聘"山泽遗贤"。此外，在顺治元年十月的登极诏书中，还规定了重开科举的制度，并于顺治三年、四年、六年举行了三次会试，共取进士一千一百人。首科之中，出了四位大学士、八位尚书、十五位侍郎、三位督抚，还有都察院副都御史、通政司使、大理寺卿、内院学士等六位高官，如傅以渐、魏裔介、魏象枢、李霨、冯溥等均出自是科。其他人也都充实到中央和地方的各级机构中，成为新朝统治的骨干力量。

由于明末清初动乱不安，社会经济十分凋敝，而要想使社会安定，非恢复和发展经济不可。清军入关甫一月，汉官宋权便提出："尽裁加派弊政以苏民生"。多尔衮便批示道："征输须循旧额，加派弊政速宜停止。"十天后便发布"大清国摄政王令旨"，向全国人民宣布取消明末加派。但从主观上说，清政府按万历年间则例征派赋税，免除了天启、崇祯时期的加派，而万历末年加派之辽饷通共五百二十万两照征如故；从客观上说，由于连年战争，经济支出庞大，所以一些"杂费"的征派逐年增加。百姓一听说开征便想方设法逃避。赋税征收不上来，无法支付军费，战争却始终不得结束，形成恶性循环。对这个问题，多尔衮费尽了心机，他在会试中两次以此为题，征求贡士们的意见，又两次召开中央各部门的联席会，讨论能否在不加派的前提下增加收入，减少不必要的支出。尽管其效果甚微，但用心还是好的。在多尔衮摄政期间，他还努力整顿赋役制度，实行招民垦荒的政策，但都不很成功。他在漕政和盐政上下了大功夫，试图增加国家财政收入，对总收入略有小补。总的来说，多尔衮的政策是最大限度地收取可能收取的财富，而又不致激起人民的进一步反抗，才勉强维持政府机器的运转。所以，清初统治者一直吃力地挣扎在财政泥沼之中，难以自拔。

然而，在导致清初经济迟迟不得恢复的因素中，还有圈地、投充、逃人三大恶政。

随着清皇朝定都北京，大量八旗官兵及其族属也进入关内，其生计便成了问题。多尔衮于顺治元年十二月下令清查无主荒地，建立八旗庄田。但实际上并非如此，而是见好田就圈，不管是有主还是无主。若是有主之田，表面上换拨给其他土地，但大多是不毛之地，无法耕种，甚至根本找不到所拨之地。

到顺治二年九月，由于关外兵民继续涌入，多尔衮下令继续扩大圈地，河北、山东、山西等地均深受其害，人民或流亡、或反抗，官员们也纷纷谏阻。与此同时，一些汉人被迫带地投入满洲贵族旗下，不致背井离乡，还有一些地痞无赖随意指称别人之地是为自己所有，携带投充，迫使土地原主也成为旗下之奴。顺治二年三月，多尔衮准许贫民投充，这无疑为满人通过各种方式增加自己的奴仆数量提供了借口。

圈地和投充的直接后果就是"逃人"问题的严重。土地被圈或被逼投充后成为旗下奴仆的汉族百姓，无法忍受残酷的压迫而纷纷逃亡。多尔衮在顺治三年五月时发现，"只此数月之间，逃人已几数万"。因此多次下令加重对逃人及有关人员的惩罚，即使因父子、夫妇、兄弟团聚而逃的也都得不到宽恕。但效果却适得其反，顺治六年时旗下奴婢"今俱逃尽，满洲官兵纷纷控奏"。由于清统治者把这些看成是维护国体和事关八旗特权，所以凡官员为这些事上疏参劾的，一律予以严惩，致使这些恶政扰害社会达数十年之久。

在民族关系和对外政策方面，多尔衮可以说是走出了成功的一步。他首先继承了乃父乃兄的政策，友好相待漠南蒙古。科尔沁、阿霸垓、扎鲁特、鄂尔多斯、郭尔罗斯、土默特、苏尼特、翁牛特、喀喇沁、敖汉、奈汉诸部曾入关协助清军作战，多尔衮对他们优劳有加，封赏甚丰，后来双方的封贡往还长期不断。

此外，双方首脑人物也时有来往，如科尔沁部卓礼克图亲王吴克善、郡王满朱习礼等贵戚前来，多尔衮等亲自迎送宴请。多尔衮因事出塞，也常与各部落王公贵族相会，从而双方的感情不断加深。顺治二年四月，皇太极第八女下嫁科尔沁部巴雅思护朗。同年十月和四年十二月，皇太极之二女及十一女先后下嫁阿布鼐和噶尔玛索讷木。四年八月，多尔衮自己也纳阿霸垓部落笃思噶尔济农之女为妃。这些都是传统的联姻政策的体现。多尔衮正是通过这种手段，维持了北方的稳定。

西藏和回疆也早与清廷建立了联系。统治西藏的和硕特顾实汗和达赖五世、班禅四世在顺治二、三年间上表入贡，多尔衮也遣使携礼物去慰问。顺治五年，多尔衮又派人敦请达赖喇嘛进京，加强双方的关系。对已经不占统治地位的西藏帕木竹巴家族的后代首领，多尔衮也没有轻视，亦赐号锡诰。另外，吐鲁番首领遣使入贡，多尔衮也表示欢迎，并同意对他们重新封爵。这样，在多尔衮摄政时期，清廷已与西藏和回疆的地方政权及宗教政权建立或是恢复了联系，为康熙、雍正、乾隆时期进一步确立在这些地区的统治奠定了基础。

清初与朝鲜的往来比较频繁。多尔衮入关之时，带着入质世子在军中，顺治二年又同意入质世子等回国。但是，他也曾多次令朝鲜贡米、水果等物，并令朝鲜为他选美女，搞得朝鲜王国人心惶惶。日本一直对清抱敌视态度，当时的德川幕府似乎有意支持南明。但在顺治元年发生的漂倭事件中，多尔衮却对那些日本人十分优待，又多次召见他们，"恳切地问话"，并在第二年送他们回国，向日本表示了友善的态度。西方传教士自明末以来就进入中国，但多尔衮并未以狭隘的民族偏见对待他们，这从他优待和信任汤若望的行动中可以明显看出。但对葡萄牙人入广东贸易的要求仍加以拒绝，这表现出多尔衮对少数为自己服务的外国人十分优宠，政策开明，而对有可能威胁清朝安全的较大规模双边交往则持保守态度。后来，其侄孙玄烨也采取类似的态度，不能不说受到多尔衮的一定影响。

随着权力的迅速增长，多尔衮个人的生活穷侈极欲日益发展。顺治二年时就曾想仿明制为己选宫女，后来还"于八旗选美女入伊府，并于新服喀尔喀部索取有夫之妇"。他曾逼朝鲜送公主来成婚，但发泄欲望之后，又嫌其不美，让朝鲜再选美女，搞得朝鲜国内鸡犬不宁。他又于顺治七年七月下令加派白银二百五十万两，在承德修建避暑之城，还亲临其地勘察，不料竟死在这里，工程才告停顿。

多尔衮身体一直欠佳，据他自己说，是在松山大战时劳神太多而种下的病根。而入关之后，他"机务日繁，疲于裁应，头昏目胀，体中时复不快"。他自己也知道患有"素婴风疾"，即脑血管病。顺治七年十二月初九日戌时，一代枭雄多尔衮病死在边外喀喇城。噩耗传到京城，福临下诏为他举行国丧，"中外丧仪，合依帝礼"。国丧之后，他被追尊为"懋德修道广业定功安民立政诚敬义皇帝"，庙号成宗。顺治八年正月十九日，又将多尔衮夫妇同祔于太庙，二十六日，福临正式颁诏，将尊多尔衮夫妇为义皇帝、义皇后之事并同祔庙享之事公诸于众，并开恩大赦。

但是，多尔衮死后不久，其政敌便纷纷出来翻案，揭发他的大逆之罪，首先审议了阿济格的罪，然后恢复两黄旗贵族的地位，提升两红旗的满达海、瓦克达、杰书、罗可铎等。白旗大臣苏克萨哈等见势头不对，也纷纷倒戈。在这种形势下，先兴罗什等五人狱，然后便正式宣布多尔衮罪状，追夺一切封典，毁墓掘尸。接着，当权者又接连处罚了刚林、巴哈纳、冷僧机、谭泰、拜尹图等。多尔衮多年培植的势力顷刻瓦解。

多尔衮死后两个月，突然从荣誉的顶峰跌落下来，完全是统治阶级内部矛盾斗争的结果。但是，多尔衮对于清王朝所立下的不世之功也绝不是政治对手们的几条欲加之罪所能掩盖的。顺治十二年正月，吏科副理事官彭长庚、一等子许尔安分别上疏，称颂多尔衮的功勋，几乎句句在理，但被济尔哈朗骂了个狗血喷头，流放宁古塔充军。迟至一百年后，乾隆帝当政时，发布诏令，正式为多尔衮翻案，下令为他修复坟茔，复其封号，"追谥曰忠，补入玉牒"。如此铁案又再度被翻了过来。到此时，有清一代对多尔衮的评价算有了定论。

多尔衮一生多妻无嗣。其正妻为蒙古科尔沁台吉吉桑阿尔寨之女，即敬孝忠恭正宫元妃。又有继福晋佟佳氏、扎尔莽博尔济吉特氏、科尔沁博尔济吉特氏、科尔沁博尔济吉特氏、朝鲜李氏，还有妾察哈尔公齐特氏、博尔济吉特氏、济尔莫特氏、朝鲜李氏，前后共有六妻四妾，仅生一女，名东莪，多尔衮倒台后给与信王多尼，以后命运不详。其养子多尔博是多铎之子，后归宗。乾隆帝为多尔衮恢复名誉后，仍以多尔博四世孙淳颖承袭睿亲王爵，一直传到民国初年。

纵观多尔衮的一生，他谋勇兼备，能重用汉族谋臣和将吏。统兵驭将，赏罚分明。善于把握战争全局，集中兵力，各个击破。尤其能掌握时机，一举挥军入关，是满族能统一中国的重要功臣之一。主要有六大功绩：第一迁都北京，保护故宫；第二攻占南京，统一中原；第三免除三饷，兴利除弊；第四和善蒙古，治理西藏；第五惩治贪污，整顿吏治；第六兴文崇教，亲善汉人。

但入关前后所犯下的群体屠杀、野蛮掠夺、强奸妇女等罪行，也是中国历史上的灾难。一般认为他有"六大弊政"：剃发、易服、圈地、侵占房舍、投充（抢掠汉人为奴隶）、逋逃（逃人法），延续时间最长的，是逃人法。顺治七年六月，广西巡抚郭肇基等人因为"擅带逃人五十三名"，被处死。顺治十年豪雨成灾，"直隶被水诸处，万民流离，扶老携幼，就食山东。但逃人法严，不敢收留，流民啼号转徙"。

索尼

介绍名片

赫舍里·索尼：（1600—1667 年，待考），满族，赫舍里·硕色之子；满洲正黄旗人。著名清朝辅政大臣，满族赫舍里氏先祖之一。清朝的开国功臣之一，一等公爵，也是由孝庄皇后指定，辅助康熙的四位辅政大臣之一。他的孙女赫舍里氏被封为康熙的皇后。康熙六年，索尼去世，谥号文忠，儿子索额图继承其职位和爵位。

一生简历

清太祖努尔哈赤的时候，因为赫舍里·索尼父子及赫舍里·硕色兄弟皆通晓国书（满语）及蒙、汉文字，特命赫舍里·硕色与赫舍里·希福一起在文馆做官，赐号"巴克什"。授赫舍里·索尼一等侍卫。从征界藩、栋鄂。

索尼出身于知识分子家庭，他的父亲以及后来成为大学士的叔父，都是饱读诗书，而且精通蒙、汉、满三种语言。所以当这个家庭所在的哈达部归顺努尔哈赤以后，索尼和父亲、叔父三人不但被提拔到了文馆理事，而且还被授予"巴克什"的称号。"巴克什"翻译过来就是"有文化的人"的意思。不过索尼可不是个书呆子，而像每个骁勇善战的游牧民族男人一样，索在沙场上也是好样的。

天聪元年（1627），赫舍里·索尼随从清太宗爱新觉罗·皇太极攻打锦州，侦敌宁远，并立下战功。

清太宗爱新觉罗·皇太极驾崩后，睿亲王爱新觉罗·多尔衮在三官庙，召见赫舍里·索尼议谈册立之事。当时索尼提议说："先帝有皇子在，一定要立其中之一。先帝也地下安心了。"索尼所说的皇子，指的就是皇太极的长子豪格。

索尼为什么这么拥戴豪格，那还得追溯到皇太极在世的时候。那是天聪三年，后金军队第一次突破长城防线，远袭明王朝的京师，其中豪格率领一支军队从广渠门攻打到北京城。

双方在广渠门打了六个时辰，豪格作战非常勇敢，他是皇太极的长子，在和袁崇焕的军队交战当中陷入重围，是索尼冲进去把他给救出来的。

索尼和豪格就这样成了生死之交，用今天的话来说，那就是一个战壕的，但是尽管索尼誓死拥立豪格，这位皇长子却在关键时刻假谦虚，说自己福小德薄，没资格继承皇位，想使个以退为进的战术，却不承想其他几个各自心怀鬼胎的王爷贝勒没人接茬儿，豪格一气之下拂袖而去，这下眼看咄咄逼人的多尔衮就要得势，一直守在外面的两黄旗大臣索尼不干了，和鳌拜带着剑就冲进去了，说我们这些人所衣所食都是由先帝提供的，如果你们要是再不立先帝之子的话，我们宁肯死于地下。当时多尔衮真被这位先帝的铁杆支持者给镇住了。多尔衮赶紧提出，立5岁的皇九子爱新觉罗·福临继承皇位，由他和郑亲王济尔哈朗担任辅政大臣。索尼也是个审时度势的聪明人，反正福临也是皇太极的儿子，他也就不再支持立豪格，一场一触即发的内讧就此平息。

顺治五年（1648），清明时节，担任摄政王的睿亲王爱新觉罗·多尔衮遣派赫舍里·索尼祭奠昭陵，贝子屯齐揭发赫舍里·索尼与图赖等密谋立肃亲王豪格为帝，罪应处死，最后减轻处罚，据清史稿记载："夺官，籍其家，即安置昭陵。"

顺治八年（1651），清世祖爱新觉罗·福临亲政，召令赫舍里·索尼回京，官复原职，累进一等伯世袭，擢内大臣，兼议政大臣、总管内务府。

当初为了拥立福临，保护幼主，索尼付出了巨大的代价。他的忠贞不贰，使得福临亲政以后立刻对他加以重用，不但让他重新回到工作岗位，还晋升一等伯，总管内务府。

顺治十八年（1661），清世祖驾崩，写有遗诏命赫舍里·索尼与苏克萨哈、遏必隆、鳌拜共同担任辅政大臣。赫舍里·索尼闻命，跪告诸王贝勒，请求共任国政，而诸王贝勒都说："大行皇帝（清世祖爱新觉罗·福临）十分了解你们四位大臣，委托给了你们国家重务，谁敢干预？"于是，赫舍里·索尼等大臣带着小皇帝爱新觉罗·玄烨在大行皇帝灵柩前宣誓。

清史稿上记载，他们说："先皇帝不以索尼、苏克萨哈、遏必隆、鳌拜等为庸劣，遗诏寄托，保翊冲主。索尼等誓协忠诚，共生死，辅佐政务。不私亲戚，不计怨仇，不听旁人及兄弟子侄教唆之言，不求无义之富贵，不私往来诸王贝勒等府受其馈遗，不结党羽，不受贿赂，惟以忠心仰报先皇帝大恩。若各为身谋，有违斯誓，上天惩罚，夺算凶诛。"然而这个誓言，四位辅政大臣最后谁也没有遵守到底。

1861年2月，8岁的玄烨，也就是康熙，继承王位，按照顺治的贵诏，命大臣索尼、苏克萨哈、遏必隆、鳌拜为辅臣，协助年幼的康熙处理朝政，时政进入了四大臣辅政的局面。

索尼作为四朝元老，在四大臣中年龄最大，威信最高，他能走到这一步，完全不是凭关系走后门，而是靠自己的真才实学，再加上死心塌地的忠诚换来的。

1665年，康熙帝到了该结婚的年龄，深谋远虑的孝庄皇太后为了给皇帝日后亲政铺平道路，决定拉拢索尼，借此分化四个辅政大臣的势力，于是从一大堆候选人当中选择了索尼的孙女赫舍里氏做皇后。这招果然奏效，这一举动把索尼激动得涕泗横流，那边呢，三个大臣一肚子意见。

四大辅臣之一的苏克萨哈就说，年庚不符，因为索尼的孙女比康熙大。那鳌拜当时和索尼是那么患难与共，两个人一块儿佩着剑冲进崇政殿，可在这个时候他居然说，索尼家乃满洲下人，因为（索尼所在的）哈达部是被努尔哈赤给灭的，所以他的家族在当时来讲是从被灭后归顺的奴仆当中给提拔出来的。遏必隆心里头也不满意，因为当时一块儿参选的还有他的女儿，遏必隆认为做皇后的应该是他的女儿。

孙女当了皇后，索尼家族等于一步登天，由一个大臣变成了显赫的皇亲国戚，这下好了，远的近的，认识不认识的都找上门来了，索尼家的底邸简直应付不过来。

康熙六年（1667）农历3月，赫舍里·索尼与苏克萨哈、遏必隆、鳌拜共同奏请请康熙帝亲政。康熙帝当时没有立即应允下来，而是下诏褒奖索尼忠心，加授一等公，与以前授的一等伯一起世袭，赫舍里·索尼却推辞不要。

康熙六年（1667）农历6月，赫舍里·索尼去世，谥号"文忠"，清康熙大帝赐祭葬有加礼。农历7月，康熙帝同意了赫舍里·索尼等大臣的奏章，圣上亲政。命索尼的长子噶布喇官担任侍卫内大臣，即孝诚仁皇后的父亲。

康熙十三年（1674），孝诚仁皇后驾崩，康熙帝授赫舍里·噶布喇为一等公，世袭。赫舍里·索尼的第二子赫舍里·索额图亦曾为大学士、辅政大臣。

苏克萨哈

介绍名片

苏克萨哈，清朝大臣。姓纳喇。满洲正白旗人。历官议政大臣，巴牙喇纛章京，领侍卫内大臣，加太子太保。顺治七年（1650），告摄政王多尔衮图谋不轨，多尔衮被追黜。后率军镇湖南，屡败刘文秀军于岳州、武昌、常德。康熙初年，受遗诏为辅政四大臣之一。与鳌拜不合，常不得志。康熙帝亲政后，被鳌拜及大学士班布尔善诬以不欲归政，列二十四罪，于康熙六年被杀。

一生简历

顺治十八年（1661）正月初七日，世祖福临谢世。已经出过痘的八岁的皇三子玄烨登极，改元康熙。世祖遗诏命上三旗内大臣索尼、苏克萨哈、遏必隆、鳌拜为辅臣，佐理政务。直至康熙八年（1669）五月，擒拿鳌拜，玄烨正式亲政，凡八年零五个月，史称"四辅政时期"。

清世祖死后，索尼等手奉诏，跪告诸王、贝勒等说："今主上遗诏，命我四人辅佐冲主。从来国务政务，惟宗室协理，索尼等皆异姓臣子，何能综理？今宜与诸王、贝勒等共任之。"诸王、贝勒答道："大行皇帝深知汝四大臣之心，故委以国家政务，诏旨甚明，谁敢干预，四大臣勿让。"于是，索尼、苏克萨哈、遏必隆、鳌拜等奏知皇太后（孝庄文皇后），宣誓就职于福临神位前。誓词曰：

兹者，先皇帝不以索尼、苏克萨哈、遏必隆、鳌拜等为庸劣，遗诏寄托，保翊冲主。索尼等誓协忠诚，共生死，辅佐政务，不私亲戚，不计怨仇，不听旁人及兄弟子侄教唆之言，不求无义之富贵，不私往来诸王、贝勒等府，受其馈遗，不结党羽，不受贿赂，惟以忠心，仰报先皇帝大恩。若复为身谋，有讳斯誓，上天殛罚，夺算凶诛。

从上述史事中可窥知，在宗室诸王、贝勒健在的情况下，四异姓臣荣膺辅政使命，索尼等缺乏足够的思想准备。考察清初的历史就会发觉，四异姓臣出任辅政决非偶然。这是清廷经过一场萧墙皇嗣之争后，孝庄文皇后汲取叔王摄政权力过大，对皇帝构成威胁，为了强化皇权，所采取的决断措施。

孝庄文皇后为何会相中索尼等四人呢？这同满洲八旗旗籍制度的变化有着密切的联系。努尔哈赤死后，八旗的旗制发生了重大的变革。皇太极做了一次重要的改旗，将自己领的两白旗同多尔衮三兄弟所属的两黄旗对换，亲领两黄旗。从此埋下八旗之间的矛盾根源。天聪九年（1635）十二月，皇太极治罪了莽古尔泰，兼并了正蓝旗，从此自领三旗。八旗的分治是巩固皇权的重要举措。多尔衮摄政，强化自将的正白旗，成为满洲八旗的精锐之师。福临治其罪后，又收缴正白旗，连同两黄旗构成了八旗的核心、体制最高贵的"上三旗"，成为国家军事力量的柱石。而"下五旗"则渐成诸王、贝勒的宗藩封地，逐步脱离了国家的军政和行政。上三旗与下五旗的分治，是清朝加强中央集权的产物。上三旗臣属自然成为皇帝治理国家的中坚力量，辅臣人选也必然出自上三旗，索尼为正黄旗，苏克萨哈系正白旗，遏必隆、鳌拜皆镶黄旗，并且，他们又都是典掌侍卫亲军的内大臣，"有军国重事，在禁中与满洲学士，尚书等杂议"。所以，他们四人中选，是预料之中的事。

其次，索尼等四人在拥戴福临及同多尔衮的抗争中，旗帜鲜明、态度坚定地站在孝庄文后那边，深得她的赏识。这亦是他们能出任辅臣的重要因素。在皇位继承上，立豪格有碍，索尼主张皇子"必立其一"，这使多尔衮预谋大位的企图受阻。多尔衮擅政，在与索尼"誓辅幼主"的六人中，谭泰、巩阿岱、锡翰均违背盟约，心归摄政王，遂逼鳌拜等悔弃前誓。"公（索尼）终不附睿亲王（多尔衮），于政事多以理争，王由是恶之"。以致索尼、鳌拜俱被问罪降革，又远发索尼于盛京。苏克萨哈原为多尔衮近侍，正白旗骨干之臣。多尔衮死后，未出三个月，他与詹岱、穆济伦首讦多尔衮私备"八补黄袍、大东珠、素珠、黑狐褂"，"阴谋篡逆"。[18] 苏克萨哈投靠了孝庄，立即被提拔为巴牙喇纛章京（汉名护军统领）。遏必隆、鳌拜屡建殊勋，鳌拜攻讦谭泰附睿亲王营私揽政诸状。此时对多尔衮的态度则成为孝庄考察官僚的试金石。福临亲政后，将索尼等官复其职，委以重任。索尼等更加感恩德德，仰报皇上。在孝庄圈定的四辅臣就职誓词上有"不私往来诸王、贝勒等府，受其馈遗，不结党羽"等语，对四大臣加以种种限制。这样，在中央就形成一个以孝庄文皇后为主，四位异姓大臣为辅的统治核心。《朝鲜王朝实录》记载："四辅臣担当国事，裁决庶务，入白太后（孝庄）。"任用异姓大臣掌权，迫使爱新觉罗宗室子孙不得干预朝政，保障皇权的稳定与持久。

辅政大臣与摄政王执政相比，更有利于幼主皇位的稳定。其一，两者政治地位差别大。摄政叔王皆为宗室近亲，皇帝叔伯长辈，又为一旗之主，军政地位极其特殊。例如，和硕睿亲王多尔衮是皇叔，正白旗主；和硕郑亲王济尔哈朗，努尔哈赤侄儿，镶蓝旗主，皆为"四小贝勒"之一。而辅政大臣，皆为异姓臣子，与皇上除君臣关系之外，八旗中尚有严格的主仆名分。由于叔王和辅臣同皇帝的关系不一样，叔王权势大，容易揽政，而辅政大臣会受到太皇太后和诸王的双层制约，不敢轻视太皇太后和幼主。

其二，两者权限各异。摄政即替君执政，代行皇权。摄政王能独自处理军国大政，并以皇帝的名义颁发谕旨，体现自己的意愿。辅政大臣职能仅为佐理政务，受皇太后的制约。四大臣不得擅自决定朝政，必须共同协商，呈请皇太后恩准，以皇帝谕旨或太后懿旨发布，很大程度上直接反映了太后和皇帝的旨意。总之，摄政诸王位高权重，极易排斥皇太后和幼主，而辅政大臣则可以维护皇权，有效地防止叔王干政。可见，四大臣辅政体制取代亲王摄政，这是孝庄文皇后的殚精毕智之举。

四辅臣之间相互关系如何？《清史稿·苏克萨哈传》作了概括："时索尼为四朝旧臣，遏必隆、鳌拜皆以公爵先苏克萨哈为内大臣，鳌拜尤功多，意气凌轹，人多惮之。苏克萨哈以额驸子入侍禁廷，承恩眷，班行亚索尼，与鳌拜有姻连，而论事辄龃龉，寖以成隙。"这段记载为分析四大臣在辅政中的纠纷及鳌拜的擅政专权提供了线索。

八年中，四辅臣间的争斗日益激化，主要是鳌拜与苏克萨哈为垒相抗，问题集中在镶黄旗与正白旗圈换土地上。康熙五年正月，鳌拜执意更换旗地，在社会上激起了轩然大波。苏克萨哈力阻，大学士、户部尚书苏纳海，直隶、山东、河南三省总督朱昌祚，巡抚王登联疏言不可为。鳌拜恼羞成怒，利用职权将苏纳海、朱昌祚、王登联下狱议罪。玄烨特召辅臣询问。鳌拜请将苏纳海等置重典，索尼、遏必隆不能争，独苏克萨哈缄默不语。玄烨故不允其请。而鳌拜却矫昭，将三人诛杀弃市。

资格最老的索尼平素也厌恶苏克萨哈，见鳌拜日益骄恣，与苏克萨哈不容，又年迈多病，对鳌拜所为向不阻止。遏必隆与鳌拜同旗结党，凡事皆附和。苏克萨哈威望尚浅，"心非鳌拜所为而不能力争"。在四辅臣的讧斗中，鲜明地形成两黄旗对一白旗，三比一的局面。这亦是鳌拜敢于背叛"誓词"，独揽朝政的重要缘由。苏克萨哈势孤力单，怏怏不快，康熙六年，乞请驻守先帝福临的孝陵。鳌拜借机罗织其二十四大罪状，拟将他与长子查克旦磔死，余下子孙处斩，籍没家产。玄烨洞见鳌拜等素怨苏克萨哈，积以成仇，而不准奏。鳌拜攘臂上前，强奏累日，再次矫旨，剪除苏克萨哈，为他全面擅权扫清道路。

鳌拜与苏克萨哈为儿女姻亲，他们之间这场殊死的较量，决非个人之间的恩怨，而是长期以来满洲八旗之间的抗争在新的形势下的暴露。多尔衮在位时，扶植两白旗，压制两黄旗。"于驻防沧州两白旗兵丁，则给饷不绝，于驻河间两黄旗兵丁，则屡请不发饷"。顺治五年，遏必隆兄子侍卫科普索"讦其与白旗诸王有隙"，设兵护门。同年三月，贝子屯齐等讦告两黄旗大臣谋立豪格，济尔哈朗"知尔不举"。诸种矛盾与冲突促使鳌拜当权后执意圈换旗地，压抑苏克萨哈，打击正白旗，抬高两黄旗的地位。这就是鳌拜与苏克萨哈长期争斗不已的实质，这也注定了苏克萨哈必死无疑的命运。于是，苏克萨哈被处以绞刑。其子孙数人及数名支持者被处斩。

遏必隆

介绍名片

遏必隆，钮祜禄氏，满洲镶黄旗人。清初大臣，清初五大臣额亦都第十六子，母为努尔哈赤第四女和硕公主穆库什。两个女儿均为康熙帝后妃，一是孝昭仁皇后，二是温僖贵妃。遏必隆第四子尹德亦为康熙、雍正时大臣。

一生简历

天聪八年，遏必隆袭一等昂邦章京，授侍卫，管牛录事。贝勒尼堪福晋钮祜禄氏，遏必隆兄图尔格女也，因无子，诈取仆妇女为己生。事发之后，遏必隆坐徇庇，夺世职。

崇德六年，遏必隆跟随皇太极进攻明朝，在松山建营，筑长围防守。明朝总兵曹变蛟率步骑突围，迭败之。夜三鼓，曹变蛟集溃卒突然袭击营房，遏必隆与内大臣锡翰等力战，殪十余人，曹变蛟负创走。论功，得优赉。

崇德七年，从饶馀贝勒阿巴泰等入长城，攻克蓟州；进兵山东，攻夏津，先登，拔之：予牛录章京世职。

顺治二年，跟随顺承郡王勒克德浑杀李自成侄子李锦于武昌，拔铁门关，进二等甲喇章京。五年，兄子侍卫科普索讦其与白旗诸王有隙，设兵护门，夺世职及佐领。顺治帝亲政，遏必隆讼冤，诏复职。科普索旋获罪，以所袭图尔格二等公爵令遏必隆并袭为一等公。寻授议政大臣，擢领侍卫内大臣，累加少傅兼太子太傅。

顺治十八年，遏必隆与索尼、鳌拜、苏克萨哈三人受遗诏为辅政大臣。

康熙六年，康熙帝亲政，加恩辅臣，特封一等公，以前所袭公爵授长子法喀，赐双眼花翎，加太师。屡乞罢辅政，四大臣当国，鳌拜独断专行，屡次矫旨诛戮大臣。遏必隆知其恶，保持缄默不加阻止，亦不劾奏。

康熙八年，康熙帝逮治鳌拜，并将遏必隆下狱。康亲王杰书谳上遏必隆罪十二，论死，康熙帝宥之，削去其太师之职，夺爵。

康熙九年，康熙帝念其为顾命大臣，而且是勋臣之子，命仍以公爵宿卫内廷。

康熙十二年，遏必隆疾笃，康熙帝车驾亲临慰问。及卒，赐祭葬，谥恪僖，御制碑文，勒石墓道。

康熙十七年，孝昭仁皇后逝世，遏必隆为皇后父，降旨推恩所生，敕立家庙，赐御书榜额。

康熙五十一年，康熙帝以遏必隆初袭额亦都世职，命其第四子尹德袭一等精奇尼哈番。

历史评价

顺治帝福临，是清朝入关后的第一位皇帝。他是皇太极的第九子，生于崇德三年（1638 年），崇德八年（1643 年）在沈阳即位，改元顺治，在位 18 年。卒于顺治十八年（1661 年），终年 24 岁，庙号"世祖"。

六岁的顺治意外即位后，由叔父多尔衮辅政。多尔衮在顺治年间摄政时间长达近 8 年，扮演了顺治朝举足轻重的角色。这个能够缔造大清江山入关伟业的大人物绝不是等闲之辈，他的政治手腕在权力的角逐中体现得淋漓尽致，使得顺治帝只是名义上的皇帝，在朝政大事上根本轮不到他说一句奏效的话。

顺治七年，多尔衮出塞射猎，死于塞外。14 岁的福临提前亲政，终于迎来了自己的出头之日。顺治帝天资聪颖，读书勤奋，他吸收汉文化的先进之处，审时度势，对成法祖制有所更张，且不顾满洲亲贵大臣的反对，倚重汉官。为了使新兴的统治基业长治久安，他以明之兴亡为借鉴，警惕宦官朋党为祸，重视整饬吏治，注意与民休息，取之有节。

和之前的两位帝王相比，顺治帝性格中少了几分英雄霸气，多了一丝少年柔情。与董鄂妃荡气回肠的爱情让他久久不能放下，转而消极厌世，遁入空门，终于匆匆走完了短暂的人生历程。他是清朝历史上唯一公开归依禅门的皇帝。

这就是一个真实的顺治，充满矛盾和复杂情结的顺治。他之所以被载入史册和铭记，是因为历史将他和灭亡明朝、清军入关、迁都北京、肇基清朝这些丰功伟绩联系在了一起。

顺治皇帝正传

中華藏書

大清十二帝·最新整理珍藏版

中国书店

第一章　幸运继位

一

崇德三年（1638 年）正月三十日夜，黑漆漆的天特别阴冷，盛京城内行人寂寥，四籁无声。虽然还在新春正月，年气未散，但因大清国皇帝新添爱子亡丧，臣民们自然也要知道些好歹，不可大肆欢颜了。

但是，一个新生儿的出生对这些禁忌是毫无理会的。晚 8 时左右，阵阵宏亮的婴儿的哭声，划破了沉寂的夜空，引起了盛京皇宫中一阵骚乱。有人掀开了永福宫厚厚的毡制门帘，压低嗓音向外传报："大喜！庄妃侧福晋生了个阿哥！"

这个阿哥是谁？他就是 6 年后入主中原，君临中国，做了 18 年大清皇上的顺治皇帝、清世祖福临。

大凡能做上皇帝的人，必是"真龙天子"，是天上的哪个星宿下凡。福临也不例外。大清实录中就载述了他至少三条皇权神授的依据：一、其母永福宫庄妃怀孕的时候，常有红光绕身，衣裾间好象有龙盘旋，侍女们最初皆大吃一惊，以为失火，赶到近前再看，火却不见了，似这样不止一次，人们都觉得特怪。福临诞生前夕，庄妃梦见一神人抱一孩子进室交给她，说："这是日后统一天下之主啊！"庄妃将孩子接过来放在膝上时，那个神仙说完就消失不见了。第二天，庄妃将这个异兆告诉太宗皇帝皇太极，皇太极说："这是很奇异的祥瑞，大概是子孙吉庆的征兆吧。"二、在福临诞生的时刻，宫闱里突有红光照耀，经久不散，香气弥漫了好几天；而顺治生时，头发也怪怪的：顶上有一缕头发耸然高起，与别的头发迥然不同。

福临的生母博尔济吉特氏，名布木布泰，是科尔沁贝勒寨桑的女儿，天命十年（1625 年）二月，由其兄吴克善护送，来到后金汗都赫图阿拉城，嫁给了当时尚称四贝勒的皇太极，那年她才 13 岁。

史载，福临天生聪明灵俐，志向高远，且长得"天日之表，龙凤之姿，仪范端凝"，一般的人，见到他心中不由地就会产生敬服之感。顺治从六岁的时候起，就特别爱看书，尤其是经史方面的书。曾说："父皇自幼就爱读书，我也要读书。"当时新满文已由达海、额尔德尼等创制通行。不少汉文典籍如《刑部会典》、《素书》、《三略》、《万宝全书》、《通鉴》、《六韬》、《孟子》、《三国志》、《大乘经》、《辽史》、《宋史》、《金史》、《元史》被译成满文。福临每当阅读这些书的时候，往往一目数行，不用老师讲授，便能触类旁通，悟出其中的一些道理。

福临不但喜文，而且爱武。很小的时候，已能骑马射箭了。崇德七年十二月，皇太极到叶赫出猎，行至中途因感不适，逗留在开库尔地方。这时诸王大臣劝皇上停止行猎，启驾回宫，可太宗因此行尚无所获，不愿空手而回，一时犹豫未决。就在进退两难的时候，随父出游的皇九子福临射中了一只狍子，算是给父皇挽回了一点颜面，太宗就此回銮了。那一年，福临才 5 岁。

太宗痛失爱子的伤痕随着岁月的流逝渐渐弥合了，聪颖夙慧的皇九子也逐渐开始赢得太宗的钟爱和属意了。

中華藏書

第三卷 一心向佛，遁入空门

二

清太宗一生子女众多，有案可稽者 25 人，其中有 11 个儿子，顺治帝福临是其第九子。

福临其他 10 兄弟情况大致如下：长兄豪格，明万历三十一年（1609 年）年生，母继妃乌拉纳拉氏。此人不但能文能武，而且早在太祖后金国时，就驰骋疆场，随其祖父开始了创业生涯。不久，因从征蒙古察哈尔、鄂尔多斯各部有功，封贝勒；天命十一年，同二伯代善统兵惩蒙古扎鲁特部，亲斩部酋鄂斋图；天聪二年，同伯叔济尔哈朗讨蒙固特塔布囊，收其部众。天聪年间，在后金进攻明朝的多次战役中，豪格均身先士卒，英勇奋战，屡立功绩。天聪六年六月，进爵为和硕贝勒。此时，豪格已参与议论军国政事。天聪九年，他同叔多尔衮收降察哈尔林丹汗子额哲，收元传国玉玺，立下大功，崇德元年四月，晋封肃亲王，掌户部事。崇德三年福临降生的时候，29 岁的豪格已经是大清国政治舞台上很有地位和影响的人物了。

福临之二兄洛格，亦继妃乌拉纳拉氏生，豪格同母弟，万历三十九年（1611 年）生，天命六年（1621 年）逝，只活了 11 岁。

福临之三兄格博会，元妃钮钴禄氏生，万历三十九年至天命二年在世，仅活了 7 岁。

四兄叶布舒，庶妃颜扎氏生，大福临 11 岁，顺治间封二等镇国将军，康熙八年，晋辅国公，二十九年卒。

五兄硕塞，母侧妃叶赫那拉氏，天聪二年生，太宗时，就已成长为一英勇敢战之武将。福临继位后，顺治元年十月，被封为多罗承泽郡王。以后西追李自成，南攻福王，下南京，北击苏尼特部，败喀尔喀土谢图汗、硕需汗兵，及征大同、抚姜镶等役，在在有功，八年，晋封和硕承泽亲王掌兵部、参与议政。十一年十一月，掌宗人府事。十二月卒。

六兄高塞，母庶妃那拉氏，崇德二年生，顺治间封辅国公，康熙八年晋镇国公，九年卒。

七兄常舒，母庶妃伊尔根觉罗氏，亦崇德二年生，初封三等镇国将军，康熙八年晋辅国公，康熙三十八年卒。

八兄即福临之姨关雎宫宸妃所生未命名子。

福临有二弟，大弟韬塞，母庶妃，氏族无考，生于崇德四年，顺治间封三等镇国将军，康熙八年，晋辅国将军，三十四年卒。

小弟博穆博果尔，是太宗最小的儿子，崇德六年生。其母是西宫麟趾宫大福晋贵妃博尔济吉特氏娜木种，太宗时地位远在福临生母次西宫庄妃之上。福临亲政后，封大贵妃为"皇考懿靖大贵妃"，顺治十二年，博穆博果尔被封为襄亲王，于顺治十三年突然去世。

三

崇德八年（1643 年）八月九日夜，清宁宫中突然在传来一声惊呼，紧接着便是一阵杂乱的脚步声和女人、孩子的号啕声，大清一国之主皇太极突然去世了！

皇太极的死来得太突然，生前未立太子，也未及留下任何有关继承人的遗言。在人们从忙乱和哀痛中清醒过来，如何确立王位继承人的问题便提到议程上来了。

论资格和实力，当时有权问鼎的有代善、阿济格、多尔衮、多铎和豪格。

代善是太祖第二子，皇太极之兄，是太祖时四大和硕贝勒之一，早年即参与军国大事，从太祖南征北战，屡立功绩，是太祖生前有意定立的继承人之一。皇太极继位后，又忠心翊戴，崇德二年，被封为和硕礼亲王，他一直

中華藏書

大清十二帝·最新整理珍藏版

中国书店

掌有两红旗，无论是从资望还是实力上都是竞争王位的强者。但是代善的性格一向宽厚，不爱争权夺势，此时他已年过花甲，更加暮气沉沉，无心于王位之争了。

阿济格、多尔衮、多铎三兄弟，都是大妃乌拉纳拉氏所生，大妃有宠于太祖努尔哈赤，太祖死后被逼生殉，相传即于汗位继承有关，说明太祖时三兄弟就有任继承人的可能。其中多尔衮尤其聪慧过人，才能出众，深得努尔哈赤喜爱，在他很小的时候，就让他掌管全旗，有临终嘱立多尔衮为汗，让代善摄政，待多尔衮长大归政之说。皇太极做了汗王皇帝后，对这个幼弟一直恩赏有加，封为和硕睿亲王，命掌吏部事。多尔衮则文韬武略，尽显才能，为后金、大清在关外的发展强大立下了许多战功，在处理军政大事方面则英明果断，被公认为宗室中的最强者。多尔衮兄弟握有两白旗的实力，加之历史上遗留问题舆论的影响，不仅两白旗，就是红旗、蓝旗和黄旗中有人对多尔衮继承皇位暗中支持。多尔衮兄弟自太祖去世，生母被逼殉死之后，顿失所恃。尽管皇太极对他们不薄，毕竟是寄人篱下，个中滋味难以言表。如今，皇太极死了，多尔衮要夺回本来属于自己的王位。

豪格，前面已有介绍，他是太宗长子，早在太祖时期就已崭露头角，天聪年间即以卓著战功奠定了一旗之主的领导地位。崇德元年，封和硕肃亲王，之后掌管户部事多年，积累了不少治国的经验，在崇德末年的山东和松锦大战中又立下了大功，这些都对他竞争皇位有利。皇太极统治后期，大清的封建化程度日深，兄终弟及的原始继承法已不太为人们所接受，父死子继则被认为理所当然。皇太极死时，除豪格外，诸子最大的不过十一二岁，且均为庶妃所生，又无甚功绩。在这种情况下，豪格自认继承皇位，舍我其谁，也就理所当然了。

于是，在皇太极死后短短数天里，为争夺皇位的一系列活动紧锣密鼓地展开了：

肃亲王豪格家，两黄旗大臣们聚集在这里，图尔格、索尼、图赖、锡翰、巩阿岱、鳌拜、谭泰、塔瞻八人积极倡议立豪格为君。经过一番谋划，豪格派人找握有镶蓝一旗实力的郑亲王济尔哈朗，争取这个倾向举足轻重的郑亲王的支持，对他说："两黄旗大臣已决定立肃亲王为君，当然还需和您商量一下。"济尔哈朗心中略有犹豫，没有马上表示同意。由于皇太极死前曾命他与多尔衮负责主管国务政事，他特别提醒使者：此事需与睿王商量一下，才好决定。

睿亲王多尔衮府中，阿济格、多铎心急如焚，他们齐齐地跪在多尔衮面前，切切地追问："你不答应继位，莫非是怕两黄旗大臣么？舅舅阿布泰和固山额真阿山都说了：两黄旗大臣中愿意皇子即位的不过是几个人，我们在两黄旗的亲戚都愿你继承皇位啊！"

多尔衮没有轻易答应，但已视而不见地听任阿济格、多铎到处煽动，调兵遣将了。

两白旗势力的蠢蠢欲动，引起了两黄旗大臣的警惕。图尔格因自己首先提议拥立豪格，怕两白旗恨而杀之，下令以所辖三牛录下的护军披挂甲胄，手持弓矢，在自己的家门严密守卫，以防万一。

崇德八年八月十四日，这是个决定大清国前途命运的关键日子，诸王大臣要齐集崇政殿公开议政，决定由谁来继承皇位了。

明争暗斗仍然在继续。

这一天天刚亮，多尔衮就匆匆赶到宫中三官庙，询问索尼对皇位继承人的意见，欲在会前摸清两黄旗大臣的最后态度。索尼回答得直言不讳："先帝有许多皇子在，肯定要拥立其中的一个，别的我就不知道了。"

多尔衮向会议处走去，只见两黄旗护军已弯弓搭箭，

中华藏书

大清十二帝·最新整理珍藏版

中国书房

将崇政殿团团包围！不一会儿，索尼、图赖、鳌拜等两黄旗大臣也手扶腰剑，气势汹汹地闯入殿中。多尔衮预感到他若欲登位称帝，无疑要遭到坚决反对，弄不好，就是箭拔弩张，一场格杀！

果然，会议一开始，索尼、鳌拜便挺身而出，倡立皇子；多尔衮针锋相对，以诸王尚未发言，大臣还没有说话的资格为由将二人斥退。

阿济格、多铎见状，马上出来劝多尔衮即位，多尔衮顾虑两黄旗大臣没有即刻答应。多铎急不可耐地说："如果你不同意，应该立我为帝，我的名字本来就是列入太祖遗诏里的！"多尔衮原想立己，未想立弟，于是一箭双雕，反驳多铎："太祖遗诏中也提到了肃亲王的名字，不只有你的名字！"意思是并不是太祖遗诏提到名字的就可继位，你与豪格均不能以此为条件。

多铎又提议："不必我，就立年长的，应该立礼亲王代善。"

谁知代善避之尚恐不及，怎肯掺乎其中？一直未作声的他忙开口道："睿亲王如答应即位，当然是国家的福份；不然的话，豪格是先帝的长子，应当继承大统；至于我，年老体衰，力难胜任。"

豪格目睹多尔衮兄弟的表演，十分气愤，深知自己得不到白旗大臣的支持，便睹气自嘲："我福小德薄，那能担当此任？"说罢悻悻离坐而去。豪格本想以此相胁，激发两黄旗大臣起事。果然，两黄旗大臣见主子离席，纷纷离坐，拔剑向前，齐声说："我们这些人，吃的是先皇的饭，穿的是先皇的衣，先帝的养育之恩比天大，比海深，如果不立先帝的儿子，我们宁可一死，跟随先帝！"

代善、阿济格见状相继离去，多铎沉默不语。殿中只剩下两黄旗大臣多尔衮、多铎、济尔哈朗三人。

多尔衮意识到，自立，两黄旗大臣必发兵变，恐怕还会保不住自己身家性命，决不能迎锋而上。但也绝不能立豪格为帝，因为那样将意味着自己再也不可能有操纵朝政之机。怎么办？"先帝有皇子在，必立其一！"两黄旗大臣的誓言突然给多尔衮以启迪：皇子！就立皇子！不过不是豪格，也不能立成年知事者。九皇子不是太宗西宫侧福晋之子么？他才6岁，什么都不懂，立他，我辅政，不，再拉住一个叔王的儿子，济尔哈朗共同辅政，他不是太祖嫡系，无力与我争权夺利。……于是一个不得已而求其次的最佳方案在多尔衮的脑海中形成了。多尔衮在冷战的静寂中缓缓开口道："诸位所言极是，既然肃亲王谦让退出，没有即位之意，就立先帝之子福临吧！不过他还年幼，最好由郑亲王和我左右辅政，共管八旗事务，待福临长大，当即归政。"

这种表态，实在大大出乎与会者的意料。两黄旗大臣无言以对：立的是皇子，两黄旗仍是天子自将之旗；豪格至此知道退席是弄巧成拙，但自己拒绝在先，如今要立的又是皇弟，有苦难言；代善惟怕火拼，立谁无可无不可的，如今立了皇子，由两王辅政，认为有理；济尔哈朗虽然同意拥立豪格，但尚未表态，立了皇九子，自己可做辅政王，自然没有异议。

一场狂烈的政治风暴就这样平息了。

一场恶性的撕杀格斗就这样避免了。

6岁的皇九子福临就这样阴差阳错地被扶上了皇帝的宝座。

崇德八年八月二十六日，新皇帝举行登极典礼。一大早，后宫就忙碌不停地准备了。清宁宫皇后、麟趾宫大贵妃、衍庆宫淑妃都聚在永福宫内，看小皇帝梳洗更衣，见福临穿上特制的皇帝朝服很是英俊威武，几天来一直沉浸在悲痛之中的后妃们脸上第一次露出了欣慰的笑容。

这天天很冷，小皇帝被众额娘送出宫门，一直等候在宫外的侍臣们连忙迎上来，一个侍臣手持一件貂皮披风，要给小皇帝披上，谁知小皇帝看了一眼，却不要穿。龙辇早已备好，一个侍臣将小皇帝抱入辇中，这时福临的奶娘象往常福临欲乘辇外出一样，想上辇与福临坐在一起，好照看他。小皇帝说话了："奶娘，今天这辆车可不是您应该坐的，您回吧，不用陪着我。"

众侍臣簇拥着龙辇出东掖门，到了笃恭殿，诸王、贝勒、大臣已齐集在殿前跪迎。小皇帝下龙辇，上御殿，被侍臣扶上金龙宝座。望着殿内外严肃的文武百官，小皇帝难免有点慌乱。他回头问身后侍臣："诸位伯父、叔父、兄长给我行礼，我是应该起身还礼呢？还是坐着接受呢？"侍臣说："您现在是皇帝，不应该还礼。"

于是，在赞礼官的主持下，朝贺大典开始了。和硕郑亲王济尔哈朗、和硕睿亲王多尔衮率领内外诸王、贝勒、贝子、公及文武群臣行三跪九叩头礼。接着是颁布新皇登极大赦的诏书，大意曰：我太祖武皇帝受天命开基创业，建立了伟大的功勋，太宗文皇帝继承祖业，盛德深仁，深谋远略，顺乎天意，对不服者以武功征服，对归顺者以文德怀柔，开拓疆土，兴大基业，使国势日益强盛。在位十七年，于崇德八年八月初九日仙逝。现今诸位伯父叔父兄长及文武群臣都认为国家不可长期无主事之人，认为我是父皇的儿子，应该继承皇位。于是于八月二十六日即皇帝位，定明年为顺治元年。我年龄还小，还要依赖诸位伯父、叔父、兄弟、大臣们共同扶助治理。为贺登极，特行大赦，所有应该大赦各款，开列如下：谋犯朝廷、逃亡叛道，蛊毒厌魅，窃盗祭天器皿及御用物品，子孙杀祖父母、父母，贩卖兄弟，妻妾状告丈夫，内乱杀人，聚党劫财等大恶，一向在不赦之列，今天全都赦除；其余一切死罪，像因禁在狱的陷匿逃人、偷盗及没有赎还的贪赃之罪等等也全行赦免。如果还有拿大赦前的事情来告状的，就将犯罪者的罪名加给他。对逃走或遗失的奴仆如经原来的主人确认，窝藏或收留者将人给还原主，亦免罪不问；彼此互相借贷的，准许照原协议偿还。以上条目布告中外，使众人皆晓。

宣读诏书时，笃恭殿里一片寂静，只有宣诏官洪亮而有节奏的声音在大殿内回响。小皇帝也不免正襟危坐，露出严肃的表情。

这份诏书，与清朝入关后的大赦诏书相比，无论从内容到语言都是再简单、通俗不过了，它没有什么雕琢和修饰，像焚毁宗庙陵寝宫殿、盗窃祭天及御用物品等，都客观而真实地反映了那个时期的社会现状和法律。当然，对小皇帝来说，有些内容还是似懂非懂。因为这是他的两个叔父会同议政王大臣们拟定的。

宣诏毕，内外诸王、贝勒、文武大臣再行三拜九叩头礼，登极仪式宣告结束。

退朝时，小皇帝站起身来，坚持让二伯父和硕礼亲王代善先行，直到看代善出宫而去，小皇帝才吩咐备辇回宫。诸王贝勒文武百官不免又是一番跪送。在回宫的路上，小皇帝诡秘地对侍臣说："你知道我刚才为什么不穿你捧给我的貂裘披风吗？那裘衣若是黄色里子，我自然就穿了，因为是红里子，所以我才不穿呢!"原来，大清制度，皇帝的衣服必须是黄色或杏黄色。小福临知道从今以后自己就是大清国的皇上了，不能再像一般孩童那样披红挂绿，尤其在正式的场合，更要特别注意自己的风度、仪表。

第二章　清军入关

一

山海关，古代称榆关，据说秦时的蒙恬北伐匈奴，植榆为塞，所以边塞多榆木，榆关之名便得于此。明代曹代萧有诗曰：

榆关十月马毛僵，手挽雕弓射白狼。

一阵雪花飘玉屑，西风犹趁马蹄忙。

好一派秋末冬初的优美景象。但古榆关并不完全是后来的山海关。古榆关在今抚宁附近，四周土地空旷，无险可据。明初魏国公徐达北伐残元势力，率军来到此处，见其东80里处"枕山襟海，实辽蓟咽喉"，非常险要，便把关城移到那里，成为万里长城东部的一个重要关隘，由于它倚山临海，所以人们把它重新命名为山海关，被誉为"两京锁钥无双地，万里长城第一关"。

此关系土筑砖包，城高约12米，厚7米，周长8华里多。整个城池与万里长城相连，以城为关，形成"锁关金锁接长城"之势。全城有4座主要城门，东称镇东门，西曰迎恩门，南为望洋门，北是威远门。东西二门外有延伸出去用以加强防御的城圈，分称东、西罗城。城的四周有护城河环绕，有吊桥横于河上。关东门外2里处为欢喜岭，威远城（俗名呜咽城）就筑在欢喜岭上，据说为明末吴三桂所筑。这座小小的城堡，遗址实测周方614米，如今只剩下断垣残壁，城内虽被辟为良田，但以吴三桂在此降清而闻名中外。

顺治元年四月十一日，多尔衮率领的清军到达辽河，闻报李自成的农民起义军已于上月十九日攻占北京，明崇祯皇帝自缢于煤山（今景山），明王朝已亡近一个月。这时的多尔衮感到进退两难，便征询熟知关内情况的明降将洪承畴的意见。洪承畴向多尔衮献策说："我兵之强，天下无敌，将帅同心，步伍整肃，流寇可一战而除，宇内可计日而定。如今宜选派先遣官宣布王令，说明此次出征，旨在扫除乱逆，期于灭贼，凡有抗拒者必加诛戮。而绝无屠杀无辜、焚烧房舍、掠夺财物之意。并布告各府州县，有开门归降者，官升一级，军民秋毫无犯，若抗拒不报者，城破之日，诛杀官吏，百姓仍予安全。有首倡内应立大功者，将破格封赏。……（流寇）今得京城，财足志骄，已无固志，一旦闻我军至，必焚其宫殿府库，遁而西行。……今宜计道里，限时日，辎重在后，精兵在前，出其不意，从蓟州、密云取捷径直逼京师，贼走则即行追剿，倘若仍据京城拒战于我，则伐之更易。"

洪承畴不愧为农民军的老对手，对李自成的情况了如指掌，他在形势剧变面前，提出了一套比较完整的进军方略，这就是以夺占北京为主要攻击目标，其目的是从农民军手中夺取胜利果实和统治权。为此，多尔衮受到极大鼓舞，立即决定直趋北京，寻农民军决战。二月，大顺军以排山倒海之势挥师东进，兵分三路连下诸城池，兵锋直指北京城。崇祯皇帝感到大明江山危在旦夕，于是"诏征天下兵勤王，命府部大臣各条战守事宜"。三月初四日，明廷封吴三桂为平西伯，随后命他火速领兵入卫北京。吴三桂十分狡诈，接到明廷诏命后，时刻关注着政局的变化，他率军民号称 50 万（实有精兵 3 至 4 万）西进，但行动缓慢。由宁远至山海关 200 里的路程，如果日夜兼程一天便可赶到，可是吴三桂整整走了 11 天，根本谈不上火速勤王。二十日，当他行至丰润，便犹豫不前，分兵驻守昌黎、乐亭、滦州、开平等地，自己袖手观望，侍机而动。二十八日，当吴三桂得知"京师陷，帝后殉难"的消息，深感自己夹在清军和农民军之间。要取得个人的权益，下一步棋该如何走：是归降农民军，还是投靠清军。他左右思忖，反复权衡，进退维谷。

这时的吴三桂对农民军和清军来说，都是举足轻重的关键人物，都想竭力争取。一是他占据京师的大门、军家必争之地山海关；二是他拥有一支 3 至 4 万人的精锐部队，战斗力颇强。在此关键时刻，如果归降农民军，便可阻止清军入关，从而可以巩固大顺政权；如果归清，清军便可不费什么气力，逾关长驱直入，进攻北京。早在他驻守宁远时，清廷就曾多次派人致书招抚，特别是亲舅祖大寿降清后，更是屡劝其降清，因为他的家小都在京师为质，一直不敢应诺，而是婉言拒绝。

李自成对吴三桂也非常关注，曾派说客携带大量金银财宝，前去招抚吴三桂等人。但事与愿违，吴三桂因家人被农民军赶出城，爱妾陈圆圆被抢占，声明坚决与李自成为敌。李自成也不甘示弱，决定亲自领兵出征吴三桂。

吴三桂预计李自成必将率军来战，因此有所准备。首先是向清军乞援，行借兵之计，立即修书一封，派副将杨坤、游击郭云龙等人为使臣，致书清军，请兵援助。另外对李自成行缓兵之计，尽收李自成劝降使臣送来的金银，散赐将士，表示愿意归降，放回使臣报书复命，用诈降手段欺骗李自成，争取时间，以待清兵来援。李自成虽然没有完全中计，但显然放慢了进军的速度，从北京到山海关 700 里路程，如果急行军三四天就可到达，但李自成却整整走了 8 天，贻误了战机。

四月十五日，多尔衮率领清军抵达翁后（今辽宁阜新境内），遇到吴三桂的使臣杨坤、郭云龙二人。杨坤呈上吴三桂的求援书信："三桂受国厚恩，欲兴师问罪，奈京东地小，兵力未集，特泣血求助。乞念亡国孤臣忠义之言，速选精兵，直入中协西协，三桂自率所部，合兵以抵都门，灭流寇于宫廷，示大义于中国，则我朝之报北朝者，岂惟财帛？将裂土以酬，不敢食言。"

多尔衮看到吴三桂的求援书，觉得是喜从天降，天赐良机。立即召见范文程等人商讨对策，认为吴三桂所谓"泣血求助"，是向清借兵而不是归降；要清军直入中协（即喜峰口、龙井关等地）、西协（即墙子岭、密云等处），却不许从山海关合兵进京，因此认为吴三桂对清存有戒心。但不管怎样，多尔衮想利用这个大好时机，迅速进关。为此，多尔衮改变了原先想取道内蒙古，由密云进攻北京的计划，而由义州南下，直趋山海关，迫使吴三桂投降，控制关镇战略要地。同时，派学士詹霸、来衮赴锦州召汉军带红衣大炮挺进山海关，又派其妻弟拜然与郭云龙去山海关探听虚实，留杨坤在清军营中做人质。

十六日，多尔衮率领清军向山海关挺进，并派使臣复书吴三桂，要吴三桂降清。信上说："我听说流寇攻陷京师，明主惨亡，不胜发指！于是率仁义之师，沉舟破釜，誓不返旆，期必灭贼，出民水火。及伯遣使致书，深为喜悦，遂统兵前进。夫伯思报主恩，与流贼不共戴天，诚忠臣之义也！伯虽向过辽东，与我为敌，今亦勿因前故，尚复怀疑。……今伯若率众来归，必封以故土，晋为藩王。一则国仇得报，一则身家可保，世世子孙，长享富贵，如山河之永也。"此书实际上是多尔衮对吴三桂的招降书，他想让吴三桂明明白白地归顺大清，无其它路可走。

吴三桂看到李自成大军逼近山海关，惊恐万分，他除了向多尔衮称降让步，请求火速救援外，还加紧准备抗拒农民军的进攻。

四月二十日，多尔衮大军到达连山驿（今锦西）。此时，李自成的农民军已经到达山海关城下。多尔衮收到吴三桂使臣郭云龙、孙文焕递交的第二封信。信上说："接王来书，知大军已至宁远，救民伐暴，扶弱除强，义声震天地。……三桂承王谕，即发精兵于山海以西要处，诱贼速来。今贼亲率党羽蚁聚永平一带，此乃自投陷井，而天意从可知矣。今三桂已悉简精锐，以图相机剿灭，幸王速整虎旅，直入山海，首尾夹攻，逆贼可擒，京东西可传檄而定也。又仁义之师，首重安民，所发檄文最为严切，更祈令大军秋毫无犯，则民心服而财土亦得，何事不成哉"，还说："贼兵已朝夕且急，愿如约，促兵以救"。多尔衮对来书中"愿如约"三字内容含意心领神会，说明吴三桂表示愿意降清。多尔衮从来信中还得知山海关军情紧急，如果被李自成农民军攻占，其后果将不堪设想。所以，立即传令全军，人不卸甲，马不离鞍，于是统领大军，置人马饥渴于不顾，一昼夜驰行200里，二十一日越过宁远，昏夜到达山海关东15里处，已隐约可闻关内炮声。

这天下午，多尔衮在山海关外15里处停止不前，静观关城的局势，这时得到吴三桂哨骑来报，说农民军已出边立营。当天晚上，多尔衮派军在一片石打败唐通，唐通率残部退入长城内。

二十二日晨，多尔衮率军来到离关城2里处的威远台（堡），高树战旗，令士卒休息待命，遣使往吴三桂营探视。吴三桂8次遣使，请求多尔衮速派大军援救，多尔衮对吴三桂的举动仍然是半信半疑，犹豫再三，没有出兵。吴三桂心急如焚，遂令城上的红衣大炮向东猛烈轰击，将攻城的农民军杀开一条血路，亲自带着绅衿吕鸿章，余一元等5人和200名亲军，突围出城，直奔清军大营。

多尔衮在大帐中接见了吴三桂，并迫使他投降。吴三桂在阶级和个人利益驱使下，向多尔衮剃发称臣，投降了清军。多尔衮在吴三桂就范后对他说："你们欲为故主复仇，大义可嘉，我领兵前来成全其美。过去我们兵戎相交是敌国，今天是一家人。我大清军进关若动人一株草，一粒谷，定以军法处死。你们告诉官民百姓，不要为此惊慌。"此时，突然接到探报，说北翼城部分吴军哗变，投降农民军。多尔衮立即命令吴三桂先行，清军随即赶到，并交待说："贵军与流贼都是汉人，不易识别，你可叫部下以白布系肩为号，免得误伤。"吴三桂率随员返回关城，加强城堡墩隘的防守，下令官兵剃发，一时来不及剃发的就用白布斜束项背，白布难以凑齐，就用裹脚布代替。

多尔衮兵分 3 路，命英郡王阿济格等率左翼人北水门，命豫郡王多铎等率右翼入南水门，各统精骑万余入关，自率中路人关中门，殿后指挥，入关的清军隐蔽在关城之下。多尔衮告诫众将说："我们过去曾三次围攻明都城，都不能攻破，李自成一举破之，由此可见其智勇必有大过人者。因此你们不得越伍躁进，此兵不可轻击，须各自努力，破敌才能大业可成。"他不肯先与李自成农民军轻战，所以命令吴三桂为前锋率先出战农民军，自己则再观吴三桂之诚伪，同时通过吴、李交战察看李自成农民军的强弱，待两军俱伤时突然发起攻击，以坐收渔人之利。

李自成虽然身经百战，作战经验丰富，但由于对吴三桂屡抱幻想，致使战机一失再失，加之谍报不灵，直到此时仍未察觉清军兵临城下，清吴联军即将对自己造成灭顶之灾。从交战开始，李自成、刘宗敏、宋献策等人一直在山海关西北的将军台（今余家坟附近）观察敌阵，他观察山海关的险要地势后，深知此关易守难攻，即想诱吴三桂出关城进行野战，尔后一举歼灭。因此他下令停止攻城，把 10 万大军自北山横亘至海，沿石河西岸一字摆开列阵，

中华藏书

第三卷 一心向佛，遁入空门

中国书房

作战时可以首尾相顾。

足智多谋的多尔衮看到李自成的布阵后，为避免同农民军对阵作战，决定采用集中强大优势兵力，发动出敌不意，突然袭击的闪击战术。他为了隐蔽自己的企图，不过早暴露清军参战，并保存八旗兵的实力，所以先命吴三桂率领部队打先锋，以吸引农民军主力来战。吴三桂在龙王庙和谭家颇罗地区同农民军接战，他心里十分明白，与农民军是你死我活，成败在此一举，加之有清军压阵，他信心倍增，趁风卷黄沙，对面不见人之时机，率所部突然出现在农民军阵前。作战十分勇猛。

这时，李自成带着明崇祯帝的太子朱慈烺等站在一个高岗上，立马观战，见吴三桂精锐四出，急令农民军包围吴军，一霎间，金鼓、呐喊之声传到百里之外，在农民军的层层包围之下，吴三桂率军左冲右突，拼命死战，但农民军数量上胜于吴军，战斗力也很强，因此前仆后继，步步紧逼。吴三桂军被围在核心，向左突围，便有农民军号旗向左指，使军队向左迎击；吴军向右冲击，号旗便向右挥，农民军又向右堵截，使吴三桂恰似瓮中之鳖，几无脱身之路，"阵数十交，围开复合"。吴三桂军陷于重围之中，多次突围都未取得成功。双方炮声如雷，矢集如雨，连续苦战大半天，直至下午时分，吴三桂已陷入全军被歼的危险境地，无法自拔。

就在这十分危急的时刻，多尔衮认为时机已到，便命令清军出击。于是清军三吹号角，呐喊三声，阿济格、多铎等统领两白旗计2万余骑兵，从吴三桂右翼蜂拥突入，真是万马奔腾不可止。清军参战后，战场形势发生了剧烈的变化，农民军遭到清军的突然攻击，反而处于清军和吴兵的包围与夹击之中。农民军不畏强暴，仍然奋勇拼杀，刘宗敏勇冠三军，横刀立马，领精锐骑兵挥刀迎击，一口气砍死四五个清军。吴三桂手下的军校有人认识刘宗敏，即刻大声呼叫："这是闯贼手下的大将刘宗敏，不可放他走了！"刘宗敏躲闪不及，连中两箭，栽下马来。刘宗敏的亲兵拼死相救，在乱军中把他挽上马背，冲出重围，向西撤退。由于农民军已与吴三桂军交战大半天，伤亡甚重，而且气力耗之殆尽。养精蓄锐的清军与吴三桂的联军见农民军主将受伤，便全力冲杀，越战越勇，只用了一顿饭的功夫，战场积尸相枕，弥满遍野，农民军及运粮夫被追逐到城东海口，多为斩杀，投水溺死者不计其数。当时李自成骑马按辔立于高岗之上，见白旗一军杀入，正准备麾后军参战，火速驰援。他身边有一僧人告知，"此非吴兵，必东兵（即清军）也，宜急避之"。李自成虽经南征北战，指挥过许多重大战役，可是此次却没有从整个战争全局考虑，自己策马先逃，大军溃乱。清军跟在农民军之后乘胜追击，直到 40 里外。可贵的是这支农民军的许多官兵，继续坚持作战，最后终因寡不敌众，在红花店为清军所败。

二十三日，李自成率残部退至永平，再次遣降官王则尧赴吴三桂营招降，吴三桂将王则尧送交多尔衮，被处斩。李自成得知后，便在永平范家店把吴三桂的父亲吴襄斩首示众，然后继续西撤，二十六日败回北京。

多尔衮以招降吴三桂，大败李自成农民军结束了山海关大战，取得了一个关键性的大胜利。此战的胜利，其意义深远，它不但为清王朝入主中原，实现皇太极乃至努尔哈赤的积年夙愿奠定了基础，而且对于多尔衮自己今后独尊摄政的地位是一次最有效的巩固，更重要的是，中国历史又一次翻开了新的篇章。

善于把握历史偶然机会的人往往能取得意外的成功，多尔衮在山海关之战中击败李自成农民军，是出于他意料之外的。多尔衮把握住了这个历史的偶然机会，其祖先"马上得天下"的征战格言和实践，真正让他变成了现实。

四月二十二日，当李自成败退后，多尔衮以吴三桂诚心归降和山海关之战的军功，封他为平西王，令山海关城内军民皆剃发以示归清，以马步兵一万隶属吴三桂，与多铎、阿济格一起率兵追击李自成农民军。吴三桂因为家父尚在李自成手中，妻妾家小仍在北京城内，感到凶多吉少，忧心如焚，于是坚决执行多尔衮的命令，充当了剿杀农民军的急先锋。出师之前，多尔衮明确表示，此次出师，旨在除暴安民，消灭农民军，以安定天下民心，并命令将士入关西征，勿杀无辜，勿掠财物，勿焚房舍，违令者军法从事。二十三日，吴三桂率师先行，沿途张贴告示，以收拢民心。

二十六日，吴三桂尾随李自成之后逼兵京都。刘宗敏、李过等连兵 18 营与吴三桂交战再次失利，刘宗敏再次负重伤。当时的北京人心浮动，谣言四起，外逃者不计其数。李自成连遭挫折，军心涣散，预计北京难守，因而决定回师晋、陕，以图东山再起。于是，大顺军怒杀吴三桂全家 38 人，将首级悬挂在城楼上示众。二十九日，李自成在武英殿举行称帝仪式，立妻高氏为皇后，牛金星代行郊天礼，同时出牌谕告百姓，速出城避清兵。入夜，农民军火烧宫殿，再烧 9 门城楼。三十日凌晨，李自成率大队人马仓促离开北京西撤。李自成从三月十九身着毡笠缥衣，乘乌驳马，雄纠纠气昂昂进住北京，至今天如此狼狈离去，前后只有 41 天，这一起一落，变化之大发人深省。

多尔衮率领清军，于二十四日抵达新河驿，尔后以破竹之势连下抚宁、昌黎、滦州、开平、玉田，沿途不断张贴安民告示，宣称让百姓各安其业，命令清军不许人城，离城 10 里远驻。各地士绅纷纷望风而降，分别扼守城池，反抗农民军，并对归降的知府州县加官进级。三十日，清军到达蓟县界，多尔衮未进城，直往县治南 20 里的罗公店宿营，得知农民军西撤，便急令大军追击。

　　五月初一日，多尔衮行至通州，吴三桂请护崇祯帝太子入京师，多尔衮不许，命其追击农民军。此时的北京，已重新成为地主阶级的天下，明廷的遗臣在城隍庙中设立了崇祯帝的灵牌，行礼哭灵，并初步恢复了统治秩序，准备恭迎吴三桂及大清军，以为他们奉还了崇祯太子，重新中兴大明王朝。熊熊燃烧的烈火渐渐熄灭，明王宫殿主要建筑都已半成灰烬。明遗官遗民们早已等候在朝阳门外，锦衣卫指挥骆养性准备好銮仪法驾，百官随卤簿齐集于朝阳门，迎接吴三桂奉太子回归。远处马蹄声声，尘埃阵阵，众人连忙跪伏在大道两侧，一些百姓烧香拱手，有人连声高呼万岁。可是当车马行到跟前，抬头仰视，才发现走在前面的既不是太子朱慈烺，也不是战将吴三桂，而是年龄尚未满 32 岁的清摄政王多尔衮，众人不禁惊骇愕然。善于随机应变的明遗臣猛然醒悟过来，立即笑脸相迎，请多尔衮乘明帝的辇车进城。多尔衮急忙推辞说："我自己是效法周公辅佐幼主，不该乘辇。"各官员则叩头再请说："周公曾经完全代管国家大政，您应该乘辇。"于是多尔衮不再推辞，爽朗地说："那么好吧，我如今来平定天下，自然应该听从众人的意见。"遂跨上了明朝皇帝的御用辇车，缓缓向前行驶。骆养性下令把卤簿向宫门陈设，排仪仗于前，奏乐，从长安门进皇宫。在此对天行三跪九叩头礼，再对沈阳方向行三跪九叩头礼，尔后再乘辇车直入武英殿，以金瓜、玉节等罗列于殿前。多尔衮下辇升座，接受故明大小官员及宦官七、八千人的朝拜，三呼万岁，震耳欲聋。此时的多尔衮心潮澎湃，俨然一个皇帝的样子，在汗逝母殉、孤儿弱主的凄惨年月里，连做梦也没有想到会有今天这般威风，怎不欢心得意。

　　多尔衮虽然登上了明故国皇帝的金銮宝座，但他十分清醒的知道，摆在他面前的是一个百废待兴的烂摊子。作为自己劲敌的李自成手中还有数十万农民军，目前虽然兵败西行，一旦养精蓄锐，卷土重来，完全可以把自己重新赶出关外。加之南京的马士英、史可法等已于五月十四日奉明福王朱由崧监国于南京，首建南明政权，江南半壁河山何时归入自己手中还是个未知数。况且京畿内外连经兵火洗礼，又值久旱无雨，远近田禾，尽为兵马蹂躏，城郊数百里，连野草都见不到；城中之人相聚为盗，杀人放火，抢掠成性。北京城中的粮草，大多为农民军运走或焚毁，所剩多是积年陈腐之米，且糠土掺半，食辄腹痛，军兵官员都不得不以此充饥，连随军为质的朝鲜王世子都不例外。山西供应京师之煤，因盗贼劫路，已两月不至，断粮绝炊，人心浮动。面对如此残局的多尔衮思前想后，瞻望未来，怎能不忧心忡忡。

多尔衮为了重振北京，安定民心，建立全国统一政权，立刻举起"除暴安民"，"复君父仇"的旗号，以调解民族矛盾，从而取得良好的效果。

在入城之初，多尔衮就严令军队留住城外，派将校把守城门，规定凡军兵出入城门者，必须持九王（多尔衮）标旗，严禁军兵进入百姓之家，违令者论斩，故清军只得在道旁埋锅造饭。为此阿济格曾向多尔衮建议说："我军益乘此兵威，大肆屠戮，然后留诸王守燕京，大军或者退还沈阳，或者退保山海关，可以保证没有后患。"深谋远虑的多尔衮严辞拒绝了鼠目寸光的胞兄的这一建议。多尔衮还让前来协助清军作战的蒙古军队暂且回去，等到秋天大举南下之际再来相会，此策既可节省粮饷的消耗，又可避免军队对民间的骚扰。

多尔衮为了彻底征服明朝遗老遗少，激发汉族地主阶级对农民军的仇恨，在范文程等人的督促下，于进京的第三天即五月初四日就作为决定：自初六日起，为故明崇祯帝设位哭灵三日，以展舆情，并吩咐礼部、太常寺备帝礼具葬。此决定一经公布，明官民感激涕零，无不称颂多尔衮为仁义之师，可以名垂青史，万古流芳。并宣布：明朝各衙门官员，不计前恶，一律照旧录用，对为了躲避农民军而返回故籍、隐居山林的，只要愿意回来，也仍以原官录用，剃发归顺的地方官各升一级，朱姓各王归顺者也不夺其王爵，仍加恩养，以此安抚明故官吏。

多尔衮为了减少民族纠纷，还下令免除汉人剃发。剃发是满族人的风俗习惯之一，就是把脑袋四周的头发剃光，只从头顶向后留起，梳成辫子，拖在背后。自后金建国之初，就把剃发作为对异族是否归顺的标志。入关之初，京畿地区凡归降的汉族军民官兵也都以剃发示意归顺。此风逐渐受到汉族人民的反对，并不断激起对清统治者的仇恨，民情骚动。对此，多尔衮看到自己立足未稳，便做出适当让步，他于五月二十三日敕谕兵部说："以前，我因为归顺的百姓不容易辨别，所以下剃发令，来区分顺民和反抗者。如今听说剃发极大违背了百姓的意愿，这反倒不是我以文教定民的本心了。从今以后，天下臣民照旧束发，各随其便。"并将此令广为张贴。多尔衮用此韬晦之计，初步安定了民心，未动什么干戈，河北、天津、山东、山西等地的官僚士绅便纷纷归降清朝。

多尔衮为了实现统一全中国的愿望，进入北京后就确立了迁都的想法。他为安定民心所采取的一系列措施，已经为迁都奠定了政治、经济和军事基础。部臣也奏议说："京师为天下之根本，京师理则天下不烦挞伐，而近悦远束，率从恐后矣。"多尔衮在敕谕臣下时也曾多次表示"底定中原，建都燕京"。六月十日，多尔衮召集诸王、贝勒、大臣会议，定议迁都北京，派遣辅国公吞齐喀、和托、固山额真何洛会等携奏章前往沈阳迎驾福临帝。八月二十日，福临的大队人马从沈阳出发，两宫皇眷、诸王贵族、护行兵马，软细辎重等，沿途络绎不绝，行动十分缓慢，1600余里的路程，行驶了整整一个月时间。九月十九日下午，福临到达北京，从正阳门（今北京前门）入宫。满朝文武官员积极筹备，准备举行登基大礼。十月初一日，是庆祝大典的日子，福临亲诣南郊，告祭天地，即皇帝位，仍用大清国号，顺治纪元。此时此刻，福临正式代天受命，成为新朝天子，北京又一次换了新主人。

福临帝虽然年幼，但他没有忘记叔父多尔衮的功绩，这一点，开国大典对他做了充分肯定。十月初三日，清廷以摄政王多尔衮功最高，命令礼部尚书郎球、待郎蓝拜、启心郎渥赫把他开国之功勋刻于碑上，以传后世。十月初十日，清廷在颁布即位诏的同时，加封多尔衮为"叔父摄政王"，颁赐册宝，并赠给他嵌了 13 颗东珠在帽顶上的黑狐帽一顶，黑狐皮大衣一件，金万两，银 10 万两，缎万匹，鞍马 10 匹，马 90 匹，骆驼 10 峰，明确了他和一般王公贵族不同的特殊地位。册文中有这样的话："我皇考上宾之时，宗室诸王人人凯觎，有援立叔父之谋，叔父坚誓不允。""将宗室不轨者，尽行处分。""叔父又率领大军入山海关，破贼兵二十万，遂取燕京，抚定中夏，迎朕来京膺受大宝。此皆周公所未有，而叔父过之。"十月十三日，加封济尔哈朗为信义辅政叔王，赐黄金千两，白银万两；复豪格亲王爵。其他有功之臣都有封赏。很明显，这些重大的活动和册封都是在多尔衮的授意和主持下操办的。从册文来看，各王受尊宠的程度均有逊于多尔衮，从赏赐的数目来看也有相当差距。从此，多尔衮高居于诸王大臣之上，为今后把持皇权，处理军国要事创造了十分有利的条件。

清朝定鼎北京后，以多尔衮为首的实力征战派密切注视着中原大地的政治和军事形势。顺治元年，历经沧桑、屡经战火的文明古都北京，确实是非常悲惨的一年，不到半载，从明朝覆亡，李自成称帝，到清朝迁都，三易国主。十月，张献忠领导的农民起义军以成都为西京，建立大西政权，建元大顺，于是在全国范围内形成了清朝、南明、大顺和大西的"三方四国"的政治、军事势力鼎足的局面。多尔衮面对这种格局，心里很清楚，南明政权和两支庞大的农民起义军队伍，只要有一支存在，对清朝的统治权都会造成致命的威胁，下一步的主要作战方向究竟指向谁，这是他所权衡的主要问题。

自明福王朱由崧在南京称帝后，这个弘光政权就以"讨贼复仇"为宗旨，叫嚣"戮力勋勤，助予敌忾"，誓与农民军为敌。所以，当多尔衮进京后为崇祯帝发丧，照样录用故明大小官吏等行动时，就颇受弘光政权的赞同和欢迎。因此，弘光政权认为，引导清军入关的吴三桂是大名鼎鼎的有功之臣，并加封他为蓟国公，赐银5万两，米10万石。以兵部尚书史可法为首的一批大臣，企图联合清军共同镇压农民军，并于六月中旬向弘光帝提出了"联清讨贼"的主张。朱由崧接受了史可法的意见，派遣左懋第、陈洪范等人携带银十万两、金一千两、缎绢一万匹为酬夷之仪。另赏吴三桂银一万两，缎二千匹，北上与清廷议和，于十月十二日到达北京，以割地、岁纳白银10万两等为条件，请求清军不要南下，建议联合进攻农民军。

多尔衮本想趁热打铁，双管齐下，一举消灭弘光政权及农民军。但考虑到同时开辟几个战场，战线太长，兵力不足、粮饷不济，难以达到预期目的，于是，他审时度势，利用弘光政权灭"贼"心切的动机，对南明采取了不战不和的缓兵之计。从而制定了先西取农民军，后南攻弘光政权的战略方针。多尔衮把农民军看成是最没有合作可能性的敌人，深怕他们卷土重来，从而乘他们兵败如山倒之机，急命吴三桂为先导，带领清军日夜兼程追击，甚至在路过北京，吴三桂提出要入城探望家室时，多尔衮都不同意其停留。以武力统一全国，是多尔衮坚定不移的方针，他在作战对象发生变化的情况下，把攻击的锋芒首先指向农民军，这样可以达到一箭双雕的目的：即以此证明多尔衮宣称的清得天下于"流贼"的口号付诸于军事实施；便于清军集中主要兵力各个击破敌对势力，避免了东西两面同时作战，从而取得政治上和军事上的主动地位。

顺治元年五月初一日，吴三桂及阿济格、多铎遵照多尔衮的命令，过芦沟桥，第二天追到庆都（今河北望都县）与农民军相遇。农民军为了对付来势凶猛的劲敌，遣辎重先行，以轻兵殿后拒战。交战之中，忽然狂风大作，尘沙泛起，农民军旌旗都被折断，鏖战不利，人马倒退，再次败走。这是农民军撤出北京之后的一次重大战役。清朝夸耀他们的胜利，说两战两败之，贼势益不支，鸟兽骇散。

当清军追到定州（今河北定县），李自成亲自率军参战，将士损伤惨重，连李自成本人也受了伤。接连不断的失利，使河南许多州县背叛了农民起义军。李自成召集诸将谋议，于是产生了一次影响深远的内哄。当时制将军李岩请求率兵2万前往河南平定叛乱，重建立足之地。李自成应允后又表示怀疑。牛金星此时阴有异志，乘机进行挑拨离间，对李自成说："李岩雄武有大略，非能久下人者。河南是李岩的故乡，假以大兵，必不可制。李岩闻宋军师十八孩儿之谶，欣然有自负色。我军新败，人心动摇，其欲乘机窃柄以自己为王。不如除之，无贻后患。"牛金星分明是诬蔑李岩要在农民军内另立山头，拉出一支队伍，将来自己当皇帝，李自成信以为真。牛金星即以李自成命邀李岩、李牟兄弟共饭，酒席宴上设伏兵将李岩、李牟杀害。此事发生后，宋献策既愤慨又害怕，随后不辞而别。刘宗敏按剑切齿地痛骂说："牛金星无寸箭之功，敢杀我两大将，我当手剑斩之。"为此，李自成农民军内部引起混乱，军心动摇，战斗力受到极大削弱。

由于李自成农民军在西撤时缺乏统一的部署，沿途指挥失灵，调度不当，致使与追击的清军多次仓促应战，屡战屡败，加之各地旧明官绅纷纷降清，配合清军共同与农民军为敌，从而使山陕以东以南的广大地区都脱离了农民军的统治。于是，原大顺政权统治区就形成了这样的局面：晋、陕仍在农民军手中，黄河以北的冀鲁地区属清廷，黄河以南如豫、鲁、皖、鄂的部分地区或在当地豪绅的统辖之下，或归于南明。为了保存实力，调整部署，伺机再起，李自成农民军被逼退入山西和陕西地区进行休整。

吴三桂、阿济格、多铎等追击农民军的部队当进至保定府时，因长期征战，人困马乏，也逐渐失去了应战的能力，遂于五月十二日率领部队返回北京，多尔衮派范文程等迎劳。为此，多尔衮所布置的第一阶段的追歼农民军的作战任务告一段落。

六月十八日，顺天巡抚柳寅东向多尔衮建议说："秋天将临，朝廷应早做决断，如今之事最紧急的莫过于大顺农民军问题，要解决这个问题，必须调蒙古人人三边，我们则举大军攻打山西、河南，使农民军腹背受敌。同时扼守住通往四川、湖北的道路，然后再顺序解决东南问题。"此意正中多尔衮下怀，立即表示同意。但在策略上，多尔衮又区别主次对手，而采取不同的手段。

当时，除李自成农民军活动在晋、陕地区，张献忠农民军活动在四川地区外，在中原，如天津、山东、河南等广大区域里，小股农民起义军风起云涌，致使清朝统治者防不胜防。小股农民军的活动特点是就地坚守，同广大人民群众混杂在一起，采取流动作战或利用洞穴游击战等形式，使清军疲于奔命。于是，多尔衮对大顺农民军仍采取大规模的武装镇压手段，对反清的地主豪绅武装或小股起义军则采取剿抚并用的手段。为此，兵部右侍郎金之俊于七月初一日启奏多尔衮说：凡是小股反清武装归顺的，应该赦免其罪，分别对捉其首领的加以奖赏，然后把这些投降者安插到各州县，设牌甲管起来，没有产业的要想办法安排。多尔衮对此表示赞同，说：他们本来也是我的百姓，首领能率众来降的，自然应当赦罪；同党能捉首领来献的，自然应当论功。但投降者必须把马匹、兵器全部交官，才见真心。多尔衮把小股农民起义军看作大顺农民军的外围力量，只有首先清除这些外围力量，才使大顺农民军得不到战略上的呼应和支持，而且也便于稳定后方。

为此，多尔衮先派遣固山额真巴颜、石廷柱等征剿京畿红西口；派固山额真金砺、梅勒章京李泰统兵剿抚天津等处；令投诚总兵孔希贵镇压京畿三河县抗清农民，令户部侍郎王鳌永招抚山东、河南；尔后又派遣固山额真觉罗巴哈纳、石廷柱平定山东；令固山额真叶臣率部征招山西。这些措施很有成效，小股农民军抵抗不住训练有素的清军的镇压和招抚，纷纷解体和归顺，仅河南的地主武装首领李际遇，就将所辖的 1 府、2 州、12 县、千余大小山寨及兵号 27 万全部归顺了清军。大顺农民军的外围逐渐被清军所控制，处于孤立的境地。多尔衮见时机成熟，便命叶臣于六月十四日率兵攻打山西。但进展缓慢，游弋于河北饶阳、束鹿一带。七月初，多尔衮又命觉罗巴哈纳、石廷柱从山东增援山西；并以马国柱为山西巡抚，与恭顺侯吴惟华一起对山西施加压力，方得进展。加之原明大同总兵姜瓖早在李自成进军北京时，自知不能敌，先归降了农民军，现又见农民军大势已去，遂以大同、宁武、代州等地归顺了清军。清军轻而易举得到晋北，于是避开晋中一带的农民军主力，沿彰德而下，从晋南攻打泽潞一带，这样清军对晋中农民军便形成了南北夹击之势。

八月初一日，驻扎大同一带的吴惟华向多尔衮献上"征西五策"，其中有关战略战术的建议有两条：一是以"贼闻我兵西征，必集众据守河口，我师争渡，非万全之道。"建议派一部兵力直奔蒲津（今华阴附近）与农民军相峙，另派一部兵力从保德（今府谷附近）渡黄河，从延安、澄城、郃阳等处直捣西安。如果农民军内撤，清军便可渡蒲津，长驱直入。二是可令蒙古发兵从边外渡河套，人口后由长安西路截击，以断绝农民军西逃之路。多尔衮认为此策妙而险，非常高兴，鼓励吴惟华尽心尽力，以建奇勋。并以此布置对大顺军的围剿。

九月初，多尔衮给宣府总兵王应晖发布命令，说多铎统率的前营兵将定于本月十一日起行，"到时听十王（即多铎）号令，其宣大等处、口外蒙古等兵，亦奉调会合十王大兵，从宣府地方经过，传与人民，勿惊慌，……续后六师征讨，由潼关、固关等处分道并进。"没有多久，叶臣率部攻下晋南的泽州、潞州及豫北的怀庆，招降了故明副将、后投降了农民军的董学礼，令其驻守黄河西岸。十月初叶臣率部攻克固关，围攻太原。太原守将陈永福率部竭力抵御，奋战而死，太原陷落，所属 5 州 12 县均为清军所占领。山西大部已掌握在清军手中，多尔衮看消灭农民军在即，于是部署更大规模的战略行动。

十月十九日，多尔衮命和硕英亲王阿济格为靖远大将军，率领平西王吴三桂、智顺王尚可喜等满、蒙、汉军 3 万余骑，由山西经陕北攻击西安李自成农民军。多尔衮又命豫亲王多铎为定国大将军，率恭顺王孔有德、怀顺王耿仲明计兵 2 万余骑，欲渡黄河南下征南明，待机出师。

十月二十二日，经过休整的大顺军，元气复振，于是出兵 2 万余人渡过黄河，进攻已经陷落的河南怀庆。怀庆府北临太行山，南界黄河，是南北要冲。大顺军攻克了济源和孟县，在柏香镇击毙了清军提督金玉和，重创叛将董学礼部，乘胜追击，围攻怀庆城沁阳。清卫辉总兵祖可法急速赶到沁阳组织守城，河南巡抚罗绣锦也火速向多尔衮求援。多尔衮接到罗绣锦的告急文书后，立即下令多铎军按原计划于二十五日启程南下，但顺路先去征剿农民军，如果进军顺利，全歼了农民军，则继续按原计划南下；如果农民军撤退，则跟踪追击，与阿济格军一起，形成两面夹击之势，攻打西安。多尔衮同时派人赴阿济格军中，通告军情变化。又紧急征调山东、山西的清军，增援阿济格和多铎。多尔衮随机应变，及时调兵遣将，调整部署，于是对农民军形成了合击之势。

在清军援兵未到之时，大顺军取得了反攻怀庆之役的胜利。这是李自成全面反攻计划的一部分。由于当时清军基本占据了山西，李自成被迫放弃了从山西北上的企图，从而改从河南开始恢复大业。但此时又传来清军自河南向潼关进发的消息，李自成一时进退两难，不知兵向何方。

十二月初一日，多铎率前锋从孟津渡黄河，下河南，沿河寨堡望风归附。二十二日，沿黄河西进，至陕州（今河南陕县），败大顺军张有声部，进逼潼关口，距城20里外立营，等候红衣大炮援助。李自成、刘宗敏领兵赴援。这时阿济格、吴三桂等人的部队却未急进陕北，而是擅自绕道蒙古土默特、鄂尔多斯等地索取马匹财货，耽延时日，迟迟未能入边，大顺军在潼关城外凿重壕、立坚壁，拦截清军的进路。与此同时，李自成等率领的援军也赶到潼关。二十九日，双方初次交战，刘宗敏迎战失利。

顺治二年正月初四日，大顺军制将军刘芳亮率众千余攻袭清军兵营，双方激战，互有伤亡。初五、初六两日再次袭击清军兵营，受挫。十一日，清军调来红衣大炮，猛烈轰击潼关城，农民军分兵数路偷袭清军侧后，横冲清军阵地，并几度组织反击，都未能奏效，李自成只好率主力撤回西安。十三日，清军攻陷潼关，大顺军守将马世耀诈降被杀。潼关是入陕门户，潼关失守，三秦难保。这时阿济格、吴三桂部自保德渡河据绥德，从背后扑来，李自成欲返延安不成，欲守西安难保，立即决定放弃西安，率军出东门，经蓝田、商州向河南转移。行前，李自成命田见秀焚宫室仓廪积聚，田见秀说："秦人多饥饿，留此米活百姓。"因此只烧东城一楼。大顺政权从此走上了下坡路。十八日，多铎率军占领了西安。

清军捷报频频传到北京，多尔衮及文武群臣齐集于武英殿行礼称贺。多尔衮传令多铎，表示对攻克潼关、西安，打败农民军感到无比高兴，认为攻破了农民军这个主要敌人，全国的统一大业也基本告成。下一步是继续南下，按原计划攻打南京，消灭农民军余部的任务交给阿济格去办，并勉励多铎说："大丈夫为国建功，正在此时。"同时下令给阿济格，指责他耽误战机，并把肃清农民军的重任交给他。多铎建功心切，他既不待阿济格前来会师，也不等多尔衮的命令，于二月初离开西安，由潼关再入河南。

阿济格本来就耽误了战机，人边后又在榆林、延安一线遭到李自成部将李过、高一功的坚决抵抗。大顺军坚守了20天，直到弹尽粮绝，此时听说李自成已放弃西安，这才从延安突围，向汉中转移。这时阿济格已经接到多尔衮的命令，不敢再耽搁，继续进军，追击李自成。李自成于二月初进入河南后，在内乡休整10余天，听说多铎部也进入河南，阿济格部又尾追不舍，遂于二十日率军南下湖广，自樊城浮桥渡江至襄阳，遭到南明政权左良玉部的阻击，牛金星随其子牛铨留于襄阳，从此脱离了大顺军。二十三日，大顺军分3路趋武昌，一路走随州（今随县）、枣阳；一路向荆门州；一路由水路下汉口。这期间，阿济格军在邓州、承天（今湖北钟祥）、德安、武昌等地连续击败大顺军。武昌一战，农民军伤亡惨重，刘宗敏及李自成的两位叔父被俘遇害。李自成欲东进江西，困途中遇到风雹，便改道堡安、金牛镇退往通山。阿济格急忙上疏多尔衮，宣称李自成已死，农民军"尽皆剿除"。待清廷告祭天地太庙、宣谕中外以后，阿济格又声称"闻自成逃遁，现在江西"。为此多尔衮严厉指责阿济格所报军情前后互异，"岂有如此欺诳之理?"

五月底，李自成率亲随20余人在通山县九宫山牛脊岭观察地形，不料遭到当地地主程九伯的武装乡团袭击，全部殉难。阿济格闻讯，派遣素识李自成者前往辨认其尸体，因尸体已经腐烂而辨别不清。李自成死难时只有39岁。当大顺军将士得知李自成被杀害的消息时，无不失声痛哭，并对程九伯的武装进行了大规模的报复。

之后，占据湖北部分地区的大顺军与从延安撤下来的李过（后改名李锦）、高一功部会师，余部尚有30余万，先后在李过、李来亨等领导下，主动与南明政权何腾蛟部结成抗清联军，继续坚持抗清斗争，领导荆襄十三家农民军（时称夔东十三家），据守荆襄、巴东山区近20年之久，最后于清康熙三年（1664年）失败。

阿济格消灭大顺军主力后，挥军沿长江东进，行抵东流县，明宁南侯左良玉之子左梦庚率总兵12员，马步兵10万前往阿济格军营请降。为此多尔衮奖慰阿济格等驱兵万里，劳苦功高，令其率军班师。但阿济格在未接到班师诏书之前已擅自启程返京。八月，多尔衮令群臣议阿济格出师绕道，不候旨班师以及回京后在午门前张盖而坐等罪，将其降为郡王，罚银5000两。

二

清军自入关之日起就强迫汉人剃发，延续了在关外辽东地区的政策。但是关内情况与辽东地区不完全相同，尤其清军刚刚踏上这陌生的土地，立脚未稳。所以为形势所迫，曾一度取消剃发令。

就当时形势而言，虽然清军进入北京但全国形势对其十分不利，各方政治势力还很强大。李自成和张献忠两支农民军雄据西北和西南；明朝虽然灭亡，明军各部分别占据一方；还有无计其数的地方草寇，出没无常。单就这些武装的数量就几倍于清军，如果由于下达剃发令而引起民情鼎沸、各军联合，则清军无论如何是招架不住的。多尔衮面对这样的形势如坐针毡，他很明白如果弄不好，不用说征服形势莫测的南方，恐怕连退回关外老家也成为困难的。他在一些明朝降臣的帮助下才有效地控制了北京城，既据有北京城就必需考虑统一全国，所以为此大计必需收买人心稳定形势，以抽出力量集中打击强大的农民军及各敌对武装势力。这样于五月二十四日，清军进入北京城下达剃发令的第 20 天后，下达了罢除剃发的政令。"以前，因为归顺之民无所分别，故令其剃发以别顺逆。现在听说违背了民众的愿望，这样也就违背了想以文教作为定民之本的初衷。从此之后，天下臣民照旧束发各从自便。"政令中解释了以前执行剃发令的原因，是为区别降与不降，现在根据民众的要求罢除剃发令，让汉人享受到束发挽髻各行其便的自由。不用说，这个政令是深受汉人欢迎的，单就这个政令的很快颁布也是汉人努力争取得来的。

剃发令的罢除当然是总的形势促成的，但对满洲贵族来说总还有一个认识和转变过程，其中必定有一些人的意见在多尔衮面前起了较大作用。这个关键环节和具体内容，对民众和后人也许都是秘密，因为官修史书没有明文记载。但从一些当时人的笔记中看到一些情况，都反映吴三桂于此关系较大。据当时人陈济生著《再生纪略》记载：五月十二日吴三桂奉命进京，向多尔衮提出了许多建议，其中就包括请求放宽剃发的命令。又见张怡著《謏闻续笔》中说："吴三桂奉命进京，刚进朝阳门时，见到出迎的百姓已剃发，他为之垂泪而叹息地说：'清人轻视中国呀。以前他们得了高丽，也要行剃发令。但高丽人以死相争，表白现实衣冠相传数千年，若剃去头发宁愿去掉头颅。清人也就没在高丽推行剃发令。而今堂堂天朝却不如属国。我来迟了，耽误了大事。'"之后，吴三桂进入皇宫向多尔衮等极力请求免除剃发令。过了半个月，多尔衮传下令来自责地说："不顺民情是我的过错，今后蓄发戴帽子全都照旧制而行。"综合当时情况分析，这些记载当属可能。从吴三桂的思想情况分析，他与其父（其父吴襄）作为明朝高级将领，所谓世受皇恩忠君报国的观念是比较深的。在明朝灭亡的形势下，不得已剃发请清兵帮助企图重振河山。他当然不会甘心情愿清军为所欲为。山海关之战以后吴三桂引导清兵西行。至北京城下多尔衮不许他进城，令西追李自成。于是他继续追击，在庆都、真定两地大战，把李自成追向山西退去，这样北京的威胁暂时解除了。于五月十二日才得以进入北京，城内的状况与他对人民宣布的主张完全不同，丝毫没有扶明的气象。剃发、迁城两令相加民情汹汹，他为之气愤和激动，请求免除剃发的建议当属可能。况且吴三桂手握重兵，在大局未定的情况下，多尔衮也明白不能与之反目，所以接受其建议也是必然的。

剃发令的罢除无论是对争取汉族官员阶层的支持，还是安定民心缓和民族矛盾都是有利的。据当时目击者们记载，虽然北京城内各处市民已经被迫剃发，但是仍穿戴着旧时衣冠，不失华夏仪表。可见人们是多么愿意与竭力保持传统装束仪表。可以推想人们一旦听到罢除剃发令，将是怎样一种获得解脱的轻松愉悦的情绪。又据时人记载，罢除剃发令的第四天，多尔衮开始按照明朝的礼仪举行朝仪。还在一次朝仪上汉官们看到明朝两个藩王即德王和晋王坐在多尔衮的左右。而且降清的汉官大部分人仍穿戴明朝官服，行明朝之旧制。可见罢除剃发的政令是既得官心又得民心。

罢除剃发令的良好政治效果，不仅表现在京城，而且在各地也都表现了出来。因为它是汉人最关心的事情，是人心向背的契机，传播极快，反应明显。六月，在山东受招抚的明参将凌岳报告说：自从接到了兵部关于民免剃发的传令以后，曾经骚动的民众情绪一下子安定下来。七月，山东巡抚朱郎镰启请，派往山东的三个满官要按照明官式样，穿圆领官服，头戴乌纱，再去见百姓办理政务。多尔衮表示同意。可以想象这样尊重汉人传统的满官上任，是不会引起百姓反感的。明朝守将总兵官郝之润投降时，免除剃发令也给他以鼓舞。皮岛降臣声遥在致其五哥的劝降信中尤其提到免剃发的重要条件。他五哥是前明漕河总镇。信中说："开科取士蓄发束冠一如前代之制。""望兄台尽快审度形势早来投诚。"九月明朝阁臣史可法在给多尔衮的复信中也称赞罢除剃发令的新政策。由此可见罢除剃发令，对沟通满洲贵族与明遗民之间的关系是很重要的。罢剃发令迅速传遍华夏，并且在所有地方都产生了积极影响。

形势安定以后，十月清廷从沈阳迁到北京。顺治帝进入北京皇宫以后发布即位诏书。这是重要的历史性文件，它宣告清王朝的开始，其中包含着新朝的执政纲领。次年三月清兵打败李自成进入西安城以后也发布了文告，以及四月清兵南下的告示，都是申明对被占领区的政策的文件。在这些重要文件之中，都没有要求汉人剃发这一条，说明多尔衮下达的罢除剃发的政令已为清王朝正式认可。这是清王朝自建立以来的一项重大的政策改变，并且得到了认真贯彻执行。清顺治二年（1645年）五月，清兵攻入南京以后，南京都御使李乔率先剃发易服，遭到多尔衮的同母兄弟，努尔哈赤的第十五子豫亲王多铎的明令谴责。其告示中说："剃头一事，本国（指满洲人自己）相沿成俗，今大兵所到，剃武不剃文，剃兵不剃民，你们不要不遵法度，自行剃发。前有无耻官员先剃求见，本国已经唾骂，特示。"多铎唾骂了那些未经允许自行剃发的无耻汉官。可见清军着实认真执行了罢除剃发的政令。

剃发令行而复罢，先降的已经剃发，后降的没有剃发。在清军南下时又实行剃武不剃文，剃兵不剃民。在官吏当中，满官与辽东旧臣剃发，新降的汉官不剃发，这便形成了所谓"一半剃一半不剃"的局面。这时中国传统的大一统思想，在每个人的心中冒了头，都不愿意各随其便的局面。所以一部分汉官建议，清朝既代明而立，礼乐衣冠制度应该沿袭中国历代成法，满洲文武官员也宜于一体从汉。另一部分汉官们看到清兵即将进入南京，清朝代明而立已成定局。在这样的形势下，为博取满洲贵族的欢心，便倡言恢复剃发，所谓全国官民应衣冠从满方成一统。这样围绕着从汉制还是从满制，在朝廷汉官内部形成两派，论争激烈。主张剃发者为当时的内院学士李若琳、冯铨和孙之獬等。反对剃发者是绝大多数汉官，朝臣中以赵开心等人为代表。五月二十日，清兵已经进入南京，但北京还没有接到报告，陕西道监察御使赵开心，因得知李若琳向多尔衮建议恢复剃发，于是上章奏弹劾李若琳。文中说，"现在我清朝定鼎四海逐渐归一，正在准备以礼乐衣冠之制度治理天下。但是缙绅中有人早就垂涎内院之职，则借首先剃头，为升官而取宠，以资朝廷所用。大学士李若琳忽然传说王上有官民剃头之旨，满朝文武争相为之惊愕疑问。高丽国归顺大清已十数年了，没有因为不剃头而萌叛志。如果已委身清朝的汉官们却怀二心的话，那么反而连高丽也不如了。目前江南各界正在观望北京的形势，倘若闻听剃发之风，人们就会畏惧不敢前来归顺。所以倡言剃发是阻人归顺的障碍，国祸也将由此而生啊。"赵开心的启请完全是从有利于清王朝争取人心，尽快统一全国的长远利益着眼，并不一定出于对明王朝的怀旧之情。但是多尔衮却不这样理解，不但没有采纳赵开心的建议，反而大怒。他说："现在愿意学习本朝服制的反被说成讹佞，难道想要让全国官民不尊清制而坚持作明朝人物吗。又引朝鲜不曾剃头，是又想将我平定中国之臣民，完全等同于朝鲜外国吗？若不愿意剃头者也不必勉强，其情愿剃头者我要不断嘉许他们。"多尔衮的这段批语在朝臣中引起更激烈的反响。当时兵部侍郎金之俊上疏说："臣接到邸报后，看到御使赵开心一本，其措词也有不当之处。人品邪正不关系头发的去留，固不能以束发为错或对，又怎能把剃头视为尽邪呢。总之皇家版图即已混一，是满是汉均我朝之臣，有发无发比肩事主。凡臣子所以报效朝廷者在肝胆不在面貌。至于朝廷所鉴知而嘉奖之人，必取其精白之心，非取其服饰之属。况且台臣既然知道有如日如星一样闪耀光芒的蓄发令，何必过虑同事的剃发倡议呢，以至于之间多一层猜度和动摇呢。希望大小臣工和衷协力，共事尧舜之君，讲求仁义之政，不要再集聚纷纷词讼于上。"金之俊本以为这份调和的，又明显偏袒李若琳的词章会得到多尔衮的赞许。结果也遭到驳斥，批文写到："人臣进言，是非应有确论，此奏尚属含混。"很明显满洲贵族的意图并不在于制止论争寻求安定。八月，李若琳因遭众恶，上奏要求去职时，多尔衮在他的奏章中批道："李若琳首先剃头为众所恶，应当更加竭诚尽职，不必求罢。"由此可见，满洲贵族还是主张剃发，不管赵开心努力维护蓄发，措词严厉地批驳再复剃发的建议，还是金之俊调和弥争的主张，都不符合满洲贵族的心愿。虽然李若琳恢复剃发的建议引起混乱，遭到多数汉官反对，还是得到了满洲贵族的大力支持。也由此看到，满洲贵族恢复实行剃发令特别需要汉官的支持，而李若琳等倡言剃发正迎合满洲主子的心理。满洲贵族也正利用权力扶持主张剃发的弱小的汉官势力。

　　五月二十八日，清廷得到清军进入南京的捷报。南京是明朝的第二座都城，在那里同样设有行使国家职能的中央分机构，以统治南部中国。所以占领南京具有重大意义。军事上的成功对满洲贵族是极大的鼓舞，也坚定了恢复剃发的决心。二十九日，多尔衮在召见内院大学士时，决定恢复剃发。他说："近览章奏，屡以剃发事引礼乐制度为据加以反对。本朝何曾无礼乐制度？今不遵本朝制度必欲从明朝制度，居心何在？我一向爱怜群臣，听其自便，不愿剃头者不勉强。今既纷纷如此说，便该传旨，令官民尽皆剃头。"满洲贵族决定再行剃发，使许多主张免除剃发的汉官着了慌。一齐启请："王上一向爱怜臣民，臣民们都十分感激和敬仰王上，况且统一江南的日子就要到了，还望王上宽容。"满洲贵族强令剃发，并不是一时火气所致，而是到了实行剃发令的时候。因为不利的形势已经过去，他们就要居于主动地位。所以许多汉臣的哀怜请求是无济于事的。多尔衮断然改变了自己原先"听其自便"比较开明的主张，背弃了罢除剃发令时对人民的诺言。当然，也可以说他本来就没有想过罢剃，只是在危急的形势下采取了暂时的措施，当紧张形势得到缓解后，立即撕下假面具露出凶残的真相。六月十五日，礼部向全国发布剃发令，命令江南各处投诚文武官员和军民全部剃发。果然不出反对者所料，这激起了各地人民的强烈反抗。关于各地情况暂且不提，仅在北京朝廷官员之中，汉官们主张剃发和反对剃发的两派斗争再进入高潮。就在这一年八月，正当江阴、嘉定、苏州等地人民的抗清斗争达到高潮的时候，在朝廷中发生了以御史吴达、李森先、王守履、桑云，和给事中许作梅、庄宪祖、杜立德等，群起弹劾大学士冯铨，并词连李若琳和孙之獬的斗争。冯铨原系明末阉党，依附魏忠贤，官至大学士。崇祯时已废弃不用，在涿州老家闲居。清兵进入北京以后，五月十四日写信给他，召他人京。他本是在官场上走到了尽头的人，现在又能重返朝廷，怎么能不受宠若惊呢？闻讯即至。多尔衮赐他以官服衣帽并鞍马银币，又被任命以原官在内院与大学士范文程等一同办事。他自然为新主子格外卖力气，随侍在多尔衮左右出谋划策不遗余力。清顺治元年十月，南明福王朝廷派左懋弟奉使到北京。多尔衮询问内院诸人，如何处理南来使臣。某王子说，杀了他。多尔衮摇手。冯铨说："剃了他的头发拘留在此"。后左懋弟被拘，但坚决不剃发，次年被杀。冯铨对多尔衮来说，的确是得力的驯服的降臣。冯铨也继续施展在明廷上的故伎，处处邀宠取媚。如同吴达等在疏中揭发他：一、为魏忠贤阉党余孽，故习不改，招权纳贿。向降臣大同总兵姜瓖索银三万两，许诺封官。二、命其子冯源淮擅自进入内院，设宴终日欢饮结纳中书学士诸官。三、利用职权使人畏惧逢迎。李森先的章奏措词更严厉，他提出冯铨乃奸相误国，倾覆明朝社稷，又乱本朝法度，应立彰大法，戮之于市。问题提得相当严重。对此朝廷保持沉默。杜立德又在奏章中催促说，各位大臣根据事实控告冯铨已经十余日了，没有得到摄政王的回复，现在朝廷内外大小臣工都义愤填膺。汉官内部的斗争进入了刀兵相见的白炽化程度。迫于形势，多尔衮召集大学士、刑部、科道官共同进行勘问。冯铨仰仗多尔衮的恩宠，对于指控逐条反驳。结果以魏忠贤逆案事在前明，清兵进北京后已经宣布赦免，不许再行追究。关于接受贿赂一事，"查无实据"。于是多尔衮对弹劾者大加申斥，认为这是前明党争的继续。革了李森先、许作梅等人的职。并宣称："冯铨自投诚后，剃发勤职。孙之獬于众人未剃发之前，就已剃头，举家男妇皆效满装。李若琳也率先剃头。因此遭到那些不愿行剃发令的汉官们结党同谋陷害。"多尔衮的这段话揭穿了这次斗争的实质，的确是由于倡言剃发而引起的，是反对剃发的李森先、许作梅、吴达、杜立德等众多汉官们，向倡言剃发的冯铨、孙之獬、李若琳发起的猛烈进攻。本来冯铨等人是不堪一击的，但是决定斗争胜负的是掌权的满洲贵族，所以反对剃发的一派不仅失败，而且受到严重打击。倡言剃发的冯铨一伙从此以后更加得到多尔衮的信任。冯铨在内院佐理机务，并职司票拟担当最重要的工作。据在北京的朝鲜使臣记载："明朝之人在清国作官的，如冯铨、洪承畴、刘守涣诸人，皆怀害我之意。承畴专以大凌河之败归罪于我。冯铨则累次上疏请令朝鲜一体剃发。在我之计不可不出捐金帛，交结此辈。"足见冯铨猖狂到何种地步，连朝鲜国的事他也要管。他也得意到了连朝鲜国都要赂贿他讨他好的地步。孙之獬也是冯铨之辈，原为明翰林院侍讲，因献媚魏忠贤而入于逆案。顺治元年五月降清后任礼部右侍郎，后任兵部右侍郎，江西招抚。冯铨、孙之獬、李若琳等虽然得到清廷的重用，却同时在汉官汉民中都以率先剃头，和倡言全国剃头而声名狼藉。时人谈迁在《北游录》中说："甲申（1644年）五月三日，摄政王人京，下令剃发。后来又允许百姓保留传统服装发式。乙酉（1645年）六月，淄川（山东省淄川）孙之獬、李若琳各上章奏请求恢复剃发。之獬还说与妻子儿女一并辫发满装。遂授与兵部右侍郎。"史惇在《恸余杂记》中也记载："清朝人都北京之初，孙之獬曾上疏表白：他的妻子是最先放脚的。"在当时士大夫阶层中，在闺门深锁的习俗中，互相羞与谈论妻子的脚，更不必说在朝廷之中。可见孙之獬急于献媚到了何种的程度。王家桢在《研堂见闻杂记》中关于孙之獬率先剃发易服的事记载更详细："清朝建立之初，衣冠一仍汉制，凡朝中汉臣皆束发顶进贤冠，穿长袖大服。入朝时由于服装发式不同，分为满汉两班。有山东进士孙之獬首先剃发，独得多尔衮的欢心，于是归于满班站立。而满班大臣以为他是汉人，不受。他又归回汉班，则汉班大臣以他为满班服饰，也不容。于是他羞愤上疏，其大略说：'陛下平定中国，万事都应以新朝建立而更新，唯独衣冠束发之制，仍从汉人旧制。这是陛下从中国，而不是中国从陛下呀。'于是削发令下。而中原之民被激怒已极，人人无不思铤而走险，所以反抗剃发的斗争处处蜂起。江南百万生灵，尽抛尸荒野，都是孙之獬一言所激造成的。究其原心并不是想杀害百万生灵，止起于贪慕富贵。但是他这一无耻的念头，却酿成荼毒无穷的祸害。恐怕聚十六州之铁也铸不成的一大错呀。"当然决定恢复剃发的满洲贵族，并不凭孙之獬的只言片语，而是如前面探讨的，出自他们的利益，早就拟定的治国方针。孙之獬得意于一时的献媚取宠，却得罪了天下人，贪得一官却丧了生命。清顺治四年（1647 年）山东谢迁起义，攻破淄川，绑缚孙之獬一家。谢迁指骂孙之獬说："你贪得一官，编天下人之发。我现在应该给你种上头发。"于是锤其头颅，插发数根，惨死。孙之獬民愤之大由此可见。中国的士大夫们历来重视个人作用的历史效果，所以有人名垂青史，有人遗臭万年。《謏闻续笔》在记剃发令恢复实行的原因时说："次年（1645 年）以贼臣李若琳、孙之獬之倡言，始复剃发之令。二贼真天下之罪人。"

综上所述，剃发令罢除以后又行恢复，一部分降清汉官起了很大作用，他们的历史罪责是无法推诿的。降清汉官中之所以出现这一批人，当然同他们的人品有关，他们贪图高官宠位，急功近利；又和明末复杂的社会情况有关。由于长期党争使汉族地主阶级处于分裂状态，一部分人属于逆案被废弃不用，明朝不亡他们无出头之日；也由于农民起义和攻占北京，一部分朝臣投降了李自成。李自成的迅速失败使这些人不知所措，急于投靠新的主人。正是这些急于得宠升官、希图重返朝廷投靠新主子的汉官们，为一己私利献媚当权。在归降汉官中率先剃头者，为金之俊、沈惟炳、王鳌永、骆养性等人。他们均因率先剃发而加官晋级。还有冯铨、李若琳、孙之獬不仅率先剃发，而且积极倡言在全国行剃发令，给满洲贵族复下剃发令以极大的支持。应该承认他们在清初满洲贵族奉行剃发政策中起了重要作用。

剃发令是一个野蛮的政策，其所到之处无不引起汉族人民的极大愤慨。其中尤以江南地区民众自发地组织起来，进行反剃发抗清斗争为最烈，清军对这里人民的屠杀也最残酷。对于这段悲壮的历史清代官修史书是不会作全面记载的，所以下面的记述多依各种笔记史料，真实具体地反映了实行剃发政策的社会效果。

清顺治二年五月二十五日，苏州被清军派遣的官员接收。由于满足了苏州民众不剃发的要求，所以社会稳定民安生业。但是六月十日情况突变，城外官兵收入城内，十一日水陆城门紧闭，通衢张贴剃发的榜文。民情由此激愤，促成武装起义。当时在苏州东部陈湖有地方武装在活动，他们与吴县诸生陆世钥所聚之众联合起来，又联络盘踞太湖的渔民首领赤脚张三，和数日前在吴江县起义的吴易，以及前明吴淞总兵吴志葵，组成了万余人的队伍。公推吴志葵为首，下有蒋、陈、朱、鲁诸将。大家多以白布裹头，额加红点，称作白头军，打起大明旗帜宣布起义。据目击者记载：十三日早晨天还没亮，忽听一声炮响，城门外火起。先是有民兵从东门进入，然后六门俱开，白头军攻入苏州城。他们大多斩木为竿，间有执戈矛披甲胄者，队伍中打着两三面大明旗帜。城中居民也都行动起来，将巨石及木器堆垛在街上，用以阻碍北来兵马。小街巷口也都用石块垒寨，仅留小门容一人俯首出入。民兵于入城前先于阊门外击毁清人兵船两只，因船困于中流，船中数十人俱毙，听说其中还有名贵要人。接着纵火烧断阊门吊桥，大火延及月城内（大城城外用以障蔽城门的小城，又称瓮城。），民房全都化为灰烬。在城中，白头军又放火烧府、县署衙及都察院、北察院、监兑署，五大衙门俱成灰烬。由于当时白头军来得迅速，清军统帅土国宝不及防备，退入南园瑞光寺塔内暂以藏身。虽然民情怒不可遏来势凶猛，但时间一长临时武装的缺点便暴露出来。吴易、赤脚张三、陈湖陆家兵多无兵器，手持竹竿不懂战法，又漫无纪律。土国宝在塔内乘民兵稍懈后挥军而出，又逢总指挥吴志葵调动援助不及时，当与清兵接战时白头军大败。鲁之玙战死，吴易等人败退。于是清兵关闭城门搜索杀戮，抢掠妇女，城中死人无计其数。自此而后剃发令更严，不剃发或剃发不如式者，即为乱民杀无赦。也有因藏匿不剃发者，被仇家告发而被斩首者。繁华的苏州城一片凄惨。白头军退出城后转而活动在乡下，与住在城内的清军对垒，不时交战。乡民们没有剃发不敢进城，怕被清军杀害。城中人剃了发也不敢出城下乡，怕被当作清军奸细而被白头军杀害。有一位姓徐的教书先生本在乡下教书，想回城中探母，行至苏州城北门外，因没有剃发被绑缚送到土国宝处，土国宝下令杀他。他苦苦哀求得保性命，但被断去右掌。他负痛还乡此后成为废人。在苏州因为实施剃发而激变组织起来的白头军，一直没有屈服于清军的武力镇压，他们以太湖为中心，坚持抗清斗争达数十年，给清兵在江南的活动以很大牵制。直到清康熙初年首领赤脚张三被俘才告结束。

苏州是仅次于南京的江南大城，苏松巡抚衙设于此，统辖应天、苏州、松江、常州、镇江五府，经济文化都很发达。所以苏州的形势对江南地区影响很大。与苏州同时因剃发而举兵起义的，还有常熟、太仓、嘉定、昆山、江阴、嘉兴、松江等处，斗争也都非常激烈，是清初全国反剃发抗清斗争的重要地区。

常熟也是一座名城，在清兵占据南京以后，明知县曹元芳于五月十八日弃印逃去。县丞马天锡偷偷派人到苏州纳款。六月八日周荃来到常熟招抚，出示大清告示安抚百姓，索取了钱粮册籍。闰六月三日苏州方面正式派陈主簿管理常熟政事。常熟城内平平静静一如往日。七日剃发令传到县里，命令全县所有绅士军民在三日内全部剃发，"违者即行正法"。于是全县人民情绪激昂，议论纷纷。有人说："身体发肤，受之父母，难道剃了光头在家做和尚不成。我们如今偏一个也不剃。"也有人说："这是一朝新令，若拗别他，定然惹出祸来。"于是公推老绅士举人宋奎光为代表，相传约定于次日到城隍庙议事。十一日，城内外士民闻讯而至者达万人。中午时分绅士们到齐，一起向县衙陈主簿申述不便剃发的缘由。并建议行文上达，只令官府衙役守城兵丁遵令剃发，其余士绅庶民任其自便。陈主簿拒绝了大家的请求，摇头变了脸色说："剃发改装新朝严令，谁敢违抗！"并且传述巡抚土国宝的口令："不论绅士军民人等，留头不留发，留发不留头。南山可移此令不可动。"听到这里民众哗然，抬龙牌拥诸乡绅及陈主簿到察院署盟誓，断不剃发改装。民众之中有人大喊"不愿剃头的都跪下"，于是庶民万余人，各相传呼，从堂下到大门，全部跪倒在龙牌前。唯有陈主簿不跪，群起鼓噪而前，将他打死。常熟便从此宣告起义，公推前兵部职方主事严拭（字子张）领导义军。十三日苏州白头军的消息传来，对这里的人民是极大的鼓舞。严拭更抓紧组织修城防工事、武器工具，召集乡勇，每日亲下教场操练。当时江阴城也因剃发事起义，与清军激战形势危急。严拭派秀才金钌率400人援助江阴。行军到周庄，被清军刘良佐率领的3000铁骑击溃，全军覆没。这时常熟城内的斗争进入了激烈关键阶段。常熟守城迅速败亡的原因还来自异己分子的破坏。与常熟邻界的崇明今属上海市，又称作福山，明朝旧官田仰等据此地拥立义阳王。他们听说常熟也举义旗，以援助为名，派遣胡来贡、时敏两人打入义军的领导班子。这是两个心怀异志的人，混进义军借用职权刮取军饷，排挤严栻。七月十三日清兵来攻常熟。时敏即先弃城而逃。严栻与清兵接战于城南，战斗激烈。根据战况严栻欲率义军退人城中继续战斗。但胡来贡居城内紧闭六门不接纳。严栻只有回过头来苦战，终于力不能支而败走。十四日将近中午时分城被攻破。胡来贡携带金银绢帛从西城门缒下而逃。清军人城立刻开始屠杀，到十五日傍晚，经过三十几个小时的时间，据有人统计共杀五千余人，被掠去男女不计其数。有人目睹了当时的状况，凡大街小巷、桥畔河干、败屋枯井，皆积尸累累。当时名人钱谦益本常熟人，与眷属常年住在南京。常熟家宅只留家人看守。清兵进城时家中早已树降旗于门前。城内诸儒生以为清兵必不进降臣之家，竟相往匿于其藏书的降云楼上。结果清兵不从前门进，却由后面窗户越入，将看守家人都杀死。然后杀躲在降云楼上的人，只一会的工夫楼上楼下到处横卧着儒巾儒服的男尸。十六日常熟城被清军屠掠净尽，清军指挥佟某则金帛子女满载而归。没有杀绝的常熟人，在严栻的领导下再次起兵自卫。各以白布缠头，手持竹竿木棍为武器。八月十七日清军闻讯后，再派提督汪某率兵2000人，直奔常熟而来。严栻率乡民与清军战于城南华荡，乡民们再英勇也敌不住久经战阵骁勇的清军。严栻大败后跳入深水而逃。严栻不屈不挠的斗争得到人民的拥护和赞许。从事后流传的谚语中看到，他是英勇斗争的常熟人民的代表。"无锡人一柱香，江阴人一杆枪，常熟人严子张。"清兵再次进入常熟城，见到不剃头的就杀，重新洗掳一遍。

这样常熟县所属周围地方百分之九十的人已经剃发。而毗境义阳王所据的崇明全都没有剃发，和靠近崇明的常熟界内尚有百分之十没有剃发，剃发与未剃发者杂处。清兵见未剃发者便杀，取头颅去海贼（即义阳王）部请赏，叫作"捉剃头"。而义阳王的兵见到剃了发的就杀，拿去做鞑子首级请赏，叫作"看光胫"。八月二十五日清军将领汪某统兵巡察福山塘一带，传令剃发，顺从者抚，不顺者诛。结果又是一场大屠杀。其中陈家桥一带杀戮最惨，沿塘树木悬挂累累人头，都是全发乡民。

昆山守城也有一段可歌可泣的故事。六月初，清军派郡吏赵光吉来昆山索取图籍。县令杨永言拒不降清弃印离衙，藏匿于乡绅陈鸿勋家。县丞阎茂才带领缙绅及耆老们至苏州纳款。十二日清官周荃来昆山安抚，命县丞阎茂才出任县知事。至此昆山归降清朝已毕，社会、民心安定。

闰六月十二日忽然有"留头不留发，留发不留头"之传，民情为之骚动。十三日阎茂才正式传达剃发令，限五日剃完，"迟则死"。于是昆民哗然，集众盟誓于关岳庙前。人人手持白木棒，森严肃穆立于道上。中午时分，人们听说白头军已经打入苏州城，焚烧衙署。于是人们便将县令阎茂才拘捕推到城外，乱刀剁死。十五日推举旧狼山副总兵年已六十开外的王佐才任主帅，树大明旗帜，设明太祖神位，宣布起义。十七日杨永言闻讯也与陈鸿勋一起募兵数百人，入城相佐。前明翰林朱天麟、徐开禧，举人周室瑜，贡生陈大任、朱集璜，庠生陶炎，以及诸生顾炎武、归庄等，都参加了这次起义。义军积粮募兵紧张备战。城内所有男子都戎服守城。这时出入城门的只有妇女们。城外徐开禧与朱天麟募乡勇，屯兵真仪，以阻挡从苏州方面来的清兵。七月初，清兵集结苏州。用大船载炮数十，顺流蔽空而下。初四日真仪兵首先迎战，但被清兵大炮击溃。五日黎明，清兵临昆山城下，数十门大炮向城西门猛攻。六日城被攻破。王佐才率兵巷战，直至矢尽力竭。他回到帅府冠戴整齐自杀身亡。朱集璜、周室瑜战死，杨永言从南门逃出。当夜大雨，顾炎武、归庄等都逃脱。清兵入城后屠城三日，杀戮一空。其杀戮之惨自不必说，就逃亡之众之惨也令人为之叹息。逃民们涌入城门互相践踏，妇女儿童被挤死踩死无计其数。城外昆山顶上僧寮中藏妇女千余人，只因小儿一声啼哭被清军发现，妇女儿童被屠戮殆尽，血流奔泻如涧水暴下。当时昆山城内约有户口五万，其中被杀戮者占十分之四，沉河、堕井、投环自杀者十之二，被俘者十之二，逃脱者仅十之一，藏匿幸免者十之一。据有人统计，事后收埋死尸，城内外计24000余口。顾炎武的两个叔叔死于此难，其生母何氏被清兵砍折右臂。何氏是常熟人，后听说常熟被清兵血洗，绝食30日而死。临终时嘱咐顾炎武不做清国的官，所以顾炎武终生致力于学问，成为明清之际三大进步思想家之一。归庄的两个嫂子和其六个子女都死于城中。清兵攻下昆山城后，昆民尽皆剃发。剃发后人们的思想感受如何呢？归庄曾在《断发》诗中写到："一旦持剪刀，剪我头半秃。""华人变为夷，苟活不如死。"

从昆山向东进入嘉定县界，这里又是一座反剃发斗争的名城。因为嘉定民众不屈不挠反复斗争，遭到前后三次屠杀，所以史称"嘉定三屠"。

清顺治二年五月，清兵进入南京以后，嘉定县令钱默即于五月三十日弃印逃走。六月十四日安抚使周荃单骑到嘉定招抚。百姓们出城迎接。人们用黄纸书写"大清顺民"四字贴于家门，随即献上钱粮册籍，表明嘉定县已正式降清。六月二十四日清军派新县令张维熙到任。闰六月八日，降将李成栋及偏裨梁德胜奉命去守吴淞。其所率兵船百余艘载步骑2000，停泊于嘉定城东关外。十三日剃发令传到嘉定，恐怖气氛立刻笼罩全县。人们由恐惧而生叛志，剃发令催得越急，民情就越加激愤。集市之上有人大呼："怎么能让明军来，怎么来保护我们的头发呢。假如有人出来领导起义，我们就随他去了。"表达了人们不甘心剃发，寻找保护的愿望和破釜沉舟的决心。十四日早晨，人们得知苏州发生民变，这时又有明吴淞总兵吴志葵来联络，说是即将统大兵进入嘉定县，请附近百姓于当晚用白布缠头，杂插柏枝、竹叶、红筷子、鹅毛为号，共剿关东清兵，事成有重赏。于是嘉定人民闻风而起，各路乡兵云集而来，城门彻夜不闭。其中以王家宅乡兵最为整齐，为首者名叫许龙。义民义兵当晚便举火烧了梁德胜的兵船，梁德胜率余众逃回吴淞，把李成栋从扬州、南京、镇江等处掠夺来的精金美玉付之一炬。同时杀清兵80余人，战斗中许龙中流矢而死。六月十七日，嘉定人民便公推进士黄淳耀和前左通政侯峒曾作领导，布署守城。人们用木头和石块垒街断路，以遏止清兵。树旗于城上，旗上写着："嘉定恢剿义师"。将张县令驱逐出境，立下挨门出丁法：富裕人家出丁若干，衣粮自备外，还要出银若干，以备外地来援客兵之用。中户次之，下户只出一丁。所集义兵登城守堞，划地为信，搜杀奸细。各桥、道、扼要处派人昼夜巡视。乡间偏僻之处虽有五户人家也出兵参战，可见嘉定地方人民发动得非常充分。六月二十四日嘉定民兵首败清兵于此，并将李成栋的弟弟李成林杀死，逼迫李成栋军处于孤立绝境。他们自己也承认当时若几天不来援兵，就将全军覆没。七月一日嘉定共集乡兵10万人，再与清兵交战，由于不善战法而大败，被杀千余人，掳去妇女不计其数。七月三日，李成栋重新纠集各路兵马，用重炮攻城。时值盛暑，炎热之后是连日不停的大雨、暴雨，守城百姓立于雨中三昼夜，两眼溃烂，头晕目眩，全身沾湿，饮食断绝，守城义军纵然能忍炮打，但饥饿、寒冷、疲劳和瘟病逼迫人民难以支持。四日上午九点左右城被攻破。黄淳耀与侯峒曾自杀。李成栋率兵入城，以炮声为号，炮响兵丁即可肆意杀戮，大屠杀整整持续三日。清兵每遇一人就喊"蛮子献宝"，其人将腰中所缠全部献出，直到清兵满意为止。再遇清兵受到威胁勒索如前，但无宝可献。凡献不出宝或所献不多者，清兵挥刀就砍，连砍三刀。初砍一刀，被砍人还大喊，至第二刀之后声音微弱，后来虽乱砍下去，寂然不动。大街小巷到处是刀砍裂物之响，乞命哀号之声，嘈杂如闹市一般。清军共杀人无计其数，还有数不清的自杀者，到处可见悬梁者、投井者、断肢者、血面者，被砍而未死手足犹动者，血肉狼藉弥望皆是，投河者不下数千人。李成栋手下有一个把总叫徐贞甫，原系吴淞诸生。他以剃发为名，日出行劫，割人腹吃人心肝，动以百计。虽遇亲友也不放过，其父责备他，他毒杀更甚。嘉定地方数 10 里内草木尽毁。七月六日李成栋掠夺的金帛子女，及牛马豕羊等装满 300 艘战船离开嘉定。人民激于义愤再起乡兵护发。太仓奸民浦六以迎降得官，曾乘机抢掠，并劝李成栋再屠嘉定。离第一次屠城的七月四日不过二十余日的二十六、二十七日，嘉定的外冈与葛隆镇再遭屠杀。浦六发兵入乡打粮，日夜与兵丁共分财帛。乡里男女为避祸保命，用乱草蒙头伏入水中。嘉定一共遭到三次大屠杀，前后持续 70 余日，直至八月十六日吴淞百户吴之蕃起义失败后，远近各处开始剃发。

江阴，是江南地区反剃发抗清起义最早，也坚持最久的名城，而且也是斗争最坚决，死伤最惨重壮烈的城市，所谓"八十日带发效忠，十万人同心死义"。

清兵进入南京以后，武进入御史刘光斗被派往常州招抚。江阴属常州府，常州归顺的消息传到江阴，知县林之骥即于五月二十五日弃印逃走，县丞莫士英潜向刘光斗交献印册，并解送帑金表示归顺。六月二十四日清廷命知县方亨到江阴上任，仍是"纱帽兰袍，未改明装"，只带了二十几个家丁进入县署。当日有县中耆老八人入见，方亨命令各图造册献于府衙，转送南京。紧接着就有剃发之传言，民情开始惶惶不安。二十六日县令方亨正式传达剃发令，并称南京豫王命令，江阴限三日剃完。二十七日常州知府宗灏派满兵四人前来江阴督促剃发，并重申"留头不留发，留发不留头"的檄文。二十九日，数十耆老要求面见知县，呈请转报上级准予留发。方亨不但不准反而大骂不已。众耆老哗然而变态，指问他说："你是明朝进士，头戴纱帽身穿圆领，来做清朝知县，羞也不羞，丑也不丑！"言后散去。闰六月一日，方亨到文庙行香。诸生百余人及乡绅耆老百姓随至文庙，再次呈请留发，遭到了拒绝。方亨说："这是清朝的法律不可违背"。於是诸生许用便在明伦堂（文庙正殿）当众大呼："头可断发不可剃"。这一句话激发了人们的义愤，成为起义发难的战斗口号。当天下午城内集合万余人，鸣锣执械扬兵至县署，呐喊示威。第二天，四乡居民闻风响应，又聚众数万人。大家分编队伍树立旗帜，熟悉鸣金进止的号令，集合教场讨论战守。又设明太祖高皇帝位于明伦堂，共同推举典史陈明遇为首，誓众起义。义军将县令方亨下狱，杀郡城派来的四个满兵，这时满兵用苏州语乞求饶命。原来他们都是汉人，装成满兵模样，说满语、吃生肉、随地小便、席地而卧。如此更引起人民的愤恨。起义军发兵器搜奸细，令富室捐金助饷。当时乔居江阴的安徽富商程璧当即捐饷二万五千两。义军还请另一徽商邵康公为将。义军中又推出举人夏维新、诸生章经世管粮饷，贡生黄毓祺、诸生许用等30余人为参谋，合城男女一体抗清。闰六月八日，清军派郡城降将王良率水师500人来攻江阴，被乡兵战败于双桥。后来又派降将刘良佐前来攻城，久攻不下。于是刘良佐改变招术屡次进行招降。招降书中说："南北两直、川、陕、河南、山东等地方俱已剃发，只有江阴一处违背国家政令，难道你们不顾身家性命吗。"守城义军坚决地回答："虽然改朝换代，也不改衣冠文物旧制。剃发一令违背民意，所以阖城老幼誓死不从坚持不二。"七月初，江阴人民又敦请旧典史闫应元入城主持兵事，守城之志更加坚决。清兵在攻下嘉定松江之后，八旗贝勒博洛和尼堪（博洛是努尔哈赤之子阿巴泰的第三个儿子，克南京后与多铎分兵各半，多铎守南京坐镇指挥，博洛统兵南下取杭州定浙江，是南征清军的主帅。尼堪是努尔哈赤长子褚英的第三子，是子侄辈中沙场骁将），统领李率泰、土国宝、刘良佐、李成栋等南下大军 40 余万，将小小的江阴县城包围数十重。小小的江阴还惊动了朝廷，成了多尔衮推行剃发政策的强大障碍，多尔衮于是亲自写劝降书给江阴守城义军。书中说："明已灭亡，何苦死守。"守城的人们在其来书背后写上："愿受炮打宁死不降"几个字，仍用箭将书射还清军。于是清军又从南京运来 24 尊大炮助战。在数十门大炮的猛轰下，江阴城仍坚守了 80 日，于八月二十七日城被攻破。闫应元、陈明遇与许用等都战死。清军进城后屠杀了三日。无发者不杀，所以僧侣幸免。江阴人民在形势逼迫下走上了自绝的道路，男女老少赴水、蹈火、自刎、上吊者不能计数。城内外护河、泮河、孙郎中池、玉带河、涌塔庵池、里教场河处处填满，叠了数重。仅投四眼开者就有 400 余人。二十三日清军传令"满城杀尽，然后封刀"。城中百姓却以先死为幸，无一顺从者。中书舍人戚勋一家 37 口，举火自焚。留下遗书，大意说："不敢以殉难称大明忠臣，仅求完发为大明忠魂。"江阴一城死者 97000 余人，城外死 75000 余人。江阴城内活着的已没有几人，已是一座空城。九月初新县令临任，还有一些当初逃亡在外的人们，不得已陆续归家。他们站在废墟与遗骸面前不得不剃发归降。剃发之夕哭声遍野，都以不能保全发肤为恨。当时有人作挽诗吊祭死难亡灵："提起江阴城破日，石人也要泪千行"、"寄语行人休掩鼻，活人不及死人香"……。

与江阴同时起义的还有金坛、武进、嘉兴等地方。金坛属镇江府，距南京很近。清兵于五月十五日进南京，二十九日金坛即纳款归降。但当六月二十八日下令剃发后，形势陡然一变，昔日的顺民都成为叛逆。直至闰六月七日有市民 300—400 人，于县西北之慈云寺倡言举义，因无人主持兵事而散。郡城得知这个消息以后，立即引命船数艘巡回于城内，传下口令"一人不剃全家斩，一家不剃全村斩"。新任县令和县丞也随之到任。城中居民被迫剃发，但远近乡民乘清兵未及涉足之机揭竿而起，团聚于金坛、溧阳和宜兴交界处的洮湖与大环山，达数千人之众。起义乡民派人潜入县城，于九日夜焚毁县署，杀新任县丞。消息迅速传开，远近闻知为之大震。清军派刘良佐率兵2000前去镇压，经二十余日才平定下来。起义的领导者之一，丹阳诸生贺向俊被俘，不屈而死，年仅 19 岁。

闰六月十一日溧阳新县令朱某传剃发令，乡民多不从。有前明武进士钱国华聚众千余，举起明宗室瑞昌王的旗号，攻破建平，斩杀知县和衙役中的剃发者。又还军围溧阳，攻城不下，退归南山。清军派潘茂引清兵千余骑追杀过来，沿南山一路屠杀达百余里，积尸如山血流漂石。

武进，原为常州府治所在地。清兵至常州时，守备王之弼即献府印投降。清军命宗灏任知府，王任同知。六月末传下剃发令，如一石击水波浪翻腾。普通农民何敬义、何欲仁、莫大猷等聚众起义。何敬义率千人攻府衙，被清军所发铳箭击溃。何率仅剩下的 10 余人战斗到死。何欲仁与莫大猷分别率领乡民攻城西南和城东北。乡民们被清军所杀达数万人，何欲仁战死。其余乡众退入洮湖，与金坛、宜兴等义军汇合，继续战斗。

嘉兴是南京通往浙江的交通要道，豫王下南京以后，即派博洛统兵继续南下。六月九日赶到嘉兴，知府钟鼎臣开城门投降，居民争贴"顺民"二字于门。博洛在此驻兵三日以后，即赶往杭州。住在这里的清兵秋毫无犯，社会秩序正常。在清兵未到之前就有传言，清兵就要到了，清兵不杀、不淫、不抢、从俗不剃发。所以百姓们争相北望，盼清兵早到。至闰六月五日传下剃发令，与以前传下来的政令相反，为此人人疑惑、恐惧和气愤。数千人拥到衙署，对陈梧恳求说："怎么能得到将军一句话，能按最初的传令执行，存衣冠不剃发。"陈梧原为明朝总兵，受降后被派驻嘉兴，他也反对剃发令。所以回答说："这是上边传下来的，我的头发也将不存在了。你们能叛此制我听之任之。"这时民众中一人大喊："一定要剃我的头发，我就反了怎么样。"陈梧回答说："谁教你不反！"于是乡民们闻风而动，城内外数千人一起去请乡绅，前翰林屠象美、兵科给事中陈毓新等，请他们出来主持起义之事。七日首领陈梧与屠象美率起义乡民盟誓于大察院，杀新任秀水知县胡之臣（秀水县治所设在嘉兴城内），据城起义。前明兵部主事钱棅出卖家赀捐助军饷。钱棅的行动无疑是对起义军的极大鼓舞。屠象美从袖中抽出伪诏，诈称奉潞王之命起兵，命城内 24 坊每家出一兵。民户中有人惧怕起义躲避不出兵，众人抄抢其家财，在其门上写"逃民遗房入官"即没收其房屋。经过这样的组织和准备，几日之间聚众三万余人，人们持木棒举竹竿，或有人将寸铁绑缚在竹梢上，准备迎战清军。嘉兴所属嘉善县乡民闻风而动，杀了新任县令吴佩，举起义旗。海盐与平湖两地也于闰六月八日同时起兵响应。平湖缙绅仇长圩、陆清源出首聚众，斩杀新任县令朱图隆。海盐商民王有虞曾聚众于太湖，闻讯后立即率大船 80 余艘，兵 2000 余人，捕捉海盐新县令陈子杰，十二日入据县城，与起义兵会合。嘉兴地区各支义军的建立造成了很大声势，清军为之震动，博洛自杭州发骑兵数百人来攻嘉兴。十三日清兵与义军在三塔湾一战，义军败下阵来，屠象美、李毓新为乱兵所杀，嘉兴被围。紧急时刻，生员郑宗彝祖露臂膀呼吁市民，又集众数千人，坚持守城 16 日。海盐、平湖等地的起义乡民相继来援，义军列营于城下达 10 万余众。驻在杭州的博洛闻讯后又遣披甲精兵 3000 骑来攻城。二十六日嘉兴城被攻破，陈梧逃至平湖，郑宗彝战死。城中居民逃出者仅占十之二，未及逃出者十之七、八。间有少数人剃全发避于佛寺得保了性命，还有 300 余人自己绑自己到狱中，谎称罪囚以保性命。其余的人被清军尽行杀戮，血满沟渠尸集巷里。平湖坚持守城至七月二十三日，城破市民也遭屠杀。

海盐闻嘉兴、平湖县被屠城，地方乡绅出面与被执知县陈子杰商议，请他劝止清兵。二十七日乡绅市民迎陈子杰到县衙复任。这样海盐暂时没有遭到清兵的屠杀，但清兵限三日剃完回报，远近乡民仍不愿剃发，八月二十二日清兵再次来到海盐，屠杀不肯剃发的人民无计其数。

上海县原是不大的地方，明朝属松江府。清军攻下南京以后，也像苏州、常州一样举城归附。闰六月初剃发令下达以后，各地组织起义抵制剃发。上海市民杀陶照磨据城起义，上海起义是由库生孔师倡言拜空教组织的，几日之间聚众千人，远近响应者达十万余众。清军闻松江府民起义据城抗清，派李成栋、土国宝于八月三日来攻松江府城，城破后尽屠生灵，城内士民十不脱一，死者 2 万余人。九月二十日李成栋又统兵前来镇压孔师，从川沙南门外开刀杀起，不分男女老幼，直杀到南江，孔师战死。自此上海市民被迫剃发。

在"留头不留发，留发不留头"的政策下，江南地区的人民为了护发，进行了艰苦卓绝的斗争，也付出了无计其数的牺牲。而对于保留了性命被迫剃发的人怎么样呢？他们庆幸自己吗？据史料记载，保留了性命的人饱受着深深的痛苦。剃发后有人抱头痛哭，有人不出门认为耻于见人，也有人连日不归还希图躲过剃发之难，结果损失更大。清人姚廷遴追记当时的情况时说:"我这时是刚刚把蓄留的头发扎起来的年纪(幼童时期),见到大人剃发都是失形落色的样子,秃顶光头似乎很悲惨,还有人哭泣。因为怕剃头,有人连日不回家,不料家中被贼挖墙进入,盗窃一光。为此请母亲回家守护,锅灶碗杓之类重新备起,如同新建立的家庭一般。自此而新朝建立,自此而国运鼎新,自此而辫发小袖。完全是另一番世界。"

自清廷再传剃发令后,江南各地纷纷举起义旗,进行了波澜壮阔的反剃发抗清斗争。关于这一段历史,在保存到现在的史料中俯拾皆是,以上所述仅是史料记载的一部分,充分反映了当时的状况。

当时的清帝国已不可能封闭很严,许多外国传教士深入到中国本土的各个地方。在这些人的著作中,记载了他们目睹的江南地区反剃发抗清斗争。下面略述一二,以作为这段不平常历史的佐证。

有一位意大利传教士,名字叫马丁诺·马蒂尼,他的中国名字叫卫匡国,字济泰。他于 1643 年经印度来中国,流寓各地。在他的著作《鞑靼战纪》中这样写道:"鞑靼人对服装和头发的式样要求很严格,谁不接受这种装束就被判为最大的叛国罪。这个法律多次使他们陷于危险,打乱了他们整个计划。中国人为保护他们的头发和服装所表现出的悲愤和战斗勇气,甚于保护国家和皇帝。他们往往宁愿掉脑袋也不愿意遵从鞑靼风俗,如果不是要写得简明扼要的话,我能叙述很多这类事例。但是这些小摩擦没有阻止鞑靼。在不到一年的时间内占领了直隶、山西、陕西和山东,这四个华北最大的省。"卫匡国这样记述扬州遭到的洗劫:"这些地方中有一座城市英勇地抗拒了鞑靼的反复进攻,那就是扬州城。一个鞑靼王子死于这座城下。一个叫史阁老(即史可法)的内阁大臣守卫扬州。他虽然有强大的守卫部队,最后还是失败了。全城遭到洗劫,百姓和士兵被杀。鞑靼人怕大量死尸污染空气造成瘟疫，便把尸体堆在房上，城市烧成灰烬，使这里完全变成废墟。"在他的记载中，在杭州保卫战失败后，死于水中的人比死于刀和弓箭的人还多。很多人头朝下跳进巨大的钱塘江。一部分人想乘船逃跑，船超过了载重量，在江中沉没。没有乘上船的人们惊恐慌乱地逃到江岸边，你推我搡地掉到无情的水波中。杭州人之所以付出了数以千万的牺牲，完全是由于剃发令的宣布。因为最初"鞑靼人并没有碰到抵抗就占领了这座城市，他们可以同样轻而易举地占领浙江南部的所有其它城镇。但是，当他们宣布了剃发令之后，士兵和老百姓都拿起了武器，为保卫他们的头发拼死斗争，比为皇帝和国家战斗还英勇。不但把鞑靼人赶出了他们的城市，还把他们打到钱塘江，赶过了江，杀死了很多鞑靼人。实际上，如果他们追过江去，也许会收复省城和其它城镇，但他们没有继续发展胜利，只是满足于保住了自己的头发。"

彼时在中国的传教士不止卫匡国一人，能够提供佐证，证明汉人为反对剃发进行的英勇斗争，和满洲贵族靠惨绝人寰的大屠杀来推行剃发政策的历史事实也不止《鞑靼战纪》一书。为省篇幅不能一一列举。

从上述事实看到，江南地区的反剃发抗清斗争反映了下面几个问题。

第一，明清易代对汉人来说是能够接受的社会变迁，唯有剃发一事难以接受，甚至至死不肯接受，所以促成民众一呼百应揭竿而起的反抗斗争。

第二，江南地区的反剃发斗争是民众自愿、自发的，而且不分军民士庶、缙绅奴仆、城乡贫富，是汉民族全体参加的斗争。自发性和民族性是这场斗争的组织特点。

第三，汉人的分裂和斗争的分散，是斗争失败和剃发政策最终得以实施的原因。在满洲贵族导演的剃发屠杀的历史悲剧中，每一个汉人，都面临着民族尊严、大义与民族屈辱、私利的选择，每一个人也由于本性不同而扮演了不同的角色。许许多多知名的和不知名的义士和英雄们，在反抗暴力的斗争中倾家荡产，流血捐躯，共同谱写了一曲战歌。也有同他们相反的一部分人，像李成栋、刘良佐、浦六等降军降将，贪图功名利禄，不仅屈服于满洲贵族，更重要的是对百万同胞大施屠戮。当八旗军急于追击南下溃逃的明军和在浙江的鲁王与福州的唐王政权时，对广大地区民众的反抗斗争尚无暇顾及。而正是李成栋、刘良佐等充当了八旗兵的帮手，成为镇压和屠杀反剃发抗清民众的刽子手。清军对江南地区下传的剃发令，对各府县来说时间前后不差几日，有的几乎同时传到，各地城乡民众的斗争也几乎同时兴起，但是由于互相联系不够，没有统一指挥和布署，给清军以各个击破的机会，导致斗争的一个个失败。

中華藏書

大清十二帝·最新整理珍藏版

中国书店

六二八

中国书店

第三章　多尔衮专政

一

　　人心难一，尤其是在统治集团内部斗争上，忠贞不贰，不屈于威武，不淫于富贵者太少，更多的人是只求保全身家性命官职庄园，少数人还因贪图富贵荣华而背叛故君，改事新主，哪能永远团结在一起去反对权大之人！顺治初年的政局，正是这样变化的。

　　图赖、索尼等人怕睿王搞鬼，毁誓专权，不利幼主，又单独搞了一次集会盟誓。然而他们低估了睿亲王多尔衮的才干、抱负和野心。此人之聪睿机智果断，远逾其他任何一位王公。他十七岁时即以初次从征便身手不凡立下功勋，而被兄汗皇太极赐予"墨尔根岱青"之尊号。十七年来，他凭着非凡智谋和英勇，战胜各种困难，历经风险，屡建功勋，从一个普通的贝勒高升为一帝之下万人之上的和硕睿亲王，并于此时为多数王公大臣公认为是最好的皇位继承人，他能坐视此难遇良机一去不复返吗？他能因曾立誓而放弃多年以来的愿望甘心久居人下吗？当然不会。他是为了避免出现白黄四旗火并损害清国元气和两败俱伤的悲惨结局，而果断地明智地采取了暂时后退或明退暗进以退为进的"挟天子以令诸侯"的策略。而这位号称至尊无上的新君福临，不过是一个衣食于乳媪的小小儿童，生活都不能自理，哪懂得什么治国平天下或争权夺利之事！多尔衮完全可以将幼君玩弄于手掌之中，借幼君这个招牌，来达到多尔衮想做的事。而这位胆小易变的郑亲王虽名列多尔衮前，怎经得住他的步步进逼和无敌之计，要不了多久，郑亲王就会甘拜下风，听任他的摆布。两黄旗二百多员大臣、侍卫气势汹汹的盟誓，也没有什么了不起，三两月内，一二年间，就会分崩离析，一个一个地拜倒在多尔衮的脚下，任凭他驱使差遣！

郑睿二王立誓秉公辅政听从众议之后不到四个月，崇德八年十二月十五日，郑睿二王已由辅政王变成了"摄政王"，并传集八旗王公大臣，先对各大臣宣告说："前者众议公誓，凡国家大事，必众议金同，然后结案。今思盈廷聚讼，纷纭不决，反误国家政务。我二人当皇上幼冲时，身任国政，所行善，惟我二人受其名，不善，亦惟我二人受其罪"。我二人"既已摄政，不便兼理部务。我等罢部事，而诸王仍留，亦属不便，今概行停止，止令贝子、公等代理部务，尔大臣以为何如？"这段话的最后一句，形式上虽是用的询问方式，征求意见的方式，但具有明确的倾向性，结论不攻自破，要取消两位辅政王"听从众议"的誓言，军国大政不由八旗王贝勒贝子公集议，而由郑睿二王独断，并且还要改变已实行十余年太宗手定诸王分管部院的祖制，各部大臣直接听命于摄政王。照此做去，大清国就是郑、睿二摄政王的天下，各王的权力受到很大的限制和削弱。这样违背誓言变更祖制的做法，本来应当受到八旗王公大臣的反对，但不知是什么原因，各大臣却完全接受了，恭敬地回答说："王所虑诚是"。于是，郑睿二王又将此意谕告肃王豪格、豫王多铎及其他贝勒，王贝勒虽然很不满意，但又不敢公开反对，只好答称："伏思皇上冲年，初登帝位，我等正当各勤部务，宣力国家，以尽臣职。今王等之言若此，谅出万全，岂不筹维至当而为此言乎！众皆定议以为然，我等无不遵者。"不满、勉强之意溢于言词。然而多尔衮不管这些，只要你们同意，达到了目的就行了。于是就此定议，并进一步取消了贝子、公对部务的管理。

过了两天，八月十七日，郑睿二摄政王又谕都察院各官：尔等俱系朝廷风纪之官。向来诸王、贝勒、贝子、公等办理国政及朝谒勤惰，原属吏部稽察，今官员听吏部，"王贝勒等应听尔衙门稽察，有事应纠参者，须据实奏闻，方为称职"，不得瞻徇隐匿。两位摄政王与诸王贝勒之间又拉开了一段距离，摄政王地位又高了一些，权力又大了一些。

过了二十几天，顺治元年（1644年）正月二十日，摄政和硕郑亲王济尔哈朗传集内三院（即内国史院、内秘书院、内弘文院）、六部、都察院、理藩院堂官，谕告他们说："今后，凡各衙门办理事务，或有应白于我二王者，或有记档者，皆先启知睿亲王，档子书名，亦宜先书睿亲王名，其坐立班次及行礼仪注，俱照前例行。"这样，离太宗去世不到半年，多尔衮已成为大清国主持国务之首席摄政王了，与当初诸王贝勒公议以郑睿二王"辅政"，差距何其悬殊。但事情并未了结，多尔衮还在采取各种措施，加速向独掌大权迈进。

顺治元年四月初一，因固山额真何洛会等讦告肃亲王豪格于摄政二王，八旗王、贝勒、贝子、公及内大臣会审此案。多尔衮既而以其罪过多端，岂能悉数，姑置不究，遂释之，夺所属七牛录人员，罚银五千两，废为庶人"。固山额真俄莫克图、护军统领内大臣杨善（费英东之侄）及其子内国史院学士甲喇章京罗硕和甲喇章京伊成格，"坐附王为乱，不行出首"，处死。籍没杨善、罗硕家产，赏与"为国效力"的图赖，籍没俄莫克图、伊成格家产给与何洛会，"以谭泰、图赖、索尼为国尽忠，致为恶党所仇怨"，予以嘉奖，并各赏一副金副玲珑鞍辔、马一匹及银二百两。

这件大案表明了五个问题。第一，肃亲王豪格怨气冲天，对睿王极为不满，一而再再而三地诅咒睿王多病，非有福之人，而系有病之人，不久即将夭折短命。第二，肃王心犹未死，对失去帝位悔恨不已，多次与亲信近臣密议，欲图结交大臣。第三，豪格用人无方，识人不明，索尼、图赖对先帝太宗和幼君福临忠贞不贰，图尔格、塔瞻亦能固守盟誓效忠新君，豪格却辱骂他们背叛故主，投靠睿王，而对何洛会这样的变色虫则信赖无疑，多次对其泄漏内心愿望，人妖颠倒，忠奸不分，岂能不败。第四，轻过重惩，睿王权势激增。何洛会等人的讦告，最多只能说明肃王有怨言，不满睿王，谈不上密谋为乱，而八旗王、贝勒、贝子、公及内大臣却给其加上"乱政"、"悖乱"、"为乱"、"罪过多端"的大罪，将其幽禁，后虽释放，又夺其牛录，废为庶人，实为过甚。这既表明睿王想藉此机会除掉最有威胁的政敌，也反映出此时多尔衮势力已大大超过八个月前议立新君之时，能够迫使其他王、贝勒、贝子、公附合己意，其结果必然会进一步扩大自己的权势。第五，睿王善于乘虚而入，争取臣将，区别对待。他重赏背叛故主的何洛会，后又多方关照重用，擢内大臣、盛京总管，授定西大将军，封三等子，使其成为自己的亲信。对曾参与六大臣盟誓的图赖、索尼、谭泰，嘉其"为国尽忠"，"为国效力"，赏赐鞍马，后还将因罪革职入狱的谭泰释放复官，且晋授征南大将军，封一等子，使其完全背叛了幼君，成为己之亲信大臣。五点集中为一，睿王多尔衮现在已成了实际主持朝政的第一摄政王。

此后，多尔衮利用统军入关，定鼎中原的特大功勋，并多次压抑惩处忠于少帝的两黄旗大臣，革图赖之子辉寒

中華藏書

第三卷 一心向佛，遁入空门

中国书店

六三一

所袭亡父的一等公爵，革三等公图尔格之子科布梭所袭父之爵职，削索尼官职，籍没其家，将其充发盛京，降护军统领巴图鲁鳌拜之一等子世职为一等男，论死赎身。他一再超擢己之亲信，曾系拥立肃王之六大臣成员锡翰、巩阿岱及其兄拜尹图，因背叛故君谄媚睿王，分别从闲散宗室晋封至多罗贝勒和固山贝子。以正黄旗一等侍卫冷僧机背主媚己，授内大臣，从三等男晋至一等伯。对本旗正白旗之大臣罗什、博尔辉、锡图库等亲近大臣，亦宠信擢赏，委以要任。他还将迎合自己的宗室贝子尼堪、博洛晋封至亲王，并委任二人及礼烈亲王代善之子和硕亲王满达海为理政三王。他对亲弟豫亲王多铎十分赞赏，封其为"辅政叔德豫亲王"，并收其子多尔博为己之嗣子。对政敌肃亲王豪格，则罗织罪名，将其削爵籍没幽禁至死。对支持肃王豪格的摄政和硕郑亲王济尔哈朗亦多方排斥，罢其摄政辅政，给其定上悖乱之罪名，一度降为郡王。

这样一来，仅仅经过五年多的时间，多尔衮已完全达到排除异己，委任亲信，全面掌握军政大权的目的，并一再增上尊号，顺治元年晋"叔父摄政王"，二年晋"皇叔父摄政王"，顺治五年再尊为"皇父摄政王"，成为大清国真正的最高统治者。

二

幼主福临的安危，在顺治初年取决于三个因素，一是两黄旗大臣的效忠，二是叔王摄政和硕郑亲王济尔哈朗的支持，三是兄王豪格的威权。其中，豪格权势的消长，对政局对少年天子的影响，更为重要。因此，多尔衮对豪格也就特别防范和压抑。

就在顺治元年（1644年）四月出兵攻明之前夕，豪格被多尔衮罗织罪名，削爵，籍没七牛录，废为庶人。然而多尔衮此时还不能任意诛戮，还不好命令豪格留居盛京闭门思过，豪格得以随军从征，为入主中原立下了军功。

顺治元年十月，幼主福临从盛京迁居北京，再次举行登极大典，封赏功臣，大赦天下。在这样形势下，多尔衮也不得不对豪格有所表示，遂下帝谕，复封豪格为肃亲王。

豪格虽然复爵，但他心里十分清楚，前途仍是凶多吉少，因而做事小心翼翼，尽力效劳。顺治三年，他被多尔衮派去四川攻打大西农民军时，率军猛烈冲杀，利用农民军叛徒刘进忠的归顺和引导，疾驰数百里，乘敌不备，突袭西充，击败大西军，射死张献忠，连陷州县，夺据了四川。然而，再大的功勋也改变不了摄政王对自己的看法，且为陷害肃王提供了个藉口。顺治五年正月，豪格从四川返京，三月初六就被下狱惩治。

罪状只有两条，一是三等梅勒章京希尔艮与护军统领阿尔津、苏拜争功，豪格未予审理，二是豪格欲将机赛升补护军统领。于是八旗王、贝勒、贝子、大臣会议审理后奏称：豪格隐蔽希尔艮冒功事，"旧念未除"，"因杨善为伊而死，欲升其弟，乱念不忘"，虽皇上三降谕旨斥其不应升补机赛，"犹不引咎"。因此，"诸王贝勒人人愤怒"，豪格"如此怙恶不悛，仇抗不已，不可复留"，应处死。多尔衮谕令免死幽禁，"夺其所属人员"。

豪格遭此不白之冤，怒气冲天，看守人役又对他百般凌辱，甚至很可能是谋害，使豪格很快就含恨而死，享年不过四十岁。豪格之嫡福晋博尔济锦氏系多尔衮元妃之妹，也难逃灾难。顺治六年十二月多尔衮之元妃去世，第二月即顺治七年正月，博尔济锦氏被多尔衮逼纳为妃。

兄王之冤死及亲嫂被多尔衮霸占，必然会使少年天子福临震惊不已，曾经立下赫赫战功的开国亲王，就这样一瞬间被废为庶人，下狱致死，他这位十一岁的小皇帝能平安无祸吗？何况就在兄王冤死的这一年，又发生了所谓"太后下嫁"和多尔衮称"皇父"这两件大事！

如果说，孝庄后与多尔衮之间可能有暧昧关系，那也只是太后为谋巩固帝基而采取的一种策略，是出于政治上的考虑。说得更明显一些，孝庄后之举，是迫于无奈，此中苦辛，向谁诉说！身为号称至尊无上的天子福临，对此能不痛心疾首！但他有什么办法！他自己不也是危在旦夕吗！

顺治七年（1650 年）七月初十日这一天，对年方十二岁半的幼君福临来说，是一个令他极为愤恨、极端惊骇、万分不安的大凶之日。当他正安坐宫中之时，突然族叔固山贝子锡翰、内大臣二等子冷僧机、内大臣席纳布库等摄政王多尔衮亲信，匆匆进入殿内，不容细说，便拥着幼帝出宫，"驾幸"摄政王府，并让帝恭问皇父摄政王安康，慰其新亡元妃之哀痛。原来，此事系由"皇父"所引起的。

这一日，锡翰等前往王府，摄政王大发怨言，说什么"顷予罹此莫大之忧，体复不快"，幼主"宜循家人礼"来府探望。王又指责锡翰等系亲近大臣，皇上虽年幼，尔等岂不知应该如何做？因此，锡翰等立即进宫，带帝往王府慰问"皇父摄政王"。

十二岁半的福临回宫之后，静坐苦思，心乱如麻，无比愤怒，又胆战心惊。今日之事，欺人太甚。多尔衮权势再大，哪怕又有"皇父"之尊号，但毕竟还是皇帝之臣，按道理说，无权也不应该随意暗示，要帝去探问，而且要行"家人礼"，即要行父子之礼，要号称至尊无上之天子以子事父之礼慰问"皇父"。这未免太狂妄太僭越了。何况，多尔衮之藉口又太缺乏根据，所谓"顷予罹此莫大之忧"，不过是指其元妃于去年十二月病故之事，可是，妻骨未寒，多尔衮即于次年正月纳肃亲王豪格之嫡福晋为妃，而且于八旗广选美女，向新附之喀尔喀索取有夫之妇，又迫令朝鲜国王送公主来京，于五月连仪式也来不及举行，就和公主同了房，这正是他姬妾成群日夜狂欢之时，哪能说什么"莫大之忧"！这不过是一个藉口，藉此来显显"皇父"之威风，来威慑幼君而已！这样完全仰于"皇父"鼻息的儿皇帝，有什么当头！

不仅如此，福临又回想起七八年来的遭遇，一桩桩一件件令人发指、心酸、惊恐、胆寒之事，情不自禁地涌上心来。七年前，他的兄王豪格被废为庶人，后才复爵，而且正当他这位六龄幼君入主中原，再次举行登极大典，被尊为九州共主之时，皇十二叔英亲王阿济格竟敢称他为无知幼童，且犯下这样大不敬之罪，却未受重惩。两年前，他的兄王豪格被削爵籍没，冤死狱中，嫡福晋被摄政王霸占。母后处境艰难，有苦无处诉说，母子分居，一月之中，只能相见一次，多尔衮被尊为"皇父摄政王"。叛臣锡翰、巩阿岱忘了先帝洪恩，背叛幼主，投靠睿王，为其爪牙，竟敢对幼帝肆意讥讽，讥帝懦怯不习骑射，毫无人臣之礼。尤其是随着多尔衮的称"皇父"，完全以朝廷自居，令群臣伺候府前，调兵信符及赏功册皆驻王府，天下只知有摄政王，哪知有帝。此时，多尔衮既收亲弟豫亲王多铎之子多尔博为已嗣子，又取亲兄英亲王阿济格之子劳亲为养子，兼之，姬妾成群，若生一男，未见得就不会废帝自立。帝之处境怎能不险！

回想这七八年来发生的一幕幕令人胆战心寒的往事，看看今日多尔衮独掌大权，两黄旗大臣分化瓦解，多为睿王收买和威慑，寡母幼儿谁来保驾，十二岁多的福临真是危如累卵了。出路何在？绝境何时能完？弑君夺位大祸何日突然降临？福临对此是既不敢想又无法不想，他只有听天由命了。

中華藏書

大清十二帝·最新整理珍藏版

中国书房

第四章　独掌乾纲

一

顺治七年十二月初九日，多尔衮病逝于喀喇城。多尔衮的死事出突然，从而使福临亲政意外地提前了。

正月十二日，福临御太和殿宣布亲政，诸王群臣上表行庆贺礼。这一年他虽仅有十四岁，但"坐殿上指挥诸将，旁若无人"。同时，颁诏大赦天下。

诏曰："朕今躬亲大政，总理万机，深思天地祖宗付托甚重。……一应满汉内外文武大小官员皆有政事兵民之责，务各殚忠尽职，洁己爱人，任劳任怨，不得推避，天下利弊必以上闻，朝廷恩意期于下究，庶政举民安，早臻平治。凡我民人宜仰体朕心，务本兴行，乐业安生共享泰宁之庆。"

诏内"合行恩赦事宜"凡十六款，主要有：恩赏王公、封赠官员；赦免"十恶"及隐匿逃人以外之罪犯；减免当年钱粮；增加当年乡试中额，次年取中进士名额；盗贼改过就抚者赦罪，等等。

从此以后，顺治帝便开始了自己将近十年的亲政生活。

出于巩固自己地位的需要，二月二十一日，福临最终以皇帝的名义颁谕,追论多尔衮罪状,昭示中外,"罢追封、撤庙享、停其恩赦"。

多尔衮虽遭身后之罚,但其在朝中的势力仍不可轻视。消除其影响,收回被分散削弱的皇权,确实是很费周折的一件事。福临亲政之初,为处理纷繁的日常政务,曾下令"复用诸王"于部院。其中被多尔衮严重打击的郑亲王济尔哈朗开始握有重权,他趁多尔衮之死,立即掌管起日常政务的处理。但这时福临的注意力集中于如何翦除多尔衮的亲信余党上。首先,顺治帝将曾被多尔衮迫害过的朝臣恢复名誉和地位,其中最重要的是为自己的兄长豪格平反昭雪。二月二十七日,封故肃亲王豪格之子富寿为和硕显亲王,增注其父军功于册,并说:"睿王心怀篡逆,尔无故被害,朕亲政之后不胜追痛。富寿尔系朕亲兄之子,推恩封尔为和硕显亲王。"八月二十三日又重新恢复肃亲王豪格爵位,并在其墓前建碑纪绩。碑文中说到:"值睿王专政启衅,遽加以罪名,辄行拘系,抑勒致死。朕知尔无罪,不胜悼念。"

顺治帝还宣布从前曾被多尔衮处分的遏必隆、希尔良、希福等人皆属冤枉,并各复世职,还其家产。同时还不断通过对一些朝臣的加封晋爵,以激发他们对亲政皇帝的忠诚。如正月二十日,加封镇国公巩阿岱、锡翰俱为固山贝子;二十九日,又晋封端重郡王博洛、敬谨郡王尼堪俱为和硕亲王;继而又封满达海为和硕巽亲王,多尼为和硕信亲王。

与此同时,福临继续打击多尔衮的亲信,以期彻底消除其生前追随者在朝中的影响。顺治八年闰二月二十八日,顺治帝下令处死曾谄附多尔衮而又握有实权的大学士刚林、祁充格。刚林以其"谄附睿王,一切密谋逆迹,皆为之助"等罪,被处死,家产籍没,妻子为奴;祁充格因在所有问题上"无不与刚林同预逆谋",亦同样被处死和籍没。

顺治八年八月十七日，顺治帝又将曾谄附多尔衮的固山额真、吏部尚书谭泰，以"内任己意，外则矫旨而行"，"谕以事当如此，伊即厉色争胜"，"六部之事无不把持"，及行猎时对上不恭等十几条罪状，著即正法，籍没家产，其子孙从宽免死为民。

同年十月，顺治帝又令阿济格自尽。事情缘于阿济格在九月三十日曾对监所中的看守说："闻将吾一子给巽王，一子给承泽王为奴，诸妇女悉配夫，吾将拆毁厢房，积衣举火。"说罢不久，即传出拆房的声音，监守遂将发生的情况向朝廷做了报告。顺治八年十月十六日，顺治帝令其自尽。

顺治帝通过这一系列的措施，沉重打击并消除了多尔衮的势力，从根本上稳定了政局。

二

福临亲政后不久，皇太后就谆谆教导说："为天子者处于至尊，诚为不易，上承祖宗功德，益廓鸿图；下能兢兢业业，经国理民，斯可为天下主。民者国之本，治民必简任贤才，治国必亲忠远佞，用人必出于灼见真知，莅政必加以详审刚断，赏罚必得其平，服用必合乎则，毋作奢靡，务图远大，勤学好问，惩忿戒嬉，倘专事佚豫，则大业由兹替矣！凡几务至前，必综理勿倦。诚守此言，岂惟福泽及于万世，亦大孝之本也。"

福临是位刻苦学习，励精图治的帝王。他时刻牢记母亲的教诲，从来不敢懈怠。为了克服阅读汉文奏章的困难，不断了解治国之策，他自亲政后便发愤读书。福临自己曾说："朕极不幸，五岁时先太宗早已晏驾，皇太后生朕一身，又极娇养，无人教训，坐此失学。年至十四，九王（指多尔衮）薨，方始亲政。阅读诸臣奏章茫然不解，由是发愤读书。每辰牌至午理军国大事外，即读书至晚，然顽心尚在，多不能记。逮五更起读，天宇空明始能背诵。计前后读书读了九年，曾经呕血。"他还在座右自书道："莫待老来方学道，孤坟尽是少年人"，以警自励。

福临博闻强记，喜爱诗赋戏曲，每遇绝妙辞章，则赞赏不已。他在读完金圣叹所批《西厢记》、《水浒》后，对金圣叹做出"议论颇有遐思，未免太生穿凿，想是才高而见僻者"的评论。

他时常牢记自己的君主身份，对经书也下了不小的功夫，对历代兴亡盛衰的历史更是加以留意。在读书中，他善于思索，并常常学以致用。大量的汉文典籍对他的思想和行为影响极深，使他从中受到汉文化的熏陶。在研读典籍中，他对孔子、朱元璋以及朱由检都发生了极大兴趣。从这几位人物的思想活动中，他悟得了治国安民的道理，形成了自己的治国思想。在以"文教治天下"方面，他的行为既远远超过他的前辈，又深深影响他的后人。

他亲政后，是很想努力有一番作为的。希望能广开言路，上下通达。福临经常鼓励臣下如实奏言，以便了解各方面的真实情况。在顺治十年正月初四日，他对内三院的大学士们说："朕一日万机，岂无未合天意、未顺人心之事，良由诸臣畏惮忌讳，不敢进谏耳。朕虽不德，于古帝王纳言容直，每怀欣慕。朕躬如有过失，诸臣须直言无隐。即偶有未合，不妨再三开陈。庶得省改，力行正道，希臻治平。进言切当者，必加旌奖；言之过戆者，亦不谴责。"并要求他们把自己的意思传达给其他官员。

顺治十二年正月十九日，福临晓谕吏部："朕已广开言路，博询化理。复念天下之大，民情土俗，所在不同。地方各官身亲实历，凡兵民疾苦，政事利弊，必皆灼知于心，耳闻目见，最为真切。今文官自督抚以下，知府以上；武官自提督、总兵官以下，副将以上。管辖之内，职掌事宜，向来积弊，何以得清。见今整顿，如何而可，俱著详切，直陈无隐，以资采用。"

同时又谕吏部、都察院及科道官员，他说："前曾有旨命言官直陈时事，无论当否，概予优容。后乃分别是非，间有谴谪，致生疑畏之心。章奏敷陈，未免瞻顾，兵民疾苦，不得上闻。今广开言路，博询化理。凡事关朕躬者，何令不信，何政未修；诸王贝勒，办事诸臣，旷职之愆，丛弊之处；及内外各司，何害未除，何利未兴，各据见闻，极言无隐。须详明切实，庶便览观。一切启迪朕躬，匡弼国政者，所言果是即与采用。如有未当必不加罪，毋得浮泛塞责，负朕求言之意。"

顺治十二年三月初二日，顺治帝再次告谕吏部等衙门："屡经降渝求言，盼有嘉言良策，得其整顿补救之方"。然"详明切实者寥寥无几，大率抄袭旧言，虚应职掌"，"甚负朕虚怀求言至意。自今以后，凡有敷陈，必实切国家之大政，确指兵民之利害方许进奏，毋得浮泛雷同妄行渎奏。"

顺治十七年五月二十五日，顺治帝以"上天示儆，亢旱疠疫，灾眚迭见，寇盗未宁，民生困瘁，用是痛加刻责，实行省改"。谕各衙门恳求直言，命部院官就目前政务关系国计民生利害所在，急当兴革者据实条奏。"科道各官尤当尽言无隐，即朕躬阙失，亦直言无讳，朕不惟不加罪，并不芥蒂于心。"同时决定宽免从前因建言得罪流徙降革等官，要求吏部详察职名事迹开列具奏。不久，因上言而得罪皇上的李呈祥便被免罪释回。

尽管如此，顺治帝仍未能如愿得知真情，还是"近见人告章疏，多撷拾浮泛修饰繁辞。开列款数，沽名塞责，不惟无裨治理，反使虚文愈增，稽误正务。其于朕躬阙失，并内外满汉大小臣工结党徇私，贪赃坏法，以及豪右侵渔，商市强霸，一切蠹政害民之事，未见确有指陈，殊负朕省改咨询实意。”

虽然顺治帝在他亲政期间一直未能达到集思广益、言路广开的目的，但在求言询谏方面，福临确实还是进行了不少的努力，采取了一些措施。

福临甚至对敢于直言无隐，犯颜进谏者，有时也能有所宽容。

顺治十二年二月初六日，户科给事中朱之弼上疏痛陈时弊，他十分尖锐地指出："今日之病在六部，六部之病在尚书；尚书之病在推诿，推诿之病在皇上不择人，不久任，不责成效，不定赏罚。"朱之弼在奏疏中把官僚衙门的种种弊端，毫不客气地统统归结为皇帝的用人不当、赏罚不明。福临虽一时感到很难堪，但由于是自己求谏在前，也只好表示接受，并表示"自后务必整肃一新"。

三

福临亲政之时社会很不安宁，各地抗清斗争此起彼伏。其中南明永历政权得到大西农民军余部孙可望、李定国等的支持，在云、贵、两广一带活动；郑成功率部坚持在闽、浙沿海一带斗争。这两股最大的抗清势力，不断威胁着清朝的统治，清兵在战场上失利的警报不时飞向朝廷。福临亲政的第二年，定南王孔有德失守桂林自杀，敬谨亲王尼堪遇伏衡阳身死，震惊朝野。

当时国内各种矛盾错综复杂，而民族矛盾尤为激烈。因而福临感到巩固统治的当务之急是收拢人心，安定社会。为此，他努力推行教化，以加强思想统治。

福临膺服孔子，号召臣民尊孔读经，提倡忠孝节义。他亲政后的第二个月，即遣官赴孔子故乡阙里祀孔子。他认为"治平天下莫大乎教化之广宣，鼓动人心莫先于观摩之有象"。于是，他主持编修《资政要览》、《劝善要言》、《范行恒言》、《人臣儆心录》等，均亲自撰写序言。

其中他在顺治十二年编成的《资政要览》一书的序中写到："朕惟帝王为政，贤哲修身，莫不本于德而成于学，如大匠以规矩而定方圆，乐师以六律而正五音。凡古人嘉言善行载于典籍者，皆修己治人之方，可施于今者也。"顺治十七年二月，他又将翻译成满文的《三国志》颁赐诸王以下、甲喇章京以上的满族官员阅读。

顺治十二年正月二十六日，顺治帝命设馆编成《顺治大训》一书，其中将忠臣义士、孝子顺孙、贤臣廉吏、贞妇烈女及奸贪鄙诈、愚与不肖等分门别类编辑，以作为世人行为的衡量标准。同年三月他谕礼部说："朕惟帝王敷治，文教是先，臣子致君，经术为本"。"今天下渐定，朕将兴文教、崇经术以开太平，尔部即传谕直省学臣训督士子，凡六经诸史有关于道德经济者，必务研求通贯，明体达用。"要求各地士子一定要研求经学，博古通今。并提出"明体则为真儒，达用则为良吏"，号召全国内外大小各官留心学问，研读经书。

顺治十三年正月，福临以"自古平治天下莫大乎孝"，特命大学士冯铨为总裁官编《孝经衍义》。他为"考百代之是非"，特命大学士巴哈纳、刘正宗等为总裁官编《通鉴全书》。

顺治帝通过全面倡导忠、孝、节、义的观念，树立了清朝是传统道德捍卫者的形象，对消除广大汉族人民对清统治者心理上的隔阂，缓和民族矛盾，特别是对争取和安定汉族地主阶级的人心，产生了积极的作用。

四

在倡导儒家忠义思想，强调以文治国的同时，福临在政治上积极推行宽松和招抚政策，对各地出现的反抗斗争他不主张一概坚决镇压，以缓和当时已经相当紧张的社会矛盾。

顺治帝亲政时满汉矛盾十分紧张，满人随意欺凌汉人，甚至蔑视汉官，肆行枉法。当时因投充、逃人等问题引发的社会矛盾，更加剧了日益紧张的局势。顺治帝亲政之始，便采取一些相对温和的措施。顺治八年三月二十六日福临谕户部："满洲出征阵获人口各有至亲骨肉，今既天下一统，谁无相见之思？向因禁止，不许归家探亲，以致情迫势极，不能自已，往往私自逃归。既去之后，又恐法必不容，多有不敢归者。不查，则满洲苦战所获人口，岂可任其逃去，一经查出收留者，又不得不坐以隐匿之罪。朕心大为不忍，尔部传谕各旗，阵获人口，如有愿归探望亲戚者，听本主给限前往。如到地方借端生事，许地方官依律治罪，倘事干重大，具详解部审究。其父母兄弟妻子有愿投入旗下同归一处者，地方官给文，赴部登记于册准其完聚，以示朕满汉一视之仁。"

顺治八年二月十九日，福临又针对投充汉人倚仗满人之势欺压普通汉人的问题，晓谕户部："国家首重体统，尊卑原有定分。近闻满洲拨什库及庄头、投充人等不守法度，罔顾尊卑，骑马直入府州县衙门，与府州县官并坐，藐视命吏，任意横行，目中既无官府，何况小民？其欺凌鱼肉不问可知，深可痛恨。尔部即出示严行禁止，并行文各府州县，如有拨什库人等，仍前无故擅入官府衙门及凌侮官员，欺害小民者，即擒拿解部，从重治罪。"

顺治八年七月初一日，他又告谕户部："数年以来投充汉人生事害民，民不能堪，甚至有为盗、窝盗者，朕闻之不胜痛恨。帝王以天下为家，岂有厚视投充，薄待编氓之理。况供我赋役者，民也，国家元气赖之。投充者，奴隶也，今反借主为护身之符，藐视有司，颠倒是非，弁髦国法，欺压小民，若不大加惩治，成何法纪！自今以后，上自朕之包衣牛录，下至亲王、郡王、贝勒、贝子、公、侯、伯、诸臣等，若有投充之人仍前生事害民者，本主及该管牛录果系知情，问连坐之罪，除本犯正法外，妻孥家产尽行入官。若本主不知情，投充之人罪不至死者，本犯及妻孥不必断出。以前有司责治投充之人，曾有革职问罪者，以致投充之人益加横肆。今后各该地方官如有遇投充之人犯罪，与属民一体从公究治。尔部刊刻告示，严行晓谕，务使天下咸知。"

由于清朝逃人法对窝主重惩，"每逃一人辄置一窝逃者于重辟"，所以，"年来秋决重犯，半属窝逃"。顺治帝见此情形"于心不忍"，遂于十四年二月改定窝逃罪。决定窝逃犯人免死，责四十板，面刺窝逃字，并家产人口入官。

顺治十七年五月十七日，兵部督捕右侍郎陈协等题称，"应捕以缉逃为奇货，以拿贼为利谋。地方拿一逃人，不即带至当官，必令咬报富家，以为窝主诈吓。遂欲，竟行释放，然后又诈一家。有不顺其心者，指示逃人硬为窝主，及至有司审明，而良民之家产已荡然矣"。而且应捕又"明知逃人而相交好，窥小民之愚懦者，不曰曾买本人之产，则曰曾欠本人之债，串通同辈三五成群，攘臂而入，捉妇女，夺资粮，致令百姓吞声而不敢问，盖皆惧逃人之波累，故甘心而隐忍之"。福临得知此种情形后，遂下令各地抚按将各地"应捕"尽行革去。

福临亲政以来所采取的一些措施，对当时造成社会极度恐慌混乱的逃人法、投充法来说，虽然不能根本改变，但多少起了一定的缓和作用。

由于福临力图有所作为，在其执政期间确实做了许多兴利除弊的益事。

顺治八年闰二月十九日，顺治帝命令兵部整顿驿政。

他认为："驿递疲困，至今日已极。乃奉差官员全不知地方苦楚，堪合火牌之外，恣意苦索"。所以导致"驿夫不足，派及民夫，骚动里甲，甚而牵连妇女，系累生儒。鞭驿官如罪犯，辱州县等奴隶，以致夫逃马倒，罢市止耕，上误公务，下害小民，深可痛恨"。他要求兵部："以后再有此等之人，不拘大小衙门，著各地方官即指名申报，该督抚飞章参奏，以凭重处。"

顺治八年三月初八日，顺治帝览阅章奏时，得知有罪犯病故狱中时，立即晓谕刑部、户部、都察院等衙门整顿狱政。他说："思及天下之大，罪囚之毙于囹圄者不知若干人。或死于疾病，或死于饥饿，或死于刑拷，甚至有死于官卒之虐害，囚徒之阴谋，诸如此类未可悉数，朕心为之恻然"。命各地方督抚巡按亲自清查，要求府州县"济以医药，给以口粮，非刑有禁，凌虐有禁，内外交通毒谋阴害有禁"。又命刑部通察刑狱，有无干牵连者，即日释放。四月初六日，命设刑部狱司医生一名，疗治病囚。

顺治十七年六月初五日，因亢旱不雨，顺治帝恐有冤抑，遂遣内大臣爱星阿、遏必隆、索尼、苏克萨哈等人，会同刑部清理刑狱。因为他深知官员贪赃枉法，冤案难免。

针对当时盐政中的一些问题，福临在八年三月初八日晓谕户部、都察院："朕又亲览巡盐御史崔允弘章奏，因思及各处所报盐课，每报余银若干。细思盐课正额，自应征解，若课外余银，非多取诸商人，即系侵克百姓，大属弊政。"于是命通行各盐差御史及各盐运司，止许征解额盐，不许分外勒索余银。有违者，许商民指实赴部院首告。

在消除一些弊政的同时，福临比较注意与民休息，取之有节。对明亡的教训，记忆犹新，并常引以为鉴。他曾对户部官员们说："当明之初，取民有制，休养生息。万历年间，海内殷富，家给人足。天启、崇祯之世，因兵增饷，加派繁兴，贪吏缘以为奸，民不堪命，良足深鉴。"

福临在亲政不久，就下令停建多尔衮在边外的避暑工程，免除各省为此项工程而加派的二百五十万两白银。为不"苦累小民"，他还多次免除一些省份的土特产贡品，如陕西贡柑子、江南贡橘子、河南贡石榴、四川贡扇柄、湖广贡鱼鲊等。他认为这些贡品既苦累百姓，糜费钱粮，又骚扰驿递。顺治八年五月二十四日，他告诫满族王公，由于"连年灾祲，粒粮维艰"，如在秋收前放鹰驰猎会蹂躏田禾，命令他们今后必候收获完毕方许放鹰。

在他亲政期间，对受灾地区一再蠲免钱粮，以苏民困，达到休养生息的目的。

顺治十二年正月十九日，顺治帝谕户部，由于"水旱频仍，干戈未靖，人不聊生"。命"自今以后，各地方钱粮，凡横敛私征，暗加火耗，荒田逃户洒派包赔，非时预征，蠲免不实，灾伤迟报，踏勘骚扰，妄兴词讼，妨夺农时等弊，一切严行禁革，有违反者该督抚即行纠参，以凭重处。"

顺治十四年三月初十日，他又颁布"恩例"二十三款。要求各地方官对失业流离之贫民，"有能赈恤全活五百人以上者核实记录，千人以上者即与提请加级，其有绅衿富室尚义出粟全活贫民百人以上者，该地方官核实具奏，分别旌劝"。

顺治十七年四月十七日，清朝又制定迟报灾情处分条例。要求：凡直省有灾，先以情形入告，夏灾限六月，秋灾限七月。州县官逾限半月以内者罚俸六个月，一个月以内者罚俸一年，一个月以外者降一级，两个月以外者降两级，三个月以外者革职；抚按道府官以州县报到之日为始，若有逾期，照例一体处分。顺治十七年六月天久旱不雨，十三日，顺治帝亲率诸王、群臣步行至南郊祈雨。希望减缓灾情，以苏民困。

五

对各地的抗清势力和抗清活动，顺治帝则坚持剿抚并施的方针，二者相比之下，更突出招抚一面。

面对全国此起彼伏的抗清形势，顺治十年五月十四日，福临谕兵部作速行文各地方督抚，遍张告示："自今顺治十年五月二十五日以前，凡有啸聚山林，劫掠道路，曾为土贼者，无论人数多寡、罪犯大小，但能真心改悔，自首投诚……尽赦前罪。仍著所在官司，酌量安插，兵仍补伍，民即归农，不愿还乡者听其随便居住。"顺治十三年七月二十四日，他又颁敕湖广、江西、四川等处，公开声明："本朝开创之初，睿王摄政，降者多被诛戮，以致士民疑畏窜匿，实繁有徒。或系啸聚有年，未经归化；或系被贼胁迫，反正无由；或系偶陷贼中，力难自拔。原其本念，未必甘心从逆。此辈皆朕赤子，迷惘无知，深可悯恻，今欲大开生路，许其自新。"在这里福临一改多尔衮的诛戮政策，变屠杀为怀柔。

顺治九年十月初九日，福临指示浙闽总督刘清泰招抚郑成功。而且他还故意为郑成功开脱"罪过"，把郑成功抗清的原因归结为"必地方官不体朕意，行事乖张。"和多尔衮对降清后的郑芝龙"看守防范"而使"成功等疑惧"所致。福临保证如郑成功听抚"归顺"，"许以赦罪授官，听驻扎原地方，不必赴京"。以此表达"厚待归诚大臣之意"。

顺治十年五月，福临又特颁敕谕对郑氏家族大加封爵，再次赞扬郑芝龙降清大功，指责多尔衮与地方官吏之咎，造成郑成功"前有功而不能自明，后有心而不能上达"的局面，并恳切地对郑成功说："朕亲政以来，知百

中华藏书

大清十二帝·最新整理珍藏版

中国书房

中国书房

姓疮痍未起，不欲穷兵，尔等保众自全亦非悖逆"，对郑成功的抗清活动表示充分的谅解。并将"首倡归顺赏未酬功"而软禁了七年之久的郑芝龙特封为同安侯，封郑成功为海澄公，郑氏家族中其他要人也有封爵，"各食禄俸如例"。这是破格的厚封重赏。

福临还特地差官专程往闽海"赍赐郑成功海澄公印一颗、敕谕一道"。敕谕中同意郑成功归顺后仍驻泉漳惠潮四府之地，勉慰郑成功："尔膺此宠嘉，受兹信任，务殚心竭力，以图报称。"他保证"山河带砺，垂于永久。"但郑成功坚持不剃发，且提出要管辖"全闽"、"屯扎舟山"等清廷难以接受的条件。虽然如此，福临仍以极大的耐心说："剃发归顺则已，如不归顺，尔其熟思审图，毋贻后悔。"尽管招抚郑成功的努力失败了，但福临对抗清将领的招抚政策仍然坚定不移。

福临的招抚怀柔政策还体现在对待与少数民族的关系上。福临在亲政期间，极为重视与蒙古、西藏等边疆少数民族的联系。他深悉蒙古、西藏笃信喇嘛教，"惟喇嘛之言是听"。因而继续奉行自皇太极以来宠幸喇嘛的政策。

顺治初年，多尔衮摄政时曾遣官往请五世达赖喇嘛赴京，达赖应允辰年即顺治九年前来。福临亲政后于顺治八年三月初八日遣官携敕谕礼物再请达赖喇嘛，并特意于北京建西黄寺一座，预备为达赖到京下榻之用。五世达赖奉召即率三千喇嘛浩浩荡荡前来北京。顺治九年九月，福临准备亲自离京赴边外迎接，以示优隆。他对大臣门说："倘不往迎喇嘛，以我既召之来，又不往迎，必至中途而返，恐喀尔喀亦因之不来归顺。"由于大学士陈之遴、洪承畴等人的谏阻，他才改派和硕承泽亲王前往迎接。并由他转告达赖，"本拟亲迎，但近以盗贼间发，羽檄时闻，国家重务，难以轻置，是以不能前往。"十二月达赖到京"进献马匹方物"，福临特于南苑接见，"赐坐，赐宴"。顺治十年正月十一日、十六日两次宴赏达赖于太和殿，并赏赐金器、彩缎、鞍马等物，同时命诸王"依次设宴"款待达赖一行。同年二月，达赖因水土不服辞行，福临再次宴赏于太和殿，并命郑亲王济尔哈朗等人于清河为达赖饯行，命和硕承泽亲王硕塞等率八旗官兵护送达赖至代噶地方。四月，福临派遣礼部尚书觉罗郎球、理藩院侍郎席达礼等官将赐封达赖喇嘛的金册、金印送给达赖。用满、汉、藏文字赐五世达赖喇嘛为"西天大善自在佛所领天下释教普通瓦赤喇但喇达赖喇嘛"。

与西藏、蒙古修好是清朝入关前后的一贯方针，顺治帝在亲政期间，重视笼络西藏、蒙古上层人物，从而发挥了承上启下的作用。

第五章 励精求治

一

福临亲政之后，时常把明代兴衰得失的历史经验教训引为鉴戒。他指出，帝王治理天下，一定要以国计民生为首要任务。明初曾采取一些发展生产的措施，使人民得到休养生息的机会，所以直到万历年间都是海内富裕，天下太平。然而到天启、崇祯朝，任意扩兵增饷，加派繁多，贪官污吏横行不法，民不聊生，社会矛盾全面爆发，明朝随之灭亡。当此之际，清入关不久，也连年战乱，土地荒芜，广大农民流离失所，无法正常生产，以致国家财政困难，军饷难以支出，严重影响了政权的巩固。以史为鉴，福临亲政之后，时刻注意与民休息，道在不扰，不横征暴敛。

顺治八年正月初七日，顺治帝谕户部：停止陕西贡柑子、江南贡桔子、河南石榴。十四日停止江西进贡额造龙碗。八月二十四日停止四川进贡扇柄、湖广贡鱼鲊。以表示不因口腹之乐在而骚扰百姓。为了减轻百姓途中运输的困难，同时决定，建造宫殿必须就地取材，永远不许再用山东省临清烧造的城砖。二月十三日，福临命户部，停止多尔衮生前为避署在边外兴修的一座小城，甚属无用，徒费银两，劳民伤财，立即停建。二十八日，命各地为打猎放鹰往来下营而圈占的民地，一同退回原主。闰二月十九日，命令兵部整顿驿政。谕云：驿递疲困，至今已极，奉差官员咨意苛索，驿夫不足，派及民夫。甚至牵连妇女，系累生儒（学者）鞭打驿站官员就像打罪犯一样，侮辱州县官就同对待奴隶一般，结果是夫逃马倒，罢市止耕，上误公务，下害小民，深可痛恨。命督抚严察参奏，以后各衙门均不得滥差官员。三月十六日，顺治帝召户部尚书巴哈纳问国库情况。当得知俸银共需六十万两，而银库仅存有二十万两时，他感叹地说：大库的银两已为多尔衮用光了。为了不向百姓加派，福临决定动用内库银两按时发放官吏奉银。四月初三日谕礼部：今后皇帝出都行幸，不许行在地方官进献礼物。五月二十四日，福临在一次行猎中，看到沿途庄稼茂盛，联想到过去诸王随意放鹰驰猎，蹂躏田禾的情景，回京后立即颁发了一道谕旨，规定诸王须待秋收后，方可放鹰，不扰农事。八月初四日，原曹州副将许武光上疏说：明代开封曾被水淹，故周王府内有二三百万两白银，被淹没埋藏地下，要求皇帝给假三年，搜尽天下遗银，以供军饷。福临非常生气，指出帝王生财之道，主要在于节用爱民；掘地求金，亘古所未有，如果按此议行事，势必生事扰民。他还严厉斥责了许武光借端求官，兼图牟利的卑劣企图，令交该城御史严加申斥。十年五月二十五日，福临筹建乾清宫，时值旱涝异常，人民困苦不堪，大臣们奏请工程暂停，以节省出的钱粮救济军民。他看到奏疏后批示：这本说的有理。下令暂时停止宫殿建筑。同时要求诸王以至百官，凡祭把饮食概宜从简。类似的措施以及受灾地区蠲免钱粮或缓征租税等事，在顺治亲政的十年间是经常出现的。

亲政之初，刻意求治，大大地稳定了社会秩序，缓和了各种矛盾，有利于统治地位的巩固。

二

由于摄政王多尔衮的阻挠，福临在幼年时期没有受到应有的教育，直到十四岁亲政时，对汉文依然十分陌生，甚至在阅汉大臣的奏章时，往往茫然不知其中的意思。

福临亲政后，为了能够阅读诸臣章奏和处理政务，以极太的毅力苦读汉文书籍。他把乾清宫当作书房，摆放数十个书架，经史子集，稗官野史，小说传奇等无不备之。殿中还摆列长几，放置商彝周鼎、印章画册等文物。他每天除了处理军国大事外，都能读书到深夜。有时他五更起床读书，至黎明拂晓，能够流利地背诵，方始罢休。为了保证有充足的读书时间，他还规定每月中，逢五为视朝之期。短短的几年，福临对先秦、两汉和唐宋八大家的著作（唐宋两代八个散文代表作家的合称。含唐朝的韩愈、柳宗元、宋朝的欧阳修、苏洵、苏试、苏辙、曾巩、王安石），明朝各代皇帝的实录，以及元明戏曲、话本等，无不涉猎，学识水平不断提高。他对当时著名小说评论家金圣叹评点的《西厢记》写下评语："议论颇有遐思（想得远），未免太生穿凿，想是才高而见僻"。足以证明福临对汉族文化的理解，已经达到相当的水平。平日，他也能够熟练地运用汉语批阅奏章，评定考卷。

关于顺治帝少年时期刻苦读书的情况，时人有生动地描写和如实的记录。据弘觉禅师《北游集》记顺治十六年九月至十七年五月，在京见帝奏对情形云：上一日同师坐次，侍臣抱书一捆，约十余本，皇帝告诉禅师说：这是朕读过的书，请老和尚看看。禅师（僧侣之尊称）细阅一遍，皆左史庄骚（左传、史记、庄子、离骚）先秦两汉唐宋八大家，以及元明撰著，无不毕备。皇上说：朕非常不幸，五岁时先帝太宗早已晏驾（死亡），皇太后生朕一身，又娇生惯养，无人教训，坐此失学习机会。年至十四岁，九王爷多尔衮死才开始亲政。阅读诸臣的奏章，茫然不解，从此开始发愤读书，好学不倦。每天早晨到中午，处理军国大事外，即读书到深夜，然而顽皮之心尚在，多不能记忆。等到五更起来读书，到天亮时，始能背诵。计前后诸书，读了九年，曾经呕血。

读书、为政之余，福临还喜爱书法和山水画。有一次他和临济宗（佛教南宗禅宗五宗之一）的知名和尚道忞谈论书法，问道：先老生和尚与雪峤大师书法谁好？道态回答说：先师学力既到，天分不如。雪大师天资极高，学力稍欠。故雪师少结构，先师乏生动，互有短长。先师常告诉说：老僧半生务作，运个生硬手腕，东涂西抹，有甚好字，亏我胆大。皇帝说：这正是先老和尚，之所以善书法之处。挥毫时如不大胆，则心手不能相应，则底欠于圆活。他还询问道态学习楷书，曾以哪家书法作贴，道态回答说：初学黄庭坚无成就，继学遗教经，后来又临夫子庙堂碑。向来不能专心致志，故无成字在胸，往往落笔即点画走窜。福临说：朕也临此二贴，怎么道得老和尚田地？道态表示要看看福临的书法，获睹龙蛇势。福临索取纸笔，命侍臣研墨，即席濡毫，先书写一敬字。接着又连写数幅，并选其中一幅，问道态怎么样？道忞说：这幅最好，请皇帝赐给。史记中记载的这些轶事说明，顺治帝对汉字书法颇有研究，而且字也写得相当漂亮。

几年的读书生活，大大提高了顺治的汉文化修养水平，并从中学习到历代汉族皇帝的丰富统治经验，决心效法历史上的贤主明君。顺治十年正月二十九日，皇帝到内三院阅读《资治通鉴》问随从的大学士范文程，额色黑、宁完我、陈名夏等人：自汉以下，明代以前，何帝为优？陈名厦以唐太宗回答。顺治帝说：朕以为历代贤君，莫如洪武，为什么？洪武（朱元璋）所定条例章程，规划周

中華藏書

第三卷 一心向佛，遁入空门

中国书房

六五三

详，朕所以认为历代的群主不及洪武。这表明，他要以明太祖制定的典章制度等作为自己的典范，以便巩固清朝的统治。

福临亲政后，正是在汉族的历史文化影响下，锐意图治，使大清王朝的统治逐步得到加强，并深刻影响到其后代子孙。

三

任何社会都有流氓、地痞、恶棍、危害国家、危害人民、扰乱社会秩序，封建社会更为严重，有产生这一社会阶层的土壤。为维持社会的安定，封建统治都有时也采取措施，严厉打击社会棍徒，抓、关、流放、处死，兼而行之。顺治皇帝亲政后，打击一等市棍、人贩子黄膘李三，就是其中一例。

黄膘李三，本名叫李应试，是顺治年间活动在京师一带的大盗、大奸大恶之徒，横行都下乡里，贩卖人口，交结官府，杀人越货，无恶不作，远近闻之，胆战心惊，是社会的一大害群之马。最后由皇上出面，通过刑部衙门将本人和他的同伙处决，大快人心。

顺治九年三月初十日，管都察院事的吴达海等人上奏说：皇上考虑百姓冤枉，准许打官司告状。近来奸棍企图报复，动不动就捏造无影之词，诈害平民，虚多实少。或雇人顶告，或夥靠夥证，或将匿名信在大街小巷张贴，投递各衙门，种种恶习，大干法纪。请求皇帝下令刑部严禁。如有故违，依律治罪。皇太认为说的对，令刑部刊示晓谕。十三日，顺治谕刑部：商贾贸易原为裕国便民而设。今有一等市棍，称为人贩子者，不守本分，贸易时或诱拐无知，私自禁固在土窖中，从而外贩；或将满洲妇人子女，圈诱贩卖；或掠卖民间子女。更有一种强悍棍徒，托卖身为名，将身价集体瓜分者。似此恶习，如不严行禁止，为害非浅。自今以后，将人贩子各色，永行禁止，如有故违，后被发觉，定行治以重罪。

谕旨中谈到的一等市棍，人贩子等，就含大盗李三之流在内。十二月二十四日，处决京师恶霸李三、潘文学，并布靠全国。顺治帝就此发长篇谕旨，内称：

朕认为表扬好事必须抓住典型人物、典型事例；打击坏人坏事必须惩办首恶分子。有个元凶巨盗李应试、潘文学，盘踞在京城之下，已经好多年了，官民闻之丧胆，不敢接近与之斗争。今因别事发觉，朕命叔父、和硕郑亲王及内大臣、内院型部大臣，共同审问，查出李应试，别名黄膘李三，原来是明朝的重犯，漏网逃跑，专做豢养强盗的勾当，勾结奸雄，交结官府，役使衙门的邪恶之徒，远近盗贼纷纷向他提供钱财，南城铺行照常给他纳税，明火执仗，坐威坐福，暗中操生杀予夺之权。所喜欢的事，即有邪党代替他邀功求赏；所讨厌的事，即有凶恶之徒全力为他谋害。比如崇文门有关税务，自立规则，擅抽课钱；凶恶的侄子，到处杀人，死者之家不敢申诉。诸如此类，罪不胜数。

潘文学则充当马贩子，暗中和贼人勾结，挑选良好马匹，接济远近盗贼，每次多至一二百匹头，少则数十匹头，群盗得骑，如虎生翼。而且还交通官吏，打点衙门，包揽不公不法之事，任意兴灭。甚至文武官员，多与投靠，吃喝玩乐，行人看见，不敢奈何？

以上二犯，罪大恶极，举国上下，官吏人民等，都说所犯罪行，死有余辜。故决定，将李应试、潘文学及其子侄，俱行枭斩（杀头示众）。同时将首恶为从分子高思敬等八人，一并处死。有牵连官员，分别受到惩处。命各缉捕衙门以后对"大奸大盗"勿得姑息，文武大小官员，如再与奸盗往来者，事发，定行连坐，决不姑贷。下一年正

中華藏書

大清十二帝·最新整理珍藏版

月十二日谕刑部，黄膘李三已经正法，他的兄弟子孙、亲戚朋友，一概不准牵连拿问。同时就些案件，不断发出谕令，与臣下谈话，总结经验教训，以儆效尤。

十二月二十五日，顺治帝就李应试、潘文学案件，责备言官们为什么在事发前一言不发？你们都察院等部官员，凡官员犯法、民贼出现，都应据实检举揭发，所以通上下之情、锄掉大奸大恶呀。近如李应试、潘文学等人，通盗害民，适遇他事牵连，才得以穷究根源，立正典刑。在未发觉以前，李三把持衙门，毒害小民，举国痛恨，深入骨髓，你们这些当官的人，为什么都一言不发？如果真的不知，已是溺职，若恶迹显露，害怕举报，养奸助恶之罪，你们何以推辞？除过往不究外，你们应自思人臣事君，立身行已，一秉法度，事事为国为民，怎么能包庇坏人呢？奸恶去则民安，民安则朕心始安。你们难道不知道尽心报效吗？如养奸助恶，谁得谁失，如再有如前包庇坏人之事发生，法人留情，各宜反省警惕，以尽职守才，不辜负朕对言官的期望。

顺治十年正月十八日，福临到内三院视察工作，对大学士洪承畴、范文程等六人谈话说：不久前因违法被诛的黄膘李三（即李应试），是微不足道的小民，而住居之外，复多造房屋，每间都修饰得整整齐齐，是什么原因呢？洪承畴回答说：他修造的房屋分照六部，或某部人到，或自外来有事到某部者，即请到某部房内。皇帝说：以一细民，而越分妄行如此，故上天下罚于他，由他案牵连，始得治罪。皇帝又说"凡人坏事作绝，恶贯满盈，不久自败。同时皇帝自责地说：可惜，朕也曾经宠爱过他，但这位大盗行事不守法度，最终是自我暴露，自取灭亡。正月三十日，是顺治帝生日，问前来庆贺的大学士陈名夏：李三是一区区小民，为什么当官的、普通百姓们，都怕他呢？陈名夏回答说：原来京都五方杂处，像李三这样的人还不在少数。李三与各衙门人员无不勾结，故官民们都怕他。关键在于拔本塞源，令人人都谨小慎微，不敢效尤，那位小李三何足挂齿呀。皇上说：李三一小人物，不要认为朕常常谈论他，朕之所以经常提到他，是想要诸臣改过自新，有所见闻，即行报告。朕自今以后，就不再重谈李三的问题了。

到此为目，李三之案就算彻底解决了，自九年三月办案起，到十年正月止，在不到一年的时间里，顺治皇帝亲自过问此案，并多次下达谕旨、谈话，从中总结经验教训，警告世人，提醒官员，以杜绝类似事件重演。

福临自幼好学不倦，博览群书，通晓古今事务，十分懂得儒家以文教治天下的道理，竭力提倡尊孔读经，利用传统的封建礼教向全体臣民进行灌输，以便巩固大清王朝的统治地位，并使自己在人民心目中，以传统道德捍卫者的形象出现，为此在亲政之后，采取相应措施，发展文化教育事业。

顺治八年四月，遣官赴山东曲阜祭孔。次年九月二十二日，顺治帝往太学，释奠（置酒而祭）先师孔子，行两跪六叩头礼。听祭酒、司业（皆学官名）讲易经、书经。讲话说：圣人之道，如日中天，牢记心中，衷心信服，有利于治理，你们师生要努力向上，二十三日，宴庆五经博士等学官于礼部。二十四日，于午门前赐衍圣公（孔氏后人）等礼袍帽。以后几年，他还大修孔庙，还定孔子的谥号为"至圣先师"。

亲自主持编纂诸书，认为是移风易俗，稳定社会，一心求治的首要任务。先后提议和主持编定的重要书籍，计有太祖、太宗朝实录、玉牒、明史、资政要览、劝善要言、顺治大训、大清会典、通鉴全书等。同时，为将汉文化普及到满族当中，还把汉文的重要典籍，翻译成满文，以供阅览。为说明书中要旨和社会意议，有时亲自为该书作序，以表重视。以下举几部书为例，予以证明。

顺治十二年正月二十日，顺治帝编《资政要览》书成，亲自为序曰：朕想帝王为政，开明修身，莫不是本于德（道德修养）而成于学（文化素质），如同大匠（手艺高超的木工）以规矩而定方圆，乐师以六律（律，即定音器，六律是：黄钟、太簇、姑息、蕤宾、夷则、无射）而正五音（指宫、商、角、徵羽，也叫五声）。凡是古人美言善行，在典籍上有所记载的，都是修己治人的方略，可以为当今所利用。朕孜孜图治，学习古人的教导，看过四书、五经、通鉴等书，得其要领，推之十三经（古代的十三种精典：易、诗、书、礼、春秋、周礼、仪礼、公羊、谷梁、孝经、论语、尔雅、孟子）、二十一史（明万历国子监刊行的二十一部正史：史记、汉书、后汉书、三国志、晋书、宋书、南齐书、梁书、陈书、魏书、北齐书、后周书、南史、北史、隋书、唐书、五代史、宋史、辽史、金史、元史），以及诸子书中，不违背圣人经典的地方，莫不条理其中，而成一家之言。但因卷帙浩繁，如果用作教科书教育人，恐不能一时尽解其义，亦未能一时尽得其书；因此，考虑到记事应当提纲挈领，说话应当言简意赅（音该），于是采集各书中有关政事部分，分作三十篇而成。又考虑到分散而不集中，于是在每篇中写出内容提要，联其文词，于忠臣孝子、贤人廉吏，略举事迹；对那些奸诈、贪污、不肖（贤）、作乱之徒，也载在其中，使历史上的好坏人，一目了然。加之训诂（解释），详其证据，就如同集中狐腋之白毛而作成狐皮大衣，集中六种金属成份而铸成宝鼎一般，简约而易明，文简而易读，名曰《资政要览》。读这部书的人，深思熟虑而认真体会，可以做老实厚道的善人，推而广之，可以做明理的君子。不要单纯欣赏其中的语言文字，那么朕谆谆教谕的思想，就能得到贯彻执行了。

正月二十五日，御制《劝善要言》成，亲自作序说：朕认为天道自然是善良的，就应当以善政对待下民，故人生在世上没有不善的，即使有不善的人，都是因为自己有私心杂念，加上社会上恶劣的习惯对人们的影响，于是就失去了善良的本性，而逐渐背离天理人性。人之思想行动不同，所以上天鉴察，降以灾难和吉祥，其降吉祥者，固然是造福于好人；即使不得已而降灾难者，也是公开地靠诚下民，使之改过迁善。从来是因果报应，分毫不差，难道还不可怕吗？古人根据天理垂训于世，以教天下，正论嘉言，不一而足。但文理深奥，或不易理解，说的太简单，又不能完全表达意思。朕奉上天的命令，抚育万方之民，深刻体会到上天教育下民，以劝善为首务，人们立身行世，做好事是最大安慰，故取诸书之要者，辑为一编，名曰《劝善要言》。语言不想文深义奥，只想说明道理；词句不厌其详，只想让大家都明白；欲使贤愚同喻，小大共知。读这部书的人，应当深刻领会其中的意义，牢记在心，体现在实际行动上，善者益加做善事，以求得天下的赞誉，即或是无知之徒，而误入歧途而不做善事的人，尤其应迅速改正而使自己不犯错误，以免大难临头。如此，才不负上天好生之心，而朕诚恳教化的意愿，也就不能落空了。凡是我的人民，都应该老老实实地做人啊。

正月二十六日，顺治帝命设馆编《顺治大训》一书，将忠臣义士，孝子顺孙，贤臣廉吏、贞妇烈女以及奸贪鄙诈、愚昧不肖等情，分门别类编辑。以大学士额色黑等十八人为纂修官。编此书的意图是：使天下得治，莫大乎教化之广宣，务令臣民皆可诵习，以彰法戒。

与此同时，特命大学士冯铨等主编《孝经衍义》颁行天下，大肆旌表忠孝节烈。还命内院诸臣翻译五经。

以上措施，有利于社会风气的好转，有利于大清王朝的统治，故清代历代皇帝皆效而行之。

四

任何社会都有烧香弄鬼、算命打卦等封建迷信的害人的活动，一害人民、二扰乱社会治安，在封建社会尤为严重。因此当权者总是下令制止。但是效果不佳，留传后世，仍在为患。

清顺治六年六月二十六日，清廷下令：凡是和尚老道、巫医大神，算命瞎子之流，只应该是礼神明推命运，不许胡作非为，玩弄法术，蛊惑人民，愚弄群众。如果有谁违犯，治以重罪。命令礼部官员，严行稽察。

顺治八年四月，清内院大学士洪承畴，看到皇城西北建塔，喇嘛乘马出入其中。于是上奏说：连日载运土木，人畜疲敝，装扮驱鬼，远近都很惊动和恐惧；甚至是深宫大院，王公大臣不能进，可是一些僧人能够不时进见；又听说不久将由陕西、宁夏、甘肃边外远迎活佛，因此，没见到护国家保人民，先见到病国家害人民，请立即停止，并将在京喇嘛送往城外，陆续发回，不许出入禁地。

顺治九年九月十九日，福临谕礼部：佛教清净，理应严饬。今后凡是僧人、道士、尼僧，已经领取度牒（僧尼出家由官府发给的凭证，无度牒者视为非法）的人，必须遵守法律戒规，穿戴规定的衣帽，各居住本寺庙，敬供神佛；如果没有度牒，私自为僧、为道、为尼而往来的人，以及僧、道、尼假装喇嘛，穿戴喇嘛衣帽往来的人，定行治罪。如果有这些人妄自非为，各寺庙庵观的住持（寺庙的掌老主僧）、僧、道、尼，知而不举，一体治罪。在京城附近寺庙居住的喇嘛之徒弟，理潘院规定数目，如有喇嘛徒弟，不符合规定数目，有本人愿做徒弟者，及有愿给与做徒弟的人，俱报告理藩院，该院酌情处理。不许越过理藩院规定的数目，私自做徒弟，以及给与喇嘛为徒弟。

又有妇女，或即拜喇嘛，或叩拜寺庙观宇，必须随本身丈夫同行，不许妇女私行叩拜喇嘛、寺庙庵观，如有违者，定行治罪。

顺治十年正月三十日，与大学士陈名夏论古往今来治天下之道，其中谈到治天下不但要注意大道理，而且要注意小道理。如喇嘛竖旗，动言逐鬼。朕想他们怎么能躯鬼呢？只不过妖言惑众，扰乱民心而已。陈名夏回答说：皇上此言，真是洞察当的地方，可以研究参考。你们内三院要传谕诸位官员，一定要体会朕的意图，襟怀坦白，大公无私，提出意见，以昭（表示）一心一德之盛。

真就有敢提出意见的人，吏科官员魏象枢奏称：人君御世之权，莫大于赏罚，国家察吏之典，不外乎升降，三年朝觐，名为大计，是必不少的，今当皇上亲自掌政，首举计典，恭情皇上面召各直省两司等官，凡是三年中，国赋的盈亏、民生的利害、官吏的好坏、机关是否廉政？准其一一报告；称职者奖赏，不称职者处分。

掌管河道道的监察御史朱鼎延上奏说：自古帝王致治，先天下之忧而忧，后天下之乐而乐。近来灾害迭见，水旱频仍，民穷财尽，尤其不可不深忧而熟虑的是：如黄屋细旃，只能显示皇帝居住的壮观华美；而老百姓还没有房子住，风雨不能遮蔽，愿皇上居深宫而能想到人民流离失所的苦楚。山珍海味，可以享受口头之福；而老百姓却有连粗粮都吃不饱肚子的人，饿着肚子实在可怜，原皇上一举筷子就想到老百姓供纳的艰难。豹皮大衣，锦绣龙袍，穿起来真舒适美观大方；可老百姓竟有连补了又补的衣服都穿不上，原皇上一着龙装圣衣，就能想到民间百姓捉襟露肘，衣不蔽体，冒冻号塞的可怜相。

上述意见，与人为善，可以提出，但未免言词过急，讥讽相加。可是，这样挖若的语言年青的皇帝也竟然接受了，疏人之后。"上是其言"，即说得对。

中华藏书

大清十二帝·最新整理珍藏版

中国书店

正月初四日，顺治帝又谕内三院，征求对皇上的意见。说：近来言官条奏，多是小事，未见到涉及朕本身的事。朕一日万几，事务缠身，难道就没有不合天意、不尽人情、不顺人心的事发生吗？都是因为诸臣畏上忌讳、不敢向上进谏。朕虽然道德修养差，但对古帝王纳言求是，每每怀有欣赏羡慕之情，朕自己如有错误，诸位臣下须直接提出，不要保留，即使偶有不对的地方，不妨再三提出，才能反省改正，力行正道，天下大治。提意见正确的人，一定会受到表扬奖励；意见提得对，言词过当者，也不谴责。你们内三院立即传达给大小诸臣，使大家都知道朕的意图。

正月三十日，在太和殿召见大学士陈名夏，商谈人君治国的大道理。皇上问：天下何以治，何以乱，而且如何使国家长治久安？陈名夏对曰：皇上如天，上心即天心，天下治平，惟在皇上，皇上要想天下太平，惟在一心求治，心想求治，则天下就得治。皇上说：你说得对。其具体治理方法在哪？名夏奏报说：治理天下没有别的道，惟在用人得当，得人则治，不得人则乱。皇上说：讲得有理。如何才能得到贤才？名夏回答说：知人甚难，但是要想知人也是容易的。现在认真地在群臣中，选择德高望重的人经常召见访问，那么天下人心就鼓舞起来，无不勤奋效力。皇上又说：唐朝家法为什么那样丑？名夏说：由于太宗家法不善，故导致女主擅国，祸乱蔓延，但是贞观政治，可以和三代比美，因为用人得当。皇上又说：人君之有天下，非图自身的安乐，应当孜孜爱民，以一身治天下，如只为自己一身享乐，又怎么能指望天下太平呢？唯有勤劳其身，政治修明，名垂青史，才是美事。朕虽然勤于图治，也不能无过失，专靠你们，指出不足，倘朕身有过，请大胆提出才是。名夏说：皇上宠眷诸臣，常加诚谕，人心大不同于过去，况臣受皇上厚恩，岂敢闭口不言，但恐提出的意见有失当之处。

三月二十七日，召原任大学士冯铨入见，问铨年岁多大，某科进士及历升官品，然后说：朕对翰林官亲自考试，文章的优劣完全掌握，可以定他高低上下，能否做官？冯铨就此发表意见说：皇上简用贤才，也不应该只论其文章，或有人善于文章而不能办事，自己表现不好者；或有不善于文章而能办事，操守清廉者。南方人善于写文章而实际行动差，北方人文章差而实际行动可嘉。现在考试，也不应只看其文章好就用他。理论联系实际，办事能力强者廉而用之，才合乎条件。皇上听后，认定冯铨说的对。

四月十七日谕内三院：今年三春不雨，入夏大旱，农民失业，朕非常忧虑。考虑到朕身有缺点失误，政事有不当之处；或大小官员有自私自利，重贿赂，不肯实心为国，消极怠工，招致上天下罚。或有民间疾若，无所控诉，地方官隐瞒下情。令三品以上及科道官各抒所见，凡是有关朕躬及天下大利大害，应兴应革之处，认真上奏，不许含糊两可，不准借端影射，如果提得合理，切中过失，朕不怕改过。

顺治十二年正月十三日，谕诸王大臣等说：自朕亲政以来，五年左右，仍是疆土未靖，水旱频仍，吏治怠惰，民生憔悴，钱粮侵欠，兵食不足，教化未兴，纪纲不立，保邦致治之道，到现在还抓住要领。朕思诸王大臣，都亲见太祖、太宗创业时期的艰难，年来辟地绥民的艰难，定有长策，以有利于治安，而未见有直接得出政治得失者，难道朕不愿听取意见，而虚怀纳谏有不足之处吗？你们大家为什么都闭口不言呢？以后凡养兵爱民，兴利除害，有关政治者，在家要深思，进朝要表奏，各抒己见，以满足朕的要求。

正月十九日，又谕史部：今广开言路，征求各方意

中華藏書

大清十二帝·最新整理珍藏版

中国书店

见，以资治理。凡是事关朕本身的问题，何令不行，何政不修；诸王贝勒、办事官员，旷职的错误，多方弊端；及内外各有关部门，何害未除，何利未兴；各据见闻，极言无隐。一切能启迪朕本身的问题，有利于国家治理的问题，提出意见合情合理，立即采用，如有未当之处必不加罪，不许敷言塞责，辜负朕求言的意愿。

以上所举，即顺治帝虚怀纳谏，兼听则明的生动实例，反映其大度不凡之精神。当然，也有进谏不从，反遭处分的情形。顺治十年九月初九日，礼部郎中郭一鹗奏言：臣办事衙门，屡奉上谕，取用药品，而且设立御药房制造诸药。臣反复思考，皇上年盛德茂，可以为尧舜，政治上应究心经史，每天与满汉大臣，研究用人行政，治国平天下的大道理。今日一旦留意医药，虽说没有误政事，臣认为金石之味，不可以宜人，盖人有老少虚实，药有温凉泄补，倘用得不当，那么养人者反足害人。从来帝王用药是慎重的。我皇上，上继祖宗之业，下开亿万年之基，大任在身，敬天尊祖，仁民爱物，就是永远健康的基础，区区草木之味，受益是有限的。孟子说：养心莫善于寡欲，说得真对呀？诚恳请求我皇上节饮食，谨嗜欲，省游玩，亲大臣，惟以有用之精神，集中精力注意政事文学，将会修身养性，清明健体，万年有道之意，就在这里，又何必专注意医药呢？顺治帝忍耐着听完后说：准备药物，原为供给宫眷近臣，郭一鹗为什么要妄加评论？显然是借此沽名钓誉，令从重议处，决定降一级，调外地任职。

这说明再胸怀若谷的人，也经受不住讥讽，所以顺治发火是有理由的，可以理解的。

五

清军入关不久，战乱之余，荒地甚多，无人耕种。有识之士，议开屯田，济兵饷利民生，此乃长久大计。

顺治九年八月十九日，礼科给事中刘余谟请开屯田。奏称：国家钱粮，每岁大半揩担饷。今年直省水旱异常，处处请求蠲免钱粮、请求救济灾民。大兵直取云南贵州，远则万里，久必经年，即使马上克取，也要驻兵把守。兵饥则叛，民穷则盗，关系非小。臣想湖南、四川、两广初定，地方荒土极多，诚恳祈求皇上敕谕统兵诸将及地方官，凡是遇到降寇流民，择其强壮者为兵，其余老弱者，完全令他们屯田。湖南、川广驻防官兵，也选择其强壮者讲武，其余老弱者给与荒刻苦空地耕种，但不许侵占有主的熟田。顺治阅后批曰：这本奏疏讲得有理，令户兵二部研究办理。九月十五日户部议定，由各省总督、巡抚，逐一查明荒地、兵丁、牛种情况，从长酌议。十月三十日，大学士范文和等奏言：各直省钱粮，每年缺额至四百余万，赋亏饷缺，急宜筹画，因陈兴屯四事：一、兴屯宜选举得人，二、开垦宜收获如法，三、积贮宜转运有方，四、责成宜赏罚必信。顺治帝认为奏中讲得对，命议政王大臣开会研究上报。十二月十七日，山东巡抚夏玉田，看到各省地亩荒芜，钱粮缺额至四百余万请求开设官屯。内称：湖广、江西、河南、山东、陕西等省，所报荒地有十分之三四者，有十分之五六者，建议在各省设兴屯道，凡无主之地及有主而过限期不种者，均为官屯之地，不论土著或流民，官助牛种，三年之后，准为永业。

顺治十年闰六月十三日，清廷从巡视中城监察御史王秉乾的意见，凡自首投诚者，皆隶兴屯道，授以无主荒田，听其携带家口，耕种为业。又命各省巡抚管理屯田。准四川荒地官贷牛种，年民开垦。调兵步开陕西屯田。

顺治十一年六月二十二日，顺治帝颁恩诏于全国。其中谈到：兵火之后，田土荒芜，须令民间尽力开垦，不许膏强占隐，以致究民失业，违者重惩。又说：饥民有愿意到辽东讨饭耕种的人，山海关章京不得拦阻，所在地的府州县官员，随民愿往处所拨与田地，酌给种粮，安插抚养，不准流离失所。

顺治支持屯田，收到了稳定社会的效果。行的同时，不断地发出停止圈地的命令。

顺治四年三月二十九日，清廷下令停止圈地。以世祖福临名义谕户部：满洲从前在盛京的时候，原有田地耕种，凡是赡养家口，以及行军作战的需要，都从这里出。数年以来，圈拨田层，实出于万不得已，不是想扰累我们的人民呀。今闻被圈之民流离失所，煽惑讹言，相从为盗，以致犯罪人多，实在令人同情。自今以后，民间田屋不得复行圈拨，令永行禁止。以前曾经被圈占有的人家，命令快速拨补。如果该地方官怠惰不办，重困我民，听户部严察究处。

顺治亲政后，重伸其令。顺治八年二月二十八日，上谕户部诸臣说：田野小民，全靠土地养生。朕闻各处圈占有民地，以备畋猎放鹰用，作为行走往来的宿营地。畋猎一事，目的在于讲究习武，古人不废，但是恐妨民事，必须在农闲时进行。现在狩猎夺人耕耨之区，断其衣食之路，老百姓怎么能生活呢？朕心大为不忍。你们户部要马上行文地方官，将从前圈占有的地土，尽数退还给原主，令他们按时耕种。

顺治十年十月初三日，户部奏请，圈拨民间房地，给移住在永宁、四海堡及关外看守山梨的壮丁。福临批曰：地准拨给，房令自造，不必圈占。其民地被圈者，有关官员即照数拨补，勿令失业。以后仍遵前旨，永不许圈占民间房地。

有令不行，有禁不止，以后仍有零碎圈占，直到康熙二十四年四月，作出永远不许再圈的决定，圈地至此最后停止。

六

顺治亲政后，整顿吏治，不遗余力，为此采取诸多有力措施，其中巡方御史之设，作为皇帝耳目之官，就是其中之一。巡方御史，亦称巡按御史，巡察御史，巡按监察御史，始自唐代，沿至明清。

顺治八年三月初十日，根据都察院条议，定御史巡方之制。北畿八府督学为一差；江宁、苏松督学为二差；顺天、真定并为一差；江宁、苏松、淮扬并为二差；浙江、江西、湖北、湖南、福建、河南、山东、山西、陕西、四川、广东、广西、宣大、甘肃各为一差；巡漕、茶马各为一差；京通巡仓一差；巡视五城为五小差；合计共三十二差。凡御史奉差后，应照主考、分考例回避，不见客，不收书，不用投充（投到旗下之人）书吏员役，不赴宴会饯送，领敕后三日即出都门。御史入境之日，只许自带经承文卷书吏，所到府州县取书吏八名，快手（衙门掌缉捕的差役）八名，事毕发回，严禁铺设迎送。在差期间，一应条陈、举劾、勘报等事，按日登记，以凭考核。差期：督学或三年或二年半，俟岁考科考一周，造册报满；巡漕、盐政一年交代；其余大差、中差以一年六个月为期。差回之日，共同考核，三日内议定优劣，具疏奏请分别劝惩。顺治皇帝同意此方案，不久见诸实施。

三十五日，遣监察御史巡按顺天府以及各省，并巡视盐政和漕运。

十六日，就巡方的目的和职责，顺治帝谕各巡按监察御史曰：朝廷遣御史巡视各地的目的，原为察吏安民。向来所差遣的御史，受贿赂，收礼品，身己贪污，何能察吏治，不能察吏治，何以安民生？现在重新经过甄别调查，留下出差的各位官员，不可能都是清白无瑕的，也姑且使你们，以便给以悔过自新的机会。自今以后都应洗心革面，振作精神。如都察院（主管监察的中央官署）上奏禁约所规定的那样，经过点差，就不能见客、不收书信、不要拖延时日，沿途及境内，私书私馈，一概不得滥行收受。又轮班使用府州县书吏快手，事完即行遣回。凡是巡按旧书吏承差各缺，一概不留。不许设中军听用（听他人言辞而处理事情）等官，不许用主文代笔，不许府州县运司等官铺设迎送，不许假借公事滥差员役下府州县，不许拿访，不许选用富豪官吏，诸如此类，难以枚举。巡方御史如果按规定办事，自然就会公生明、廉生威，地方利弊、民生疾若，必能上达朝廷，大小官吏必能廉洁守法，一心为公。凡事须设法确访，不能专凭府和厅的报告，不能纵容司、道、府厅官，而只参劾州县官，不能庇护大贪大恶之辈，而只纠参老弱者。如果能做到这些，那么就会没有不能察的吏治，没有不能安抚的人民。倘总督、巡抚、总兵等官，有不公不法、蒙蔽专擅、纵兵害民、纵贼害良等事发生，许巡方御史即行纠举。如果御史有事，违反前项禁约，许总督、巡抚、即行纠举。都察院堂官，尤其应该督责河南掌道等官，时时察访勿拘巡方日月，不待回道考核，有真心实政，先行奏闻，物旨褒奖。有不遵禁约，贪污怠玩，先行参劾，请撤职治罪，另差人前去代理，才不负朕治安天下的愿望。各差御史，将此敕谕，入境三日内，誊黄（黄纸诏书）刊刻，每一司道发十张，每一府州县各发十张，遍示城乡各地的乡坤、士、人民等。如不刊刻、不遍发。经都察院纤参，即日违旨论罪。

谈话完毕，皇帝又对大学士陈泰等人讲：凡是御史出差，皆当陛见（面见皇帝）。他们回答：诚如圣谕，臣等正想说这话。皇上又谕曰：御史是朕的耳目之官，所以察民疾若及地方官员的好坏，临差之时，必须面见皇帝。朕将地方兴利除弊事宜，面谕遣之，使你们能够亲自听到圣上之言，才能忠于职守，你们可传知都察院，令以后遵守行。

四月十八日，顺治帝在太和殿召见巡按各省御史，请他们坐下，告诉他们说：朕命令你们巡按各省，原来是为国计民生啊？你们如果真能廉洁奉公，为朕受养百姓人民，使天下太平，自得升赏；如果贪婪害民，必行治罪。谕告完毕，赐茶，然后送往差出之地。

巡按御史是否真的起到察吏安民作用，有待实践证明，可能在清初起到一些对地方官的约束作用。随着历史的发展，上有政策，下有对策，日久必生弊端，所以到清代中期以后，就停止奏派了。不管怎样，顺治察吏安民的苦心，对御史的谆谆告谕，还是值得称誉的。

七

顺治戊戌科的状元孙承恩是皇上福临亲裁亲点的。

孙承恩，江苏常熟人，与其弟孙旸，同是才子名流。十四年，孙旸参加了北闱顺天府的乡试，因牵连治罪，被谪戍边外。孙承恩早年中举，十五年参加殿试，福临亲阅试卷，对孙承恩卷"克宽克仁，止孝止慈"一句颂语的笔意十分欣赏，赞叹良久。拆开试卷一看，见籍贯常熟，怀疑与十四年科场案中的罪犯孙旸是一家或同族人，便派学士王熙骑快马出城到孙承恩住的馆舍中问个明白。王熙原与孙承恩关系不错，知道孙旸是承恩亲弟，把来意原原本本告诉了孙承恩，很为孙承恩担忧。王熙急切地对孙承恩说："如今是升天还是沉渊，就决定你一句话了。我回秉皇上的时候究竟怎么说呢？"孙承恩沉思了好半天，最后长叹一声慨慷言道："是福是祸，都是命啊。我不能欺骗皇上，出卖兄弟！"王熙已跨上马走出一段路，又策马跑了回来，再问孙承恩："你再好好想想，这么决定将来不后悔吗?"孙承恩决然答:"死也不后悔!"于是王熙策马疾驰而去。

进得宫来,福临这边正点着蜡烛等着回音呢,王熙把孙承恩的情况如实上奏。福临听了,对孙承恩不怕牵连的品格很是赞赏,尤其是他不欺骗皇上,更令福临高兴。于是亲点孙承恩为一甲第一名。

八

福临同他的父亲一样,十分重视同外藩蒙古的关系,蒙古信喇嘛教,对喇嘛之言惟命是听,所以从太宗时起,就屡修书敦请当时五世达赖喇嘛去盛京,并修实胜寺(黄寺)以待之,后来太宗死,此事暂止,福临亲政后,即修书请达赖喇嘛来北京,并在北京德盛门外建西黄寺,以为达赖留京期间讲法之用。

顺治九年九月,消息终于传来,说达赖喇嘛即将启行,从者 3000 人。福临闻讯亦喜亦忧。喜的是活佛终被请到,忧的是来的不是时候。这二年国内水旱连绵,庄稼欠收,一下子来了 3000 人,再加上蒙古各部朝圣都随后而至,将如何应付?若不去迎接,那么喇嘛是我请来,又不往迎,一定中途返回,已降蒙古必不心服,未降的将不再来归。思忖再三,他决心亲迎喇嘛於边外,让喇嘛即住在蒙古地方,蒙古各部即于该地相见。福临将这个想法说出,请诸王大臣议论。满洲大臣们赞成皇上亲迎,说这样喀尔喀亦可从之来归,大有裨益。并建议,如喇嘛愿入内地,可让其少带从人,不愿人听其自便。我们以礼相请,又不入喇嘛教,他进京呆几天,又有什么关系呢?

汉官们则持不同意见,他们认为皇上不可亲迎,国内歉收,不应让喇嘛入内地。如果因是我们特请的原因,那么可以在诸王中派一人代皇上迎接,让喇嘛住在边外,多馈赠些金银物品，也就可以了。福临表示考虑考虑。

时钦天监被耶稣会传教士汤若望等所掌管，为宣杨天主，正极力抵制喇嘛教。报告说："昨天太白星与日争光，流星人紫微宫。"汉大学士、洪承畴、陈之遴等与汤若望关系甚密，借此争报皇上，说："日象征着人君，太白星竟敢于与日争明，紫微宫是人君的宝位所在，流星竟敢于突入，说明是上天特别发出种种异常征兆来警告世人的。况且今年南方苦旱，北方苦涝，年成不好，土寇蜂起，到处有警，国不太平。保护宗庙社稷是大事，现在不是您远行的时候。虽然蒙上天保佑，六军护从，在外总不如宫中，游幸总不如静息安全。派遣一个大臣代劳也可表示我朝优待喇嘛的诚意，何必皇上您亲往呢！"

福临看了洪、陈二人的奏疏非常满意，很快命内大臣索尼回复说："你们说得很对，我决定停止远迎。"并对洪等的忠心表示称赞，说："因诸卿贤能，所以我提拔你们任高官，掌机要。以后国家的一切重要事务、和民间疾若如何处理才能够合乎民心，还须你们直言不讳，详晰陈奏。我生长在深宫，对外边的事了解很少。所以你们有何见闻只管奏来，可行则行，不可行，我也不会责怪你们。"

福临于是取消了亲迎达赖的决定，改命和硕承泽亲王砍塞代之迎接。并传言达赖喇嘛："我原欲亲往迎接，因近来国内时有盗贼横行，各地警报接连不断，国家重大事务难以放下不管，所以不能亲往了，特派和硕承泽亲王及内大臣代迎。你应当了解我不能亲行的原由，不要见怪。"

当时，清与喀尔喀蒙古土谢图、车臣诸部因朝贡赏例和巴林逃人问题关系比较紧张，福临曾有旨谴责，也希望能借达赖喇嘛之来予以调停，11月中，达赖喇嘛携少数喇嘛至京。福临在南苑设宴接待了他。

可是达赖进京之后，似乎未在重大问题上发挥过什么作用。福临对达赖虽是静而恭之。也似乎未曾给予更大的依赖。自第一次接见后，到第二年正月才于太和殿再次接见了他。之后福临曾专宴喇嘛数次，诸王也将达赖喇嘛请至各自府中，轮番设筵，如对外藩蒙古诸部王公台去例。但达赖喇嘛终觉不贯。不久他以水土不服，本身与众人毕病为辞请示告归。

福临与诸王大臣商议。一种意见认为：达赖要归，我们虽以礼相待，却一直没向他征询过任何意见。他必然含慢而去，喀尔喀，厄鲁特蒙古会随之而叛。所以应该虚心征求他的意见，他说的于我有利我们就按他的意见去做，于我无利，我们只听不做就是，也没什么。一种意见认为：不应征求意见，若询之而不用，他会更加恼怒。况且我大清朝是依仗的是上天的眷佑，当年并没依赖喇嘛也征服了各处，创建了今天的宏大基业。因为是持请而来，可以多赏赐金银绸缎，并适当封以名号，颁发册印，这样就可以了。

福临权衡再三，定议曰："不必问什么。派一个部院大臣对刺嘛说：当初我们到北京时，也曾水土不服，慢慢就好了。请他再多住几日，然后送他去代噶，待草青的时候，为之召集外藩诸王贝勒等与之相会。"

可是达赖喇嘛执意要行。福临也不再强留，十年二月初八日，福临为送达赖喇嘛在太和殿大摆宴席，赐给达赖鞍马、金银、珠玉、缎匹等许多东西，并赐他"西天大善自在佛所领天下释教普通瓦赤喇怛喇达赖喇嘛"的封号。

第三天，达赖起程，福监派郑亲王济尔哈朗礼部尚书郎球践之于清河，并派和硕承泽亲王硕塞、固山贝子顾尔玛洪、吴达海率八旗官兵一直送到代噶地方。

第六章　汉化影响

一

少年天子福临在沿袭"首崇满洲"、"满洲根本"基本国策的同时，也继续执行了祖先所定的"满汉一家"政策，并有了很大的发展。

大清王朝的江山，是以满洲官兵为主力而打下来的，今后也主要靠八旗军尤其是满洲八旗王公大臣将士来保卫和扩展，因此必须"首崇满洲"，保障、维护八旗贵族大臣的特权和特殊利益，这是不容异议的。但是清帝是大清国亿万人民之君，他的子民百分之九十九点几，都是汉民，近亿汉民和九百万上千万其他少数民族人员皆系清帝赤子，分居全国一千七百余府厅州县，仅靠区区五六万丁的满洲男丁，哪怕尽皆披甲当兵，也无法长期控制住汉民和其他族人员，大清王朝便难长治久安。另一方面，马上固然可以得天下，但却不能马上治天下。久居偏远山区的满洲，入关以后，面临辽阔领土，地形复杂，人口众多，言语不通，文字各异，风俗有别，民情不谙，恐怕即使诸葛再世，也无法单独将国家治理得井井有条，必须大量吸收其他族人才，尤其是汉族的有才之人。汉族有悠久的文化，人才济济，治国有道，统军有方，不做好对汉民的工作，不争取汉族之上层人士和有才之人，不"以汉治汉"，清王朝的统治就难以持久，得不到巩固。因此，太祖努尔哈赤就曾手定厚待降金汉官的政策，太宗皇太极予以发展。

皇父摄政王多尔衮依旧坚持"满汉一家"的政策，并为此做了许多工作。他多次讲述"满汉一家，同享升平"之理。入关之初，他一再宣布率兵归顺者，"地方官各升一级"，"各衙门官员，俱照旧录用"，"官仍其职，民复其业"。不久定制，内院大学士满汉并用，六部尚书、侍郎、都察院左都御史、左副都御史，以及大理寺、通政使司、太常寺、光禄寺之卿、少卿，是满汉复职，司官则多系汉人。地方大员总督巡抚亦满汉并用，初期以汉军旗人和汉官为多，司道州县则主要是汉官。顺治五年八月二十日、二十八日他又以帝名义，两次谕告礼部、户部，允许满汉通婚说："方今天下一家，满汉官民，皆朕臣子，欲其各相亲睦，莫若使之缔结婚姻，自后满汉官民，有欲联姻好者，听之。"但是，摄政期间，满官权大，汉官势弱，部务皆由满臣裁处，大印亦由满官执索，汉官很少晋见摄政王，不敢奏事谏阻。

顺治帝福临于八年正月亲政以后，继续实行"满汉一家"政策，而且躬体力行，使之有了很大的发展。他经常驾临内院（顺治十五年改为内阁），和大学士（主要是汉大学士）们讨论前朝政事得失，评论帝王，从中记取经验教训，探讨治国之道。现以顺治十年正月为例，略加录述。

顺治十年正月初二日，帝幸内院，"遍问中书姓名"，又谕内院诸臣说，前闻兵部尚书明安达礼等受贿一事，朕甚懑焉。初三日，他谕内三院，命令今后各部院进奏本章时，革除先前只有满臣奏事的积习，改为满汉侍郎"参酌共同来奏"。

正月初四日，他又谕内三院传谕诸臣直谏说：近来言官条奏，多系细务，"未见有规切朕躬者"，朕一日万机，岂无未合无意未合人心之事，良由诸臣畏惮忌讳，不敢进谏耳。"朕虽不德，于古帝王纳言容直，每怀欣慕"，朕躬如有过失，诸臣须直谏无隐，即偶有未合，不妨再三开陈，庶得省改，力行正道，希臻治平。"进言切当者，必加旌奖，言之过戆者，亦不谴责"。内三院即传与诸臣，俾咸悉朕意。在这里，他对前代名君"纳言容直"，不胜欣慕，故谕告群臣，叫他们放心直谏，以图治好国家，天下太平。

初五日，帝至内院，顾问诸臣说：向曾再三敕下都察院，命其条奏，后复数加面谕，为何至今无一建言？顺治帝又问：明时票本之制如何？诸臣奏称：明时京官奏疏，恭进会极门，中官转送御览毕，下内阁票拟，复呈御览，合则照拟批红发出，否则，御笔改正发出。帝说：今各部奏疏，但面承朕谕，回署录出，方送内院，其中或有差讹，殊属未便。顷者都察院纠参吏部侍郎孙承泽、通政使司右参议董复，朕原令交吏部议覆，乃误传革职。朕日理万机，恐更有似此舛错者，若人命最重，倘轻重颠倒，致刑辟失宜，亦未可知？大学士们奏称："诚如上谕，此非臣等所敢议也。"

第二天，正月初六日，帝召集议政王大臣、内三院、满汉九卿，命内大臣伯索尼、大学士范文程、额色黑对群臣传谕说：各部院奏事，经朕面谕者，部臣识其所谕，回署录记票拟，送内院照票批红发科，如此则错误必多。前都察院参吏部侍郎孙承泽重听，通政使司参议董复年老，朕原令交吏部议覆，乃传旨错误，命俱革职。此尚易于改正，至于罪人生死，躯命攸关，误免犹可，倘一时误杀，悔之何及，朕心惕然。今后如何始得详明无误，合于大体，著定议具奏。诸王大臣遵旨议奏说："圣谕诚然。"今后各部院奏事，各臣照常面奉，候上览毕，退下，上批满汉字旨，发内院，转发该科。其满洲事件只有满字无汉字者，亦只批满字旨，发内院，转发该衙门。帝从其议。

正月十四日，福临又到内院，阅会典，问大学士范文程等人："凡定各项条例，会典可备载否"？范文程等大学士奏称："备载。"帝又览吏部覆奏重犯塔八未获之疏，问大学士陈之遴、陈名夏说：黄膘李三，一小民耳，廷臣为何畏惮不敢举发？陈之遴等人回奏：如讦奏其事，皇上睿明，即行正法，诚善，倘宥其死，则讦奏之人必隐受其害，是以畏而不敢言耳。帝不以为然说："身为大臣，见此巨恶，不以奏闻，乃瞻顾利害，岂忠臣耶！"当天，帝赐内院满汉大学士、六部汉尚书宴于中和殿，奏满汉乐。

正月十八日，福临到内院，又就黄膘李三一事和大学士们议论。他问大学士洪承畴、范文程、额色黑、宁完我、陈名夏、陈之遴：项因乱法而被诛之黄膘李三，一细民耳，而住宅之外，复多造房屋，每间修饰整齐，何故也？洪承畴对答说：其修造房屋，分照六部，或某部人至，或自外来有事与某部商处者，即延人某部房内。福临说：以一细民，而越法妄行如此，故天使其败，致因他案发觉，而得以将其置于法耳。凡人恶贯满盈，不久自败。

正月二十一日，福临到御马厂，阅视马匹，观看睿王及一等侍卫巴哈之甲胄后，对大学士范文程等说："兵器固不可不备，然戈甲虽备，亦不可徒恃军威，军威虽盛，而德政不足以合天心顺民望，亦不可也。"范文程对答说："诚如圣谕。"这最明显不过地表明，顺治帝福临称赞和决定按儒家王道仁政之说，来治国理政。

正月二十六日，福临到内院，阅吏部大计疏后，对大学士范文程等说："贪吏何其多也！此辈平时侵渔小民，当兹大察之年，亦应戒慎。"范文程奏称：彼等平时未仕之时，亦知贪吏不可为，一登仕籍，则见利而智昏矣。帝就此评论说："此由平素不能正心之故也。苟识见既明，持守有定，安能为货利摇夺。"群臣皆顿首称赞。

正月二十九日，福临又到内院，阅读《通鉴》，读到唐朝武则天之事时，对大学士范文程、额色黑、宁完我、陈名夏等人说："唐高宗以其父太宗时之才人为后，无耻之甚，且武则天种种秽行，不可胜言。"又问诸臣："上古帝王，圣如尧舜，固难与比伦，其自汉高以下，明代以前，何帝为优？"诸大学士对称："汉高、文帝、光武，唐太宗、宋太祖、明洪武，俱属贤君。"帝又问：此数君中，"孰为优"？陈名夏回奏说："唐太宗似过之。"福临不以为然说："岂独唐太宗。朕以为历代贤君，莫如洪武。何也？数君德政，有善者，有未尽善者，至洪武之所定条例章程，规画周详，朕所以谓历代之君不及洪武也。"年方十五周岁的少年天子福临，居然能破除传统看法，首崇明太祖朱元璋，可见其之聪睿精细，独思创新，不囿旧说，哪怕是历代大儒名家形成之定论，亦不轻易相信盲目服从，而是提出自己的看法。而且尤为难得的是，明太祖是驱逐元顺帝出边取元而代之的明朝第一个皇帝，是体现了执行了儒家华夷之别观点的汉人皇帝，而他这位大清皇帝，却是夺取了明太祖创立的江山的"夷人之君"，照说是不应赞颂逐夷之华君，可是，他独具慧见，大颂特颂明太祖，的系难得可贵。

二

顺治帝福临很重视通过科举，来发现人才，选择聪睿饱学之士，加以培养提拔，擢任尚书侍郎总督巡抚和大学士。他亲政十年内，共举行了四次会试，即顺治九年、十二年、十五年、十六年，其中十六年为恩试加科，共取中进士一千五百名。

他亲政后的第一次会试，是顺治九年。九年正月三十日，大学士范文程等奏称："会试关系抡才大典。按明朝主考官，万历以前，不拘大学士，学士、吏礼二部尚书侍郎由翰林出身官员，皆得简用，万历末年，方始专用阁臣，今自顺治元年至今，已历三科，未有定例，伏候睿裁。"福临阅后批示："著照明朝万历以前例行。"同日，礼部奏称，"壬辰科会试，恩诏广额取进士四百名"，应照会典开载南北中卷之例，南卷取二百三十三名，北卷取一百五十三名，中卷取十四名。帝从其议。

同年三月二十四日，福临命大学士希福、范文程、额色黑、洪承畴、宁完我、陈之遴，学士伊图、蒋赫德、能图、叶成格、刘清泰、白色纯、张端，侍读学士索诺木、魏天赏，侍读叟塞，吏部尚书高尔俨、礼部尚书郎球、吏部侍郎熊文举、礼部侍郎恩格德、户部侍郎王永吉、赵继鼎、兵部侍郎李元鼎、刑部侍郎孟明辅、工部侍郎李迎晙、礼部启心郎董卫国、礼部理事官杨鼐、礼部主事颜喀代为殿试读卷官。读卷官阵容之庞大、官阶之高，充分体现了帝对殿试之重视。

第二天，三月二十五日举行殿试，他对满洲蒙古贡士麻勒吉等出的制策是："朕闻至治之世，讦讼无人，刑罚不用，是岂民之自然息争与，抑抚道各官贤良之所致也，抑亲民之府州县等官各得其人与，尔积学诸士，必有灼知，务抒所见，朕亲览焉。"他策试汉军及汉贡士张星瑞等的制策是："朕承鸿业定鼎九年矣，亲政以来，日益兢惕，念治天下之道，莫大乎用人听言，人有真邪正，言有真是非，往往混淆难辨，今欲立辨不惑，一定不移，将遵何道与？开创之始，凡官制、赋役、礼乐、兵刑、营建、风纪，规模初设，未协至道，自唐虞三代以来，其制可得详闻与？或因或革，或盛或衰，意者不在制度文为，而别有在与？用正人，闻正言，行正道，朕日切于怀，未得其要，尔诸士幼学壮行，宜各出所见，实陈方略。其文务以汉廷贾董诸臣为式，毋治对偶冗长故习，朕将亲览焉。"

过了三天，三月二十八日，试卷阅完，钦赐满洲蒙古贡士麻勒吉等五十人、汉军及汉贡士邹忠倚等三百九十七人为进士及第、赐进士出身、赐同进士出身（一甲为进士及第，二甲为赐进士出身，三甲为赐同进士出身，通称进士），其中，汉军及汉进士之状元为江苏人邹忠倚，榜眼为顺天人张永棋，探花为江苏人沈荃，满洲蒙古进士之状元为麻勒吉，榜眼折库纳，探花巴海，皆满洲旗人。

四月初一日，赐宴满洲蒙古汉军及汉进士麻勒吉、邹忠倚等于礼部。初三日赐一甲一名进士（即状元）麻勒吉、邹忠倚朝服顶带及各进士折钞银两，初四日诸进士上表谢恩。

五月二十四日，帝谕授满洲一甲一名进士麻勒吉为内翰林弘文院修撰，一甲二名进士（榜眼）折库纳为内翰林国史院编修，一甲三名进士（探花）巴海为内翰林秘书院编修，汉人一甲一名进士邹忠倚为内翰林秘书院修撰，一甲二名进士张永棋为内翰林弘文院编修，一甲三名进士沈荃为内翰林国史院编修。

四月初二日吏科给事中高辛允奏请慎选庶吉士说："庶吉士一官，见为清华近侍之臣，允则司公辅启沃之任，年貌文章品行并重"，宜详慎选择。七月二十日内院议覆此疏时奏称：臣等参考旧例，斟酌时宜，择其年貌合格文字雅醇者充任，名数照己丑科（顺治六年科），取汉进士四十名，其中直隶、江南、浙江各五名，江西、福建、湖广、山东、河南各四名，山西、陕西各二名，广东一名。内取二十名年青貌秀声音明爽者习学清书，余二十名习学汉书，届期恭请御赐题目考试。满洲进士取四名，蒙古进士取二名，汉军进士取四名，同汉进士一体读书。进馆之后，仍不时稽覈敬肆勤惰，以为优劣，用昭朝廷作养人才之意。帝允其议。

过了四天，七月二十四日，考试完毕，选授进士白乃贞、方犹、程邑、杨绍光、汤斌等二十人为清书庶吉士，周秀琬、曹尔堪、张瑞征等二十人为汉书庶吉士。

至此，顺治九年会试、殿试全部工作，方算正式结束。顺治十二年、十五年、十六年又三次举行会试殿试，共取中进士一千一百余名。

三

少年天子福临从顺治八年正月亲政伊始，即感到用人之重要。他的母后于八年二月十一日便诰谕爱子说："民者国之本，治民必简任贤才，治国必亲忠远佞，用人必出于灼见真知。"一年多以后，大学士陈名夏奏称："贞观政治，可比隆三代，惟能用人故耳"。大学士范文程等人在奉旨会推大臣时奏称："治天下首在用人，内而部院卿寺，外而总督抚镇，皆佐皇上经理天下之大臣也"。福临完全遵循了母后的教诲，采纳了范文程等人的建议，非常重视文臣武将的任用，特别是大学士和九卿的委任，力求选用贤才及合适之人。

福临亲政以后，官制大体上虽仍沿袭摄政时期之制，内三院和顺治十五年改为内阁的大学士，系满汉兼有，但也有较大的变动。变动之一是增加了汉族大学士名额。顺治元年到七年，大学士一般是五六名或六七名，其中多系满洲旗人和汉军旗人，汉大学士较少。顺治三年到七年，每年大学士共七名，即范文程、刚林、宁完我、冯铨、洪承畴、祁充格、宋权，其中刚林、祁充格是满洲旗人，范文程、宁完我、洪承畴是汉军旗人，只有冯铨与宋权是汉人。顺治八年人员变化很大，但格局仍与前几年相同。顺治九年里先后有八名大学士，即范文程、宁完我、洪承畴、宋权、希福、陈名夏、额色黑、陈之遴，其中满洲二名、汉军三名、汉人三名，但汉大学士宋权于年初致仕，实际上只有陈名夏和陈之遴二人。

顺治十年六月二十七日，世祖福临下谕内三院命增加汉大学士说："纶扉为机密重地，事务殷繁，宜选贤能，以弘匡赞，每院应各设汉官大学士二员，著吏部详察实行，确举堪任者奏闻，尔内院即传谕行"。随即命吏部尚书成克巩为内翰林秘书院大学士、礼部左侍郎张端为内翰林国史院大学士、吏部右侍郎刘正宗为内翰林弘文院大学士。这样一来，大学士主要便由汉官担任了。比如，顺治十一年的大学士有：范文程、宁完我、洪承畴、陈名夏、额色黑、冯铨、图海、成克巩、张端、刘正宗、吕宫、金之俊、蒋赫德、王永吉、党崇雅、傅以渐，共十六人，其中范文程于九月解任，陈名夏于三月处死，张端在六月病故，余下十三位中，满洲两人，汉军旗人两人，汉官九人。顺治十二年共有大学士十六位，扣除因病免任二位，还有十四位，其中满洲四人，汉军二人，汉官八人。十三年起，满洲、汉军旗大学士和汉大学士的人数才大体相等，有时汉大学士还略多于满洲、汉军旗大学士。

顺治十五年七月二十三日，世祖福临下谕吏部，命将内三院改为内阁，大学士改加殿阁衔，称中和殿大学士、保和殿大学士、文华殿大学士、武英殿大学士、文渊阁大学士、东阁大学士，品级由原来的二品改为正五品（明朝大学士为正五品），但"照旧例兼衔"，取消原有的内三院秘书、弘文、国史院大学士名称，翰林院照旧独立出来。这一年的大学士有满洲额色黑、图海、车克、巴哈纳等四人，汉军宁完我、洪承畴、蒋赫德等三人，汉大学士有成克巩、刘正宗、金之俊、傅以渐、王永吉、胡世安、卫国祚、李霨等八人，汉大学士仍略多于满洲、汉军旗大学士。

其次，委任大量新人。从顺治八年起，世祖除继续留用一些旧大学士外，不断擢用新官，到顺治十年、十一年以后，内院内阁大学士，基本上是由帝新委任的。顺治七年内院大学士共七人，即范文程、刚林、宁完我、冯铨、洪承畴、祁充格、宋权，第二年刚林、祁充格处死，冯铨致仕，新任了希福、陈泰、雅泰、陈名夏、额色黑五位大学士。顺治十二年起，内院十几名大学士中，只有宁完我、洪承畴、冯铨三人是顺治八年以前的大学士，且宁完我于十五年致仕，冯铨于十三年二月致仕，十六年二月复任，洪承畴虽一直是大学士，但从十年五月即已往湖南，兼任五省经略，不问院事，十七年才以病回京调理，十八年四月致仕，也就是说旧大学士实际上只留下两名，其余大学士皆是世祖新任的。

再次，重用庶吉士，尽量擢用入主中原后开科取士选录的进士和庶吉士，超级提拔为大学士，一共任用了傅以渐、吕宫、李霨三人。傅以渐，山东聊城人，顺治三年一甲一名进士，即状元，授弘文院修撰，四年充会试同考官，五年充明史纂修官，八年迁国史院侍讲，九年充太宗实录纂修官，十年正月迁秘史院侍讲学士，五月迁少詹事，闰六月擢国史院学士，七月教习庶吉士，十一年八月授秘书院大学士。吕宫，江苏武进人，顺治四年一甲一名进士，授秘书院修撰，九年加衔右中允。十年二月，帝幸内院，吕宫与侍讲法若真、编修程芳朝、黄机并召对，命撰柳下惠《不以三公易其介论》，赐茶食。十年五月，帝谕吏部：翰林官升转，旧例论资俸，兼论才品。朕思果有才品特出者，何必拘于旧例？右中允仍管秘书院修撰事吕宫，文章简明，气度闲雅，著遇学士员缺，即行推补。寻授秘书院学士。十年闰六月擢吏部右侍郎，十二月授弘文院大学士。李霨，直隶高阳人，父国缙在明朝天启时任大学士。李霨七岁而孤，弱冠登第，于顺治二年中举，三年成进士，改庶吉吉，授检讨，寻晋编修。十年二月世祖亲试清书翰林，李霨列上等，擢中允，五月迁侍讲，寻擢侍讲学士，十二年迁秘书院学士，任日讲官，十四年充经筵讲官。十五年二月充会试副考官，五月授秘书院大学士，时年才三十四岁。世祖擢用倚任三人，三人也多有建树。李霨一直任到康熙二十三年病故，刚六十岁，人赞其"风度端重，内介外和，久居相位，尤娴掌故，眷遇甚厚"。康熙帝赞其"慎勤敏练，宣力有年，劳绩素著"。康熙三年吕宫卒时，范文程为其作诔说："本朝第一人物，第一知遇，惟先帝知公，惟公不负先帝。"

又次，培养见习，准备了一大批名相能臣，为康熙朝做好了人才储备。顺治帝亲政不过十年，从顺治三年举行第一次会试起，到其十八年正月病故，一共举行了七科会试。由于他英年去世，一些优秀进士、庶吉吉虽然还来不及治理部院入阁拜相，但经世祖擢用培养，多已入直内廷，或为部院司员侍郎尚书，到康熙前期入阁拜相，成为创建"康乾盛世"的主要大臣，比如，徐元文，少年英俊，二十岁中举，顺治十六年二十五岁钦点状元。顺治帝召见元文于乾清门，谕以特简之意，"还启皇太后曰：今岁得一佳状元。赐其冠带蟒服裘靴，视旧典有加"。元文率诸进士谢恩，"世祖为御殿，百官陪列，鸿胪读表，前此未有也"，授翰林院修撰，"数被宣召"。元文为诗记此说："空传枚马金门侍，只倚雕虫侍武皇"，抒发了其"生平致君之志"。元文曾从幸南苑，帝赐其乘御马，命学士折库纳为其执镫，折库纳乃元文馆师，元文"逊谢不敢"，乃改命侍卫执镫。元文又曾于晚上入宫，帝在便殿召对，帝命赐馔，又赐其从者食，此皆罕有之殊遇。元文后在康熙朝历任国子监祭酒、翰林院掌院学士、左都御史、刑部尚书和大学士。

此处，世祖福临对前明故臣，尤其是进士出身的旧臣，因其谙悉故事和典籍，亦很赏识和重用，如洪承畴、陈名夏、冯铨、陈之遴、刘正宗、成克巩，金之俊、王永吉、党崇雅、卫周祚、高尔俨、张端等，皆先后擢任大学士，参赞密勿。

在清初大多数满洲臣僚不谙明例政事，不悉民情，不知汉官贤奸，甚至不通汉话汉文的情况下，顺治帝能大量擢用汉官，任以大学士，参议政务，无疑有利于革除明季积弊，妥善处理满汉关系，减轻黎民痛苦，缓和民族矛盾，安定社会，恢复和发展经济，稳定政局，进行统一全国的工作。

顺治皇帝福临在顺治十年正月、十六年十月，先后颁发了两道震惊朝野的谕旨。十年正月初三日，他谕内三院："朕稽历代圣君良臣，一心一德，克致太平，载诸史册，甚盛事也。朕自亲政以来，各衙门奏事，但有满臣，未见汉臣，顷经御史条奏，甚属详恳。朕思大小臣工，皆朕腹心手足，嗣后凡进奏本章，内院、六部、都察院、通政使司、大理寺等衙门，满汉侍郎卿以上，参酌公同来奏，其奏内事情，或未当者，可以顾问商酌。尔等传谕诸臣，务体朕怀，各竭公忠，尽除推诿，以绍一心一德之盛。"

顺治十六年十月初四日，帝谕吏部："向来各衙门印务，俱系满官掌管，以后各部尚书、侍郎及院寺堂官，受事在先者，即著掌印，不必分别满汉。尔部即传谕各衙门一体遵行。"

这两道谕旨之所以会震惊朝野，主要是因为它道出了满官掌握实权汉官只是虚列其位的情形，并要革除此敝习，真正授与汉官较大的权力。从顺治元年五月摄政王多尔衮统军入京定鼎中原以后，就定制部院除理藩院外，侍郎以下，皆是满汉复职。顺治五年起，增设汉尚书，各部都是满尚书一员汉尚书一员，侍郎则是满汉各二员，都察院是满汉左都御史各一员，左副都御史各二员，郎中、员外郎、主事等司官也是满汉兼有。乍看起来，好似满汉真是一家，对半掌权，实情却远非如此，这两道谕旨便强有力地证明了这种情形的存在。

现在，两道谕旨的下达，授与了汉尚书汉侍郎的奏事之权和掌印之权，汉尚书侍郎可以直接就本部之事向皇上呈奏，特别是当满汉尚书侍郎异议之事，这一陈奏权就很大程度上支持了汉官。掌印之权，更为重要，以往印归满官掌管，满官不同意之事，哪怕满尚书出缺或前往外地，只满洲侍郎在部，大印亦归这位侍郎掌管，他也就可否决或不理汉尚书之议，而按己意办理，盖上大印，上呈下达。现在谕旨现定，不分满汉，但论就任先后，"受事在先者，即著掌印"，这样，汉尚书侍郎便可能有一半左右的时间掌管大印。因为，尚书之缺，经常变动，或因为帝赏识，擢用大学士，或调往他部及地方督抚，或因过降革外调，那么，即使先是满尚书就任，掌管大印，但他不可能久任不变，一旦调走，掌印权就归汉尚书了。

顺治帝如此倾心汉化，提高汉官职权和地位，扩大汉官的影响，在对军国大政的妥善处理起到相当大的作用的同时，也招致满臣愤怨，满汉之争加剧，因此，在顺治八年至十七年的十年里，连续发生了一系列政治斗争事件。

第七章　南明覆灭

一

　　清军的逐步深入及其在江南各地的暴行，致使民族矛盾激化。在此情况下，一些地主官僚纷纷打起"反清复明"的旗帜，卷进抗清斗争的潮流。隆武政权、鲁监国就是在这种情况下建立的。

　　顺治二年（1645 年）闰六月初七日，南明南安守将郑芝龙、郑鸿逵、苏观生和礼部尚书黄道周等，于福州拥明太祖的九世孙唐王朱聿键为监国，二十七日即帝位，建元隆武，即隆武政权。兵部尚书张国维、吏部给事中熊汝霖、刑部员外郎钱肃乐及张煌言等人，先后于东阳（今浙江金华）、余姚、宁波、石浦等地组成义军，杀掉清朝招抚使，将朱以海接往绍兴，拥为监国，即南明鲁王政权。

　　这两个南明政权，都有一定的军事力量，并根据不同情况进行设防。

　　鲁王政权的军事部署主要依靠张国维。张国维认为："克期会战，则彼出此人，我有休番之逸，而攻坚捣虚，人无接应之暇，此为胜算，必连诸帅之心化为一心，然后使人人之功罪，视为一人之功罪。"于是，鲁王朱以海以张国维为太傅、兵部尚书、武英殿大学士，督师钱塘江，会浙东义师和驻浙江的明军，划地戍守钱塘江南岸：朱大典守金华，总兵方国安守七条沙，总兵王之仁守西兴（今萧山西北），郑遵谦守小亹，熊汝霖、孙嘉绩、钱肃守沥海（绍兴东北，钱塘江口）。

隆武帝朱聿键改福州为天兴府，以黄道周为武英殿大学士，苏观生为吏部右侍郎兼东阁大学士，张肯堂为兵部尚书，封郑鸿逵、郑芝龙为侯，由郑芝龙主持军事。隆武政权在福建采取分区设防的部署：以天兴、建宁（今建瓯）、延平（今南平）、兴化（今莆田）为上游防区，以汀州（今长汀）、邵武、漳州、泉州为下游防区，各设巡抚管辖；福建北部，除在仙霞岭驻重兵防守外，又于岭外170处山险要道设兵把守。共有兵20万人，加上湖广方面拥护隆武政权的三四十万人，合计达六七十万人。此外，还得到浙江、安徽、江西等地义军的响应。大顺军余部也主动同湖广总督何腾蛟、湖北巡抚堵胤锡联合，共同抗清。隆武政权所统辖的地区有福建、湖南、湖北、广东、云南、贵州、安徽、江西的一部分，具有一定的财力和物力条件。

顺治二年七月，清廷命贝勒勒克德浑为平南大将军，同固山额真叶臣等往江南代多铎统率清军。鲁监国各方军事力量会师于钱塘江口的西兴驿，力拒清军渡江。八月，张国维率兵克富阳，控制了钱塘江上游。十月中旬，方国安、王之仁、郑遵谦、熊汝霖力图收复杭州，于城郊与清军连战10天，获小胜。后因清平南大将军勒克德浑率军前往增援，且风雨大作，箭矢不能发，杭州未能攻克。当时浙西义兵纷起，苏、松、嘉、湖等地反清斗争也节节胜利。在各地人民反清斗争形势的鼓舞下，南明军先后收复了海盐、乍浦等地。但是，两个南明政权之间的矛盾，使抗清大军的力量大大削弱了。当时，而隆武帝遣刘中藻颁诏浙东。钱肃乐、朱大典认为"大敌在前，未可先仇同姓"，力劝鲁王以皇太侄身份受隆武帝节制。但鲁监国督师张国维、熊汝霖等坚决反对，劝鲁王拒绝隆武帝的诏令。从此，鲁、唐两个政权不仅不能共同对敌，反而势同水火，予清军以各个击破的机会。

顺治三年（隆武二年，1646年）二月，清廷命博洛为征南大将军，令其率军进攻浙、闽。鲁监国所属浙东兵与清军隔钱塘江对峙。隆武政权屯驻于闽浙要道仙霞岭的15万大军却坐视不出兵援助。五月二十日，博洛军进至杭州，二十七日即渡过钱塘江。南明总兵方国安率部逃往绍兴，江上南明诸军闻讯大溃。六月初一日，清军攻占绍兴，鲁王逃往海上。方国安、马士英、阮大铖等降清，张国维兵败自杀，朱大典于金华自焚，台州（治今临海）、温州、金华三府相继陷落，浙东为清军占领。以后十数年中，鲁王凭借张名振、张煌言、郑彩、郑成功的支持，漂泊于厦门、南澳、舟山等地，虽努力整军经武，抗御清军，收复了浙、闽一些州县，但颓势已不能挽回。

顺治八年，清军与南明军在浙东展开争夺战。由于鲁监国定西侯张名振杀定西伯王朝先，王朝先部将张济明降清，使舟山虚实尽泄。当年七月，清平南将军金砺、浙闽总督陈锦等督军分路向舟山进攻。鲁王以大学士张肯堂留守荡胡，由阮进守横水洋，张名振偕鲁王督舟师指向吴淞以为牵制。八月二十一日，阮进与清军在舟山之横水洋交战，败溃。左都督张名扬、安洋将军刘世勋率军背城力战，重创清军。张肯堂率城内兵民坚守10余日，城内粮尽。清军掘地道破城，于九月初二日占领舟山。张名振等奉鲁王去金门，漂泊海上，后多次参与郑成功北伐。顺治十年，鲁王自去监国号，鲁王政权遂亡。

隆武政权一度标榜出师北伐，收复旧疆，而事实上只是一纸空文。首先，隆武政权只是打着"抗清"的幌子，大肆搜刮人民。除了照旧征收"辽饷"外，又大搞"复征"（重复征收），还有"正饷"、"助饷"，甚至提前一年征税，谓之"预征"，弄得人民不堪其苦，失掉了抗清的基础。第二，与鲁王政权矛盾重重，互相掣肘，不能通力合作。第三，内部文臣武将不和。黄道周、张家玉等文臣，主张北伐，但无兵权；郑芝龙、郑鸿逵、郑彩等武将握有实权，为了扩张自己的实力，极力抵制黄道周等人的抗战行动。特别是郑芝龙，拥兵二三十万，又把持着海上贸易，是福建最大的地方实力派，但他擅权专断，把隆武帝作为其扩大权势的傀儡，认为南明的统治不会长久，早已暗通清朝，伺机投降。

早在顺治二年（隆武元年，1645 年），武英殿大学士黄道周知郑芝龙已无抗清之意，乃自请率兵出战。由于郑芝龙的阻挠，隆武帝只给黄道周一个月的粮饷和空札数百，令其自行招募军队。当年七月，黄道周出师江西，义旅很快发展到 9000 余人。每至一地，他"抚揖遗黎，联络声势，远近颇响应"。黄道周从广信（今上饶市）入浙江衢州，十二月至婺源，遇降将张天禄部清军，因寡不敌众，兵败被俘，次年被害于南京。

在江西，吏部右侍郎杨廷麟与国子祭酒刘同升、巡抚李永茂共守赣州。顺治二年九月，出兵战败清军，收复吉安、临川。次年五月至八月，在云南赵印选、胡一青及大学士苏观生、两广总督丁魁楚部的声援下，于赣州与清军相战 4 个多月。十月初四日，清江西提督金声桓率军乘夜登城，杨廷麟督乡勇巷战，城被炮击毁，杨廷麟及总督万元吉自尽，清军占领江西。

顺治二年十月，朱聿键见福建难保，打算出赣入楚，以会何腾蛟之师。于是令郑芝龙、曾樱留守福州；郑鸿逵为御营左先锋，向浙江发展；郑彩为御营右先锋，向江西发展。次年二月，清廷命贝勒博洛为征南大将军，同固山额真图赖率军往征浙江、福建。隆武帝被迫从福州经建宁逃至延平。此时郑芝龙正暗中与洪承畴勾结，遂命仙霞岭守将武毅伯施天福军后撤，致清军于八月"从容过岭，长驱直入"。隆武帝得知清兵已过关，立即由延平急奔汀州。清军于延平分兵二路：一路由博洛统率直取福州；一路由李成栋导引，追击隆武帝。郑芝龙从此脱离隆武帝，回军南安，准备迎降。八月二十八日，清军攻下汀州，朱聿键被俘杀。存在15个月的隆武政权，就此结束。

郑芝龙回南安不久，泉州、漳州等地即被清军攻下，苏观生退往广州，福建为清军占领。在博洛的诱降下，郑芝龙拒绝其子郑成功及弟郑鸿逵等人的劝告，于十一月到清军营中献印投降，后被送至北京，隶汉军正黄旗，封同安侯。后因招降郑成功不成，被革爵下狱，顺治十八年十月被杀。其子郑成功及张煌言等在闽、浙沿海继续领导抗清斗争。

二

大顺军领袖李自成于顺治二年（1645年）五月牺牲后，郝摇旗、刘体纯等率领着余部中的一支，共有10余万人，在襄樊、浏阳一带坚持抗清斗争。另一支由李锦（即李过）率领，与由四川夔州南下的高一功部汇合，共约30万人，在荆襄山岳地区建立根据地，控制了湖北西部的广大地区。这时，清军一面向浙闽进军，一面从江西、湖北向南推进，这就使驻守湖南的南明湖广总督何腾蛟面临着来自清军和大顺军两方面的威胁，也使大顺军处于腹背受敌的危险境地。

大顺军领袖们深知处境艰难，便以抗清大局为重，毅然改变策略，决定联合南明军队共同抗清。何腾蛟鉴于清军压境，自己又兵力不足，无力再与农民军为敌，不得不接受大顺农民军联合抗清的建议。于是郝摇旗、袁宗第等被授为总兵官，高一功为总统。李锦改名李赤心，高一功改名高必正，所部号"忠贞营"。不久，李锦、高一功所部 30 余万，自澧州（今湖南澧县）进抵常德，与南明巡抚堵胤锡合作。这样，大顺军与南明军队的抗清联合阵线初步形成。

抗清统一战线的形成把敌对的南明朝官军变为抗清的同盟者，使大顺军摆脱了孤军作战、腹背受敌的局面，消除了后顾之忧，同时也使何腾蛟、堵胤锡等南明诸将摆脱了困境，抗清队伍得到扩大。在湖北荆州、襄阳（治今襄樊市）等地除大顺农民军外，还有南明左良玉余部马进忠、张先璧、黄朝宣等部，何腾蛟将其统一编制，号"十三镇"，人们又称"荆襄十三家"。清湖北巡按马兆煃奏称："何腾蛟招集流兵亦不下五六十万，雄据湖南，乘便窥伺，我皇上若不急发大兵南下，恐两王已定之疆土，非复朝廷之有也。"

从顺治三年八月开始，清军加快了向中南、西南进军的步伐：征南大将军博洛所部占领福建后，即向广东进攻，此为东路；靖远大将军豪格和吴三桂所率清军，在占领汉中后，向四川进攻，此为西路；平南大将军孔有德率军进攻湖广、粤、桂，此为中路。

三

顺治三年冬，在广东又出现了两个南明政权：一个是朱聿𨮁为帝的绍武政权，一个是朱由榔为帝的永历政权。

朱聿𨮁是隆武帝朱聿键的弟弟，隆武政权瓦解后，他从海上逃往广州。原隆武小朝廷大学士苏观生，与当地官绅梁朝钟、关捷先等共议，以"兄终弟及"为由，于十一月初二日拥立朱聿𨮁为帝，年号绍武。苏观生被封为建明伯，掌兵部事。朱由榔是桂王朱常瀛之子，隆武时袭封桂王，后受南明两广总督丁魁楚、广西巡抚瞿式耜、湖广总督何腾蛟、湖广巡抚堵胤锡、广东巡抚王化澄以及吕大器、方以智等人拥戴，于同年十一月十八日在肇庆称帝，建元永历，是为永历政权。

绍武、永历两个小朝廷，同已覆灭的弘光、隆武政权一样，腐朽的本质未变，也不可能真正肩负起抗清重任。大敌当前，他们不是联合抗清，反而同室操戈，在三水、三山口等地交战。清军乘永历、绍武内战方酣之时，向广东进攻。当时，北路孔有德所率清军已攻下岳州（今湖南岳阳），沿湘江南下；东路李成栋、佟养甲所率清军已从福建西进，夺占广东潮州、惠州。十二月十五日，两路清军以突然袭击的手段，一举攻下广州。朱聿鐭、苏观生自杀，仅存43天的绍武政权便灭亡了。

永历政权受到较广泛的支持。何腾蛟、堵胤锡等，都首先表示支持该政权。活动于川东地区的大顺农民军余部和云、贵地区的大西军余部，也相继联合永历政权抗清。瞿式耜、何腾蛟等人，力图整饬内政，消除内乱，坚决抗清。瞿式耜上疏说："今日之势，我进一步，人亦进一步，我退速一日，人来亦速一日。"他辅佐永历帝"修纪纲，布威武，抑权阉，招俊杰"，采取了一系列整治措施。所有这些，不仅使永历朝廷一度转危为安，得到稳定，而且颇有恢弘的气象。

清军攻占广州后，于顺治四年（永历元年，1647年）初又连续攻陷广东肇庆及高州、雷州（今海康）、廉州（今广西合浦）等地。永历帝从肇庆逃到广西梧州，再奔平乐、桂林。大学士丁魁楚见大势已去，遣人密款李成栋，投降了清朝。

瞿式耜护卫朱由榔从平乐抵桂林后，坚决反对朱由榔弃粤入楚，认为"上留则粤留，上去则粤亦去"。但朱由榔及其随行人员执意去全州。瞿式耜联络远近抗清势力，部署防务，誓守桂林。三月十四日，清军数万人自平乐进攻桂林，瞿式耜令总兵官焦琏自黄沙镇（全州东北）入援。未几，清军精骑乘虚入文昌门。焦琏提刀引骑兵直冲清营，将其分割为三部分，勇猛冲杀，乘敌溃败，追击数十里。五月，由湖南南下的清将孔有德侦知城内刘承胤挟饷兵变，前来攻城。瞿式耜、焦琏分门守御，发西洋炮击敌，接着开城门出战，连续战斗两天，清军"弃甲仗而奔"。援将马之骥奉瞿式耜之命隔江发大炮，击退从栗木岭来攻的清兵。孔有德"望虞山树木，疑为兵焉"，只好退兵。七月，焦琏乘胜率军收复阳朔、平乐，思恩侯、陈邦傅夺回梧州。这就是有名的"桂林大捷"。南明军收复广西后，已退往湖南武冈的永历帝又回到桂林。瞿式耜因功受封为临桂伯，焦琏为新兴伯。

十一月，孔有德等率清军进攻全州，何腾蛟督郝摇旗、焦琏、赵印选、胡一青、卢鼎五路出击，连营并进，首尾绵延300里，清军败退湖南，是为"全州大捷"。何腾蛟因战功被封为侯，授兵部尚书，督师驻全州，赵印选、胡一青亦晋为伯。

大顺农民军余部和南明军联合对清军的坚决抵抗和节节胜利，推动了中南地区抗清斗争的发展。

顺治五年，清军主力孔有德等部被迫北撤，南明与大顺军乘势反攻。马进忠收复常德；王井才部占领澧州、桃源；李锦、高一功率数10万大顺军出夔州（今四川奉节），连克湖北荆门、宜城，又引兵进湖南，相继攻克益阳、湘乡、湘潭、衡山等县，联合其他南明军，进围长沙。其间，何腾蛟率南明军战于广西，粉碎了清军对桂林的第二次围攻，继而转攻湖南，收复了永州、衡州（今衡阳）等地。顺治五年，基本收复了湖南的全部失地，扩大了南明永历政权的统治区。

在广东和江西战场，江西提督金声桓、广西提督李成栋先后叛清归明。他们从清军营垒中分离出来，反映了抗清斗争的深入发展，也标志着抗清联合阵线的进一步扩大。金声桓和参将王得仁于顺治五年正月末在南昌起兵后，不久即分兵进攻九江、赣州。明故臣揭重熙、余应桂、刘士桢等也在武夷山、都昌等地坚持抗清，与金声桓等遥相呼应。李成栋于同年四月在广州倒戈反清后，奉永历年号，接受永历帝的封爵，迎永历帝先至梧州，后至肇庆，并独揽永历小朝廷的大权。

随着中南地区抗清浪潮的涌起，山东、山西、陕西、甘肃等地人民亦纷纷武装抗清。孙可望、李定国领导的大西军余部在四川不断打击吴三桂部清军。从而形成了以中南战场为主体的第二次全国抗清高潮。

四

顺治五年（永历二年，1648 年）八月，永历帝返回肇庆，此时的永历政权控制着两广、湖广、四川、云贵、江西等地，对进一步抗清颇为有利。但永历政权并没能利用已出现的有利形势，扩大战果，而是对大顺农民军猜忌、防范、限制，不给大顺军发饷，甚至派军官监视或改编农民军，从而加深了农民军和南明官军之间的矛盾，削弱了抗清联合阵线的力量。永历政权内部又分裂成不同的党派，互相角逐。以袁彭年、刘湘客为首的"楚党"，与以朱天麟、堵胤锡等为首的"吴党"，争权夺利，势同水火。拥兵诸将各自称雄，甚至互相攻杀。

此时处于全国抗清力量包围和打击之中的清王朝，为了镇压南方各地抗清武装，扭转局势，在政治上、军事上进行了一些调整。首先，巩固和安定后方，以集中力量对付正在后方蔓延的农民起义和降将倒戈事件。第二，严禁民间蓄养马匹和私藏兵器，以限制抗清队伍的扩大。第三，在占领区建立驻防制度，派兵驻防各重要城镇。第四，推行"以汉制汉"的策略，除已派洪承畴坐镇南京，招抚东南各省外，又封孔有德为定南王，耿仲明为靖南王，尚可喜为平南王，令其往两广地区，凡军机事务，悉听其调度。

顺治五年九月，清廷命定远大将军济尔哈朗、顺承郡王勒克德浑攻湖广；六年五月又命孔有德征广西，耿仲明、尚可喜征广东。

由于南明诸将之间及南明与大顺军之间矛盾重重，已夺回的湖南各城多弃而不守。顺治六年初，何腾蛟为调解各部矛盾，仅率标兵30人由衡州入湘潭。此时，李锦已弃城东走，湘潭仅剩空城，不久何腾蛟为清总兵徐勇俘获，解送济尔哈朗军营。何腾蛟拒不投降，绝食七天遇害。湘潭、长沙相继为清军所占。

在此情境下，永历政权不得不重新部署了兵力：以杜永和为两广总督守广州，堵胤锡与胡一青守衡州，瞿式耜以留守督师兼领江楚各省兵马。济尔哈朗指挥清军继续向前推进，相继攻占湖南衡州、宝庆、永州、沅州（今芷江）、靖州等地，堵胤锡退入龙虎关（今湖南江永和广西恭城交界处）。李锦、高一功等率大顺军退入广西。孔有德率军至衡州后，乘南明军不备，于十二月率军突袭，南明军自相扰乱，逃窜山谷。湖南完全被清军占领。

顺治六年年底，清平南王尚可喜和已故靖南王耿仲明之子耿继茂率清军越过大庚岭入广东。除夕之夜，清军攻占南雄，韶州守将、巡抚罗成耀潜逃广州。永历帝欲留李元胤、马吉翔留守肇庆，自己登船西逃。瞿式耜闻讯上书劝阻，认为："粤东水多于山，良骑不能野合……赋财繁盛，十倍粤西。且肇庆去韶千里，材官兵士南北相杂，内可自强，外可备敌，强弩乘城，坚营固守，亦可待勤王兵四至。"可是，永历帝不纳，离肇庆奔抵梧州，开始了第二次流亡。

七年正月，清军占领韶州，守将吴六奇投降。二月，尚可喜督清军攻广州。总督杜永和拒绝清军的招降，指挥南明兵从城上发炮，击伤清兵甚多。因城内军民坚守，尚可喜与耿继茂分区对广州实行围困。尚可喜修战船，铸大炮，备火药，造战具，进行充分的物资准备以为持久之计。永历帝命驻三水的陈邦傅和肇庆的马吉翔增援，但二人均惧战不至。郑成功自厦门水路来援，进至平海，因清军袭击厦门，被迫折回。永历帝遣高一功等率大顺军救援广州，南明梧州守将陈邦傅嗔其不附己，遣兵潜袭大顺军老营，结果高一功西入山区，广州处于孤立无援的境地。

防守广州西门外城的范承恩潜通清军，于十月二十八日放弃外城。二十九日，清军发起总攻。尚可喜督军越过城外河网，毁掉木城，扫除前进障碍。十一月初二日，清军以火炮猛轰广州城。城西北角摧毁后，尚可喜指挥清军登城。明军誓死守城，与清军肉搏，战死6000余人。城破，守将范承恩降清，杜永和等退往琼州（今海南琼山）。尚可喜、耿继茂入城后，数以万计的军民惨遭杀害。广州之战后，清军相继攻占肇庆、高州、钦州（今属广西）等地，广东大部地区重被清军占领。

顺治七年三月，孔有德率清军，自湖南永州破龙虎关，进入广西。随后，清军克灌阳，占全州，陷兴安，于十一月初四日过严关（兴安西），向桂林进攻。瞿式耜一面向永历帝报警请援，一面激励守城将士奋起抗击，但开国公赵印选离城逃遁，胡一青、王永祚、杨国栋等部亦携各家老营争先出城奔窜，瞿式耜独留空城，表示"城存与存，城亡与亡"。时总督张同敞自灵川归，愿与瞿共留同死。初六日黎明，清军进城。面对孔有德的威逼利诱，张同敞等忠贞不屈，拒不投降，最后在桂林独秀峰下从容就义。接着，南明又丧失了平乐、梧州等地，广西大部为清军所占。

清军向中南地区反攻，重新占领了赣、粤、湘、桂，南明官军基本丧失殆尽。大顺军余部则被迫向湘、桂、黔、川、鄂交界山区转移，并与云、贵、川、黔地区的大西军余部相呼应，继续坚持抗清斗争。不幸，李锦在转移至庆远（今广西宜山）时病故，高一功在转赴贵州途中战死。余部在李锦义子李来亨的统率下转移至湖北巴东，与先期到达的郝摇旗、刘体纯等部会师，并与鄂西、川东一带的义军结成"夔东十三家军"，继续坚持抗清。从此以后，永历政权基本结束了在粤、桂的统治，整个抗清斗争的重心转向了西南地区。

五

大西军余部是西南地区抗清的主力，也是永历政权在云贵地区的支柱。永历政权朝不保夕，漂流不定，不得不依靠大西农民军余部支撑残局。清军经过连年征战，力量已大大削弱，加之东南沿海有郑成功、张煌言抗清力量的牵制，不得不放慢进军云贵的步伐。大西军余部充分利用时机，整顿内部，发展经济，组织和加强抗清力量，使西南地区的抗清斗争出现了新的局面。

顺治四年（南明永历元年，1647年），孙可望遵照张献忠联明抗清的战略方针，提出了"匡扶明室"的思想。六年，为了扶明抗清，大西军又遣使同永历政权谈判。至八年，终于迫使永历政权接受其"联合恢剿"，共同抗清的建议。大西军则接受永历年号，奉永历正朔，并把永历帝朱由榔接到贵州安隆所（今安笼铺），将该地改名安龙府。朱由榔封孙可望为秦王。从此，大西军清除了后顾之忧，独立地领导西南地区军民，又一个新的抗清斗争高潮正在形成。

与此同时，清廷为镇压反清武装，也在调兵遣将。顺治八年（永历五年，1651 年）九月，赐平西王吴三桂金册金印，命其统所部入川征剿。九年春，清军继续向云贵挺进：孔有德由柳州出河池（今河池西）攻贵州，吴三桂由陕西汉中入川，经保宁（今阆中）犯成都、重庆等地。孙可望决定兵分两路以顶住清军的进攻：一路由李定国、冯双礼率步、骑、象队，共 8 万多人，由贵州出湖南，捣桂林；一路由刘文秀、白文选率领步、骑、象队，共 6 万多人，由贵州入川南，攻成都。大西军统帅部由昆明移驻贵阳，主帅孙可望居中指挥和调度。

大西军兵强马壮，沿途所向披靡，节节取胜。李定国一路，于五月首破湖南靖州，大破清总兵张国柱部，阵斩 5000 余人，继而下沅州、武冈、宝庆。然后督大军攻广西门户全州，并分遣精兵沿便道直趋严关。清兵大败，"横尸遍野"，退保桂林。七月初二日，李定国围桂林。孔有德"登城观垒，怯定国据近险，举止失措"。大西军以云梯攻城，用象队毁其城门，孔有德遁逃无路，"杀其妻，举火自焚死"。七月初四日，大西军攻下桂林，广西各地人民纷纷响应。李定国督兵占柳州，克梧州，很快收复了广西全境。清廷闻讯，极为震惊，急命敬谨亲王尼堪为定远大将军，率兵 10 万（一说 15 万），经洞庭，进军湖广。

与此同时，刘文秀军亦势如破竹，相继攻克叙州、沪州、重庆、成都，收复四川大部地区。清将吴三桂退守保宁。

大西军在西南抗清的胜利，推动全国各地掀起了第三次抗清高潮，它集中地表现在两个战场上：一是李定国大西军所在的湘、桂、滇、黔西南战场，另一个是郑成功义师所在的闽、浙、粤东南战场。两个战场遥相呼应，互相配合，共同抗清。

当李定国东征北伐时，郑成功也奉永历正朔于东南战场向清军发起进攻。顺治九年春，郑成功率部攻长泰，大败清浙闽总督陈锦部援军，遂占长泰，围攻漳州达 7 个月之久，使清军主力受到牵制，客观上配合了李定国部队作战。李定国曾主动邀郑成功会师。郑成功亦派人与其约定会师日期。顺治十一年，李定国围攻新会，郑成功遣军南下广东会师，但因风向不利失期，会师计划未能实现。

顺治十六年（1659 年），正是清军进攻云贵与李定国决战的时刻，郑成功联合张煌言大举北伐，"以图牵制"。五月十三日，郑成功率 17 万大军，以张煌言为先锋，水陆齐进，北入长江。六月，郑军将领甘辉率军自崇明登陆，夺取瓜洲，直捣镇江。清军于江上设滚江龙（即在长江两岸置木栅，连以铁索，横亘江中，以阻战船通过）、木浮营（又称"木城"，即于江上结大木为筏，覆盖泥土，上可驰马，旁有木栅可置炮，自上流浮下，船遇之立碎）为障。郑军所向披靡，斩断滚江龙，冲垮木浮营，一举攻占镇江，歼灭清军 4000 多人，清提督管效忠率 140 人逃往江宁（今南京）。七月，参军潘庚钟建议暂驻瓜镇，分据淮、扬诸郡，扼其咽喉，收拾人心，断北京粮道，以期清廷内变。郑成功认为兵贵神速，遂不从潘庚钟之议，率军攻下江浦，进围江宁。张煌言以芜湖为据点，与江宁城下郑军成犄角之势，连下 4 府 3 州 24 县。清廷闻郑成功进围江宁城，大为震动。

郑成功"累捷自骄"，听不进部下的正确建议，麻痹轻敌，受清两江总督、南京守将郎廷佐缓兵之计的欺骗，令 83 营大军于城下牵连困守，坐待敌降，甚至释戈开宴，纵酒捕鱼为乐。七月二十三日，清军突袭郑军营垒，郑军无备，大败。此战，郑军损失过半主力，参军潘庚钟，部将甘辉、万礼、张英、林生等皆战殁，余部被迫登舟出海。十月，郑成功回到厦门，张煌言突围后也回到浙江沿海，继续坚持抗清斗争。

大西军东征北伐，收复了西南和中南地区大片土地。但是，由于永历政权的腐败，地主官僚对抗清联合阵线的破坏，以及大西军领导集团内部矛盾的加剧，严重地破坏了抗清斗争的大好形势，最后反使斗争归于失败。

如南明军官张先璧、马进忠、马久成等人见孙可望在胜利面前滋长了个人野心，就挑拨他和李定国的关系，怂恿其称王称帝。孙可望把抗清重任置诸脑后，忌李定国功高于己，因而千方百计阻挠和破坏李定国一路大西军的抗清斗争，甚至不择手段，要加害李定国。

顺治十四年九月十九日，双方战于曲靖交水（今交河），孙可望大败东逃，后经贵州逃往湖南宝庆，投降清军，于十二月初到达长沙。

孙可望降清，对清军的战略产生了重大影响。孙可望降清后，"尽图山川迂曲及诸将情形、兵食多寡献之"，清廷掌握了大西军内讧和云贵的虚实情况，认为应"乘此贼党内乱，人心未定之际"，"统兵进讨"，"相机进取"。当年十二月十五日，清廷开始部署向云贵进攻：以固山额真罗托为宁南靖寇大将军，同固山额真济席哈率兵由湖南西进；以平西王吴三桂为平西大将军，同固山额真墨尔根、侍卫李国翰率兵，由四川南进；以固山额真赵布泰为征南将军，同提督线国安率兵由广西北进。三路大军先合攻贵州，然后向云南进攻。顺治十五年正月初九日，又命多罗信郡王多尼为安远靖寇大将军，同多罗平郡王罗可铎、多罗贝勒尚善等率军征云南。显然，这是采取三面包围、分进合击的战法，企图步步进逼，逐步缩小包围圈，一举消灭农民军和永历政权。

这时，永历小朝廷的君臣们却沉醉于"宴饮恬愉"之中，到处歌舞升平，人皆"不以国事为念"。李定国掌兵马大权，却陷入了党派争权夺利的漩涡，力图巩固和扩大个人权势，以致武备不整，防御松弛。在清军的多路进攻面前，李定国消极抵抗，分兵把守，匆忙派部将刘正国、杨武等守贵州北部三坡、红关诸隘口，以防四川清军；马进忠守贵阳。他自率大军西赴永昌（今保山），讨伐反叛的王自奇、关有才等孙可望旧部。反叛虽平，但清军已入贵州。罗托所率中路清军自靖州、沅州，经镇远，于四月攻占贵阳，守将马进忠溃逃。北路吴三桂军攻下三坡、遵义、开州（今开阳）等地，歼南明军7000多人，刘正国撤退云南。赵布泰亦于七月攻占广西南丹和贵州独山等地。清军占领了贵州大部。

七月，永历帝以李定国为招讨大元帅。李定国当清军未集之时，中清军缓兵之计，"观望逡巡"，行动迟缓，贻误了战机。九月，多尼自湖北荆州进至贵州平越（今福泉）。十月，清军各路统帅和将领齐集平越之杨老堡，讨论制定出分兵三路进攻云南的作战计划：北路吴三桂自遵义进，中路多尼自贵阳进，南路赵布泰自都匀进。每路兵约5万，共计15万人，由信郡王多尼担任总指挥。李定国于昆明闻讯后，急忙动员全部兵力，分三路迎击：南路由张光壁守南盘江，北路由白文选率兵4万守七星关（今贵州赫章东），中路由冯双礼守鸡公背（今贵州关岭西北），李定国自率一部守北盘江铁索桥，居中调度。北路白文选至生界立营，摆出欲攻遵义的架式，以牵制吴三桂部清军。因为部署已晚，颓势无法挽回。十一月，北路清军吴三桂自遵义出师，取道水西（今黔西），绕过七星关，很快进至云南沾益。南路赵布泰军自安顺西进，由普安州（今贵州盘县）人云南。李定国率部迎战赵布泰，损失严重，全线溃退。多尼所率中路，自贵阳取道关岭，击败冯双礼军而进抵曲靖。

经此两役，大西军遭受重创，已基本丧失了抵御清军的能力。十二月十三日，李定国返昆明。永历帝召群臣讨论向何处去。李定国提出东入湖南，在少数民族聚居地区边缘地带组织防御的建议，他认为如此，胜利可复云南，败则南入越南，再从海上至厦门，与延平王郑成功合师进讨。刘文秀部将陈建，则请北入四川。勋臣沐天波则力主退往滇西，急则入缅甸。在众说纷纭的争议中，身为招讨大元帅的李定国，最后附和沐天波西逃的意见。十五日，朱由榔在李定国的护卫下逃离昆明。

顺治十六年正月初三日，多尼、吴三桂、赵布泰所率清军会师于昆明。初四日，永历帝等逃至永昌。清军日逼，二月十五日败南明白文选部于大理，追至澜沧江。李定国闻讯，急令靳统武率兵 4000 护送永历帝至腾越（今腾冲），自率精兵 6000 断后。二十日，率部渡潞江（今怒江），设三层伏兵于江西 20 里之磨盘山，隐蔽待机，约定待清军至山巅，以炮声为号，伏起前后夹攻歼敌。二十一日，清军已有 1.2 万人上山，前锋已入二伏，不料南明大理寺卿卢桂生投敌告密，清军急忙舍骑而步，并开炮发其伏，双方混战大半日，此战清军损失数千人，但李定国部亦损失三分之二，只好退至中缅边境地区继续抵抗，永历帝则经边界的囊木河逃往缅甸。

顺治十七年八月，清廷以爱星阿为定西将军，前往云南会同吴三桂追捕永历帝朱由榔。十八年九月，吴三桂、爱星阿率清军 5 万人入缅，十二月初进至旧晚坡（今缅甸阿瓦城东 60 里）。缅甸慑于清兵压境，执朱由榔等人献于吴三桂。康熙元年（1662 年）三月，朱由榔被吴三桂押回云南，四月至昆明绞死，永历政权灭亡。李定国悲愤交加，于同年六月二十七日病死在缅甸勐腊。

中华藏书

大清十二帝·最新整理珍藏版

中国书店

七〇二

中国书店

　　至此，南明政权前后坚持了近 20 年的抗清斗争基本结束。川、鄂交界地区由李来亨等领导的抗清斗争的余波——夔东十三家军，也于康熙三年（1664 年）被镇压，全国的抗清斗争，除了台湾的郑成功之外，已全部被镇压下去。

第八章　钟情董妃

一

封建时代的帝王能号令天下，运筹大业，却往往对自己的婚姻之事无能为力，至少在选择册封皇后的问题上是如此，无法选一名自己钟情的女子为后。顺治皇帝的情况更为典型，第一位皇后的择配，即是多尔衮亲手酿制并强迫他饮下的一杯苦酒。

顺治五年（公元 1648 年）底，多尔衮已完成了进取帝位的一切准备，甚至在睿王府内"服皇帝之服装，自称'皇父与国父'，并且以自己的名义下诏谕"，提前染上了皇帝瘾。多尔衮对渐及成年的顺治皇帝已如芒刺在背，觉得"皇帝虽幼弱，然而他所透出的智略，已超越人们在他这年龄里所能期待的程度了"。于是，多尔衮不得不加快了称帝的步伐。

多尔衮死时，皇后的册封大礼尚未颁行，顺治完全可借铲除多尔衮势力之机，改换皇后的人选。可选立皇后的当时，多尔衮大婚未久，为取悦孝庄皇太后，他偏偏选中了孝庄太后的亲侄女博尔济吉特氏为皇后。这一来，顺治皇帝虽对未婚妻不满，却又投鼠忌器，碍着母后的面子不敢撤废。顺治八年（1651 年）八月，博尔济吉特氏被册封为皇后，颁诏全国。皇后既经册封，便为国母，平民百姓休妻尚且不易，"国父"欲休"国母"自然更难。如果说是多尔衮酿制了这杯苦酒，那么最后强逼顺治吞咽苦酒者，却是孝庄皇太后。

俗话说，"姑舅亲，辈辈亲，打折骨头连着筋"。顺治与皇后的结合便是亲上加亲的姑舅姻亲，而顺治皇帝本人又是满蒙民族的混血儿，理应与皇后和睦融洽。况且，新皇后仪容出众，"足称佳丽、亦极巧慧"，称之"母仪天下"也够资格。可是，顺治皇帝无论在思想、感情、性格、意趣等各方面，都与新后格格难入。据福临说，皇后生性妒忌，又嗜奢靡，更坏的是"处心弗端"，见到"貌少妍者即憎恶，欲置之死"。例如，清初宫中沿袭明朝旧制，设教坊司（隶属礼部），专司宫中乐奏之事。教坊司中有近半者为女乐，平时"衣绿缎单长袍，红缎月牙夹背心，用寸金花样金发箍，青帕首"。女乐自然选择"少妍"者，而且穿红着绿，如花似玉，这使蒙古皇后难以忍受，下令裁掉女乐，一律改用太监吹管弹弦，如是才心安理得。她本人却极为讲究衣饰，"凡诸服御，莫不以珠玉绮绣缀饰"，甚至在膳食时，"有一器非金者，辄怫然不悦"。最使顺治不堪忍受的是，皇后对他的举动"靡不猜防"，多生醋意，顺治帝一怒之下，干脆择地别居，根本不与她见面。皇后体健色妍，一直未有子嗣，可知顺治很早就将她冷落一旁。

短短两年间，顺治因"含忍久之，郁慊成疾"，身体衰弱、容颜憔悴。孝庄皇太后见状不妙，心知如再坚持己意，势必因此要将儿子的性命葬送掉，只好谕知福临"裁酌"，实则默许了废除皇后一事。

从此，博尔济吉特氏皇后就永居冷宫。

皇后之位虽不似帝位那样重要，却也不可久虚无人。一国之内只有帝而无后，等于一家之中有父而无母，意味着乾坤失调，国体不稳。一个月后，朝中旨令"应于满洲官民，蒙古贝勒以下，大臣以上女子中选立皇后"。这不过是一纸官样文章，孝庄皇太后对此早已胸有成竹。

提前亲政使顺治皇帝更加成熟起来，而汉文化程度的不断提高，又使他逐渐感到滥肆纵欲的羞耻和危害。这种心理和生理上的成熟，促使他在男女关系问题上从"欲"走向"情"。可孝庄太后并不允许儿子自寻称心如意的佳偶，她既要维护蒙古王公贵族在宫中的特殊权益和地位，更要维护大清帝国的尊严和命脉，这就注定顺治的婚姻只能成为封建制度祭坛上的缀饰和牺牲。

顺治十一年（公元 1654 年）五月，蒙古科尔沁贝勒绰尔济的两位女儿同时被接进宫内，这两位博尔济吉特氏姐妹又几乎同时被聘为妃。按姻亲辈份，绰尔济是孝庄太后的亲侄儿，两位妃子自然是太后的侄孙女。一个月后，姐姐册封皇后，就是孝惠章皇后，妹妹即淑惠妃，也是顺治众多嫔妃中的最长寿者。顺治刚刚摆脱多尔衮的魔爪，又落入母后的樊笼。他决不甘心再度受制于人，便想方设法进行抗争。

新受晋封的孝惠皇后妹妹根本不会料到，她们入宫受封，仅是一对儿被摆在后妃位置上的偶像，在顺治眼中不屑一顾，乃至姊妹二人膝下寂寞，至死也无一子女。顺治皇帝总看新皇后不顺眼，最后以"虽秉心淳朴，顾又乏长才（特长及才华）"的简单理由，索性对皇后不理不睬。他不仅极度冷视皇后姊妹，而且在十五年（公元 1658 年）正月孝庄太后病时，以"礼节疏阙"对皇后兴师伐罪，下令停止进其中宫笺表，并谕诸王大臣议处，直欲再度废除皇后。以后，孝惠皇后姊妹在冷宫中苦熬了三十余年，孝庄太后去世时，她们哭得死去活来，与其说是哭太后，倒不如说是在哭自己的悲惨命运更恰切。而那位不到十五岁就被废掉的首任皇后，却连哭丧的资格也没有，只能幽居内宫，怅望昭西陵（孝庄太后陵墓）而感慨万端。

二

"洞房昨夜春风起，遥忆美人湘江水。

枕上片时春梦中，行尽江南数千里。"

——（唐）岑参：《春梦》

这是唐代塞外诗人岑参的一首《春梦》诗，由于历代抄印之误，第二句"遥忆美人"也作"故人尚隔"。自然，岑刺史决然不会料到八百六十余年之后，这首小诗居然被顺治皇帝借以寄托哀思。

这首诗是在董鄂妃去世两个多月后，由顺治御笔抄赠天童寺僧人木陈态的。其时，木陈态已离京半年，顺治皇帝剃发出家的闹剧刚刚收场，他一腔愤懑悲怆之情无法渲泄，故借旧诗名句排遣苦闷。因此，"遥忆美人"决非笔误，而是他感旧怀人心情的真实写照。

"顺治十七年八月壬寅（即十九日。公元 1660 年 9 月 23 日），孝献庄和至德宣仁温惠端敬皇后（董鄂妃谥号，已追封为皇后）崩。呜呼！内治虚贤，赞襄失助，永言淑德，摧痛无穷。惟后制行纯备，足垂范后世，顾壶仪邃密（在内宫行为谨慎），非朕为表著，曷由知之？是用汇其平生懿行，次之为状。"这是顺治帝亲自撰写的挽词开篇，他认为只有自己才最理解爱妃董氏，所以亲制墓志铭，这在清代帝王中是少见的。

如果将顺治短暂的一生喻为一首配系复杂的交响曲，那么他与董鄂妃的爱情便是其中的华彩乐章！

顺治十年，皇室挑选秀女，董鄂氏的牌子被留了下来，而且很快被指配给顺治皇帝的同父异母弟襄昭亲王博穆博果尔为妻，她成为千百名应选秀女中的幸运儿。大约在第二年，董鄂氏与博穆博果尔成婚，时年十六岁，比丈夫大两岁。然而，命运的冥冥之神并未将富贵与幸福同时赐给她，年仅十四岁的亲王经常率军出征，而且性情多与之不合，致使小夫妻生活并不美满。于是，夫妻感情上的裂隙便种下日后悲剧的祸根。

董鄂氏自幼"颖慧过人。及长，娴女红，修谨自饬，进止有序，有母仪之度，姻党称之"，颇有大家闺范，大概很像《红楼梦》里那位知书达礼、雍容识度的薛宝钗。不知何时，她的脱俗不凡举动引起了顺治皇帝的注意，他们很快就发展到了难分难舍的地步。此时，顺治正为新皇后之事郁郁寡欢，董鄂氏也为少情的丈夫而痛苦，二人一见钟情，遂演成一段风流千古的故事。

这一切都发生在董鄂氏应选入宫后的半年之中。

顺治十一年（公元1654年）四月，孝庄皇太后觉察到这一异常情况，立即意识到事情的严重性，赶紧下令停止命妇入侍后妃之例，声称此例是"前代所无"，且因"严上下之体，杜绝嫌疑"的缘故，但事情已至不可收拾的地步。汤若望回忆道："顺治皇帝对于一位满籍军人（应是博穆博果尔）之夫人（当为董鄂氏），起了一种火热的爱恋。当这位军人因此申斥他的夫人时，他竟被对于他申斥有所闻知的天子，打了一个极其怪异的耳掴。这位军人于是乃因怨愤致死，或许竟是自杀而死。皇帝遂即将这位军人的未亡人收入宫中，封为贵妃。"

顺治垂青胞弟之妻，弟因此申斥妻子，竟然挨了当皇帝的哥哥一记"极其怪异"的大耳光。弟何冤屈兄何暴！更有甚者，这位皇兄毫无引咎自责之意，只让董鄂氏为丈夫守了二十七天丧，即匆匆将这位如花似玉的"未亡人"接入宫中，立为"贤妃"，真不知"贤"字从何说起？

无论如何，死者已逝，顺治得偿大愿。但他并未想到，他在为一场亲手制造的悲剧收场的同时，又为自己更大的悲剧拉开了序幕。

同年十二月，董鄂氏正式册立为皇贵妃，而且按照册封皇后的大礼"颁诏天下"。这种异乎常格的礼典，是顺治帝对母后的第一次正式宣战——他发誓要再度废后而改立董鄂妃！董鄂皇贵妃的册封大礼于翌年元月初六日告成，十九天后，顺治帝公然下令："太庙牌匾停书蒙古字，只书满汉字"?！

顺治皇帝的攻势咄咄逼人。

谁人不知，自从清太宗接连娶了五宫蒙古博尔济吉特氏后妃以后，朝廷虽称满族权贵柄政，而后宫却是蒙古血统的贵妇人执牛耳。顺治帝的矛头所向，直戳以孝庄皇太后为首的蒙族姻党心窝，这场斗争刚拉开序幕，立即趋于白热化。

在宫内外的一片訾议声中，董鄂妃进入掖庭，来到了顺治皇帝身边。仅四个月，她就升到了仅次于皇后的皇贵妃地位，而且将皇帝对众多妃嫔的宠爱集于一身。在众人眼中，这种专宠是比皇贵妃地位更令人艳羡之事。于是，她立即成为众矢之的，来自内庭的压力又远甚于朝中。

当时，她必须应付和处理来自三方面的压力，一是孝庄皇太后和皇后为首的蒙古后党；二是人数众多、关系复杂的妃嫔姻党，她们往往是朝中不同政治势力派别在内宫的代表人物；再就是十三衙门内那些炙手可热的太监大军，他们几乎囊括了皇宫内部事务的一切大权。而董鄂妃所可凭恃的全部资本，仅仅是自己的才智和顺治皇帝那一点儿可怜的爱。

俗谚有"伴君如伴虎"的说法，但对于董鄂妃来说，如何处理与孝庄太后之间的婆媳关系，是比伴君更为棘手之事。她既有端庄秀美的天生仪容，又谙熟宫中各种繁杂礼数，进止有度，言行得体，使婆婆难以挑剔。平日里，她"事皇太后，奉养甚至，伺颜色如子女，左右趋走，无异女侍"。顺治帝未出过天花，时常因避痘离宫至南苑处理政务。每逢这种夫君不在身边的时候，董鄂妃更如临深履薄，谨慎异常，"定省承欢若朕躬"，连孝庄皇太后都感到吃惊："后事我讵异常耶？"就在董鄂妃册封皇贵妃不久，孝惠皇后大概是"憔悴忧念"所致，大病一场几乎丧命。她亲临病榻扶持，"宫中侍御尚得乘间少休，后（董鄂氏）则五昼夜目不交睫，且为诵书史，或常谭（谈）以解之"。在孝庄太后看来，皇后病危，恰是董鄂妃争宠的天赐良机，而她却出人意外地伺奉汤药，全无觊觎后位之意，这自然极大地缓解了婆媳间的紧张气氛，堪称计高一筹。皇后病愈后，她仍是"晨夕候与居，视饮食，服御曲体罔不悉"，这岂是皇贵妃之职事，简直象个下等侍婢。总之，董鄂妃在此问题上所表现出的胸襟和气度，确乎远在一般后宫佳丽之上，应该说是成功的。

这时的董鄂妃与唐明皇时的杨贵妃很像，"后宫佳丽三千人，三千宠爱在一身"。但她却毫无杨贵妃那种娇揉造作的酸味儿，更没有"贵妃出浴"的狎邪事情。她知道，自己时刻置身于众多后宫妃嫔的睽睽众目之下，稍不留意则会遗人把柄，酿成祸事。她平时衣饰"绝去华彩，即簪珥之属不用金玉，惟以骨角者充饰"。实际上，这种秀雅天成的自然美，远胜过挂满金簪玉珮的藻饰，前者真、而后者假。在与后宫嫔嫱的日常接触中，顺治皇帝曾这样描述道："（董鄂妃）宽仁下逮（以宽仁待下），曾乏织芥（毫无一点儿）嫉意。善则称奏之，有过则隐之，不以闻（不打小报告）。于朕所悦，后亦抚恤如子，虽饮食之微有甘毳（美味）者，必使均尝之，意乃适。宫闱眷属，大小无异视，长者媪呼之，少者姊视之，不以非礼加人，亦不少有谇诟。故凡见者，蔑不欢悦，蔼然相视。"她办理后宫庶务，无不尽心尽力，赢得姻党戚谊们的一片赞誉，福临说她"虽未晋（皇）后名，实（皇）后职也"，确是比较公正的评语。

爱情的力量是惊人的，而得之不易的爱情才甘之如饴。董鄂妃在与各种势力的斡旋和斗争中，将自己和福临的爱情推上了一个更高的层次。

二人在后宫日常生活中形影不离，相濡以沫，福临每次下朝休息，董鄂妃总是亲自安排饮食、斟酒劝饭、问寒问暖，忙个不亦乐乎。顺治每每过意不去让她共同进餐，她却说："陛下厚念妾幸甚，然孰若与诸大臣，使得奉上色笑，以沾宠惠乎?"可谓妙答！因为顺治脾气急暴，时常与诸大臣闹得很僵。顺治十三年以后，他与"诸大臣共食"的次数突然多起来，人们只以为皇帝有所悔悟，却不知是董鄂妃在樽俎言笑间的妙劝发生了作用。如遇有庆典大礼，顺治常饮酒过量，董鄂妃更是整夜扶伺，连炕床寒暖等小事也一一过问。

顺治帝既得知心，这时期格外勤政，往往批阅奏章至夜分，而每逢此时，董鄂妃总是毫无例外地亲伺书案旁，为其展卷研墨，伺奉汤茶。每见顺治因心绪烦乱而草率处理文件时，她便轻声劝道："此讵非几务，陛下遽置之耶?（这难道不重要，陛下为何轻易处置呢?）"顺治漫不经心地答道："无庸（不用），故事耳（老一套）。"董鄂妃复劝道："此虽奉行成法，顾安知无时变需更张，或且有他故宜洞鉴者，陛下奈何忽之? 祖宗贻业良重，即身虽劳，恐未可已也。"顺治有时提出让她同阅，她却起身敬谢不敏，说："妾闻妇无外事，岂敢以女子干国政，惟陛下裁察。"她心中总有一根无形的尺度，举止言行止于可止之时，从不逾度，既使夜阑人寂，只有夫妻同室阅卷时，她也能恰到好处地掌握分寸。

董鄂妃与顺治间的笃挚感情，并非卿卿我我的小夫妻恩爱，她不仅是顺治的精神支柱，还是一位颇有政治头脑的贤内助。顺治时吏治不整，故明旧臣大量入朝使新旧矛盾层出不穷，惩处降谪是经常之事，顺治为此大伤脑筋，常闷闷不乐。董鄂妃询其原委，谏道："斯事良非妾所敢预，然以妾愚，谓诸大臣即有过，皆为国事，非其身谋，陛下曷霁威〈息怒〉详察，以服其心，不则诸大臣弗服，即何以服天下之心乎？"她提醒皇帝处治罪臣时，要分清"为国事"与"为身谋"的界限以区别对待，并以"服其心"做为惩治的要旨，这些思想都成为顺治整饬吏治的重要方针。古今杰出的政治家都并非超人，其聪明和过人之处多在于虚心纳谏，择善而从，顺治皇帝在清初政坛的诸种积极作用，能说没有董鄂妃的一份功劳吗？

爱情像一团火，使顺治那颗长期得不到爱而渐趋冷酷的心，重新温暖燃烧起来，愈烧愈烈。这种爱，是他在亲生母亲那儿也从未体尝过的，而董鄂妃却给了他爱的全部温馨和力量，使他从冷漠无情的天上落到了人间，对生活又有了热情和信心。然而，当顺治从一个爱的享受者刚刚懂得去爱、去关心体贴妻子时，她那孱弱不堪的生命却再也无法承载黑暗政治的重负，溘然离开了人世间，离开了这座既是人间天堂、也是人间地狱；既有她全部爱、又有她全部恨的皇宫。

董鄂妃的爱情之火仅燃烧了短短四年，可有谁知道，她为此耗竭了全部心血和生命。

顺治十四年（公元 1657 年）十月七日，承乾宫内传出一阵婴儿的响亮哭啼声，董鄂妃喜生麟儿，排辈为皇四子（康熙帝是皇三子）。于是，由于董鄂妃在后宫的专宠地位，未来的皇太后将非董鄂妃莫属，博尔济吉特氏一脉将被挤出后宫政治舞台，一切都因为新生儿的诞生而变得十分冷酷和现实起来。形势急转直下，新皇子的降生使顺治满心欢悦，他一心想将董鄂妃扶立为正宫，于名于情，两全其美。然而，事情的发展却不像顺治估计得那么乐观，他低估了孝庄太后的手腕和能力。

董鄂妃怀孕的这一年，京畿一带夏季连降大雨冰雹，秋天水患成灾，初冬气候异寒、半年多灾情不断。入冬后，孝庄太后移住京郊南苑，有意避开了正临盆的董鄂妃。董鄂妃产后不久，南苑突然传来皇太后"违和（身体欠安）"的消息，并谕后宫嫔妃及亲王大臣等前往省视问安。令人难解的是，告谕竟如同往常一样送到承乾宫，难道孝庄太后或她手下的太监宫女们不知董鄂妃刚刚生完孩子吗？

南苑亦称南海子，元朝叫飞放泊，在永定门外二十余里处，是皇家春蒐冬狩、讲武阅兵之处。从皇宫至南苑的路程并不远，但在十冬腊月里让一位产后不久的妇女坐二十多里轿车，确属太不近人情。更有甚者，董鄂妃不但以产后孱弱的身体前往南苑，而且被留在孝庄太后榻前"朝夕奉侍废寝食"，昼间捧茶进药、侍奉饮食，夜里仍执劳病榻，守夜熬神。孝庄太后明知她刚生完孩子，却始终任凭她竭尽性命地扶侍，从未劝慰一句。董鄂妃遭此致命的打击，从此一蹶不振，"容瘁身癯、形销骨立（估计是严重的月子病）"，只勉强挣扎了三年便含冤辞世。

就在董鄂妃拼死拼活地侍奉太后时，皇后却安居暖宫内，非但未去南苑问视，甚至"无一语奉询，亦未尝遣使问候"。两相对照，不禁生疑，莫非皇后早已悉知太后"病"情，所以安之若素，了若无事？太后是真病、还是假病？是身病、还是心病？

内中真情，顺治皇帝如鱼饮水，冷暖自知。十二月二十九日母后"贵恙"刚愈，颁诏大赦天下，四天后，福临压抑不住心头怒火，对皇后大兴问罪之师。他以废后为例，指责皇后在太后"病"时"礼节疏阙，有违孝道"，下令停进皇后的中宫笺表，并谕议政王大臣等议罪，摆开了再度废除皇后的架式。显然，顺治已觉察出母后的不轨行径，以再次废后作为还击。

孝庄皇太后置之不理。但不理睬就是反对。

顺治帝的报复行动并未事先与爱妃商议，当董鄂妃得知消息后，立即从婆婆冷漠的态度中意识到问题的可怕。她比福临更为清楚，坚持废后只会导致悲剧提前发生，只要婆婆一息尚存，皇贵妃与皇后之间就有一道无法逾越的天堑。因此，她"长跪顿首固请"于夫皇之前，哭劝道："陛下之责皇后，是也。然妾度皇后斯何时，有不憔悴忧念者耶？特以一时未及思，故失询问耳。陛下若遽废皇后，妾必不敢生。陛下幸垂察皇后心，俾妾仍视息世间，即万无废皇后也。"她明确地指出顺治举动的后果，即"若遽废皇后"——"妾必不敢生"，而"妾仍视息世间（活在人世）"——"万无废皇后"。

三个月后，新生的皇四子原因不明地死去。

于是，黄粱未熟，美梦已醒。顺治皇帝对母后的攻势，随着妻病子亡而彻底崩溃。他的收场戏，就是破例封这位仅活了一百零四天的儿子为荣亲王，如此而已。

一场人间悲剧，在掖庭之内悄然化为乌有。就在皇四子仙逝的同时，孝庄皇太后冷冷降谕："（对皇后）如旧制封进。"未对侄孙女的失礼行为有任何惩罚的表示。这场历时一年余的母子帝后战争中，真正遭受到无情而沉重打击的是董鄂妃，她失掉了爱子和半条性命，所以能将生命再维持三年，则完全是爱情的力量。至于孝庄皇太后，则带着胜利者的喜悦，每日在慈宁宫后的佛堂里参禅礼佛，口称"善哉"，她已十分放心——董鄂妃已不可能再次受孕生子，死神在向她招手！

顺治十七年（公元1600年）八月十九日，董鄂妃在承乾宫内薨逝，时年仅二十二岁。

据顺治皇帝自我安慰地说，她"崩时言动不乱，端坐呼佛号，嘘气而化，颜貌安整，俨如平时"。但死者无论怎样意态安详，也无法掩饰生者难以名状的悲愤。如果说死亡是生者的不幸，那么董鄂妃之死，真正的伤心者只有一人，就是顺治皇帝。

就在董鄂妃弥留之际，顺治皇帝也因哀痛过甚而陷于神情恍惚、举措茫然的状态。后来他全然不顾宫中的凶礼定制，硬使"蓝批"文件一直持续到自己死前七日才停止，竟然长达四个多月之久！而且，在停用"蓝批"的七天中，有一天是福临去悯忠寺观看太监吴良辅剃发出家的仪式，返宫即卧床不起，余几日均在病中。这就是说，如果福临不死，天知道"蓝批"要到何日才止？

顺治皇帝既深受封建政治的凌逼，却又同时亲手制造了更大的悲剧。董鄂妃尸骨火化后，"三十名太监与宫中女官，悉行赐死，免得皇妃在另一世界中缺乏服侍者"。另外，董后丧事花费之巨、仪礼之隆，已远远超出丧仪规定，"全国均须服丧，官吏一月，百姓三日。为殡葬事务，曾耗费极满壤的国币。两座装饰辉煌的宫殿，专供自远地僻壤所召来只是徒作馆舍。按照满洲习俗，皇妃的尸体连同棺椁、并那两座宫殿，连同其中珍贵陈设，俱都被焚烧"。顺治帝在临终前的《罪己诏》中也承认："（董后）丧祭典礼，过从优厚，不能以礼止情，诸事逾滥不经，是朕之罪一也。"显然，福临是殉葬和滥施浪费的直接责任者，而福临和董鄂妃爱情悲剧的一手制造者又是孝庄皇太后，但逼死儿子的母亲，又能说是胜利者吗？

在封建专制制度下，统治集团的首脑们都在制造悲剧，却又都是封建政治悲剧下的牺牲品。而造成这一幕幕悲剧的总根源，正是这些悲剧扮演者竭尽全力维护的封建专制制度。

第九章　遁入空门

一

人创造了宗教，而非宗教创造人，因此宗教的根源不在天上，而在人间。佛教反映着中国现实社会的诸种苦难，并且为人们指出脱离苦海、寻求来生幸福的途径。精神负担十分沉重的顺治皇帝急于寻求解脱，在佛教中得到了精神满足。

顺治帝结识木陈忞不久，便在一次谈话中问道："老庄悟处，与佛祖为同为别？"答曰："此中大有淆讹，佛祖明心见性，老庄所说，未免心外有法，所以古人判他为无因，滥同外道（非佛道）。"再问："孔孟之学，又且如何？"师答："《中庸》说心性而归之天命，与老庄所见大段皆同。然佛祖随机示现，或为外道，或为天人，远公有言：'诸王君子不知为谁？'如陛下身为帝王，乾乾留心此道，即不可以帝王定陛下品位也。非但帝王，即如来示现成佛，亦是脱珍御服，著敝垢衣，佛亦不住佛位也。"

木陈忞心怀叵测，意欲将皇帝引入佛门，因此指斥庄子"心外有法"，"无因"入道，而孔孟又与老庄"大段皆同"，总之都不如佛教更为彻底。他更巧妙之处，在于向顺治皇帝灌输"诸王君子不知为谁"？这就是说，每人身上都有"佛性"，但有人能成佛做祖，有人只能终生庸碌。人们往往连自己也"不知为谁"，惟凭借禅师们揣摩"骨相"、判定"因果"、引诱"佛性"，才能"见性成佛"、达到自我完善的目的，就像顺治皇帝不可以"帝王定品位"、如来佛"亦不住佛位"一样。此寥寥数语，木陈忞使自己身价陡增百倍，可谓乖巧！顺治皇帝也正是在这些玄奥诡秘的说教之中，逐渐醉心佛典、潜心向化的。

顺治初承佛教即将孔孟老庄与佛学相比较，可见儒典庄玄对他影响至深。他起初苦读儒书，完全是为了统治需要，但久而久之，孔孟学说虽可用来"治国平天下"，却无法医治他沉重的精神痼疾。在顺治看来，世道人心如此浇薄！他幼年失父，遭宗室们奚落、睿王欺凌，又且朝内倾轧不休、天下战乱频仍，连亲生母亲也那样冷酷无情，偌大个中国就像一个"有了你，没了我；有了我，没了你"（木陈忞语）的拼死厮杀的流血之地。因此，他坐在太和殿上发号施令时虽也能杀伐决断，但返跸后宫时清夜扪心，却又多生恻隐，董鄂妃"与其失人，毋宁失出"的宽大思想所以很容易被接受，正是他这种矛盾遑遽的心理反映。他既无法弄懂和解释当今社会的"诸种苦恼"，只得一头钻入老庄那些"洸洋自恣以适己"，即逍遥自适和超然物外的言论中，以寻求自我解脱之路。庄子不但鼓吹人生要超然，甚至认为死亡也是一种"乐"。"死无君于上，无臣于下，亦无四时之事，从然以天地为春秋，虽南面王乐（即帝王之乐），不能过也。"意即做一个逍遥于生、超然于死的"快乐"之人，其幸福远在帝王之上，这些思想无疑深深打动了正苦于无法自拔的顺治皇帝。而当顺治大量接触了佛学理论后，又觉得老庄不如释迦更彻底，于是转而问津佛门，完成了他人生历程上的最后一次重大思想转变。

顺治帝遁入禅关，憨璞聪可称为引荐者，玉林琇是启蒙老师，而真正使他步入佛门堂奥者，却是木陈忞和尚。木陈忞法名道忞，又号山翁，晚号梦隐道人，俗姓林，名蕊。他是广东茶阳（今大埔）人，27 岁弃科举入禅，先后辗转于江西、浙江、广东、山东等处寺院，顺治十四年（公元 1657 年）主持宁波天童寺。木陈忞精于外学（即世俗之学，诸如诗词、诸子、戏曲、书法等），因此深得顺治器重，特为其指定西苑、悯忠寺和广济寺三处"结冬"（居住过冬），伴君达九个月之久。

木陈忞极尽阿谀吹捧之能事，称顺治"夙世为僧"，是禅师转世为帝，故能"尊崇象教，使态与天下僧侣得安泉石"。甚至劝皇帝在开科取士时"但悬一格"，"若有人悟得祖师禅定（禅家名句），即与他今科状元"。可笑之甚！古往今来何曾有过"和尚状元"？但顺治帝对他却推崇备至，相识不久就差点儿"随老和尚出家去"，并嘱"勿以天子视朕，当如门弟子旅庵（木陈忞弟子）相待"。玉林琇曾为顺治取过"行痴"等法号，顺治帝再请木陈忞取法名"慧囊"，"山臆"为字，"幼（或称幻）庵"作号，"师尧堂"为堂名，并将字号刻成玉章，凡御制书画辄用此钤印。顺治十七年（公元 1660 年）四月，南苑德寿寺竣工，顺治特旨于玄灵宫备斋宴请木陈忞，一席竟费金 530 两，并对其所作《敕建德寿寺记》一文大加赞赏，馈赠之物难以数计。直至顺治帝临终前数月，还将唐人岑参《春梦诗》抄赠木陈忞，时木陈忞已南还天童寺，可见二人交情之深。

顺治皇帝潜心学佛，为人表率，使世风为之一变。京师内外添建新寺，原有大小寺宇内的香火骤然旺盛起来。江浙一带的礼佛修寺之风更是蔚为大观，玉林琇开法于浙江西天目山，自称"狮子（得正传法嗣的僧人称'狮子儿'）正宗禅寺"，四方佛子闻风竞趋，时人称其寺为"法窟"。木陈忞南返的一路上，瞻拜皈依者竟"倾市井"，回山即在天童寺旁建奎焕阁，平阳寺建奎焕楼，"与当道（地方官吏）酬酢，气焰烜赫，从者如云"。茚溪森在浙江仁和县主持的龙溪庵，庙门上高悬顺治皇帝御书大字"敕赐圆照禅寺"，进香者摩肩接踵，从此改名"圆照禅寺"。具德礼和尚虽未入京，但临济一门显赫，他也得以大展抱负，先是费金八万重建了杭州武林山灵隐寺的大雄宝殿，以后历时 18 年，耗资以数十万，全部翻新了灵隐寺。寺内新建殿堂楼阁 40 余幢，巍峨壮观，大雄宝殿"规制宏敞，丹膜精丽，为九州名山之冠"，乃至"灵隐门庭甲天下，学众满数万指，不减南宋佛海时"。

在福临的影响下，不但使董鄂妃"崇敬三宝、栖心禅学"，连孝庄皇太后也几次派近侍到万善殿，请和尚们开示参禅要领。宫内太监宫女参禅拜佛者更是人数众多，暗中与和尚们诗文酬答，和尚们也借此获得更多接近皇帝的机会，甚至不惜败坏"道品"，吹捧太监们是"全身已作擎天柱，杰立时时在御前"。佛界更是盛传顺治皇帝曾自作一偈，云："吾本西方一衲子，为何落入帝王家？"顺治帝是否说过这话，尚难以指实，但这种思想在他最后几年中确实是存在的。

董鄂妃死后，顺治帝万念俱灰，感到人世间的一切骤然黯淡，于是出演了出家为僧的历史闹剧。综观其一生的思想和行为，始终充满了极为深刻的自相矛盾，在天主、神主和人主之间，他无所适从，若明若暗，这是阶级和时代在他思想上刻下的最深印痕。

二

随着年龄的增长，福临知道自己的君权并非"神授"，而是在两大政治势力斗争的夹缝中"挤"出来的，于是"真龙天子"的神话便告破产。从即位到亲政的九年间，顺治皇帝越来越感到自己不像一条张鳞举爪、行云作雨的"龙"，倒像条寄人篱下、萎缩不振的"虫"。他并未体尝到老天爷的丝毫恩赐，却时刻在摄政王的淫威下提心吊胆地生活，并和母亲一道为保住帝位而苦苦挣扎。亲王贵戚们的嘲谑和冷眼、母亲含辱忍垢下嫁仇人、睿王强迫他与并不爱的皇后成婚等事，都使福临真切地感到人世间的痛苦和冷酷。因此，"天"在福临心目中显得那样遥远难及和虚无缥缈，他执政期间祭天行礼的次数，远不如以后诸帝那样频繁。

以后，随着佛教徒们源源不断地涌入宫门，顺治帝又觉得"佛"比"天"更近，也更真切，"天书"不可读，佛典却汗牛充栋，任凭拣选。佛教反映的是中国的现实苦难，又以自我解脱的种种方式对现实苦难予以批判。顺治帝一经醉心佛门，如鱼得水，从这时起，他宁愿相信自己是"金轮王转世"，而不愿听"真龙天子"的神话，"神主"的诱惑力已远远超过了那索然寡味的"天主"。

过早地滥肆淫欲和"劳心太甚"，已使顺治皇帝未老先衰，疲精惫神。而沉重的精神压力，更使他急于遁入空门，寻求解脱。他自知病入膏肓，不久于世，因此根本不相信廷臣们和僧众关于"皇上当万有千岁"的瞎话，死亡的威胁往往使人比任何时候都清醒。这时，董鄂妃的病势已十分沉重，距逝期仅两个月，顺治帝在世间惟一的精神支柱即将颓坍，因此说出"即妻孥觉亦风云聚散，没甚关情"的沮丧之语。此刻，无论天主、神主和人主，在福临看来都"不在意中"，只要能当一个内心清净的和尚去迎接死神，则是他惟一的心愿。因此，当董鄂妃薨逝、自己削发出家未遂时，他的精神世界已濒临崩溃。顺治帝在董鄂妃丧事中的种种恣意发泄的反常举动，则应当是不难理喻之事。

就在天主、神主和人主之间的痛苦和矛盾选择之中，顺治皇帝走完了自己短暂的人生之路。

顺治十八年（公元 1661 年）正月初二日，顺治皇帝因出家未遂，特命近侍太监吴良辅在悯忠寺作为替身出家为僧。悯忠寺在宣武门西南，始建于唐贞观十九年，寺内"梵宇崇阁，禅庐周备"，"历为秉受法戒者所依止（薙染出家仪式多在此举行）"。顺治特令于寺内建造戒坛，并于是日亲临寺内观看吴良辅祝发仪式。吴良辅在内监中拥有重权，他曾因"交通内外官员，作弊纳贿，罪状显著"受过处分，顺治帝选中他出家，颇有弦外之音。作为"代天理政"的"人主"，顺治以此削弱太监的势力，并未忘记履行皇帝之责；作为无缘入佛的"神主"，以"替身"出家来补偿自己无法兑现的夙愿，一石二鸟，用心良苦。这又集中反映了顺治皇帝临终前仍处于天、神、人三者矛盾之中。

初七日，宫内传谕："京城内，除十恶死罪外，其余死罪及各项罪犯，悉行释放。"同时，又下令民间"毋炒豆（同痘谐音）、毋燃灯、毋泼水"，这是宫中或民间家中有人出天花的习俗，于是，朝内外以及百姓皆知皇帝正在出痘，而且病势不轻。

半夜子时，顺治皇帝辞世于养心殿内，卒年 24 岁（虚岁），实则距 23 周岁生日还差 40 天。

顺治皇帝丧礼期间花费巨资，所焚珍宝难以数计，"火焰俱五色"。当时有人说每焚一珠，即有一声爆响，而丧礼期间常是"声如爆豆"，谓之"小丢纸"。至二十七日丧期将满时，干脆以大车满载珍宝器物投之火中，谓之"大丢纸"。顺治皇帝那具特制的巨大梓棺，连景山的大门都进不去，只得拆开东边一大段宫墙，才勉强得以通过。其余细节，难以备述，连当时在场的达官显贵们都惊叹道："天家富丽……真大观也。"

也许，孝庄皇太后一直忙碌到丧礼将毕、"遥闻宫中哭声，沸天而出"的时候，才猛然想起自己的亲生儿子永远地走了。于是，一丝深深的凄苦和悲哀油然而生。此时，许多人"仰见皇太后黑素袍、御乾清门台基上，南面，扶石栏立，哭极哀"。此刻，这位"大获全胜"的母亲，内心深处在想些什么呢？

一个女人的哭声，在皇宫上空久久回荡、回荡……

附 录

政治生涯

顺治继位

崇德八年（1643）八月，盛京皇宫中发生了一件大事：太宗皇帝在端坐中突然无疾而终！经过一番兵戎相持的较量，太宗皇太极第九子福临，在叔父摄政睿亲王多尔衮辅佐下即了帝位，改元顺治，并于顺治元年（1644）九月由沈阳进京，在太和门举行了登极大典，成为清入关后的第一位皇帝。

睿王专权

6 岁登上王位的福临是在多智多勇又独断专行的叔父多尔衮与深明大义的寡母孝庄文皇后教导之下成长起来的皇帝。多尔衮摄政 7 年间，清廷在以武力统一全国的过程中，发兵追剿李自成、张献忠的农民起义军和南明抗清势力，推行剃发易服、圈地等民族高压政策。

南明覆灭

南明弘光政权是故明大官僚军阀派系之间互相斗争的产物，它是明亡后明宗室在江南地区最早建立的政权，其势力强大时一度控制江南半壁江山。

清顺治元年（1644）三月十九日李自成农民军进入北京时，明朝的陪都南京一无所知，仍旧一片歌舞升平。直至四月十二日，京师陷落的确切消息才传来，百官相顾失色，一片恐慌。在经过短暂的动荡后，他们意识到必须拥立新君，以图恢复明王朝的统治。时崇祯诸子都落入义军之手，生死未卜，故只有在宗室中物色人选，焦点主要集中在福王朱由崧和潞王朱常涝身上。经过一场激烈的明争暗斗，握有重兵的马士英恃势逼迫史可法等同意立福王朱由崧为帝。顺治元年五月初三，明南京兵部尚书史可法、凤阳总督马士英等在南京拥立明福王朱由崧，先称监国，五月十五日即皇帝位，年号弘光（朱由崧，神宗孙、福王朱常洵长子。明崇祯十六年（1643年）袭福王。次年李自成克北京，乃南逃淮安）。马士英等因为拥戴有功，把持了朝政大权。

弘光政权完全继承了明末的腐败，纵情声色，大兴土木，并排斥史可法等忠臣。政治上腐败，在大政方针上一再失误：将主要敌人仍视为义军，而力图与清议和，"联虏击寇"，实现南北分治，但为清廷拒绝。此后，弘光小朝廷才把防御重心转到清军方面，开始加强淮河和长江两道防线。但是负责此事的史可法受到马士英的处处掣肘，无法实施其计划。而马士英等搜刮民财，卖官鬻爵，招致百姓怨恨。更严重的是，领兵将领之间也是内斗不已。顺治二年（1645）正月，睢州总兵许定国杀兴平伯高杰。高杰部攻入睢州大肆屠杀，许定国出逃降清。不久，宁南侯左良玉称奉太子密诏入诛奸臣马士英以清君侧，在武昌起兵。至九江时，左良玉病亡，其子左梦庚继续向南京进兵。

就在左良玉出兵时，清军也向南京政权发动了总攻。顺治二年三月初七，清军由多铎、拜尹图、韩岱分率三路兵马进兵。三路军会师归德（今河南商丘）后直驱扬州。镇守扬州的史可法请兵支援，但马士英将全部兵力用在防御左梦庚部上，对史可法的请求予以拒绝。二十五日，扬州失陷，史可法英勇就义。清兵在扬州大肆抢掠，制造了"扬州十日"。五月五日，清军进抵长江北岸。初八渡江，夺取镇江。弘光帝被迫从南京出奔芜湖，投靠黄得功营。五月十五日，大臣赵之龙、王锋、钱谦益等献南京城，弘光政权大批官僚手持明朝的疆域图本和户口跪于道路两旁向清军主帅多铎请降。二十二日朱由崧被俘获，押送到北京后被处死。弘光政权覆灭。

追击闯王

顺治元年（1644）四月二十六日，在与清军的对决中，大顺军兵败山海关，李自成退回北京。二十九日，李自成于紫禁城武英殿仓促称帝，次日离京撤往山（西）陕（西）地区。清廷于新占领的京畿及附近地区局势稳定之后，即向风雨飘摇、军心涣散的大顺军又发动了更大规模的进攻。

十月十九日，多尔衮命英亲王阿济格为靖远大将军，同平西王吴三桂、智顺王尚可喜等部三万余骑，由大同经榆林、延安迂回入陕进攻大顺军；命和硕豫亲王多铎为定国大将军，率恭顺王孔有德、怀顺王耿仲明所部进军江南。由于此前李自成为扭转大顺军在山西、河南的颓势，自十月十二日起反攻河南怀庆（今河南沁阳），连克济源、孟县，在柏香镇大败清军，斩杀怀庆总兵金玉和等人。多尔衮闻讯，急命正在南下进攻南明弘光政权的多铎转兵向西，先解怀庆之围，然后由河南渡黄河，与英亲王阿济格形成南北夹攻之势，两路清兵同时进攻大顺军。李自成亲率刘宗敏、刘芳亮等精锐部队北上，准备与阿济格军决战于陕北。

十二月十五日，多铎部进攻至陕州（今河南三门峡西），在灵宝境内击败大顺军后趋向潼关。李自成闻讯后急忙率兵掉头赶赴潼关。清军为保证此次战役的胜利，增调固山额真阿山、马喇希等部经山西蒲州援助潼关清军，并调来红衣大炮加强装备。清军与大顺军在潼关激烈争夺，顺治二年（1645）正月，多铎率领的南路军于潼关大败大顺军。同时，英王阿济格率领北路军也一路过关斩将、势如破竹，与多铎会师西安指日可待。南北受敌的李自成弃西安南逃，出蓝田，走商州（今陕西商县），转战湖广地区。二月，多尔衮命阿济格继续挥兵追击大顺军。

三月，大顺军占领守备空虚的武昌，清军追踪而至，围攻武昌，大顺军弃城而逃。四月，大顺军于距九江40里处遭清军突袭，大将刘宗敏牺牲，遂退至咸宁、蒲忻地区。五月，大顺军自咸蒲南下，李自成于鄂赣交界处的九宫山遭当地武装乡团的袭击，李自成战死，大顺政权至此灭亡。

激战潼关

潼关北临黄河，南倚悬崖，自古号称天险，是出入秦、晋、豫三省的重要关隘，也是长安的门户，自古以来就是兵家必争之地。清顺治元年（1644）十二月，清定国大将军多铎率领清军与李自成的大顺军在潼关进行了一场决定性的战役。

顺治元年五月，兵败山海关的闯王李自成在仓促登基后率大顺军撤离北京，经山西退守西安。大顺军在潼关设重兵防守，以阻止清军西进，确保以西安为中心的根据地。十月清廷迁都北京后，摄政王多尔衮派出两路清军追击李自成。在清廷调兵遣将之时，李自成亲自出马，统率大顺军两万人于十月十二日由山西垣曲东下河南怀庆，连续攻克济源、孟县，进攻怀庆府城沁阳。多尔衮闻报命多铎部队救怀庆之急，然后攻取潼关。清军进抵怀庆后，大顺军不敌，主动撤退。十二月，多铎率清军由孟津渡过黄河，连破洛阳、灵宝等地，二十二日进抵潼关二十里外立营，不断调兵增援，并着手配备先进的大炮。李自成深知形势险恶，陆续将军队北调，亲自与刘宗敏增援潼关。二十九日，战斗打响。大顺军于关前据山列阵，深挖壕沟，构筑了坚固的工事。清军前锋统领努山、鄂硕等于侧后包抄，护军统领图赖率骑兵一百余人由正面进攻。大顺军虽顽强拼战，仍失利。

次年正月初四，大顺军将领刘芳亮领兵千余偷袭清营，被清军击败。李自成亲率马步兵与清军交战，又被击败。初五、初六两日夜间，大顺军连袭清营，俱败。初九日，清军的红衣大炮运至，开始进逼潼关口。十一日，清军先用红衣炮轰击，接着大举进攻，相继攻入大顺军阵。大顺军仍顽强奋战，以骑兵三百反击，又分兵迂回到清军阵后攻击，俱败。这时，北路清军由阿济格率领，已由山西保德州渡过黄河进入陕北，围榆林，占米脂，主力向西安推进。李自成面临清军两路夹攻被迫率主力撤回西安。十二日，清护军统领尼堪等领兵占领潼关，大顺潼关守将马世尧率所部七千人投降。

大顺军在潼关战役中的失败，使清军打开了进军陕西的门户，明朝末期声势浩大的李自成率领的农民起义从此走向衰落。

迁都北京

顺治帝临政时，关内正一片混乱。明崇祯十七年（1644）三月，声威日壮的李自成率领的农民起义军攻克北京城，崇祯皇帝自缢于煤山（今景山），统治中国276年的明王朝宣告覆灭。消息传到清廷，朝野震动。当权的多尔衮决定立即入关，争夺政权。这时，本已投降农民起义军的镇守山海关的明总兵吴三桂因不满起义军对其家属的侵犯，遂一怒而去。李自成得到消息，于四月十三日与刘宗敏率兵前往征讨。吴三桂自料不敌农民起义军，遂请求清朝出兵援助。四月二十一日，起义军抵达山海关，与吴三桂展开激战。二十二日晨，吴三桂眼看就要战败，遂出关至欢喜岭上的威远台谒见清摄政王多尔衮，再次请求清军入援。多尔衮立即下令清军三路入关，向农民起义军阵地发动猛攻。起义军寡不敌众，刘宗敏受伤，李自成只得下令撤退，于二十六日返回北京。二十九日，李自成在武英殿举行了登基大典，第二天则以郊外祭天为名撤出了北京。五月初二，清军进入北京城。六月，多尔衮与诸王贝勒大臣商议决定，迁都北京（时称燕京）。

清朝迁都北京既是出于弹压中原、雄霸九州的胸怀和目光，也是基于退可出关的战略考虑。清廷以多尔衮为首的远见卓识者认为要"以图进取"，必须迁都北京，只有占据这个关口才能进而统一全国，"以建万年不拔之业"。顺治元年（1644）八月二十日，清朝开始迁都。九月，顺治帝从盛京（沈阳）到达北京，随后告天祭地。十月初十，皇帝在皇极门（顺治二年改称太和门）向全国颁布登基诏书，清王朝正式定都北京，开始了以北京为都城的长达260多年的统治。

亲政改革

多尔衮病逝后，顺治开始摆脱傀儡地位，对多尔衮实行了削除封号爵位、罢撤庙享谥号、籍没家财等身后惩处。为加强皇权，他废除了诸王贝勒管理各部事务的旧例，又采取了停止圈地，放宽逃人法等一系列缓和民族矛盾的措施。尽管顺治很想有番作为，也颇为中原文化所吸引，但终因他周围尚未形成一支以他为主导的强有力的政治势力，致使他在与朝中反对汉化的勋旧大臣的较量中败下阵来。

英年病逝

政治上的失意，使顺治帝沉湎于与其妃董鄂氏的爱情之中。随着与佛教高僧木陈忞等人的交往，他产生了遁入空门的思想。当他挚爱的皇贵妃董鄂氏死后，他的精神支柱完全崩溃，健康状况每况愈下，24岁时又染上天花，很快便撒手人寰。

生活逸事

顺治和董鄂妃

顺治死后被安葬在清东陵，与他合葬的还有两位皇后，其中一位就是深得顺治宠爱的董鄂妃。董鄂妃死后被封为"孝献庄和至德宣仁温惠端敬皇后"，从充满赞美的封号上，不难看出顺治对她的感情之深。

　　据《清史稿》后妃传记载，董鄂氏（即董鄂妃）是内大臣鄂硕的女儿，董鄂氏在顺治十年入选秀女，被指配给襄亲王。第二年，董鄂氏与襄亲王成婚，那年董鄂氏16岁，襄亲王14岁。襄亲王名叫博穆博果尔，是皇太极的第11个儿子，顺治的同父异母弟弟。那么，董鄂氏又怎么会成为顺治的妃子呢？据当时在宫中任职的德国传教士汤若望的笔记记载："顺治皇帝对一位满籍军人的夫人，起了一种火热爱恋。当这位军人因此事申斥他夫人时，竟被顺治闻知，打了他一个耳光。这位军人于是因愤致死。顺治皇帝就将这位军人的夫人收入宫中，封为贵妃。"汤若望说的这位满籍军人，就是襄亲王。

　　在《玉牒》中可以看到，襄亲王死时才16岁。就在这年8月，顺治宣布立董鄂氏为妃。他让礼部挑选吉日举行典礼，并委派内大臣鳌拜前去告祭襄亲王。毕竟襄亲王尸骨未寒，顺治还是有些心虚吧！

　　董鄂氏入宫后，住在承乾宫。顺治十三年八月董鄂氏被册立为贤妃，一个多月后顺治又准备立她为"皇贵妃"，地位仅次于皇后。

　　册立典礼是在当年十二月初六举行的，这一年顺治19岁，董鄂妃18岁。按常规，皇帝只有在册立皇后的大礼上，才会颁布诏书公告天下。董鄂妃享受到这种特殊礼遇，表明她得到了顺治不同寻常的宠爱。董鄂氏入宫后，与顺治的感情与日俱增。顺治后来在《端敬皇后行状》中回忆：他下朝时董鄂妃总是亲自安排饮食，饭菜做好后更要先品尝。当他批阅奏章时，董鄂妃常陪伴在他身边。更难得的是，她时常劝说顺治，处理政务要服人心，审判案件要慎重。连宫女太监犯错误时，她也往往为他们说情。

　　顺治十四年四月初七，董鄂妃生下一个男孩，排行第四。随着新生儿的诞生，清朝后宫内错综复杂的政治斗争，变得更加残酷。顺治的父亲皇太极先后娶了包括孝庄皇后在内的五位皇后和妃子，都是蒙古族。顺治的第一个皇后是孝庄皇太后的侄女，在顺治十年时被降为静妃。顺治的第二个皇后是孝庄的侄孙女，顺治仍想把她废掉。因为顺治一心宠爱满族血统的董鄂妃，引起孝庄太后对董鄂妃的嫉恨。

董鄂妃即将生产时，孝庄搬到北京永定门外 20 华里的南苑，这是专供皇家冬天狩猎阅兵的地方。董鄂妃生下皇子不久，孝庄便以自己身体欠安为由，传下口谕令董鄂妃前往南苑伺候她。董鄂妃拖着产后虚弱的身体，前往南苑照顾孝庄，她的健康受到严重影响。更为不幸的是，新生的孩子活了不到 300 天就突然夭亡了。这对董鄂妃是致命的打击，从此她一病不起，在痛苦中挣扎了三年，终于在顺治十七年病逝于承乾宫，年仅 22 岁。

第 四 卷

文韬武略，盛世帝王

——清圣祖康熙皇帝爱新觉罗·玄烨

康熙一生大事记

康熙元年

1662年五月夏至，康熙帝亲祭地于方泽。

康熙二年

1663年五月，诏天下钱粮统归户部，部寺应用，俱向户部领取，著为令。为慈和皇太后上尊谥孝康熙慈和庄懿恭惠崇天育圣皇后。奉移世祖梓宫前往孝陵，奉安地宫。

康熙三年

1664年四月，鳌拜奏内大臣费扬古之子侍卫倭赫擅骑御马，费扬古怨，被籍家弃市。诏令工部织染局归内务府。

康熙四年

1665年九月，册立辅臣索尼之孙女赫舍里氏为皇后。

康熙五年

1666年十二月，鳌拜矫旨杀苏纳海、朱昌祚、王登连。

康熙六年

1667年正月，封世祖第二子皇兄福全为裕亲王。

九月命修《世祖实录》。康亲王杰书议苏克萨哈罪。

康熙七年

1668年正月，建孝陵神功圣德碑。加鳌拜、遏必隆太师。

二月，行南怀仁推算历法。巡视近畿。

三月，结束清初的历法之争，授南怀仁为钦天监监副。

康熙九年

1670 年正月，祈谷于上帝，奉太祖高皇帝、太宗文皇帝、世祖章皇帝配享。起遏必隆公爵，宿卫内廷。

十月，颁《圣谕》十六条。改内三院为内阁，复设中和殿、保和殿、文华殿大学士。谕礼部举行经筵。

康熙十年

1671 年正月，封世祖第五子常宁为恭亲王。

二月，命编纂《孝经衍义》。

康熙十一年

1672 年二月，康熙帝至先农坛首次行耕耤礼。朝日于东郊。

康熙十二年

1673 年正月，幸南苑，大阅八旗将士。此后或行大阅于卢沟桥，或玉泉山，或多伦诺尔；地无一定，时间亦不以三年为限。

康熙十三年

1674 年十二月，康熙帝拟前往亲征三藩叛乱，王大臣以京师为根本重地，且太皇太后年事已高，力谏乃止。提督王辅臣在陕西策应三藩叛乱，杀经略莫洛。

康熙十五年

1676 年正月，以建储上太皇太后、皇太后徽号。因军需浩繁，民力唯艰，暂停仁孝皇后陵寝建造之工。

十月，康熙帝命讲官进讲《通鉴》。耿精忠势穷而降，三藩叛域浙、闽、陕渐次平定。

康熙十六年

1677 年二月，幸南苑行围。大阅于南苑，命内大臣、大学士、学士诸文臣亦俱披甲。

康熙十七年

1678 年正月，诏中外臣工各举博学通才之人，以备顾问，由皇帝亲试。大学士李霨等举荐曹溶等 71 人，命赴京齐集请旨。

二月，制《四书讲疏义序》。皇后钮祜禄氏崩于坤宁宫，辍朝五日，谥曰孝昭皇后。十月，皇四子胤禛出世，即雍正皇帝。

康熙十八年

1679 年正月，平定三藩之乱已取得阶段性胜利，康熙帝御午门宣捷。

三月，御试博学鸿词于体仁阁，授彭孙遹等 50 人侍读、侍讲、编修、检讨等官。修《明史》，以学士徐元文、叶方蔼、庶子张玉书为总裁。

康熙十九年

1680 年四月，以学士张英等供奉内廷，日备顾问，下部优恤，高士奇、杜讷均授翰林官。命南书房翰林每日晚讲《通鉴》。宗人府进《玉牒》。设武英殿造办处。

康熙二十二年

1683 年二月，康熙帝初次幸五台山。

五月，设汉军火器营。

康熙二十三年

1684 年正月，命整肃朝会礼仪。首次纂修《大清会典》，自崇德元年至康熙二十五年。二月，以萨克素兵临雅克萨。

九月，康熙帝初次南巡启銮。

十月，开放海禁。南巡途经黄河，视察北岸诸险。

十一月，南巡至江宁，谒明孝陵。回銮时次曲阜，诣孔庙，瞻先圣像，讲《日经》，诣孔林酹酒，书"万世师表"，留曲柄黄盖。是年，用施琅议，于台湾设府、县等，隶福建行省。

康熙二十五年

1686 年正月，俄重据雅克萨。

二月，重修《太祖实录》完成。文华殿修建完成。康熙帝告祭孔子于传心殿。皇十三子胤祥生，母为长佳氏。

康熙二十六年

1687 年二月，命八旗都统、副都统更番入值紫禁城。

十二月，太皇太后博尔济吉特·布木布泰去世。

康熙二十七年

1688 年，二月定宗室袭封年例。御史郭琇参奏明珠、余国柱等结党，明珠、余国柱免职，明珠之党遭罢免。

四月，康熙帝躬送太皇太后灵柩奉安暂安奉殿。其后起陵，称昭陵。

康熙二十八年

1689 年正月，康熙帝第二次南巡，临阅河工。

二月康熙帝抵达浙江绍兴，祭大禹陵，亲制祭文，书名，行九叩礼，制颂刊石，书额曰"地平天成"。

七月初九，立皇贵妃佟佳氏为孝懿仁皇后初十孝懿仁皇后去世，辍朝五日。

康熙二十九年

1690 年二月，谒遵化孝陵。

三月，诏修三朝国史。

康熙三十年

1691 年三月，翻译《通鉴纲目》成，康熙帝制序文。

康熙三十一年

1692 年九月，大阅于玉泉山，改玉泉山澄心园为静明园。

十二月，召科尔沁亲王沙津入京，面授机宜，使诱葛尔丹。

康熙三十四年

1695 年二月，太和殿修缮完成。

五月，上巡畿甸，阅新堤及海口运道，建海神庙。

十一月，大阅于南苑，定大阅鸣角击鼓声金之制。

康熙三十五年

1696 年正月，下诏亲征葛尔丹。于西苑蕉园设内监官学，以敕授太监读书。

二月，康熙帝亲统六师启行，征葛尔丹。命皇太子留守，凡部院章奏听皇太子处理。妃赫舍里氏逝，追赠平妃。

康熙三十六年

1697 年二月，康熙帝再次亲征葛尔丹于宁夏，命皇太子留守京师。遣官祭黄河之神。

康熙三十七年

1698 年正月，康熙帝巡幸五台山。命皇长子允褆、大学士伊桑阿祭金太祖、世宗陵。

三月，封皇长子允禔为直郡王、皇三子胤祉为诚郡王，皇四子胤禛、皇五子胤祺、皇七子胤祐、皇八子胤禩俱为贝勒。

康熙三十八年

1699 年二月，第三次南巡启銮。

闰七月，巡塞外。

康熙三十九年

1700 年正月，阅视永定河工程。

二月，亲自指示修永定河方略。

康熙四十一年

1702 年正月，诏修国子监。

六月康熙帝制《训饬士子文》，颁发直省，勒石学宫。

康熙四十二年

1703 年正月，南巡，阅视黄河。

康熙四十四年

1705 年正月，《古文渊鉴》成，颁赐廷臣，及于学宫。

二月，康熙帝第五次南巡阅河。

康熙四十五年

1706 年五月，巡幸塞外。建避暑山庄于热河，为每年秋狝行宫。

十一月，达赖喇嘛圆寂，其下第巴隐匿，又立假达赖，拉藏汗杀第巴而献伪达赖。

康熙四十六年

1707 年正月，康熙帝第六次南巡。

六月巡幸塞外。

康熙四十七年

1708 年正月，重修南岳庙成，御制碑文。

四月，捕获明崇祯帝后裔，年已七旬的朱三及其子，斩于市。重修北镇庙成，御制碑文。

康熙四十八年

1709 年正月，召集廷臣，审问谁为首倡立胤禩者，群臣惶恐。乃问张廷玉，对曰"闻之马齐"，次日，列马齐罪状，宥死拘禁。后察其有诬，释放马齐。

康熙四十九年

1710 年正月，命刊刻《渊鉴类函》四十四部。命修《满汉合璧清文鉴》。

康熙五十二年

1713 年二月，大臣赵申乔疏言太子国本，应行册立。上以建储大事，未可轻定，宣谕廷臣，以原疏还之予以否决。

三月，康熙六旬万寿节，举行千叟宴，此为千叟宴之创始。皇二十二子胤祜生，母为庶妃赫图氏。

康熙五十三年

1714 年二月，前尚书王鸿绪进《明史列传》二百八十卷，命付史馆。

康熙五十四年

1715 年十月，谕大学士："朕右手病不能写字，用左手执笔批答奏折，期于不泄漏也。"

十一月，废太子胤礽以矾水作书，嘱大臣普奇举己为大将军，事发，普奇获罪。是年停给皇八子胤禩爵俸。于

中華藏書

大清十二帝·最新整理珍藏版

中国书店

京畿小汤山建汤山行宫。

康熙五十五年

1716 年十一月，准噶尔部策旺阿拉布坦祸乱西藏。是年，校刊《康熙字典》，康熙帝自为序。

康熙五十六年

1717 年正月，修《周易折中》成，颁行学宫。

七月，策旺阿拉布坦遣将侵扰西藏，杀拉藏汗，囚其所立达赖。

十一月上省疾慈宁宫。发布诏书，回顾一生，阐述为君之难；并言自今春开始有头晕之症，形渐消瘦；特召诸子诸卿详议立储大事。

康熙五十七年

1718 年二月，翰林院检讨朱天保上疏请复立胤礽为皇太子，康熙帝于行宫训斥之，以其知而违旨上奏，实乃不忠不孝之人，命诛之。

十月，命皇十四子胤禵为抚远大将军，进军青海。

康熙五十八年

1719 年二月，学士蒋廷锡表进《皇舆全览图》，颁赐廷臣。

四月，命抚远大将军胤禵驻师西宁。

康熙五十九年

1720 年二月，册封新胡毕勒罕为六世达赖喇嘛，结束了五世达赖喇嘛之后的西藏宗教领袖不定的局面。

十月，诏抚远大将军胤禵会议明年师期。皇三子胤祉之子弘晟被封为世子，皇五子胤祺之子弘升为世子，班俸均视贝子。定外藩朝觐年例。

康熙六十年

1721年正月，康熙帝以御极六十年，遣皇四子胤禛、皇十二子胤祹、世子弘晟祭永陵、福陵、昭陵。

三月，大学士王掞先密疏复储，后御史陶彝等十三人疏请建储，康熙帝不许，王掞、陶彝等被治罪，遣往军前效力。

十月，召抚远大将军胤禵来京。

康熙六十一年

1722年正月，举行千叟宴，康熙帝赋诗，诸臣属和，题曰《千叟宴诗》。

十月，康熙帝不豫，还驻畅春园。命皇四子胤禛恭代祀天。病逝。即夕移入大内发丧。遗诏皇四子胤禛继位，是谓雍正帝。遗诏真伪，引发继位之谜。

十二月，雍正封允禩为廉亲王，授理藩院尚书，允祥为怡亲王，允祹为履郡王，已废太子允礽之子弘晳为理郡王，以隆科多为吏部尚书。诏《古今图书集成》一书尚为竣事，宜速举渊通之士编辑成书。

中华藏书

大清十二帝·最新整理珍藏版

中国书店

中国书店

家庭成员

皇后

孝诚仁皇后，赫舍里氏（1654 年 2 月 3 日—1674 年 6 月 6 日），满洲正黄旗人，领侍卫内大臣咯布拉之女，辅政大臣索尼的孙女。生于顺治十年十二月十七日。康熙四年册封为皇后，时年 13 岁。康熙八年生皇二子承祜（早殇）；康熙十三年五月初三日生皇七子（即废太子允礽）后因难产去世，享年 22 岁。葬清东陵之景陵。谥号：孝诚恭肃正惠安和淑懿恪敏俪天襄圣仁皇后。

孝昭仁皇后，钮祜禄氏（1653 年—1678 年 3 月 18 日），满洲镶黄旗人，辅政大臣一等公遏必隆之女。生于顺治十年。初为妃，康熙十六年八月册封为皇后，仅半年，于康熙十七年二月二十六日薨。葬清东陵之景陵。谥号：孝昭静淑明惠正和安裕端穆钦天顺圣仁皇后。

孝懿仁皇后，佟佳氏（？—1689 年 8 月 24 日），满洲镶黄旗人，领侍卫内大臣佟国维之女，康熙帝生母孝康章皇后的嫡亲侄女，康熙的表姐妹。生年不详。康熙十六年八月册封为贵妃，二十年晋升为皇贵妃。二十二年生皇八女（早殇）。康熙二十八年七月初九日册为皇后，次日即去世。葬清东陵之景陵。谥号：孝懿温诚端仁宪穆和恪慈惠奉天佐圣仁皇后。

孝恭仁皇后，乌雅氏（1660 年—1723 年 6 月 25 日），满洲正黄旗人，护军参领威武之女。生于顺治十七年。康熙十七年十月三十日生皇四子胤禛，即雍正帝。十八年封为德嫔。次年生皇六子胤祚；二十年十二月二十日为德妃；二十一年生皇七女，早殇；二十二年生皇九女温宪公主；二十五年生皇十二女，早殇；二十七年生皇十四子胤褫。康熙帝驾崩后，德妃被尊为仁寿皇太后，雍正元年五月二十三日丑刻薨，享年 64 岁，葬清东陵之景陵。谥号：孝恭宣惠温肃定裕慈纯钦穆赞天承圣仁皇后。

皇子

皇长子，爱新觉罗·允禔，固山贝子，原名爱新觉罗·保清。康熙三十七年封直郡王，四十七年革，雍正十二年卒，按贝子例葬。母为惠妃。

皇次子，爱新觉罗·允礽，废皇太子，追封理密亲王，原名爱新觉罗·保成。康熙十四年立为皇太子，四十七年废，四十八年复立，五十一年复废，雍正二年薨，追封理亲王，谥号密。母为孝诚仁皇后。

皇三子，爱新觉罗·允祉，诚隐郡王。康熙三十七年封诚郡王，三十八年降贝勒，四十八年晋诚亲王，雍正二年降郡王，八年复封亲王，后革，十年薨，按郡王例葬。母为荣妃。

皇四子，爱新觉罗·胤禛，即雍正皇帝。母为孝恭仁皇后。

皇五子，爱新觉罗·允祺，恒温亲王。康熙三十七年封贝勒，四十八年封恒亲王，雍正十年薨，谥号温。母为宜妃。

皇六子，爱新觉罗·允祚，幼殇。母为孝恭仁皇后。

皇七子，爱新觉罗·允祐，淳度亲王。康熙三十九年封贝勒，四十八年封淳郡王，雍正元年晋亲王，八年薨，谥号度。母为成妃。

皇八子，爱新觉罗·允禩，原封廉亲王，后废。康熙三十七年封贝勒，六十一年晋廉亲王，雍正四年以罪革。母良妃。

皇九子，爱新觉罗·允禟，封为贝子。康熙四十八年封贝子，雍正三年以罪革。母宜妃。

皇十子，爱新觉罗·允䄉，辅国公。康熙四十八年封敦郡王，雍正二年以罪革。乾隆二年封辅国公品级，六年卒，按贝子例葬。母为温僖贵妃。

皇十一子，爱新觉罗·允滋，幼殇。母为宜妃。

皇十二子，爱新觉罗·允裪，履懿亲王。康熙四十八年封贝子，六十一年晋嘉郡王，雍正元年降贝子，二年降镇国公，八年封履郡王，十三年晋履亲王，乾隆二十八年薨，无嗣，以乾隆第四子永珹为继。母为定妃。

皇十三子，爱新觉罗·胤祥，怡贤亲王。康熙六十一年封怡亲王，雍正八年薨，谥号贤。母为敬敏皇贵妃。

皇十四子，爱新觉罗·允禵，恂勤郡王。康熙四十八年封贝子，雍正元年晋郡王，三年降贝子，四年革，乾隆二年封辅国公，十二年晋贝勒，十三年封恂郡王，二十年薨，谥号勤。母为孝恭仁皇后。

皇十五子，爱新觉罗·允禑，愉恪郡王。雍正四年封贝勒，八年晋愉郡王，九年薨，谥号恪。母为顺懿密妃。

皇十六子，爱新觉罗·允禄，庄恪亲王。嗣庄亲王博果铎后，雍正元年袭庄亲王.乾隆三十二年薨，谥号恪。母为顺懿密妃。

皇十七子，爱新觉罗·允礼，果毅亲王。雍正元年封果郡王，六年晋果亲王，乾隆三年薨，无嗣，以雍正第六子弘瞻为嗣，谥号毅。母为纯裕勤妃。

皇十八子，爱新觉罗·允祄，幼殇。母为顺懿密妃。

皇十九子，爱新觉罗·允禝，幼殇。母为襄嫔。

皇二十子，爱新觉罗·允祎，简靖贝勒。雍正四年封贝子，八年晋贝勒，十二年降辅国公，十三年复封贝勒，乾隆二十年卒，谥号简靖。母为襄嫔。

皇二十一子，爱新觉罗·允禧，慎靖郡王。雍正八年封贝子，即刻晋贝勒，十三年晋慎郡王，乾隆二十三年薨，无嗣，以乾隆第六子永瑢为嗣，谥号靖。母为熙嫔。

皇二十二子，爱新觉罗·允祜，恭勤贝勒。雍正八年封贝子，十二年晋贝勒。乾隆八年卒，谥号恭勤。母为谨嫔。

皇二十三子，爱新觉罗·允祁，郡王品级诚贝勒。雍正八年封镇国公，十三年晋贝勒。乾隆二十三年降贝子，四十二年降镇国公，四十五年晋贝子，四十七年晋贝勒，四十九年加郡王衔，五十年卒，谥号诚。母为静嫔。

皇二十四子，爱新觉罗·允秘，諴恪亲王。雍正十一年封諴亲王，乾隆三十八年薨，谥号恪。母为穆嫔。

公主

皇长女，康熙七年十一月二十生；十年十月殇，时年三岁。母为庶妃张氏。

皇二女，康熙十年三月初九生；十二年二月殇，时年三岁。母为庶妃董氏。

皇三女，固伦荣宪公主，母为庶妃马佳氏。

皇四女，康熙十三年二月初十生，康熙十七年殇，时年五岁。母为庶妃张氏。

皇五女，和硕端静公主，母为贵人兆佳氏。

皇六女，固伦恪靖公主，母为贵人郭络罗氏。

皇七女，康熙二十一年六月初一生，八月即殇。母为德妃乌雅氏。

皇八女，康熙二十二年六月十九生，闰六月殇。母为孝懿仁皇后。

皇九女，固伦温宪公主，母为德妃乌雅氏。

皇十女，固伦纯悫公主，母为庶妃那拉氏。

皇十一女，康熙二十四年九月二十七生，二十五年五月殇。母为温僖贵妃钮祜禄氏。

皇十二女，康熙二十五年闰四月二十四生，康熙三十六年二月卒，时年十二岁。母为德妃乌雅氏。

皇十三女，和硕温恪公主，母为敏妃章佳氏。

皇十四女，和硕悫靖公主，母为贵人袁氏。

皇十五女，和硕敦恪公主，母为敏妃章佳氏。

皇十六女，康熙三十四年十月二十一生，四十六年十月殇，时年十三岁。母为庶妃王氏。

皇十七女，康熙三十七年十二月十二生，三十九年十一月殇，时年三岁。母为庶妃刘氏。

皇十八女，康熙四十年十月十八生，不久即殇。母为和嫔瓜尔佳氏。

皇十九女，康熙四十二年二月十四生，四十四年二月殇，时年三岁。母为襄嫔高氏。

皇二十女，康熙四十七年十月初九生，十二月殇。母为庶妃钮祜禄氏。

养女，固伦纯禧公主，圣祖弟恭亲王常宁长女，母为庶福晋晋氏。

重要辅臣

鳌拜

介绍名片

鳌拜，清初权臣。出身瓜尔佳氏，生年不可考，满洲镶黄旗人，清朝三代元勋，康熙帝早年辅政大臣之一。以战功封公爵。鳌拜前半生军功赫赫，号称"满洲第一勇士"，后半生则操握权柄、结党营私。康熙主政于朝后，成功逮捕鳌拜。结果鳌拜被生擒之后，老死于囚牢中，成为影响清初政局的一个重要人物。

一生简历

鳌拜的伯父费英东早年追随努尔哈赤起兵，是清朝的开国元勋之一，二哥卓布泰是清初军功卓著的战将。鳌拜本人亦随皇太极征讨各地，战功赫赫，不但是一员骁勇战将，而且也是皇太极的心腹。

清崇德二年（1637），鳌拜为先锋攻明皮岛，以勇闻。此后屡败明军，1644 年清军入关，鳌拜率军定燕京，征湖广，驰骋疆场，冲锋陷阵，为清王朝统一中国立下汗马功劳。

攻克皮岛当属鳌拜所立下的第一个大战功。天启年间，辽东失陷于后金之手，明将毛文龙率军退守皮岛（今朝鲜椵岛），与关外宁锦一线的明军遥相呼应、互为犄角，骚扰和牵制后金的兵力，使后金腹背受敌。后金一直将皮岛视为心腹大患，从努尔哈赤到皇太极，都日夜筹划，企图拔掉这颗钉子。

崇德二年（1637），皇太极命贝子硕讬与孔有德、耿仲明、尚可喜诸将往攻皮岛。由于硕讬久攻不下，皇太极又命武英郡王阿济格接手，鳌拜从征军中。阿济格与众将反复商议后，制定了兵分两路、声东击西的进攻方案：一路从海上以巨舰摆出正面进攻的态势，故意吸引守岛明军的注意力；另一路则以轻舟精锐，快速推进，直插该岛西北角之要害阵地。后一路是这次进攻的关键所在，鳌拜主动请缨，并与准塔一同向阿济格立下军令状："我等若不得此岛，必不来见王。誓必克岛而回。"

鳌拜与准塔遂率部渡海发动进攻，不料明军早已严阵以待，一时炮矢齐发，清军进攻受挫，形势紧急。鳌拜见状，奋起大呼，第一个冲向明军阵地，冒着炮火与敌人展开近身肉搏。清军遂一举跟进，登上皮岛，举火引导主力来攻。皮岛终于被攻克。

锦州是明朝在辽西地区的军事重镇，当时辽东已经失陷，锦州的地位更加突出。锦州城之南为松山城，锦州西南为杏山城，杏山西南是塔山城，锦州西200里为另一重镇宁远。这些要塞重镇构成了明朝在关外的军事防御体系。从清军方面来说，要想入主中原，必须先取宁、锦等城。明、清双方争夺锦州的战争于是不可避免。

崇德六年（1641），鳌拜从郑亲王济尔哈朗进围锦州。明蓟辽总督洪承畴率领13万大军来援，于八月初进至松山，与锦州守军祖大寿部遥相呼应，大放火器，猛攻清军。在明军猛烈炮火的攻势下，济尔哈朗指挥的清军右翼失利。武英郡王阿济格派遣精锐护军前来增援。其时鳌拜率领镶黄旗护卫军纛，路遇明军骑兵，于是迎头而上，击败对方。鳌拜这时又不待军令，果断决定乘胜追击，打到明军步兵阵地之前，遂令部下将士下马步战，再败明军。鳌拜冲锋陷阵，一马当先，五战皆捷，因功晋爵一等梅勒章京。八月，皇太极亲率大军西援锦州之师。洪承畴指挥明军分路突围，总兵吴三桂、王朴、唐通等人率军沿海边撤退。清军从锦州大路至塔山大路沿途截杀。鳌拜与阿济格、尼堪等率部排列至海截击之，明军大败而溃。据《清太宗实录》记载，明军被杀得尸横遍野，自杏山沿海至塔山的海面漂满了明军的尸首。松锦会战，关系明、清双方的生死存亡。自此以后，明朝势力更衰，败局已定。次年六月，鳌拜升为护军统领，成为八旗将领中具有较高地位的人物。

松锦大捷奠定了清军入关夺取全国统治权的基础。入关前后的鳌拜，依旧战功赫赫，升迁频频。

入关以后，鳌拜主要的任务是追击农民军。顺治元年（1644）十月，鳌拜随靖远大将军英亲王阿济格取道陕北，进攻已经退守西安的李自成农民军，率军由内蒙入陕北，攻陷四城，降三十八城，随即挥师南下。后来多铎率军攻进潼关，直逼西安。李自成被迫放弃西安，退往湖广。阿济格奉旨率军剿除"流寇余孽"，鳌拜等遂分翼出师，水陆并进，于河南邓州和湖北承天、德安、武昌等地前后十三战，重创大顺军。

顺治二年（1645）六月，李自成于湖北九宫山遇害，大顺军瓦解。清军前后共陷河南、湖广、江西、南京等地六十三城。打垮李自成，清军开始对付大西军。

顺治三年（1646）正月，鳌拜随肃亲王豪格等率军进攻张献忠大西农民军。清军得知张献忠率军已退到西充一带，鳌拜再次充当先锋，率领先头部队前往狙击。两军相遇，鳌拜等人又是身先士卒，往前猛冲。狭路相逢勇者胜，昔日威风一时的大西军抵挡不住而溃败，张献忠也于此役中被杀。清军击破大西军营垒130余处，斩首数万级，获马骡牲畜12200余匹。打败大西军主力之后，鳌拜等又继续深入，基本上肃清了四川一带的农民军。大西军余部在孙可望、李定国率领下退往云贵地区继续抗清。击破大西军，鳌拜实居首功。

由上可见，鳌拜早年无论是在关外与明军的反复交锋中，还是在入关定鼎中原后巩固统治的大小战斗中，出生入死，转战南北，都立下了汗马功劳，是当之无愧的清初开国功臣。

鳌拜不仅是战场上的一员骁将，也是皇太极忠心耿耿的心腹。崇德八年（1643）八月初九皇太极逝世，满洲亲贵在帝位继承上出现矛盾。皇太极长子肃亲王豪格与皇太极之弟多尔衮争立。皇太极生前统领的正黄旗与镶黄旗拥立豪格，而多尔衮自领的正白旗与镶白旗则拥立多尔衮。双方争持不下，形势极其严峻。镶黄旗护军统领鳌拜手握重兵，成为这场皇位之争中的核心人物之一。他与两黄旗的其他大臣索尼、谭泰等八人会集于豪格府邸，"共立盟誓，愿死生一处"，密谋拥立肃亲王为帝。鉴于当时紧张的局面，鳌拜等严加戒备，密令兵丁守卫门禁，以防不测。

八月十四日，礼亲王代善于崇政殿召集会议讨论继承人选。鳌拜于当天清晨与两黄旗大臣盟誓于大清门，坚决拥立先帝（皇太极）之子，并命两旗精锐护军全副武装环卫崇政殿，作好了不惜兵戎相见的准备。当会议之中争论不休时，鳌拜与效忠于皇太极的一批将领纷纷离座，按剑而前，齐声说道："我们这些臣子，吃的是先帝的饭，穿的是先帝的衣，先帝对我们的养育之恩有如天高海深。如果不立先帝之子，我们宁可从死先帝于地下！"实际上是以武力威胁多尔衮不得觊觎帝位。在这种形势下，多尔衮不得不作出让步，提出拥立皇太极第九子、6岁的福临继位，由自己和郑亲王济尔哈朗一同辅政。这一折衷方案最终为双方所接受。福临即位，改明年为顺治元年。当时正值李自成起义军一路进逼北京、即将推翻明王朝之时，满族统治者内部在帝位继承问题上互相妥协，有利于避免祸起萧墙的悲剧，也有利于清军适时入关，建立起对全国的统治。鳌拜是镶黄旗的重要代表，当初拥戴豪格，继而拥戴福临，在稳定清朝内部的继承秩序方面起到了非常重大的作用。

多尔衮权势欲极强，也非常有才干。他摄政之后，党同伐异，擅权自重。他首先打击的就是他的争位对手豪格及其拥护者。鳌拜本是豪格的坚定拥护者，又不阿附多尔衮，遭到残酷打击自是情理之中。

在多尔衮摄政期间，鳌拜受到的大迫害主要有三次。第一次发生在顺治初年（1644）。顺治元年，鳌拜随英亲王阿济格征讨退守陕西的李自成大顺军，立有大功。顺治二年八月，阿济格因为没有及时奉旨班师，而且谎报战功，受到处罚。阿济格是顺治帝的叔父，为人粗暴，藐视小皇帝，私下呼为"孺子"。清廷谕令正黄旗固山额真谭泰会同护军统领鳌拜召集部众，将阿济格"称上为孺子"之语传示晓谕。谭泰顾及英亲王情面，没有照办。鳌拜也因听从了谭泰之言未奉行谕旨，结果不仅征讨李自成的军功不准议叙，还被罚银100两。后来谭泰又与索尼相仇，互相攻击，鳌拜因庇护索尼再次获罪，几被革职。

第二次发生在顺治五年（1648）。当年二月，征讨张献忠大西军的豪格大军凯旋回京。参领希尔良因冒功邀赏一事遭到处罚，鳌拜也以勘察不实而被议处"应革职，罚银一百两"。三月，贝子屯齐告发郑亲王济尔哈朗当年拥立肃亲王豪格、后又包庇豪格的种种罪状。鳌拜诸人谋立肃亲王之事也被同时告发。多尔衮借此事兴起大狱，严讯诸人。最后，鳌拜以欲立豪格、与诸人盟誓等罪名论死，得旨"罚锾自赎"。四月，侍卫廓步梭又告发鳌拜在皇太极死时"擅发兵丁守门"，再次论死，改革职为民，得旨免革职。鳌拜虽以大功凯旋，在短短数月间却被论死两次，可见其所受打击之严酷、境遇之窘迫。

第三次打击是在顺治七年（1650）。这年七月，多尔衮生病，暗示贝子锡翰，想请顺治帝亲临探视自己，锡翰遂秉承其意"请驾临幸"，多尔衮却又以"违令渎请"罪之，并追究鳌拜包庇之罪，论死，后改免死罚赎、降爵。是年十一月，多尔衮死，顺治亲政。总之，在多尔衮摄政期间，鳌拜有功而无赏、无罪而受罚，三次论死，备受打压。

顺治亲政后，鳌拜可以说是在政治上获得了新生。顺治闻知鳌拜、索尼等人曾经盟誓"一心为主，生死与共"，忠心耿耿，遂对鳌拜极为敬重，视为心腹重臣。从此以后，鳌拜随侍顺治身边，直接参与管理国家各类事务，如商讨本章批复程序、联络蒙古科尔沁部、协和太后与皇帝之间的关系、祭奠过世王公妃嫔、协助会审案狱，并倡议"大阅以讲武"，自教武进士骑射，等等。应该说，鳌拜在这一段时间内表现得非常出色。正是由于这个原因，顺治对他也十分关心和信任。顺治十三年（1656），鳌拜旧伤复发，卧床不起，顺治亲临鳌拜府邸去看望慰问。顺治十四年（1657）冬，孝庄太后（即皇太极妻博尔济吉特氏）病重，顺治朝夕侍候。鳌拜也没闲着，昼夜于宫中侍候，都顾不上自己休息吃饭，深获顺治帝的赞赏。

1661年顺治帝驾崩，爱新觉罗·玄烨八岁即位，顺治帝遗诏，由索尼、遏必隆、苏克萨哈、鳌拜四大臣辅政。当时鳌拜在四辅政大臣中地位最低，但因索尼年老多病，遏必隆生性庸懦，苏克萨哈因曾是摄政王多尔衮旧属，为其它辅政大臣所恶，因此鳌拜才得以擅权。鳌拜结党营私，日益骄横，竟发展到不顾康熙的意旨，先后杀死户部尚书苏纳海、直隶总督朱昌祚、巡抚王登临与辅政大臣苏克萨哈等政敌，引起朝野惊恐。

康熙六年（1667）六月，索尼病死。这个索尼虽然在生前未能遏制鳌拜的势力，不过他临死前的一个动作却在其身后造成解决鳌拜问题的良好转机。这年，小皇帝玄烨已年满14岁。索尼上书请小皇帝遵循先帝14岁亲政的先例，开始亲政。七月，康熙亲政，加恩辅臣，仍命佐理政

中华藏书

大清十二帝·最新整理珍藏版

中国书房

务。皇帝已经亲政，自己又无法应对鳌拜的威胁，苏克萨哈便上疏请求解除辅臣之任，愿往遵化守护顺治陵寝。这个举动别有意味，那就是既然苏克萨哈已经卸任，那么鳌拜、遏必隆两人按理也应辞职。这一招触及到鳌拜的要害，可鳌拜却不想就这样退出政治舞台。于是鳌拜给苏克萨哈罗织了心怀奸诈、久蓄异志、欺藐幼主、不愿归政等24款罪名，提出应处凌迟、族诛之刑。康熙同样深知苏克萨哈并不该杀，虽然自己已经亲政，却仍然无力保全苏克萨哈一命。鳌拜气势汹汹，竟在御前"攘臂上前，强奏累日"，最终将苏克萨哈处以绞刑，并诛其族。苏克萨哈的被杀，使鳌拜与康熙之间的矛盾急剧上升，几乎达到了令康熙不可忍受的地步。

至此，索尼已故，苏克萨哈被杀，四大辅臣只剩下一个无足轻重的遏必隆，鳌拜更加肆无忌惮，为所欲为。虽然康熙已经亲政，但鳌拜根本不把他放在眼里，并不想归政于他。当时在康熙宫廷中的法国传教士白晋记载说，在康熙十五六岁时，四位摄政王中最有势力的宰相（即鳌拜），把持了议政王大臣会议和六部的实权，任意行使康熙皇帝的权威，因此，任何人都没有勇气对他提出异议。此时的鳌拜已经对康熙的皇权构成了严重威胁。

康熙决意铲除鳌拜集团。鳌拜党羽已经遍布朝廷内外，行动稍有不慎，必将打草惊蛇，酿成大变。康熙决定不露声色地来进行，于是挑选了一批身强力壮的亲贵子弟，在宫内整日练习布库（满族的一种角力游戏，类似摔跤）为戏。鳌拜见了，以为是皇帝年少，沉迷嬉乐，不仅不以为意，心中反暗自高兴。

康熙八年（1669）五月，清除鳌拜的时机终于到来。康熙先将鳌拜的亲信派往各地，离开京城，又以自己的亲信掌握了京师的卫戍权。这时康熙皇帝早已布好六连环计策，意在生擒鳌拜。这群少年将鳌拜擒获。康熙宣布鳌拜三十条罪状，廷议当斩，康熙念鳌拜历事三朝，效力有年，不忍加诛，仅命革职，籍没拘禁，其党羽或死或革。不久鳌拜死于禁所，其子纳穆福后获释。

索额图

介绍名片

索额图（？－1703年），清朝康熙年间大学士，姓赫舍里，满洲正黄旗人，清开国功臣索尼的第二子，世袭一等公。出生年代推算当在崇德元年（1636）前后，生于盛京（现沈阳）。他是辅政大臣索尼之子，康熙孝诚仁皇后叔父。初任侍卫。康熙八年至四十年，先后任国史院大学士、保和殿大学士、议政大臣、领侍卫内大臣等职，曾参与许多重大的政治决策和活动。康熙帝继位之初，鳌拜擅权，索额图辅佐计擒鳌拜，并将其党羽一网打尽，故深受信任。

一生简历

索额图先世原隶哈达部。明万历二十八年（1601），努尔哈赤灭哈达，他的祖父硕色、叔祖希福携带家口归附。努尔哈赤获悉硕色、希福兼通满、蒙、汉文字，命同值文馆，赐号"巴克什"，并屡次遣使蒙古诸部。崇德元年，希福任内弘文院大学士，进二等甲喇章京，顺治九年（1652）十一月卒，赠太保，谥文简。

索额图之父索尼在天命年间（1616—1626）为一等侍卫，其后屡立战功。天聪五年（1631）升任吏部启心郎。崇德八年（1643），晋升为三等甲喇章京。皇太极病逝，他以拥立皇子福临继位，成为维护八旗内部稳定局面的重要人物。顺治八年（1651），累进为世袭一等伯，擢内大臣，兼议政大臣、总管内务府。顺治帝曾褒奖他"克尽忠义，以定国乱，诚为荩臣。"顺治十八年，福临病逝，新君玄烨即位。索尼与苏克萨哈、遏必隆、鳌拜同为辅政大臣，又授世袭一等公。

康熙六年（1667）六月索尼去世，谥文忠。索尼的长子噶布喇曾任领侍卫内大臣，康熙四年，太皇太后挑其第二个女儿，册立为皇后。十三年，皇后生皇二子允礽后不久便去世，谥称孝诚仁皇后。次年，允礽被立为皇太子。索尼的第五子心裕"尚公主，遭遇之隆，古今罕觏"，先袭一等伯，后又世袭一等公，官至领侍卫内大臣。六子法保袭一等公。索额图乃索尼第二子，他正是以其皇亲国戚的特殊地位而跻身于朝廷。

索额图初为侍卫，康熙七年，任吏部右侍郎。康熙八年五月，辞去侍郎职务，任一等侍卫。当时，身为四辅臣之一的鳌拜，广植党羽，"文武各官，尽出伊门下"，把他的心腹之人安插在内三院和各部院担任要职，随意罢免他不中意的大臣。鳌拜的专权跋扈，引起康熙帝的强烈愤怒，索额图也十分不满。康熙八年五月，康熙帝"以弈棋故，召索相国额图入谋画"，采取突袭的方式，逮捕鳌拜，惩其党羽，康熙帝始得真正主持朝政。

八月，索额图升任国史院大学士。九年恢复内阁制，索额图改为保和殿大学士，一直到十九年八月离任。在这十年中，他成为朝廷里最有权势的大臣，在平定"三藩之乱"，稳定全国动荡的局面中，发挥了重大的作用。

康熙二十七年，索额图被任为钦差大臣，率领清廷使团前往色楞格斯克，与俄方代表会谈两国边界问题。但由于准噶尔部首领葛尔丹进攻喀尔喀蒙古，道路被阻，不得不半途折回。次年，俄国提议以尼布楚为谈判地点，索额图仍为谈判使团首席代表，率使团至尼布楚与俄方代表谈判。在谈判中，索额图阐明黑龙江流域属于中国的原委，驳斥俄方提出以黑龙江或雅克萨为界的无理要求。双方终于在对等谈判的基础上签订了第一个中俄条约——《尼布楚条约》，确定以额尔古纳河、格尔必齐河、外兴安岭至海为中俄东段边界。索额图先后两次参加平定准噶尔之役。

康熙四十年，索额图以年老休致。后在清朝宫廷斗争中依附皇太子胤礽。

康熙四十一年（1702），康熙帝南巡到德州，皇太子得病，召索额图至德州侍疾。留居月余，皇太子病愈，一起回北京。这次康熙帝突然召索额图到德州的原因，表面上是令探视皇太子，其真实含意并非如此。索额图为皇太子生母孝诚仁皇后的叔父，太子与索额图关系又很密切。后来康熙帝逐渐对太子行事不满，索额图也被牵连在内。先是，康熙三十九年即有人告发索额图，康熙帝没有处置。倾陷索额图的人，首先令人注目的是高士奇。高士奇家道贫困，但长于诗文书法，被推荐给索额图。索额图常以"椒房之亲，且又世贵，侍士大夫向不以礼，况高是其家奴狎友，其召之幕下也，颐指气使，以奴视之"。以后高士奇被康熙帝破格提拔，高官显贵，但见索额图时，"犹长跪启事，不令其坐。且家人尚称为高相公，索则直斥其名，有不如意处，则跪之于庭，而丑诋之"。索额图有时还"切齿大骂，辱及父母妻子"。为此，高士奇怀恨在心，"遂顿忘旧恩，而思割刃于其腹中"。

康熙四十二年，高士奇随驾北上，这时他已背叛索额图，投靠明珠。明珠与索额图"权势相侔，互相仇轧"。康熙帝回京后，以"议论国事，结党妄行"的罪名将索额图交宗人府拘禁，不久死于禁所。

康熙四十七年（1708），康熙帝曾对大臣们列举了皇太子的"种种恶端"，又说："从前索额图助伊（皇太子）潜谋大事，朕悉知其情，将索额图处死。今胤礽（皇太子）欲为索额图复仇，结成党羽。"据礼亲王昭梿说：索额图在狱中时，曾有"客潜入狱馈饮食，及公伏法，客料理丧殓事毕，痛哭而去，不知所终"。索额图的同党多被杀，被拘禁、被流放；同祖子孙都被革职，其二子格尔芬、阿尔吉善被处死。康熙帝对索额图一生所参与的重要军政大事，除与沙俄在尼布楚的谈判外，全面给予否定，并说"索额图诚本朝第一罪人也"。这是不符合历史事实的，也是极不公正的评价。

早年的索额图虽然是由恩荫入仕，但多半还是靠个人才干奋斗上来的。索额图在策划擒拿鳌拜、清除鳌拜势力时立下了战功，由一等侍卫升为大学士，后改任领侍卫内大臣，成为当朝大臣中最重要的实力派。因为孝诚仁皇后的缘故，所以康熙初年的时候索额图代表赫舍里家族坚定地站在康熙这一边，帮助康熙平了鳌拜。此后十年可以说是索额图最辉煌的十年，在平定"三藩之乱"，稳定全国动荡的局面中，发挥了重大的作用。

康熙四十年，索额图以年老退休，几十年中不免有跋扈，更有集团势力形成，引起康熙的瞩目！加上康熙晚年对太子不满，而索额图作为外戚极力维护太子的地位，并且可能有过某些让太子提前即为的打算，加上纳兰明珠与索额图"权势相侔，互相仇轧"。所以也可以说康熙为了保住太子，为了铲除索额图代表的势力，才将索额图处死。总的评价，索额图是一个能臣、也一度是一个权臣，但最后成为了政治斗争的失败者。

明珠

介绍名片

明珠，字端范，姓纳喇氏，生于后金天聪九年（1635）。其祖父金台石于明万历四十一年（1613）继其兄纳林布禄为叶赫部首领，天命四年（1619）时，被英明汗努尔哈赤斩杀。后其父尼雅哈归顺后金，隶满洲正黄旗。尼雅哈初授佐领，后屡次从征有功。顺治时改授骑都尉世职，顺治三年（1646）卒。明珠为尼雅哈第三子。

一生简历

明珠是康熙朝最重要的大臣之一，曾名噪一时，权倾朝野，人以"相国"荣称。他官居内阁 13 年，"掌仪天下之政"，在议撤三藩、统一台湾、抗御外敌等重大事件中，都扮演了相当关键的角色。同时作为封建权臣，他也利用皇帝的宠信，独揽朝政，贪财纳贿，卖官鬻爵，结党营私，打击异己，在封建统治集团的内部斗争中，经历荣辱兴衰，有起有落。

明珠在顺治时初任侍卫，后任銮仪卫治仪正，又调内务府郎中。康熙三年升为内务府总管大臣，"掌内务政令，供御诸职，靡所不综"，成为宫廷事务的最高长官。

康熙五年（1666），任内弘文院学士，参与国政。

康熙六年（1667）玄烨亲政，明珠更被重用。次年，任刑部尚书。他奉命和工部尚书马尔赛调查淮扬水患之处，并会同漕运总督、河道总督等官，到兴化县白驹场地方查勘。返回后，向康熙帝报告说：旧有闸口四座，所出之水，由牛湾河入海。后因禁海填塞，水路受阻，淹没田地。因为白驹场离海甚远，并非沿海地方，不应堵塞，应速疏通河道，将四闸开通，积水可尽放出。另外，仍可设置板拦，一遇发水，即行开放，地方不致淹没，居民也不必迁移。明珠等人又查明清口是淮河、黄河汇合处，如果黄河水泛滥，势必越过淮河，而淮河水弱，黄河水中泥沙，将阻塞河道。因此，他建议：将黄河北岸挑挖引河，以备蓄泄，使泥土逐水而下，保证运道畅通无阻。康熙帝采纳了他的建议，对解除水患，保护运道畅通，具有积极作用。十二月，传教士南怀仁认为吴明烜推算的康熙八年历书中，差错很多。明珠与其他大臣奉命前去测验。测验结果，吴明烜推算错误，南怀仁推算正确，都符合天象。康熙帝决定采用南怀仁的历书，并任命他为钦天监监副，掌管天文历法事务。

康熙八年（1669）惩办了鳌拜以后，明珠参与消除鳌拜集团及其影响时，为朝廷提出了一系列新的建议。

康熙九年，明珠改任都察院左都御史。康熙十年二月，充经筵讲官。八月，建议停止盐差御史巡历地方之例。十一月，调为兵部尚书。

康熙十二年（1672）正月，康熙帝在晾鹰台检阅八旗甲兵。在明珠的指挥下，军容整肃。康熙称赞"此阵列甚善，其永著为令。"

清初时，平西王吴三桂，平南王尚可喜，靖南王耿精忠并列为"三藩"。在对待"三藩"撤与不撤这个重大问题上，唯有明珠与户部尚书米思翰、刑部尚书莫洛等极少数人，坚决主张撤藩，与帝意完全一致。康熙帝认为："吴、尚等蓄谋已久，今若不及早除之，使其养痈成患，何以善后？况其势已成，不若先发制之可也。"当吴三桂发动叛乱时，朝廷有些人吓得惊慌失措。大学士索额图等人主张处死倡议撤藩的明珠等人，康熙帝严加拒绝。明珠竭诚效力，积极参与平定三藩叛乱的活动。

康熙十九年闰八月，在处理尚之信属下兵丁时，给事中余国柱认为：尚之信标下官兵，应即撤回，三总兵官标下兵丁应予分散。议政王大臣会议认为：尚之信标下官兵应分入上三旗中，令驻广东，另设将军、副将军管辖。三总兵官标下兵丁，有愿为兵者为兵，愿为民者为民。康熙帝则认为：尚之信标下官兵均分八旗，另设将军、副都统管辖，分散其力量，日后或撤或迁比较容易。二总兵标下官兵仍驻广东，归将军管辖。裁去另一总兵标下官兵。他便征求明珠之意如何？明珠主张：尚之信标下官兵共十五佐领，分入上三旗，每一旗五佐领，为数不多，不必分隶八旗。以后若撤回迁移，亦不论旗分调取，有满洲大兵押送，分入上三旗办法可行。康熙帝表示同意："既如此，不必分入八旗。尔等可改票来奏。"在处理耿精忠等人时，依照刑律应凌迟处死，其同伙董国瑞等十九人应立斩。明珠上奏："耿精忠之罪，较尚之信尤为重大。尚之信不过纵酒行凶，口出妄言；耿精忠深负国恩，擅自称帝，且与安亲王内多有狂悖之语，甚为可恶。"随后又奏："此内有陈梦雷、金镜、田起蛟、李学诗四人，犯罪固应处死，然于应死之中，尚有可宥之处。"康熙帝命议政王大臣会议集议。于是陈梦雷等四人，免死，给与披甲新满洲为奴。

三藩之乱的平定，巩固了清朝在全国范围内的统治，维护了全国的统一，在此期间，明珠做了积极有益的工作。

平定"三藩"叛乱以后，康熙帝开始解决台湾问题。康熙二十一年（1682），福建水师提督施琅奏请自行进剿台湾。康熙帝征询大臣意见，明珠认为："若以一人领兵进剿，可得其志。两人同往，则未免彼此掣肘，不便于行事。照议政王所请，不必令姚启圣同往，着施琅一人进兵，似乎可行。"明珠进一步指出当时的形势："郑经已死，贼无渠魁，势必衰微。"康熙帝同意明珠对形势的分析，表示"施琅相机自行进剿，极为合宜"。施琅攻占台湾后，便疏陈善后意见：台湾有地数千里，人民十万，其地十分重要，如果放弃，必为外国占据，奸宄之徒可能窜匿其中，应该设官兵防守。康熙帝认为：不能弃而不守，但镇守之官三年一易，亦非至当之策。于是命议政王大臣会议。明珠代表议政王大臣奏报：施琅请守已得之地，设兵防守为宜；郑克塽、刘国轩、冯锡范、陈允华等头目及近族家人，不便安置在外省，应带来编入旗下。康熙帝表示同意。明珠还上奏：施琅之功实大，应加封为侯，授为将军，其属下官兵应加等议叙。康熙帝认为"此议甚当，即依行"。在统一台湾的战争中，明珠是康熙帝的得力助手。

治理黄河是清朝的一项重要政务。康熙二十一年，萧家渡决口，工部尚书请令河道总督靳辅培修，遭到康熙帝拒绝。明珠极力推荐靳辅参与治河事宜。他说："靳辅历任既久，所见必真"，应令来京会议。次年，河水复归旧道，康熙帝甚为赞赏。明珠说："河道既深，挽运无阻，往来商贾皆得通行，真国家之福。"康熙二十四年十月，靳辅提出治黄河方案：挑浚高、宝等七州县下河，引水入海，又筑高家堰堤岸，修整黄河两堤。康熙帝征求明珠意见？他回答说："臣等意谓，最宜修治，但钱粮陆续给与，似为有益。"十一月，在会议治河时，为防止海水倒灌，靳辅主张开大河，建长堤，高一丈五尺，束水一丈，以敌海潮。于成龙则主张开浚故道。明珠赞成靳辅治河方案，上奏："于成龙居官虽清，但河工事宜，未能阅历。靳辅久任河务，已有成效，似应从靳辅之议。"王熙认为："于成龙所议是一旧说，乃照明朝河臣潘季训《河防一览》之法。靳辅所议是一创建之策。"以后康熙帝听信汤斌所言，赞成于成龙治河方案，而靳辅主张未能施行。

康熙二十四年，江宁巡抚余国柱告诉继任巡抚汤斌，朝廷蠲免江南赋税，乃明珠尽力促成，意欲勒索，遭到汤斌拒绝。考核官员时，外任官员向明珠馈送金银者络绎不绝。

康熙二十五年，按察使于成龙与靳辅争论治河方案，朝臣均仰承明珠鼻息，支持靳辅，汤斌则陈诉勘查结果，赞成于成龙主张。凡明珠集团行事，汤斌多加梗阻。明珠、余国柱怀恨在心，曾经奏陈：汤斌有诽谤皇帝之语。建议罢免汤斌，未获批准。时人认为："明珠、国柱辈嫉斌甚，微上厚斌，前途难料"。汤斌病死后，徐乾学又激其门生郭琇弹劾明珠、余国柱。在原先依附明珠的徐乾学、高士奇的密谋策划下，明珠降职。明珠本为广植党羽，招徕新进，联络理学名臣，但由于理学名臣间的学派纠纷，明珠、索额图集团之间的矛盾，却使他自己失去了左右朝政的地位。

康熙二十六年，李光地还乡探母，临行之前，明珠对他说："事势有变，江浙人可畏（郭琇山东人，曾为江南道御史；徐乾学江南昆山人；高士奇浙江钱塘人），不久我亦危险，无所逃避。"冬季，康熙帝谒陵，于成龙在路上便对他说："当今官已被明珠、余国柱卖完了。"康熙帝问："有何证据？"于成龙回答："请皇帝派亲信大臣去检查各省布政司库银，若有不亏空者，便是臣妄言。"康熙帝讯问高士奇，高士奇尽言其状。康熙帝问："为何无人揭发？"高士奇回答："谁不怕死！"康熙帝又问："有我，他们势重于四辅臣乎？我欲除去，就除去了。有何可怕？"高士奇说："皇上作主有何不可！"

于是，高士奇与徐乾学密谋，起草参劾疏稿。先呈皇帝改定，康熙二十七年二月交由佥都御史郭琇参劾明珠八大罪状：

（一）凡内阁票拟，俱由明珠指使，轻重任意。余国柱承其风旨，即有错误之处，同官莫敢驳正。皇帝时有诘责，乃漫无省改。即如御史陈紫芝参劾湖广巡抚张汧疏内，并请议处保举之员。皇帝面谕九卿应一体严加议处，乃票拟竟不书写，则保举张汧原属指使，于此可见矣！

（二）凡奉谕旨，获得好评，明珠便说："由我力荐"；或不称旨，便说："上意不喜，吾当从容挽救。"任意附会，市恩立威，因而结党，挟取货贿。他每日奏事完毕，出中左门，满汉部院诸臣及其心腹，拱立以待，皆密语片刻。皇帝意图无不宣露，部院衙门稍有关系之事，必请命而行。

（三）明珠连结党羽，满人则有尚书佛伦、葛思泰及其族侄侍郎傅腊塔、席珠等，汉人则余国柱结为死党，寄以心腹。向时会议会推，皆佛伦、葛思泰等把持；而余国柱更为囊橐，唯命是听，但知戴德私门。

（四）凡督抚藩臬缺出，余国柱等无不展转贩鬻，必索及满欲而后止。所以督抚等官愈事朘剥，小民重困。今皇帝爱民如子，而民犹有未给足者，皆贪官搜索，以奉私门之所致。

（五）康熙二十三年，学道报满之后，应升学道之人，率往请价。九卿选择时，公然承风，任意派缺，缺皆预定。由是学道皆多方取贿，士风文教，因之大坏。

（六）靳辅与明珠、余国柱交相固结，每年糜费河银，大半分肥，所题用河官，多出指授，是以极力庇护。皇帝试察靳辅受任以来，请过钱粮几何，通盘一算，则其弊可知矣。当初议开浚下河道时，他以为必委任靳辅，欣然欲行，九卿亦无异辞。当见皇帝欲行另委他人，则以于成龙方蒙信任，举山必当旨。于成龙官止臬司，何以统摄。于是题奏仍属靳辅，此时未有阻挠意。及靳辅张大其事，与于成龙意见不合，于是一力阻挠，皆由倚托大臣，故敢如此。靳辅抗拒明诏，非无恃而然也。

（七）科道官有内升或出差的，明珠、余国柱都居功要索，至于考选科道，即与之订约，凡有本章，必须先送阅览，因此言官多受其牵制。

（八）明珠自知罪戾，见人则用柔然甘语，百般款曲，而阴行鸷害，意毒谋险。最忌者言官，恐发其奸状。当佛伦为总宪时，见御史李时谦累奏称旨，御史吴震方颇有参劾，即令借事排陷，闻者骇惧。

郭琇所列明珠八大罪状，直欲将明珠置于死地。在处理明珠问题上，康熙帝因"不忍遽行加罪大臣，且用兵之时，有效劳绩者"，故采取宽容的处理方式，革去明珠大学士职务，授为内大臣。明珠同党余国柱、科尔坤、佛伦等革职。但不久之后又让明珠担任内阁大臣，依旧留在自己身边。

康熙二十九年，康熙帝命裕亲王福全统兵征葛尔丹，明珠与领侍卫内大臣索额图等参赞军务，因未及追击败逃的葛尔丹，降四级留任。

以后，在康熙三十五年、三十六年，康熙帝两次亲征葛尔丹中，明珠都随从大军督运粮饷，因此叙功，恢复原级。

康熙四十三年，明珠与大臣阿密达等奉命赈济山东、河南流民。

康熙四十七年四月十七日，明珠病逝于北京。明珠死后，康熙帝派皇三子胤祉前往祭奠。明珠的一生，也算善始善终。

于成龙

介绍名片

于成龙（1617—1684）字北溟，号于山，清代山西永宁州人。谥"清端"，赠太子太保。于成龙明崇祯十二年（1639）举副员，清顺治十八年（1661）出仕，历任知县、知州、知府、道员、按察使、布政使、巡抚和总督、加兵部尚书、大学士等职。在20余年的宦海生涯中，三次被举"卓异"，以卓著的政绩和廉洁刻苦的一生，深得百姓爱戴和康熙帝赞誉，以"天下第一廉吏"蜚声朝野。

一生简历

于成龙少有大志，自幼过着耕读生活，受到较正规的儒家教育。顺治十八年，已44岁的于成龙，不顾亲朋的阻拦，抛妻别子，怀着"此行绝不以温饱为志，誓勿昧无理良心"的抱负，接受清廷委任，到遥远的边荒之地广西罗城为县令。罗城新隶于清统治下不到两年，由于局势未稳，两任知县一死一逃。于成龙到罗城时，这里遍地荒草，城内只有居民六家，茅屋数间，县衙也只是三间破茅房。他只得寄居于关帝庙中。在困境中，同来的五名从仆不久或死或逃，而他以坚强的毅志，扶病理事，迈开仕宦生涯的第一步。

罗城百废待举，首要任务在于安定社会，恢复生产。于是，于成龙采取"治乱世，用重典"的方法，首先在全城乡建立保甲，严惩缉获案犯，大张声势地"严禁盗贼"。境内初安后，他又约会乡民练兵，甘冒"未奉邻而专征，功成也互不赦之条"的后果，抱着为民而死甚于瘴疠而死的决心，准备讨伐经常扰害的"柳城西乡贼"。在强大的声势下，西乡"渠魁府首乞恩讲和，抢掳男女中只尽行退还"。接着又在全县搞联防，从此，"邻盗"再不敢犯境。

在消除内忧外患的同时，于成龙十分注意招募流民以恢复生产，他常常深入田间访问农事，奖勤劝惰。农闲时带领百姓修民宅、建学校、筑城墙。对迁入新居的农家，还亲为题写楹联，以示鼓励。在深得民心之后，他又以刚柔并用的斗争策略，解决了"数大姓负势不下"的问题，使这些一向桀骜不驯的地方豪强"皆奉法唯谨"。三年之间，就使罗城摆脱混乱，得到治理，出现了百姓安居乐业的新气象。

于成龙的突出治行受到两广布政使金光祖的重视，罗城被评为全省治理的榜样。康熙三年（1664）春，金光祖升本省巡抚，就地方施政征询于成龙的意见。对此，于成龙曾两次条陈，针对广西地方施政的各方面，系统阐述了自己的看法，主要内容有：一．澄清地方吏治；二．"弭盗"与"慎刑"；三．推行"抚"字催科；四．减轻百姓负担，疏盐行、除灾耗、清杂派；五．改善民族关系等等。这些建议是适应统治者的需要提出的，但很大程度上也符合民众的利益，表现了他敢于言事和不怕风险的勇气。

康熙六年（1667），于成龙被两广总督金光祖举荐为广西省唯一"卓异"，并升任四川合州知州。离罗城时，他连赴任的路资也没有，出现了百姓"遮道呼号：'公今去，我侪无天矣！'追送数十里，哭而还"的感人情景。

四川遭战乱最久，人口锐减为全国之首。于成龙赴任的合州包括三属县，只有丁口百余人，正赋 14 两，而衙门的各种供役、需索使百姓繁重不支。目睹地方荒残，于成龙确定以招抚百姓为急务，他首先革除宿弊，严禁官吏勒索百姓，又免去规定的驱从，以家仆随身。合州土地极度荒芜。而流民不附的原因，在于原主认业。为此，他严格规定了"凡一占即为己业，后亦不得争论"的原则。同时要求各县注意为新附百姓解决定居与垦荒中的具体困难，并亲自为他们区划田舍、登记注册，借贷牛种，申明三年后起科。这样，"新集者既知田业可恃为己有而无复征发仓卒之忧，远近悦赴，旬日之间户以千计。"奖励垦荒是清初基本国策，但于成龙实行"禁止原主认业"先于清廷明确规定的 15 年前，加之他对具体问题的妥善解决，不到二年，合州人口骤增，田地开辟由于招民垦荒政绩显著，康熙八年（1669），于成龙被擢升为湖广黄州府同知。

于成龙去往黄州府任同知四年，任知府四年。这里着重叙述他的两件事。一是治盗省讼。"盗"成为清初一大社会问题。在黄州府岐亭镇一带，盗贼甚至白昼劫路伤命，严重影响了地方安定和居民正常生活。于成龙上任之初，即以郡丞身份坐镇岐亭治盗。为了摸清盗情和每一件重大盗案，他总是亲自访察。他多以"微行"的方式，扮作田夫，旅客或乞丐，到村落、田野调查疑情，从而对当地盗情了如指掌。他还特意在衣内置一布袋，专放盗贼名单，"自剧贼，偷儿踪迹无不毕具，探袋中勾捕无不得。"

对待案犯他主张慎刑，以教为主，采取"宽严并治"和"以盗治盗"的方法，取得突出效果。于成龙在词讼、断狱方面也以包公式人物著称。他铁面无私，头脑敏锐而细心，善于从一些常人忽视的细节上发现问题的症结。曾排解过许多地方上发生的重大疑案、悬案，使错案得到平反，从而被百姓呼为"于青天"，民间还流传着"鬼有冤枉也来伸"的歌谣。他的刑法思想在清朝一代很有影响。由于在黄州府同知任上的突出政绩，于成龙又深为湖广巡抚张朝珍器重，再次被举"卓异"。

二是两次平定"东山之乱"。于成龙举"卓异"后，被调主持武昌府政务，并将擢武昌知府。恰在这时，"三藩之乱"爆发了。在吴三桂凌厉的攻势下，贵州、湖南望风披靡。同时吴三桂派许多湖北籍部将，特封官"札书"回籍策反，制造暴乱。康熙十三年（1674）五月，麻城县发现"伪札"，知县即以"通贼"罪名大肆滥捕，搞得人人自危。接受了"副将伪札"的该县曹家河人刘君孚父子乘机联络东山一带山寨发动暴乱。由于于成龙在当地很有影响，被请出来收拾局面。他以"招抚"为方针，查清事件原委后，发出安民告示，使绝大多数协从百姓归家，事态很快趋于缓和。随后，他又冒生命危险只身进入首先发难的刘君孚山寨中说服刘及300枪手（猎户）。10天之内，一场动乱顺利平息。

八月，于成龙调任黄州知府，第二次暴乱又接踵而至。其时，潜入的奸细乘黄州府空虚，联络当地豪绅纷纷起事，"高山大潮，烽火相望"，声势与范围大大超过前次。面对险恶的形势，于成龙清醒地认识到黄州府的重要性，他力排众议，制订了决不放弃黄州、组织乡勇相机主动进剿的策略。调集各乡乡勇数千人在东山黄土坳一带，与数量上占优势的暴乱分子展开激战。在他的指挥下，尤其是他身先士卒，危急关头置生死于度外，使战斗获得全胜。当场擒获暴乱首领何士荣。后又乘胜平定了其余叛乱。二十余天内又取得平乱的胜利，受到湖广总督蔡毓荣的高度褒奖。

四年后，于成龙升湖广下江陆道道员，驻地湖北新州（今新春县），在湖北期间，无论地位和环境都有很大改善，但他仍保持了异于常人的艰苦生活作风。在灾荒岁月，他还以糠代粮，把节余口粮，薪俸救济灾民。因之百姓在歌谣中唱道："要得清廉分数足，唯学于公食糠粥。"为广行劝施，让富户解囊，他更以身作则，甚至把仅剩的一匹供骑乘的骡子也"鬻之市，得十余两，施一日而尽"。

康熙十七年（1678），于成龙升福建按察使离湖北时，依然一捆行囊，两袖清风，沿途以萝卜为干粮。于成龙在福建上任伊始，就做了一件为民称颂的好事。当时清廷为对付台湾郑氏的抗清势力，实行了"海禁"政策。当地统治者不顾连年兵祸，民不聊生，动辄以"通海"罪名兴起大狱，使许多沿海渔民罹难。于成龙在审阅案卷时，发现每案被拟极刑的就达数十人或上百人之多，甚至殃及妇女孺子。于是他坚决主张重审，对怕得罪清室而劝阻他的人说："皇天在上，人命至重，吾誓不能咸阿从事！"在他的力争和主持下，先后使千余名百姓免遭屠戮而获释，贫困不能归者还发给路费。

康熙十八年（1679）夏，于成龙在按察使任上第三次被举"卓异"后升任省布政使。福建巡抚吴光祚还专疏向朝廷举荐，称于成龙为"闽省廉能第一"，从此，于成龙得到清廷的赏识和破格招用。

康熙十九年春，康熙帝"特简"于成龙为畿辅直隶巡抚，翌年春，又召见于成龙于紫禁城，当面褒赞他为"今时清官第一"，并"制诗一章"表赐白银、御马以"嘉其廉能"。未逾两年，又出任为总制两江总督。

身为"治官之官"，于成龙始终把整顿吏治放在工作的首位。他指出："国家之安危由于人心之得失，而人心之得失在于用人行政，识其顺逆之情"。"以一夫不获曰予之喜，以一吏不法曰予之咎，为保邦致政之本。"在黄州时，他衣内的布袋便利了治盗。升巡抚后仆人请去掉，他笑道："此袋昔贮盗，今以贮奸贪不省之官吏，未可去也!"他新任直隶，即发出清查庸劣官员的檄文，责令各属将"不肖贪酷官员"，"昏庸衰志等辈""速行揭报，以凭正章参处"。针对各属贿赂公行，请客送礼之风，他从利用中秋节向他行贿的官员开刀，惩一儆百。他赴任江南，入境即"微行"访于民间，面对"州县各官病民积弊皆然而江南尤甚"的状况，不禁叹曰："噫！吏治败坏如倒狂澜，何止时乎?"很快颁布了《兴利除弊约》，其中开列了灾耗、私派、贿赂、衙蠹，旗人放债等15款积弊，责令所"自今伊始"，将所开"积弊尽行痛革"。与此同时，他根据自己的体会，又制订了以"勤抚恤、慎刑法，绝贿赂，杜私派，严征收，崇节俭"为内容的《新民官自省六戒》作为地方官的行为准则。方法上，他举优劾贪，宽严并济，时人说凡他所到之处，"官吏望风改操"。康熙帝也称其"宽严并济，人所难学"。

对廉洁有为的人材，于成龙反对论资排辈，他对清廷死板的任官"考成"制提出异议，认为不利于吏治建设，造成"问其官则席不暇暖，问其职则整顿无心，势彼然也，"常常使"远大之辞，困于百里，深为可惜!"为此，他屡上疏推荐人材。如直隶通州知府于成龙（史称小于成龙）、江苏布政使丁思孔等都是较有作为的清廉官吏，由于他的举荐而受到康熙帝的重用。

于成龙逝世后，南京"士民男女无少长，皆巷哭罢市。持香楮至者日数万人。下至菜庸负贩，色目、番僧也伏地哭"，可见中下层人民对他的死是十分悲痛的。康熙帝破例亲为撰写碑文，这是对他廉洁刻苦一生的表彰。

历史评价

康熙帝名玄烨，是顺治的第三子，生于顺治十一年（1654 年 5 月 4 日）。他是中国历史上在位时间最长的皇帝，在位 61 年。

康熙自幼勤奋好学，文韬武略样样精通，智除鳌拜，撤除三藩，统一台湾，平定准噶尔叛乱等一系列军事行动中或御驾亲征，或决胜千里，充分展示了他的军事才能。慎选人才，表彰清官，修治河道，笼络汉族知识分子等行为，又反映了康熙是一个出色的政治家和睿智的君主。

在康熙统治期间，平定了长达 8 年的吴三桂等三藩的叛乱，收复了被郑经割据多年的台湾，驱逐了占据我国黑龙江地区的沙俄势力，签订《中俄尼布楚条约》，确定中俄东段边界；同时，又以出征蒙藏，平定准噶尔部蒙古贵族分裂势力的动乱，建立会盟制度和避暑山庄外藩朝觐制等，加强了多民族国家的稳定和统一。

在经济和文化建设上，康熙也创下对后世产生积极影响的重大业绩，开创了中国封建社会最后一个盛世——康乾盛世。康熙对后世产生积极影响的重大业绩，如治理黄淮河流，奖励垦荒，蠲免赋税，实行"滋生人丁，永不加赋"等鼓励经济发展的政策；编纂《明史》、《全唐诗》等，促进了文化事业的发展；在所有的文化活动中，最有特色的是他本人对西方科技的学习，他是中国古代唯一懂得天文、数学、地理等自然科学的皇帝。

晚年因选择继承人失误，两度废立皇太子，造成长达 20 余年的诸皇子为夺储位的结党争斗，致使吏治懈怠，朝中党派林立，官场腐败之风颇盛，直接影响到社会的安定。

　　总体来看，康熙皇帝在文治武功方面都创造了辉煌的成绩，为康乾盛世的到来奠定了坚实的基础。

康熙皇帝正传

第一章 英雄出少年

病榻上的几天,顺治帝考虑了一生中最多的问题。尽管他已厌弃无聊的后宫、繁杂的政务,但他不敢拿祖宗浴血奋斗打下的江山开玩笑。执政 17 年来,无论是叔王多尔衮摄政,还是自己亲政,凡有闲暇,他便读书写字,已养成很高水平的文化素养。他在史书中得知,在绵延几千年的各代王朝史上,为争夺皇位的惨杀和流血,既不讲什么君臣大义,也不顾什么骨肉亲情。宫廷和皇位上下早已浸透了斑斑血迹。从自己的父亲皇太极即位和自己被推上宝座也都莫不如此。现在他惟一能做的,就是利用自己的权力慎重地、妥善地做好最后一次安排。至于自己死后如何,他当然不愿往坏处去想。

初六的半夜,顺治帝感到自己行将就木,急忙将学士麻勒吉、王熙召至养心殿,对他们说:"朕患痘,势将不起,尔可详听朕言,速撰诏书。即就榻前书写。"王熙泪如雨下,话都说不成句。顺治帝又说:"朕平日待尔如何优渥,训尔如何详切,今事已至此,皆有定数。群臣遇合,缘尽则离,尔不必如此悲痛。此何时,尚可迁延从事,致误大事?"王熙垂泪从命,在床前匆匆写下遗诏的第一段。此时顺治帝已疲惫不堪,由于看去于心不忍,王熙便请求顺治帝照以前所谈,等把诏书全部拟就再行进呈。顺治帝只得点头同意。二人赶紧到乾清门西前房内起草了皇帝的遗诏。随后三次进呈，三次改动，直到第二天红日西坠才算最后定稿。几个小时后，顺治帝去世。

正是在这个长达千余字的遗诏中，皇三子第一次有了一个汉文名字：玄烨，并被指定为皇位继承人。

玄烨登基后，毕竟年纪太小，因此有人主张让皇太后亲政，但遭到她的断然拒绝。

宫廷内一日之间发生了巨变。满眼的玄素更使严冬的寒冷浸入骨髓。各怀心腹事的王公亲贵和有关朝臣已数日未曾合眼，早已把元旦大节的心情丢到九霄云外。民间因有不许点灯泼水的禁令，也感到这个节日异同寻常，不敢欢歌饮宴。入夜的北京城笼罩在一片黑暗之中。即使白天，因城门尽行关闭，无数执行戒严的兵卒往来巡视，街道上几无行人，空旷寂静。全城在宁静中暗暗透出令人惶骇的肃杀之气。

初八日，假期已过，各衙门开印。文武百官身着朝服陆续来到宫门。然而当大学士和礼部等官员被放进去后，宫门立即被轰然关闭。在一片惊愕之余，百官面面相觑，只好各自走开。直到当日傍晚，才有通知令百官各带朝服入宫，然后到户部领取服丧所用布匹。在太和殿外，各官交头接耳，才知道发生了什么事。更鼓响过二声，"宣遗诏，凄风飒飒，云阴密布，气极幽惨，不自知其呜咽失声矣。"接着只听又有大臣高声告之不许百官回家，等候新皇帝登极典礼。午门外风寒刺骨，黑暗中群臣瑟缩一团。

太阳终于升起来了。顺治十八年正月初九日（1661年2月7日），风和日丽，玄烨的登极典礼马上就要举行。这是历史上又一令人悲喜交加的日子。

在派遣的一系列官员进行完祭告天地、太庙、社稷的仪式结束后，小玄烨身着白色丧服来到顺治帝灵前行礼，谨承受命，然后改换礼服，分别向祖母太皇太后和两宫皇太后（顺治帝皇后，生母佟氏时已尊为皇太后）行礼。接着升中和殿受执事官朝拜，再升太和殿宝座。大殿两侧丹陛，太和门内东西两侧，陈列中和韶乐、丹陛大乐，因在丧期，只鸣钟鼓而不奏乐。各种仪仗旗帜鲜艳整齐。执事官宣读即位诏书，以明年为康熙元年，大赦天下。尊祖母为太皇太后，生母为皇太后。定顺治帝谥号为章皇帝，庙号世祖。文武百官脱下丧服又换上朝服，随即向新皇帝三呼万岁，行三跪九叩礼。全部礼仪举行结束。全体官员又全部改换丧服，在天安门外金水桥下听颁哀诏。至此折腾一天一夜，忍饥受冻的全体官员才算演完了这出悲喜剧。小玄烨也正式成为统治中国长达 61 年的康熙皇帝。

这次在孝庄太后主持下以遗诏形式指定帝位继承人，是对原有帝位继承制度的大胆改革。在此之前，新君之立，皆由八旗亲王、郡王、贝勒等商议而定。皇帝临终能指定帝位继承人，是诸王势力削弱、皇权进一步加强的结果。

玄烨的成长，离不开祖母孝庄皇太后的特殊钟爱和关照。自从是孙降生，祖母便亲自为之选择乳母和保姆，以保证孙儿健康成长。皇孙逐渐懂事，这位具有政治头脑、贤良而卓识的祖母，为孙儿设计的教育方案，不言而喻，是以培养皇帝接班人为目标的。

就在小玄烨出生前后的连续 3 年，京城正流行着一种令满族人心惊胆战的传染病——天花，吓得王公亲贵人人自危，皇宫中也是人心惶惶。正是因为这一点，出生不久的小玄烨也算是被关照，很快便被送出紫禁城避痘。

当小玄烨被抱出宫后，主要有两个保姆照顾他。一个是正白旗汉军包衣曹玺的妻子孙氏；另一个是瓜尔佳氏。每日里精心照料，寒暖在心。花开花落，春去春又来，小玄烨一天天地长大了。然而这个未经出痘、躲藏在宫外的小皇子并未能躲过"痘神娘娘"的垂顾。可能就在他两到三岁时，他还是染上了天花。令人惊异的是，他竟奇迹般地战胜了死神的纠缠。当稚嫩的小脸上星星点点的痘疹溃破、结疤脱落之后，只给他留下终身不能消除的一个个浅花麻点。后来历史证明，正是这一次大难不死，使他具备了对天花终身免疫的能力，也才使他获得登上皇位的机缘。

在"潜邸"狭小的庭院内，小玄烨最初能接触到的人，除了保姆外，就是一些宫女和太监；看到的除了院中的几株老枯树便是四壁紫红色的宫墙。他不清楚外面世界的模样。他稍稍懂事之后，也许才知道正是因为皇子的高贵身份，才使周围的人对自己关怀倍至、耐心恭敬。但他并不能随心所欲地玩耍。因为在 5 岁以后，他每天都有课程，要规规矩矩地识字。不仅要跟一个叫苏嘛喇姑的宫女学习弯弯曲曲的满文，还要跟张太监和林太监学习方方正正的汉文。从他们的讲述中，他才知道自己是"满洲人"，此外还有"汉人"、"蒙古人"。知道自己住的地方和父皇发号施令的紫禁城曾经是明朝的首都，而自己的祖先创立的大清朝，凭借英勇的骑射从很远的东北到此，打败汉人，将它据为己有。每一天仍有许多消息从南方传到父皇那里，在大清朝遥远的南方，仍在进行着激烈的战争来争夺江山。

从有限的文献资料中证实，这个新生儿并没有什么特别的理由值得人们对他另眼相看。他是一个皇子，但只是顺治帝与那位他并不怎么爱恋的佟妃一夜温馨的副产品。正因如此，在他降生后，顺治帝仍然忙于那些令他心烦的政务。三月十八日对于顺治帝来说很快便失去了它的特殊意义，他并没有给佟氏母子以更多的关照和垂顾，以致于在这个皇儿降生后相当长的时间内都没有名字。直到这个孩子 8 岁时，由于顺治帝已自知难以挣脱死神之手，决定由这个皇儿来治理大清朝的江山，才由宫廷内的一番商量，匆忙地给他起了个名字：爱新觉罗·玄烨。从那时起，他的命运才发生变化，他的存在才从很少被人注意到被全中国人所关注；他的生命才像他的名字所寓意的那样逐渐散射出熠熠光辉。康熙年纪虽小，但五官端正，双目有神，口齿清晰，举止端庄，祖母认为孺子可教，特令自己的侍女苏麻喇姑协助照看这位孙儿。苏麻喇姑非一般侍女可比。满语苏麻喇（Sumala），意思是半大的口袋，表示她是一位聪明好学有知识的姑娘。史载：苏麻喇姑"性巧黠，国初衣冠饰样，皆其手制"，康熙幼年"赖其训迪，手教国书"。

祖母也经常亲自教导孙儿。据康熙后来回忆说："朕自幼龄学步能言时，即奉圣母慈训，凡饮食、动履、言语、皆有矩度。虽平居独处，亦教以罔敢越轶；少不然即加督过，赖是以克有成"。皇太后按照帝王的标准严格训练孙儿。如"俨然端座"一项，是皇帝举止修养最基本的功夫。为了养成这种习惯，皇太后时刻告诫他："凡人行为坐卧，不可回顾斜视"，"此等处不但关于德容，亦且有犯忌讳"。所以玄烨自幼年登基，直至日后与诸臣议事，与讲官论证经史，与亲属闲话家常，"率皆俨然端坐"。用他自己的话说，"此乃朕躬自幼习成，素日涵养之所致"。

由于皇太后"望孙成龙"心切，将一大堆力不能及的学习负担压在玄烨那稚嫩的肩上，以致玄烨一度体弱多病，必须针灸治疗。后来他最怕针灸，形成条件反射，每闻艾味即感头痛。不过，这种认真、严格的教育是很有成效的。康熙"自幼好读书"，"自幼嗜书法"，"自幼留心典籍"，"自幼喜观稼穑"，"自幼不喜饮酒"，"自幼未曾登墙"，以及"自幼习射"而不看无聊书籍等。这些优良的习惯的养成，均非一日之功。法国传教士白晋给康熙以很高的评价，认为他天赋极高、才能过人和有诸多美德。其中特别指出："他的嗜好和兴趣高雅不俗，都很适合帝王的身份"。这些嗜好和兴趣，都是自幼养成的。康熙成年之后，深有体会地说："教子必自幼严饬之始善"。

　　严格的训练和教育，使康熙在道德修养、学识水平上都提升到一个新的台阶。史称康熙读书十行俱下，略不遗忘。他自五龄后，好学不倦，夜里读书，每至夜半。凡是帝王政治，圣贤之言，六经（诗、书、礼、乐、易、春秋）要旨，无不融会贯通，洞彻原委。于是，自幼便养成了好读书，习书法，留心典籍，喜观农情，不喜饮酒，爱好骑射等良风美俗。康熙成年之后，曾深有体会地说：教育子女必须从幼年抓起，要求严格，才能收到预期效果。

第二章 奇智擒鳌拜

一

8岁的小康熙帝离开了温馨熟悉的庭院，被祖母接到了慈宁宫。毫无疑问，此时此刻，在诸多的皇孙中，小康熙帝真正成了祖母最得宠，最疼爱，寄托着无限希望的掌上明珠，祖孙俩的话题已不仅是读书写字，行走坐卧如何努力、如何有规矩的旧话；何为人君，如何行政用人、治国平天下已成了祖母时刻叮咛、训诫的主要内容。

从登基大典举行之后，每次临朝，小康熙帝都坐在高高的御座上，在不绝于耳的"万岁"声中俯视着群臣叩拜如仪。但他还不能理解朝臣讨论的军国大政。他更多地是在礼仪官的引导下，主持礼仪性的活动。一般政务仍是由四辅臣处理，重大政务由四辅臣奏报请示太皇太后裁决。他还仍只能当一个傀儡皇帝。

顺治帝在临终指定皇太子的同时，还亲自从直属皇帝的上三旗中选任了四名亲信大臣，令其辅助幼帝，佐理政务。遗诏宣称：特命内大臣索尼（正黄）、苏克萨哈（正白）、遏必隆（镶黄）、鳌拜（镶黄）为辅臣，"伊等皆勋旧重臣，朕以腹心寄托，其勉矢忠荩，保翊冲主，佐理政务，布告中外，咸使闻知。"据学者考证，"此遗诏颇由世祖太后主持，以辅政大臣同意发布"。它标志康熙初年四大臣辅政体制的形成。自此至康熙八年（1696年）五月，捉拿鳌拜，废除辅臣，凡八年零五个月，史称"辅政时期"。

四大臣中的三名两黄旗大臣——索尼、鳌拜、遏必隆，原系太宗旧部，早年即随太宗南征北战，屡立战功，备受信任。太宗逝世，他们拥立福临即帝位。顺治初年，因不附多尔衮，屡遭打击。直到顺治八年顺治帝亲政，才分别召还复职。索尼晋一等伯，擢内大臣，总管内务府。鳌拜晋二等公，任议政大臣、领侍卫内大臣，加少傅，兼太子太傅。苏克萨哈与索尼等有所不同，原系睿亲王多尔衮属下近侍。睿亲王去世，他"与王府护卫詹岱等，举首其殡殓服色违制及谋迁永平诸逆状"。因此，立即得到顺治帝及太后的信任，以功晋二等子，任领侍卫内大臣。可见，早在顺治帝逝世之前，这四位大臣已经深得太后的赏识与信赖。

处在辅政时期的康熙帝，学习是他的主要任务。但这时他已不再读童话故事、启蒙读物之类书籍，而开始接触儒家经典《大学》、《中庸》、《论语》、《孟子》等四子之书，这些都是古代帝王必修之课，"必使字字成诵，从来不肯自欺。"《四书》既已掌握，便读《五经》，从《尚书》开始，"于典谟训诰之中，体会古帝王孜孜求治之意，期见之施行。"本来汉大臣一再建议给小皇帝配备学问高深的老师，进行系统讲授辅导，只因辅政大臣不支持而迟迟未予实行，所以康熙只能向自己身边的太监学习。他后来向皇子们回顾这段经历说："朕八岁登极即知黾勉学问。彼时教我句读者有张、林二内侍，俱系明时多读书人。其教书惟以经书为要，至于诗文，则在所后。"康熙在宫中学习儒家经典，不能不经祖母同意，甚至是在祖母的安排与鼓励之下才得以进行。这说明孝庄此时已在逐步改变对汉文化的排斥态度。

康熙不仅学习《四书》、《五经》，还向身边的侍卫学习骑射，并且与读书同样严谨、认真，还经常与侍卫们一起比试。他后来回忆说："朕自少习射，亦如读书作字之日有课程，久之心手相得辄命中。用率虎贲羽林，以时试肄。念祖宗以来，以武功定暴乱，文德致太平，岂宜一日不事讲习。"他对严格教导射猎技艺的侍卫阿舒默尔根，非常感激，终生铭记。晚年，有一次外出行围，侍卫们见他弓马娴熟、箭不虚发，都极口称赞。这使他回忆起幼年向侍卫阿舒默尔根学习射猎的往事，说："朕于骑射、哨鹿、行猎等事，皆自幼学习。稍有未合式处，侍卫阿舒默尔根，即直奏无隐。朕于诸事请练者，皆阿舒默尔根之功。迄今犹念其诚实忠直，未尝忘也。"由于康熙自幼向这些太监、侍卫等地位低下之人学本事，所以他从来不轻视这些"粗鄙之夫"，而养成虚心好学的好习惯。他曾以此告诫子孙："人心虚则所学进，盈则所学退。朕生性好问，虽极粗鄙之夫，彼亦有中理之言，朕于此等决不遗弃，必搜其源而切记之，并不以为自知自能而弃人之善也。"

康熙还要经常聆听祖母教诲，参加辅臣议政，学习执政经验。例如，当他刚即位不久，祖母便做书训诫说：从来都说当皇帝难，百姓众多，生养抚育，均寄望于位居其上的皇帝。所以皇帝必须深切领会"得众则得国"的道理，使四海之内安乐富庶，国家的统治才能永远巩固、你要"宽裕慈仁，温良恭敬"，一言一行，时刻谨慎，勤于朝政，以便承担起你祖父和父亲留下的基业，让我放心。康熙不负祖母期望，牢记教诲。有一次，祖母在众官面前问他有何愿望，他便按祖母所教答道："惟愿天下乂安，生民乐业，共享太平之福而已。"官员们听后一致赞颂，认为"盖抚育万方，驯致太平，其基已肇于此。"

二十七天的"国丧"期很快过去了，全国上下、文武诸臣脱下丧服。随着时光的流逝，清政府逐渐在新的体制下稳定下来。

二

这时候，该说四大臣辅政了，毕竟，在形式和内容上，这都是一种全新的模式，它与摄政王相比，具有以下特点：

地位不同：摄政诸王皆近支宗室，皇帝之长辈，本身又是一旗之主，极易侵犯皇权。如多尔衮不仅本身是皇帝叔父，而且掌握正白旗（多尔衮逝世后，收归皇帝亲将，为上三旗之一），加上其亲兄多铎、阿济格所有之镶白旗，实际手握两白旗，足以和皇帝之两黄旗相抗。甚至两黄旗大臣也有仰其鼻息、阿谀奉迎者。至于辅政大臣，虽然亦皆劳苦功高、地位显要（任内大臣及领侍卫内大臣，与议政，并各有公、伯、子等封爵），但毕竟是异姓臣子。他们与太后及皇帝之间除君臣关系之外，还有旗主和旗员之间的严格隶属关系。四大臣也公开承认太后和皇帝是他们的女主和幼主。因此，相对而言，辅政大臣不敢轻视太后和皇帝而擅自专权。据朝鲜使臣反映："四辅政担当国事，裁决庶务，入白太后"。

职权不同："摄"有代理之意，摄政即代君听政，代行皇权，摄政王能一人自主处理国家大事。因此，摄政期间的皇帝谕旨，往往不反映皇帝意图，实际上是摄政王的命令。辅政大臣则根本不同，其职能仅为佐理政务，与幼帝共同听政。而且，为防止个人专断，在四大臣之间确立了协商一致的原则，明文规定："凡欲奏事，共同启奏"。即不许单独谒见皇帝或太后，亦不得个人擅自处理政务，必共同协商，请示皇帝或太后，然后以皇帝或太后谕旨的名义发布。因此，辅政时期的皇帝谕旨，虽然也加进了辅政大臣的意见，但必须是由经太后和皇帝同意的，在很大程度上还是反映了太后和皇帝的意图。

与皇帝的利害关系相违背：下五旗诸王虽系皇帝懿亲，但他们往往更多关心本旗的发展和个人权势的增长，而不大关心朝廷的利益和皇帝的地位。辅政大臣则不同，他们既是皇帝的臣子，又是上三旗的属员，同皇帝的关系，上朝是君臣，下朝同父子，利害荣辱，息息相关，一旦帝位动摇，他们也会一落千丈。所以，他们虽是异姓臣子，但对皇帝却比诸王更加忠实。

看来，摄政王权高位重，幼帝和太后都被排斥；而辅政大臣则可以有效地防止诸王干政，维护皇权，并使太后能实际上参与决策国家大政。可见，四大臣辅政体制较之亲王摄政，更加适合太后辅助幼孙登基之需要。

四大臣辅政的办法，体现太皇太后、年幼皇帝和四大臣的集体统治。凡事由四大臣共同商议，奏请太后决策，年幼的康熙帝与辅臣共同听政，逐步成长到能在某些问题上发表见解，起一定的决策作用。因此，辅政时期所制定的政策措施，大多数值得肯定，尤其辅政初期更是如此。例如，顺治十八年二月，革除内官十三衙门，恢复内务府，以上三旗包衣担任各方要职，仅留少数太监供使令，其余'俱永不用'，有效地防止了宦官干政局面的重演。同年三月底，以外藩事务责任重大，"今作礼部所属，于旧制未合"，决定重设理藩院，扩大其职权，其官员"不必兼礼部衔，仍称理藩院尚书、侍郎"，促进了少数民族地区工作的开展。从顺治十八年起，清廷对台湾郑氏采取以抚为主、以剿为辅的方针，广事招徕，取得成功。另外，康熙三年（1664年），停止圈地，决定对"民间地上，不许再圈"；康熙四年，修改《逃人法》，定例严禁讹诈，减轻对窝主的处罚，以"使逃人可获，好棍不得肆恶，小民不受诈害"。这些政策都使得汉族地主与满洲贵族之间的矛盾有所缓和，康熙亲政后，基本沿袭，并加以发展。

但是，四大臣辅政制度也存在诸多弊端，很明显，四辅臣的所谓辅政，除了仍还保持着对皇室的忠诚外，差不多做事完全是为了维护满洲贵族狭隘的既得利益。他们既然没有沿袭顺治帝在位时力图缓和满汉民族矛盾的一贯政策，当然就只能不顾一切采取强硬手段对待天下一切不满的言论。他们积累的经验都是来自于马背之上，冲锋陷阵，强弓硬弩，使他们认识到：只有武力和暴力才能征服一切。尽管他们已隐隐约约觉察到举国上下有着一股弓箭刀矛难以制服的力量，但是由于最基本文化素养的缺乏，使得他们根本不可能在全国大定的形势下转换传统经验，而寻找到一条更为适宜的治国方略。他们是武夫，历史决定他们只能是一批过渡人物。

康熙帝刚刚即位，便爆发了清初最大的文字狱。南浔（今浙江省湖州市东）人庄廷钺，家道富裕，很有点怀念旧朝的情感。不幸中年双目失明，便想学习左丘明失明后仍作《国语》的精神，写成有明一代的史书。买来朱国桢所写《明书》一部，补充润色，标成已名刊刻发售。其中明崇祯一朝史事，有贬斥满洲的文字。罢职的归安知县吴之荣想借机敲诈，被拒绝后恼羞成怒，一气之下告到京城。自康熙元年便有人被陆续逮捕。追查，到康熙二年正月，四辅臣为震慑反清情绪，下决心兴大狱，命令在湖州、吴江等地进行大搜捕，将所有与是书有关的著书、作序、刊刻、参校、藏书、售书者，甚至该管知府、推官没察觉此事者，一并逮捕下狱，前后达两千多人。五月二十六日（1663年7月1日）判决：70人被处死，其中遭凌迟者18人，其妻子全部流放。庄廷钺早已死去，被开棺焚尸，他的父亲、兄弟等全部斩首。也有一些中下级官吏被杀，被判刑罢官。真是杀得阴云惨淡，日月无光。

这些康熙帝即位即发生的残酷狱案，当然不是康熙帝的责任，可他不会毫无所闻。我们已很难知道这个被一直教以"宽仁"的小皇帝作何感想。

更让康熙帝触目惊心的是四辅臣在他面前展开了一系列权力和利益的互斗。

表面上看，似乎四辅臣在皇帝幼小的情况下，倒很能和衷共济，对上述一系列政令的出台也倒无大的争执。然而，毕竟有一天，他们之间长期积累的矛盾爆发出来，四辅臣死的死，杀的杀，康熙帝难以左右局面，身不由己地被卷入这凶险的权力争夺的旋涡之中。

索尼在四辅臣中年岁最高，随着岁月的流逝，早年叱咤疆场的英锐雄风，已逐渐被宫廷凶险的一次次争夺磨钝销蚀，变得世故圆滑，暮气沉沉。地位次虽居四辅臣之首，遇事却多保持缄默不语和回避态度。位在其次的苏克萨哈自恃为额驸之子，与皇族沾亲，又深受太皇太后信任，尽管没什么政治经验，凡遇事却不肯随顺。他本与鳌拜是儿女亲家，但却对鳌拜的专横心怀不满，"论事多与鳌拜迕，积以成仇。"加上他籍隶正白旗，本已与两黄旗深含旧怨，位居四辅之末的鳌拜岂能甘心，辅政的蜜月一过，二人矛盾便日益突显。鳌拜是四辅臣中最豪横的一位。他自恃"尤功多，意气凌轹，人多惮之。"他既不甘心屈居人下，每有议政，便目中无人，大吵大叫，必使他人屈从己意而后止。位居第三的遏必隆最怕的就是鳌拜，几十年来他所积累的惟一经验就是尽量不与人争。"他没能力也不愿意插足满洲上层贵族的内部角逐之中。他很少对军政要事干预评论，而多是唯唯诺诺地附和或干脆保持沉默，即使有所不满，亦轻易不作流露。……旧日叱咤风云的风采早已荡然无存，内部斗争已将他变得僵化、胆小、圆滑，到后来，他终于蜕变为鳌拜的应声虫。"

鳌拜几乎已成了四辅臣中说一不二的人物。

其实初任辅臣时鳌拜便已开始排斥异己打击政敌的活动，而且手段凶狠，丝毫不留余地。他早先便与内大臣飞扬古结有仇恨，任辅臣后，他认为飞扬古的儿子传卫倭赫和另外两名侍卫西住、析克图，觉罗塞尔弼对辅臣不够恭敬，恨得咬牙切齿。不久就以"擅乘御马及取御用弓矢射鹿"的罪名，把倭赫等人全部斩首。同时，又判飞扬古有怨言，把飞扬古和他的另两个儿子一并斩首。把抄来的飞扬古家产给了自己的弟弟穆里玛。对此种处理，竟没人敢持异议。

鳌拜权势日益扩张，专横益甚，"逆我者亡，顺我者昌"，一些趋炎附势之人，与其结成死党。如他的弟弟穆里玛，侄子塞本特、讷莫和领侍卫内大臣、大学士班布尔善、阿思哈、噶褚哈等，均惟鳌拜之命是从，已经形成一定的势力。

此形势，不仅"人多惮之"，而且很快被太皇太后察觉。为了制约鳌拜，她很想加强四辅臣之间以达到相互制衡，但又苦无良策。在百般无奈的情况下，康熙四年七月（1665年9月），她突然迅速决定为年龄刚刚12岁的康熙帝举行大婚，提出册立索尼的孙女13岁的赫舍里氏为皇后，遏必隆的女儿钮祜禄氏为妃。这无疑是想通过婚姻加强这两个辅臣对皇帝的忠诚，表明对两辅臣的信任和支持。消息传出，鳌拜恼怒不已，认为册后大婚为朝中大事，不与辅臣商议便突然决定是不合适的。他直接上疏坚决反对，吓得遏必隆竟也随声附和。但是太皇太后主意已定，力主此议，两个月后便为康熙帝举行了大婚典礼。

太皇太后之所以选中索尼的孙女，自有其更深层的考虑，一是分化辅政大臣中两黄旗同盟，一是出于遏制鳌拜的需要。

四辅臣中有三个出自两黄旗，三十多年来他们在戎马生涯与政治风浪中风雨同舟，患难与共，早已形成盘根错节的关系网。辅政带给他们的不仅仅是殊荣,还有权力的急剧膨胀。在共同利害的驱使下,他们会自觉或不自觉地结党营私,架空乃至威胁皇权。几年的辅政,愈发使太皇太后感到分而治之迫在眉睫,立后则是一个难得的机会。遏必隆、鳌拜的态度,已经表明他们同索尼的关系正在出现摩擦。

册立赫舍里氏为后就同当年为顺治册立科尔沁部博尔济吉特氏为后一样,完全是出于政治的考虑。太皇太后是把立后同日后康熙帝亲政,结束鳌拜专权融为一体考虑的,不管鳌拜如何恋战,其专权的时代终将结束。

三

四大臣辅政时期,为了满洲上层贵族的共同利益,清朝政府对广大汉族人民毫不犹豫地采取了一系列强硬的统治政策,然而,这只是康熙初年政治的一个方面。另一方面,则是在原来就矛盾重重的满洲上层贵族集团内部,发生了日益尖锐的争执和冲突,并且引发了一场惊骇朝野的换地之争。

康熙五年正月,隶属镶黄旗的鳌拜突然提出:"八旗自有定序,镶黄旗不当处右翼之末,当与正白蓟、遵化、迁安诸州县分地相易",从而这场换地之争的序幕被揭开,又一次挑起了上三旗内部的无情厮杀。

四大臣中,索尼虽已年老,对朝中政事并非胸无主见,对鳌拜的日益专横,他也十分厌恶。但这次鳌拜"立意更换"两旗上地,目的还在于打击白旗势力,排斥苏克萨哈,因而与多尔衮结有旧怨的索尼对鳌拜此举并不反对。事事附和的遏必隆,明知换地并不符合镶黄旗的根本利益,开始并不赞成调换土地房产,想阻止鳌拜的行为,但他一向惧怕鳌拜,不敢与他相抵牾,结果还是同意了鳌拜的主张。

在索尼与遏必隆的支持下，鳌拜立即以八旗名义，上奏户部，呈请更换土地。大学士、户部尚书苏纳海隶属正白旗，根本反对鳌拜的主张，认为土地分拨已久，而且康熙三年曾有民间土地不许再圈之旨，因而以"不便更换"为由将八旗移文驳回。鳌拜明白，这是苏纳海不肯阿附自己，便称旨，要议政大臣会议讨论此事。随后，矫旨派出自己的亲信贝子温齐以各旗地"沙压水淹，不堪耕种"，"镶黄旗地尤不堪"复奏。鳌拜一伙又据此称旨，"永平府周围地亩，未经圈出，应令镶黄旗移住，田亩房屋，应照翼给与，将镶黄旗移于左翼，仍从头换次拨给，至各旗不堪地亩，作何分别，圈占之地，作何补还，镶黄旗地作何料理，著户部酌议"。

这时，户部见已无法阻止鳌拜换地的作法，只得对其要求逐一重议。四月，户部提出了两议，主张全面编排八旗土地，尤其适度分拨镶黄旗地，同时照顾正白旗利益。鳌拜立即称旨，判定拨给镶黄旗大量土地，其余问题，待镶黄旗迁移事竣后再议。鳌拜急于完成这个换地计划，尽管开始以八旗借口提出，至此务求镶黄旗独占利益的目的已暴露无遗。而后即令苏纳海会同直隶、山东、河南总督朱昌祚、巡抚王登联一起，前往镶黄、正白两旗所在地，开始办理这起圈换土地事宜。

换地令一出，朝野上下立即对此议论纷纷。不仅隶属正白旗的各级官员坚决反对，镶黄旗内也有人不同意这次大迁移。二十年来，旗民大多各安其业，房屋、祖坟、村落都已形成规模，一旦更易，一切都要抛舍。再者，即使镶黄旗地，原也有肥腴、硗薄之分，只有将硗薄地易为肥腴，才值得一迁，否则，以硗薄易硗薄，甚至以肥腴易硗薄，都是得不偿失。事实上，黄、白两旗的旗民大都一致反对这次圈换土地之举。

接到圈丈土地的圣旨后，朱昌祚立即前往蓟州，每日率僚属会同户部京官与旗下章京，从城壕边圈起，每一房一地依次圈丈。然而，他在圈地中亲闻目睹了旗民百姓所遭受的痛苦和各旗官丁产生的冤怨，以及这次大规模圈换土地给国家造成的巨大损失和引起的社会动荡。以至于圈丈将近一月，依然"茫无就绪"，不得已，只好推翻鳌拜一伙的设想，于康熙五年十一月打道回府，亟请停止。他在奏疏中说："所在惊惶奔诉，哭诉失业者殆无虚日"，"每日据士民环门哀吁：有称州县熟地昔年圈去无疑，今之夹空地上皆系圈剩荒芜洼下……有称关厢大路镇店房屋所居人民，皆承应垫道、搭桥、摆渡、修塘，以供皇陵运料车辆及一切公差杂役者；有称新经被圈之家，即令搬移别住，无以投奔者……哀号乞免，一字一泪。"并担心地提出："京东郡邑，旗下换地兵丁、州县失业穷民，合而言，不下数十万，田地荒芜，粮草尽绝，资生奚赖，岂无铤而走险者？万一地方有事，此臣之责任所关，又安敢畏忌越分建言，不以上闻首！"疏中恳请"断自宸衷，即谕停止"。

与此同时，王登联也在疏中力言"所在田地，极目荒凉"，"妇子老幼，环泣马前"之状，并指出圈地后所造成的徭役困难。因而"乞饬部臣从长酌议，俾两旗各安旧业，畿东亿万姓俱免播迁"。

苏纳海则以屯地难以丈量，希望皇帝明诏禁止，就这样，苏纳海又一次得罪了鳌拜。

一时之间，议论纷纷的堪地之扰传入后宫，孝庄文皇后听到后十分生气。在康熙皇帝朝见太后时，她非常严厉地批评了辅臣们这样再次圈地扰民，并提出要立即制止这件事。康熙皇帝也很反对这次圈换土地的做法，但他对这群一向目无君王的辅臣无可奈何，无力阻止他们的一意孤行。

苏纳海、朱昌祚、王登联不肯遵旨圈地却擅自返京，并上疏停止圈换的举动，大大惹恼了独断专行的鳌拜。恰逢朱昌祚奏疏于皇太后责备此事后进上，又事先交苏纳海过目，鳌拜得知后十分吃惊，怀疑是苏纳海在暗中指使所致，决意以严惩来报复这次"抗旨"。他立即下令，差人将三人禁守，并将同去勘查圈丈的三位镶黄旗副都统也囚禁起来。

康熙五年十二月十四日，经吏部、兵部议复：大学士管户部尚书事苏纳海以"观望迟误，不尽心于奉旨责成之事，革职交刑部。总督朱昌祚、巡抚王登联，将奉旨已定之事，不钦遵办理，妄行纷更具题，亦革职交刑部。刑部议复，以律无正条，拟对三人鞭百，籍没家产"。

鳌拜以为仅此不能解心中之忿恨，坚持要处死苏、朱、王三人。索尼、遏必隆都表示附和，但苏克萨哈不同意。

十二月，康熙皇帝亲自召四辅政大臣询问此案，他明白，鳌拜因为苏纳海始终不肯阿附自己，朱昌祚、王登联又备陈旗民不愿圈换地亩之原因，而坚决要求停罢，使鳌拜无法达到目的，鳌拜定要登三人于死地而后快。果然，鳌拜亟言三个人罪情重大，必置重典，索尼、遏必隆都随声附和，惟有苏克萨哈默默无言。

康熙皇帝原本并不支持这次圈换地，因此以不按律文为由不允所奏。鳌拜等自康熙皇帝处出来，即称旨："苏纳海若有意见，即应陈奏。既奉差拨地，种种奸巧不愿迁移，迟延貌旨。朱昌祚、王登联身为总督、巡抚，各有专任职掌，拨地事，不照所委料理，妄行具奏，又将奏疏与苏纳海看，且疏内不止言民间困苦。将旗下不愿迁移之处，一并具题。情罪俱属重大。苏纳海、朱昌祚、王登联俱着即处绞。其家产籍没。"

就这样，苏纳海、朱昌祚、王登联成为黄、白旗之间、满洲贵族首领之间争权夺势、相互倾轧的牺牲品。

为了自己一人一旗之私利，即导致朝中三大臣丧命，鳌拜滥施辅臣大权，草菅人命的凶狠和狂妄更加展露无遗。对三大臣的冤情，索尼和遏必隆当然心中有数，但为了打击对手苏克萨哈，遏制正白旗势力的发展，他们只有借助鳌拜的力量以不断巩固他们自己和两黄旗在朝廷中的优势地位。苏纳海三人的被杀，引起京城内外乃至八旗内部的强烈不满，"行刑之日，旗民哀之"，京城百姓也都为三大臣感到冤屈，甚至有人专门作诗著文悼念他们。

康熙初年的两旗换地之争，终于以镶黄旗全面胜利、三大臣抗旨丧命而告结束。鳌拜的势力一下子在满洲上层贵族内部得到了前所未有的扩张。他不仅屡屡矫旨，无视皇帝和太皇太后，而且将议政王大臣会议和吏部、户部、刑部紧紧抓住，成为他谋求权力、打击异己的可靠工具。

然而，事情并没有就此结束，围绕在鳌拜与苏克萨哈二辅政大臣间残酷的角斗不仅没有停止，而且转年达到了高潮。

康熙六年，年轻的皇帝已将年满十四岁。三月，首席辅政大臣索尼上疏，提出：顺治皇帝十四岁开始亲政，现今皇帝的品行、年龄都与当时的顺治皇帝相仿，所以请皇帝亲秉帝权，由辅臣协助皇帝理政。

索尼上疏，一方面是由于少年皇帝已基本长大成人，具备了亲理朝政的能力，更重要的是，他这个谙于宫廷政治的老人已深深感到朝中一场巨大的政治危机即将降临。

作为首席重臣，索尼受到皇帝和太后的信任，康熙四年九月，孝庄文皇后亲自将索尼孙女，内大臣噶布拉之女赫舍里氏册为皇后，为康熙皇帝完成了大婚典礼。鳌拜与苏克萨哈得知消息后，心怀妒忌，认为"若将噶布拉之女立为皇后，必动刀枪，满洲下人之女，岂有立为皇后之理？苏克萨哈甚至以"年庚不对"至太皇太后面前阻拦启奏。辅臣遏必隆更加失望，他的女儿钮祜禄氏本与索尼孙女同时选入宫中，他朝思暮盼，企望女儿有朝一日成为皇后，如今梦想告吹，心中甚是怏怏不乐。阻拦启奏时，他也与苏克萨哈、鳌拜共同前往。结果，他们各自的目的非但没有实现，反而得罪了索尼，从此，原来受过白旗多尔衮无情打击的索尼，对苏克萨哈更加嫌恶。因而当鳌拜多次矫旨，不择手段地挑起换地事端，擅杀三大臣，借以打击苏克萨哈时，索尼心怀宿怨，默许姑息，借着鳌拜之手压制白旗，同时也报复了苏克萨哈。

然而他对鳌拜的日益放肆张狂更加担心：一场流血的换地之争使鳌拜一跃而成为四大辅臣中最具实力的强硬人物；遏必隆对鳌拜只是唯唯相附，从无主见；苏克萨哈原本便与鳌拜事事相忤，如今更是旧隙添新仇，势不两立。加之自己年老力衰，身染重病，担心一旦自己不行，这种表面上的辅臣联合秉政的局面便无法维持下去，因而索尼及时地提出由康熙皇帝亲理朝政。

索尼的担心并非没有道理。换地之争，鳌拜每每称旨、矫旨，借康熙皇帝打击异己，独揽朝政，以致原来稍事平息的黄、白旗之间的矛盾冲突日趋尖锐，变得难以调解。从此四大辅臣根本无法正常地坐在一起，共同理政，这一切都迫使这个青年皇帝下定亲理朝政的决心。

康熙六年七月，康熙皇帝"躬亲大政，御太和殿，文武官员上表行庆贺礼"，辅政大臣仍行佐理。

在此前，索尼已于六月病逝，辅政大臣只剩下三人。鳌拜更没把这个刚刚亲政的皇帝放在眼里，他靠自己的亲信和黄旗的支持，仍紧握辅政大臣的权力，不愿归政。他执意要将康熙皇帝变成听凭自己摆布的傀儡。他要借重皇帝的手，除掉苏克萨哈这个心腹之患，除掉自己独掌政权的最后障碍。

苏克萨哈本为一刚愎自用的草莽武将，平日意气凌轹，朝中大臣对他多有畏惧。四大臣中，他是惟一出身于正白旗者，黄、白旗间的旧日隔阂，经过康熙初年换地之争日益加深，在他和索尼、遏必隆以及鳌拜之间已形成不可逾越的鸿沟，两黄旗的三位大臣对他始终藐视，加之他曾对索尼孙女被册封事公开表示不满，平日与鳌拜更是动辄反目，在满洲上层贵族统治者眼中，他不过是一个得太后宠爱的粗人。

七月十三日，苏克萨哈上奏疏，自言"才庸识浅，蒙先皇帝眷遇，拔援内大臣。……不意恭奉遗诏，臣名列于辅臣之中。臣分不获死，以蒙昧余生，勉竭心力，冀图报称。不幸一二年来身婴重疾，不能始终效力于皇上之前……伏乞睿鉴，令臣往守先皇陵寝，如线余息，得以生全，则臣仰报皇上鞠育之微忱可以稍尽矣。"苏克萨哈的本意是表达他交回辅臣大权，归政于皇帝的心愿，然而，事情的结果恰恰与其愿违，为此苏克萨哈付出了最大的代价。因为他的这一行动不啻将了鳌拜一军，恰在此前，遏必隆也多次表示要归政于皇帝，从而使得鳌拜陷入进退失据的境地。一旦皇帝批准了苏克萨哈的请求，鳌拜与遏必隆便也将面临退出这个政治舞台的结局，多年来他精心编织的专权美梦、他结党营私，打击异己开创下的局面都将付诸东流。他当然不甘心发生这样的事。他决定干脆彻底将这个对手除掉。

苏克萨哈的奏疏是康熙皇帝宣布亲政的第二天呈上的，当时朝纲政务尚未清理，年轻的皇帝尚无法运用自己的权力，苏克萨哈选择这个时机拂袖而去，无疑是一种不明智的做法，不仅令康熙皇帝无法理解，朝野上下也多有责备之声，形势一下子变得十分糟糕。

鳌拜随即称旨发难：你们受先皇帝遗诏，辅政七年，现在我正要用你们出力，苏克萨哈却奏请守陵，以度余生。不知有何逼迫之处，在这里又有何无法生存的问题！

苏克萨哈及其子孙、兄弟立即尽遭拘捕系狱，同时鳌拜又授意亲信阿尔岱善绞尽脑汁，网罗罪名。在遏必隆的马圈里，经过多次密谋，苏克萨哈的二十四大罪状终于拼凑出来。这二十四条罪状中，有些确系苏克萨哈平日所犯之罪，如藐视少年皇帝等，但其中绝大部分显然都是强行编织，夸大其辞，牵强附会，断章取义。议政大臣会议提出，苏克萨哈"怀抱奸诈，存蓄异心，欺藐主上，种种任意诡饰之罪甚大"，应将苏克萨哈革职，凌迟处死。其子内大臣查克旦不行劝阻，革职，亦凌迟处死，其余如一等侍卫穗黑塞黑里、郎中那塞、苏克萨哈之子、侄、亲弟之子等无论已到岁数，未到岁数，皆斩立决。其家产籍没，妻妾一并交内务府，其侄孙并家产一并籍没为奴。另有苏克萨哈之亲信、心腹白尔黑图等三人亦拟革取斩立决。

康熙皇帝明白，鳌拜怨恨苏克萨哈，一向与他争辩是非而积以成仇。这累累"罪状"无非要借机罗列罪名除掉苏克萨哈，因此，康熙皇帝以"校议未定"为由不准议政王大会的奏请。

由于剪除仇人十分心切，鳌拜急不可耐地向康熙皇帝施加压力。他在皇帝宫廷的院子里肆无忌惮地挥臂喊叫，迫使这个政治经验尚不丰富的皇帝同意了他们的请求。苏克萨哈被赐绞刑，他的四子十二孙尽遭杀戮，家中妇女、幼儿发遣为奴。

如果说一个屡建功勋于皇室，深得顺治皇帝、皇太后信赖的朝廷重臣，仅以一纸辞呈便招致了杀身灭族之祸，那么这与康熙初年发生在中原大地上的各起文字狱实在不无相像之处，只是这场发生在满洲上层贵族集团内的冤狱，政治色彩更明显罢了。苏克萨哈之死，再次显现出：一方面，一股与皇权抗争的势力在极力控制刚刚亲政的皇帝，迫使这位青年皇帝下最大的决心将其剪除；同时，随着苏克萨哈之死，满洲贵族内部的分裂日趋表面化并日趋尖锐，权臣擅政的基础已被破坏殆尽，在宫中曾经占主导地位的贵族保守势力被大大削弱，彻底实行封建皇权专制的条件已逐渐成熟。

七年前，由顺治皇帝和孝庄文皇后精心筹划的辅臣政治，终于因它自身潜在的无法调解的矛盾和日益残酷的自戕而走上绝路。随之而来的，是长达五十四年的康熙皇帝亲政的新时代。

四

康熙帝年纪小，志气可不小，亲政后考虑要解决的首要问题，就是铲除鳌拜势力，把治理朝政大权掌握在自己手里。可鳌拜根本不把这个小皇帝放在眼里，因为他擅权的势力早已形成。他的党羽分据军政要职的不下 20 人，其中有兵部尚书噶褚哈、吏部尚书阿思哈、工部尚书济世、内秘书院大学士班布尔善、其弟都统穆里玛，还有一些侍卫、省里的总督等。尤其在上三旗中，鳌拜的势力占了绝对统治地位，他说一不能为二，谁都惧怕他三分。

鳌拜在四大辅臣中位置排在最后，是顺治帝遗诏规定的，他虽心里不服气，但当时也不便说什么。现在索尼死了，苏克萨哈除掉了，原排在第三位的遏必隆，鳌拜根本没把他放在眼里，所以起行班坐，他就自己将位置挪到遏必隆前面，成了首席辅政大臣。从此，鳌拜擅权更加肆无忌惮。各部院向朝廷启奏什么事，内容得先向他通报，不合他意图的奏章，就要将入奏的大臣召到他的官邸训斥，按照他的意见修改。凡没有经过他过目的奏章，他就御前拦截，并严厉呵叱。

朝廷上下对鳌拜的妄行表示了强烈不满，纷纷暗地通过各种渠道向康熙要求"尽速除奸"。康熙自己也有这样的想法，曾几次向祖母孝庄皇太后提出过。太后认为时机不成熟，告诫他要"戒急用忍"。康熙按照祖母的嘱咐，一方面麻痹鳌拜，一方面做组织准备。

七年（1668年）九月的一天，康熙在御门听政时，声称要给对鳌拜"妄行冒奏，以沽虚名"的人严厉处罚；并想起了《战国策》上的名言"将欲取之，必故予之"，加封一等公鳌拜为太师太傅。这下鳌拜就更加趾高气扬了，觉得小皇帝对他无可奈何才为之。

康熙的南书房前面有片开阔地，孝庄皇太后为了让康熙练射箭技术，特令人在那里设了一个箭亭。并在四周设了用虎、豹、熊等兽皮制的"兽形靶"，让他自小就天天在这里练，从而练就了一身高超的射技。康熙眼下为捉拿鳌拜，就在这里偷偷训练了一批亲信侍卫。成员都是经他精心挑选的，二十来个均十多岁的小侍卫，由首席辅政大臣索尼的次子、康熙的叔丈人索额图（比康熙大两岁）为领队，选了几名武功好的侍卫当教练。为掩人耳目，小侍卫们以做布库戏（即摔跤）的方式进行练武。康熙经常到统武场上察看训练情况，和大家一起练，找对手摔个高低。小侍卫们跟皇上摔跤，总得让着点，他就鼓励大家拿出真本事。因他终究练得少，常被小侍卫们摔得仰面朝天。但他摔输了反而高兴，还总是不服输，说下次再来。小侍卫们在康熙的鼓励下，练得更加认真和起劲。

康熙担心训练小侍卫的企图被鳌拜发现，就叫索额图等常以组织斗蛐蛐、逮麻雀等游戏作掩护。因此，鳌拜虽多次碰见过小侍卫们摔啊玩的，都没放在心上。有时鳌拜到康熙书房处有事，小侍卫们故意在书房的走廊上摔跤，一直摔到他的脚跟前，他也不在意。

康熙见小侍卫们个个训练得武功娴熟，动作灵活，勇猛有力，估计凭他们的本领，逮鳌拜不成问题，所以觉得动手的时机到了。康熙向索额图谈了自己的想法，索额图认为还不成熟，因为鳌拜的党羽多，光逮他一个人，恐怕有后患。康熙感到索额图说得有道理，但到底如何剪除鳌拜的党羽，索额图也说不出个好办法来，康熙将自己的想法和索额图的意见告诉了祖母，孝庄皇太后听后非常高兴，孙子和自己想到一起了。她认为索额图的意见是对的，清除鳌拜不是件容易的事。他权势大，要对付他，需要有个万无一失的办法，太后给康熙出了个主意，可以将鳌拜的党羽用各种名义先派出京师后，再逮鳌拜本人。

康熙遵照祖母主意，立即和索额图研究了一个方案，确定将鳌拜的胞弟巴哈、亲侄侍卫苏尔玛、姻党理藩院侍郎绰克托、工部尚书都统济世等，分别派往察哈尔、科尔沁、苏尼特及福建等地。为了不引起鳌拜的怀疑，并没有动他有靖西将军头衔的胞弟穆里玛、儿子纳穆福。

一切安排就绪后，康熙于八年（1669 年）五月十六日，召鳌拜到书房议事。鳌拜奉召，坐着大轿，神气傲慢地直往康熙书房，对守门的侍卫都不看一眼，鳌拜到了书房后，从大轿中大摇大摆地走了出来，见房廊下有不少小侍卫在那玩“布库”游戏，他如往常一样没放在眼里。可当他走近时，小侍卫们只管玩他们的，也不给他让路。鳌拜大声吼道：“你们不想活啦。”就在这个时候，一个年岁稍大、长得结结实实的小侍卫，给鳌拜当胸就是一拳。鳌拜没有准备，一下踉踉跄跄地倒退了好几步。小侍们随即一拥而上。扭胳膊别腿的，把玩“布库”游戏的本领全使了出来。不几下，将武功超群的鳌拜摔得仰面朝天，接着就是一阵拳打脚踢，鳌拜躺在地上疼得直叫唤，动弹不得。这时康熙走出来，下令将鳌拜带进书房，将他“欺君擅权、结党乱政”等 30 条罪状一一公布，并下令将其及党羽一一监禁起来，交议政诸王商议处理意见。

几天后，在康熙亲自审讯鳌拜时，鳌拜请皇上察看他当年在搭救清太宗皇太极时，身上留下的刀伤箭痕。康熙鉴于鳌拜从清太宗以来，一直为国家建功立业，决定从宽处理，将议政诸王合议的死刑，改为终身监禁（不久却死于狱中）。对鳌拜党羽的骨干有 7 人处以死刑，其余的分别按照罪行作撤职、降级等处理，对凡受鳌拜迫害致死、革职的，都一一平反昭雪。

康熙清除了鳌拜及其党羽后，即宣布废除辅政大臣制，收回了"批红"之权。此后，各处奏折所批朱笔谕旨，都出自他亲手，这个做法一直坚持到晚年。后来右手患病不能写字，宁可用左手写，也不叫人代笔。

康熙从鳌拜事件中吸取经验教训，自亲政后，绝不允许任何人怀挟私仇，互相陷害。他宣布"施行政务惩创奸诈佞谀，察其有忠坚才能者才用"。发现"妄行陷人，以图侥幸，自以为贤，希图升迁者，定行从重治罪，决不饶恕"。

第三章　增强中央权

一

清朝早在入关前，清太宗皇太极于天聪十年（1636年）三月，改文馆为内三院（内国史院、内秘书院、内弘文院）时起，内三院便具有中枢辅弼机构的性质。它对六部、两院（理藩院、都察院）虽无权直接领导与管理，但满汉大学士可向皇帝参谋策划，提出具体建议，经皇帝批准之后，再向有关部门传宣诏命，令其贯彻执行。当时威胁皇权的是诸王，而文馆、内三院恰是抵制诸王、加强皇权的得力助手。

顺治帝亲政后，也依靠内三院维护皇权。如：顺治十年（1653年）正月初七日规定：以后各臣面奏之事，必由皇帝览后"批满汉字旨，发内院转发该科"，以防假传圣旨。同年十月二十六日，因恐御批后的本章送内院转发时被窜改，又议定于太和门内择一便室，令大学士、学士等官分班入值，"本章或上亲批，或于上前面批。若有应更改之事，即面奏更改，庶几无弊。"顺治十五年（1658年）七月二十三日，顺治帝斟酌往制，欲使中枢机构，"名义符合，品级划一"，故决定"除去内三院秘书、弘文、国史名色"，改称内阁，大学士都加殿阁衔。同时设立翰林院。在 11 名大学士中，有两名满洲，两名汉军，6 名北人，1 名南人，此南人即中和殿大学士兼吏部尚书、江南吴江人金之俊（1594—1670 年）。由于他从来不提与满人不同之意见，并体弱多病、基本不管事，才得以保留。所以那时内阁是以满洲为主，依靠北人的政治格局。

辅政时期，内阁又改称内三院，因主要职能被辅臣取代，故已不能起辅弼作用；金之俊于康熙元年致仕后，未再补充南人大学士。

康熙废除辅臣体制后，立即收回批红权，调整内院大学士，并着手建立以皇帝为中心的内阁体制。

废除辅臣体制同时，调整内三院中满人大学士。五月革除鳌拜同党班布尔善，增补巴泰为内秘书院大学士，八月又任命擒拿鳌拜功勋卓著的索额图为内国史院大学士。但是，在汉人大学士中，并未急于增添南人，而是继续选任为人正派、顾全大局的北人。例如，八年四月国史院大学士山西曲沃人卫周祚病免，以直隶宝坻人吏部尚书杜立德继任。杜立德虽是北人，但无偏见，顺治二年任户科给事中时，曾与许作梅、李森先等多人交章劾奏弘文院大学士冯铨；顺治八年又上疏要求为劾冯而被罢黜者平反，使赵开心等俱官复原职，重新被起用。

在调整内三院大学士基础上，康熙九年（1670 年）八月十一日，"命改内三院为内阁。其大学士、学士官衔，及设立翰林院衙门等官，俱著察顺治十五年例议奏。"同年十月初十日，以图海、巴泰为中和殿大学士，兼吏部尚书；索额图、李霨为保和殿大学士，兼户部尚书；杜立德为保和殿大学士，兼礼部尚书；对喀纳为文华殿大学士，管刑部尚书事；折库纳、熊赐履为翰林院满、汉掌院学士，俱兼礼部侍郎。同年十二月初五日，重新建立翰林院机构，"设翰林院满、汉侍读学士各三员，侍讲学士各三员，侍读各三员，侍讲各三员，典籍、孔目各一员，侍诏各二员，习满字笔帖式十六员，习汉字笔帖式十六员。"

康熙为选南人入阁参政做准备，比较重视在翰林院中任用南人。如首任翰林院汉掌院学士熊赐履，便是湖北孝感人，字敬修，顺治十五年进士，先后在翰林院、弘文院任职。康熙亲政后，一再上言，针砭鳌拜，直声素著，很受康熙帝器重。康熙九年（1670 年）七月，应召至瀛台试讲，十年（1671 年）二月充经筵讲官，并奉命在首次经筵大典上讲《尚书》"人心惟危，道心惟微"二句，后又充日讲起居注官，每日进讲弘德殿，"上陈道德，下达民隐"。康熙"每虚己以听"。于十四年（1675 年）三月，超授为武英殿大学士。与此同时，在翰林院等衙门任职的江南士大夫迅速增加。仅以最受皇帝信任的日讲起居注官为例，自康熙十年（1671 年）三月初设日讲官（八月兼起居注）起，至二十三年（1684 年）九月康熙帝首次南巡之前，担任过这一职务的汉人共有 42 人，其中：江南（今江苏、安徽）18 人，浙江 10 人，直隶（今河北）5 人，湖广（今湖北、湖南）2 人，河南 2 人，江西、福建、四川、山东、山西各 1 人。所谓江南，从广义讲，除江南省外，还应包括浙江、江西、福建乃至湖广。这 5 省共 32 人，占总数的 76.2%。出现这种情况的原因，据康熙说："向因选择学问优者，放南方之人居多。"

内阁建立后，仍在随时进行着调整。如康熙十年（1671 年）正月，借曾经党附鳌拜的保和殿大学士魏裔介（1616—1686 年）"以老病乞休"之机，"诏许解官回籍"。递补者则为勇于反对鳌拜的山东益都人冯溥。康熙赏识其胆识，从左都御史提为刑部尚书，又于二月升他为文华殿大学士。熊赐履任大学士仅一年余，即因误拟票签，并掩盖错误，遭索额图等几名大学士联合疏劾，于十五年（1676 年）七月被革职，侨居江宁（今南京）。熊确有错误，但也反映出索额图借机排挤南人。康熙乃于翌年七月令与索额图关系密切的满大学士巴泰致仕；提吏、户两部满尚书明珠、觉罗勒德洪为武英殿大学士。明珠支持撤藩，汉学造诣颇深，与南人联系较多。

康熙十九年（1680年）八月，索额图因病被解除大学士职。翌年，图海病故。二十一年，杜立德因病解职，冯博年老致仕。康熙进一步更新内阁。二十年（1681年）补入原兵部尚书、顺天宛平人王熙为保和殿大学士兼礼部尚书；浙江钱塘人、原吏部尚书黄机为文华殿大学士兼吏部尚书；湖北江夏人、原礼部尚书吴正治为武英殿大学士。加上原有的李霨（直隶高阳人）、明珠、勒德洪，共六人。其中，两名满人，四名汉人。四名汉人中，南人北人各半。这一阵容是康熙精心设计的，对推行新的江南政策极为有利。此后直至康熙末年，在五、六名内阁大学士中，经常保持一两个南人名额，确立了满汉联合，南北地主共同参政的内阁体制。

康熙帝还注意从鳌拜事件中吸取经验教训，断不许人怀挟私仇，互相陷害。他于康熙四十五年（1706年）七月，对大学士说："是以三、四十年间，无大臣互讦之事。此一端，朕心颇以为善。"康熙针对鳌拜当权时形成的"交通在内近侍、使令人员，安行干求，或潜为援引，或畏威趋奉"等歪风，郑重宣布："以后如有不遵禁例，仍前干求趋奉者，定行从重治罪，决不饶恕。"这里当然包括禁止交通太皇太后身边近侍，妄图通过太后以干求政务者。当时宫中宦官，不仅数量少，而且管理十分严格。康熙后来曾训谕子孙说："太监原为宫中使令，以备洒扫而已，断不可使其干预外事。朕宫中之太监，总不令在外行走。有告假者，日中出去，晚必进内。即朕御前近侍之太监等，不过左右使令，家常闲谈笑语，从不与言国家之政事也。"

因无大臣互讦及近侍、宦官干政之事发生，所以内阁大学士的职掌能正常发挥。其职掌，具体分析，大致有如下几项：

（一）代阅章奏：臣下奏疏理应皇帝亲阅，但有时因出巡在外，或章奏太多，便委托内阁大学士代为详阅，集中汇奏。如康熙十一年正月，因陪太皇太后去赤城温泉，便谕令内阁，将国家政事，"间一日驰奏一次"。代阅奏章不是一人看过即可，而是大学士与学士等"公同详阅"。有时是皇帝因身体违和，移驻瀛台，于是明令"部院各衙门奏章，俱交内阁转奏"。

（二）票拟批答：凡下达之诏令或御批，由大学士代拟批旨，经皇帝阅后，由六科抄发各部院施行。康熙九年十二月二十五日，康熙帝就如何票拟科造官员条奏之章疏问题，谕大学士等："今后有言关政理，切实可行者，照常票拟，朕亲加裁夺。其或不可行者，若悉下部议，既属无益，徒令章奏繁多，反致应行事务稽迟。尔等可详酌事理，以不准行拟旨，朕仍审择而执其中。"保和殿大学士李霨等，于"三藩"叛乱期间，勤于政事，"凡机密诏旨，每口授霨起草，退直尝至夜分，或留宿阁中。"

（三）赞襄机务：康熙帝要求大学士等积极参预政事，于康熙二十四年（1685 年）三月二十九日谕大学士等："凡为大学士者，以进贤退不肖为职，不可稍存私意。必休休有容，知无不言，言无不尽，方可称为大臣。"平定"三藩"叛乱，收复广东，"所司具正杂赋税之数以闻"，意欲照样征收。保和殿大学士、礼部尚书社立德进言："广东杂税多尚之信所加，为民间大累，非朝廷正额。今变乱甫定，宜与民休息，其除之便。"得到皇帝赞同。

（四）总裁实录、史志：凡纂修实录、史志，由大学士充监修总裁官。例如，康熙二十一年（1682 年）六月，以全部现任满汉大学士勒德洪、明珠、李霨、王熙充任《明史》监修总裁官。大学士还经常充任经筵讲官、会试主考官、殿试读卷官，以及春秋释奠，摄行祭事等。

此外，还有皇帝临时委任之审理重大案件、出征时料理兵部事务，以及在议政处行走等工作。

以上可见，康熙时的内阁，确实起到了中枢机构的作用。

二

康熙朝中央机构颇具特点之举，是于内廷设立南书房。此制源于清初。从太祖努尔哈赤创业时起，以至诸王、贝勒，皆有书房（满文 BitheiBoo），内设秀才若干，助其读书，兼管文墨。太宗皇太极即汗位后，将书房改称文馆，命儒臣入值，成为国家正式机构。清入关后，顺治帝为加强皇权，曾欲重建内廷书房，于十七年（1660 年）六月，命在景运门内建造直房，选翰林院官员分三班值宿，以备"不时召见顾问"，然而并未见设立书房。康熙剪除鳌拜之后，立即遵循皇父遗志，选择翰林入值内廷，设立南书房。

南书房是康熙帝为学习和发扬中原传统文化、密切与汉族士大夫联系而建立的内廷机构，由清一色的汉族士大夫组成，无固定的编制和人数。完全根据皇帝的需要，任意增减。少时仅一两人，多时达十来人。人员流动性也比较大，除少数人入值时间比较长以外，大多数都比较短。康熙十六年（1677 年）冬，平叛战争度过最艰难时刻，已开始出现胜利转机，康熙帝必须为加强文治做准备。于是命大学士从翰林内选择博学善书之人，会议具奏。经反复酝酿，至十一月十八日，钦定侍讲学士、食正四品俸张英（1637—1708 年）及加内阁中书衔、食正六品俸高士奇二人"在内供奉"。并为便于"不时宣召"，令给张英、高士奇及原来即在南书房的励杜讷等三人，于皇城内赐第。张英、高士奇赐居西安门内，励社讷赐第厚载门（即地安门，亦称北安门）。汉官赐第皇城之内自此始。赐第禁城之内是书房翰林的殊荣，也标志南书房发展到一个新阶段。

继张英、高士奇之后，康熙帝于十七年闰三月二十八日，又"召翰林院掌院学士陈廷敬、侍读学士叶方蔼、侍读王士禛入侍内廷"。此后至康熙二十七年之前，陆续入值的还有张玉书、孙在丰、朱彝尊、徐乾学、王鸿绪、陈元龙、戴梓等人。以上康熙二十七年之前入值的15人中，除励杜讷（直隶）、王士禛（山东）、陈廷敬（山西）等三人是北人外，其他全是南人。凡入值者，均授以翰林职衔，称南书房翰林。励社讷与高士奇入值当时未授，后分别授为编修和侍讲。

南书房翰林的主要工作，可归纳为如下五项：

第一，讲解经史，为皇帝读书治学充当咨询和顾问。康熙一生勤奋好学，虽然从康熙十年二、三月开设经筵日讲，仍不能满足要求。日讲按定例冬至、夏至必须停止，各放两个多月寒、暑假。此外，如斋戒沐浴、亲人忌辰、出巡外地、国务繁忙时也不能讲。而且开讲之日，只在辰时讲一小时左右。一般皇帝坚持按时听讲已属难能可贵，而康熙竟不满足，另设南书房，召翰林入值，充分利用业余时间，随时讲读。"逐日未理事前，五更即起诵读。日暮理事稍暇，复讲论琢磨。竟至过劳，痰中带血，亦未少辍。"康熙帝召张英、高士奇入值南书房的第一天，即对他们说："朕于书经、四书，讲读已久，常于宫中复诵，大义皆能晓畅。但圣贤义理无穷，今更欲细加讨论。"可见，康熙不是初学，而是为了进一步深入探讨。所以每次都以亲讲为主。他除了每日跟张英学四书、五经，讲读《通鉴》之外，还向高士奇学习书法和唐诗。每日至少一两次课，有时竟达三、四次之多。凡不适合日讲之际，内廷均可照常讲读，出巡时南书房翰林亦随侍身边。

第二，反映下情，咨询时政。早在熊赐履入值时，康熙帝即频繁召对，所谈内容极为广泛，凡国计民生、用人行政、弭盗治河、诸子百家，无不论及。康熙十八年（1679年）九月初八日，康熙结合课程内容，讲了地方官吏苦衷，因此对其处理，"常恐有冤抑可矜，故每兢兢然慎之。"张英借机提出地方存留太少，致使不得不加派的问题，说："外吏之苦，甚至有自戕其生者。……自用兵以来，存留尽入兵饷，州县之支用无几，如驿递、胥役诸费又决不可缺，官安能自给哉！究竟取之百姓耳。臣愿四海荡平、兵饷稍裕之时，存留钱粮尚直少加酌议，以为恤官恤民之地也。"康熙采纳他的建议，地方存留逐渐有所增加。这样，南书房成了汉族地主，尤其是江南士大夫，向皇帝反映意见和要求的正常渠道。

第三，抄写撰拟特颁谕旨，或口传上谕。康熙于十七年（1678年）五月初十日手敕高士奇："尔在内办事有年，凡密谕及朕所览讲章、诗文等件，纂辑书写甚多，实为可嘉。特赐表里十匹，银百两，以旌尔之劳，特谕。"以高士奇的身份和地位，当然主要是誊抄密谕，但也不排除有时代为起草撰拟。他自己就说过："有时召余至内殿草制，或月上乃归"。至于张英，参与机密事务当更多，《清史稿》载："一时制诰多出其手。"礼亲王代善的后代昭梿在《啸亭杂录》中写道："康熙中谕旨，皆其拟进"。不过，南书房并不撰拟一般诏旨，而只起草"特颁"之诏旨。它与内阁、议政处的关系是："章疏票拟，主之内阁。军国机要，生之议政处。若特颁诏旨，由南书房翰林视草。"

第四，编纂书籍。南书房从康熙十七年（1678年）起，增加编纂图书项目。继张英、高士奇之后，陈廷敬、王士祯、叶方蔼等人入值，都是为了"在内编辑"。康熙二十年平定三逆叛乱之后，南书房工作则转入以修书为主。如江南昆山（今江苏昆山）人徐乾学，于康熙二十四年入值南书房之后，擢内阁学士，充《大清会典》、《一统志》副总裁，并奉敕编纂《古文渊鉴》，教习庶吉上，与学士张英日侍左右，"凡著作之任，皆以属之。"康熙的《御制文集》共 176 卷，分 4 集陆续出版，也基本都是书房翰林帮助整理。高士奇离职后，仍有时赴京参与一些编辑工作。康熙四十二年（1703 年）六月三十日，他在返乡途中病逝，其时手中还有刚校刊完的御制诗 20 卷。南书房的这一职能，由康熙以后历朝所继承。如乾隆四十四年正月，重修《开国实录》即奉旨派员"在南书房恭缮"。道光年间，还曾"命南书房翰林辑《左传》读本"。

第五，陪同皇帝吟诗作画、临摹书法、参观古迹、察访民情。康熙喜好书法、赋诗，经常与书房翰林一起鉴赏品评，互相唱和。康熙与入值诸臣吟诗作画，钓鱼赏花，剖析经义，讨论时政，无异同堂师友，感情极为融洽。他向沈荃学习书法，沈悉心指教，"每侍圣祖书，下笔即指其弊，兼析其由"。康熙不仅不恼，反"深喜其忠益"。直到沈离开南书房几年以后，仍经常将其召入内殿，优利有加，并将临摹字体赐之，以求指正。其后沈荃子宗敏，以编修入值，康熙命作大小行楷，犹忆及前事，"思苍之勤"。

康熙对待入值者，以师友之情，备加信任，不次擢用。张英入值不满三年，即被指名提升为翰林院学士兼礼部侍郎，后晋礼部尚书兼翰林院掌院学士，仍管詹事府事。康熙三十八年，即致仕前两年，又拜文华殿大学士兼礼部尚书、经筵讲官，仍"总督南书房"。康熙称赞他"始终敬慎，有古大臣风"。致仕后，康熙南巡仍一再接见，询问地方吏治。自张英之后，桐城张氏日益显赫，"以科第世其家，四世皆为讲官"，子孙五人先后入值南书房。其子廷玉历事康熙、雍正、乾隆三朝，官至保和殿大学士兼吏部尚书、军机大臣，总理事务讲三等伯，死后配享太庙，为有清一代名臣。励杜讷以诸生受知，入值后赐博学鸿词科，授编修，迁侍讲，转外束后历任光禄寺少卿、宗人府府丞、左副都御史、刑部侍郎等职。"子孙继起，四世皆入翰林"，三世入值南书房。其他入值成为达官显贵者，亦不在少数。后人谈及南书房说："南书房在乾清宫之西南，密迩宸扆。不仅如前代秘书阁、集贤殿人值者止供文翰而已。凡诏旨密勿，时备顾问。非崇班贵戚、上所亲信者不得入，词臣任此为异数。"所谈基本属实，唯"非崇班贵躲不得入"一语似有出入。仅从以上数例即可看出，他们刚入值时地位并不高，甚至很低，是入值后在皇帝扶持下发展起来的汉族新权贵。

康熙设立南书房，加强满汉文化交流，使自己博古通今，成为文化素质、思想修养和政策水平都比较高的统治者。同时，对团结汉族士大夫，缓和满汉民族矛盾也起到了积极作用。

三

清除鳌拜集团之后，为时不久，康熙皇帝就发现，臣下结党营私，另立中心又有抬头之势。为了防止皇权旁落，鳌拜之类再度出现，平定三藩叛乱之后不久，康熙皇帝又进行了打击党争的活动，通过这些活动，康熙时期，皇权进一步加强，清朝统治也进一步得到了巩固。

鳌拜专权时期，康熙皇帝曾深受其苦。亲掌政权之后，诏开经筵日讲，康熙皇帝颇为系统地学习了儒家经典和各种历史著作，认识进一步提高。在他看来，大臣结党乱政直接影响着国家的治乱安危，因而，早在三藩叛乱期间，他即多次向臣下论及朋党之害，并反复告诫臣下不得欺罔君上，另立中心，结党营私。康熙十六年七月，他说：人臣服官，"如或分立门户，私植党羽，始而蠹国害政，终必祸及身家。历观前代，莫不皆然。在结纳植党者，形迹诡密，人亦难于指摘。然背公营私，人必知之。凡论人议事间，必以异同为是非，爱憎为毁誉"，"百尔臣工，理宜痛戒"。但是，事情的发展并不以康熙皇帝的个人意志为转移。就在康熙皇帝反复告诫臣下不得结党营私之际，在他身边，已开始形成以明珠和索额图为首的两支朋党势力。康熙十八年七月，北京发生地震，康熙皇帝下诏求言。这时，左都御史魏象枢即向康熙皇帝揭露明珠、索额图二人"植党市权，排斥忠良"。由于当时平定三藩之役正在进行，兼之以明珠、索额图二人植党乱政，康熙皇帝尚不十分了解，因而，康熙皇帝只是下诏自我修省，并且在修省诏书中略提大臣朋比徇私之事。虽然如此，二人并不悔悟，而是变本加厉，我行我素。这样，康熙皇帝不得不展开惩治朋党的行动。

明珠系满洲正黄旗人，康熙五年授弘文院学士。在吴三桂疏请撤藩时，明珠与户部尚书米思翰、刑部尚书莫洛等少数大臣主撤，因而获得康熙皇帝的信任。康熙十四年调任吏部尚书，两年后，授武英殿大学士，累加太子太师，位高权重。三藩平定后，康熙皇帝告谕廷臣认为以前撤藩，惟明珠等能称旨，因而对他眷顾异常。利用康熙皇帝的信任，明珠大权独揽，因而招权纳贿，结党营私。大学士勒德洪、余国柱，尚书佛伦、葛思泰，侍郎傅腊塔、席珠，以及李之芳、科尔坤、熊一潇之辈，皆为其死党。凡会议会推，佛伦把持，余国柱为之附和。阁中票拟系为明珠暗中操纵，轻重任意。其他阁臣亦皆承其风旨，极力推荐自己的意中人，如亲朋、同乡、门生等，他们互相包庇，徇私舞弊。在地方督抚中，他们也极力培植自己的党羽。山西巡抚穆尔赛，贪酷异常，秽迹显著，康熙皇帝曾向九卿询问其居官情况，大学士勒德洪竟不据实陈奏，企图包庇。康熙皇帝弄明情况后极为生气，将勒德洪降二级，穆尔赛拟绞。打击其羽翼，给明珠敲一次警钟。

索额图系索尼之子，原是康熙皇帝一等侍卫。康熙八年时，参与密谋收捕鳌拜，立下功勋，因而获得康熙皇帝的重用，次年即为保和殿大学士。但他赋性贪黩，并为此广植党羽。朝中士大夫非暗自结托，难以升迁。凡会试榜出，索额图即择其有名者，令谕意拜门下，若不拜其门下，则加以贬抑。与其党羽额库礼、江潢等暗中讨论国事，随意指斥。对于异己则不分青红皂白，任意贬斥。翰林院侍读学士顾八代随莽依图规复广西，屡立战功，康熙十八年京察，掌院学士拉萨哩、叶方蔼以顾八代随征以来，能称厥职，以"政勤才长"注考。但大学士索额图以顾八代不是其党羽，竟随意改注"浮躁"。莽依图对此极端不满，并亲自上书为顾八代辩护请功。

对于明珠、索额图植党营私，康熙皇帝亦有所闻，但并未抓住什么把柄，因为不准风闻言事的禁令未解，大臣多不敢轻举妄奏。但是，随着明珠、索额图结党日益严重，而朝臣又慑于禁令不敢弹劾；康熙皇帝渐渐感觉到有废除禁令的必要。康熙二十六年天久旱不雨，禾苗干枯，康熙皇帝命日讲起居注官德勒格打卦问卜，得"夬卦"。德勒格即于解释卦辞时，尽揭索额图、明珠植党营私之事，从而引起了康熙皇帝的高度警惕。不久，索额图家人又叩阍告变，康熙皇帝立即派人搜查索额图党羽江潢居处，搜得索额图写给江潢的秘密书信很多封，至此，索额图结党情况全都暴露出来。康熙皇帝立即下令，革了索额图的职。在此同时，对于明珠，康熙皇帝亦密切加以注意，不久，康熙皇帝率朝臣谒陵，于成龙随驾。途中，于成龙将明珠、余国柱结党营私、朋比为奸之事全都禀报康熙皇帝。不久，康熙皇帝又将于成龙的话询问高士奇。高士奇曾经是由明珠推荐入内廷供奉，时正为詹事府录事，明珠于高士奇有恩，但高士奇亦详细陈述了明珠结党之事。康熙皇帝听后颇觉奇怪，问道："为什么没有人上疏弹劾呢？"高士奇回答说："人孰不畏死！"所有这些，都使得康熙皇帝深感禁止朝臣风闻言事十分不妥，他终于认识到"广开言路，为图治第一要务"。因于当年十一月二十日，康熙皇帝经过慎重考虑，在乾清门正式向大学士宣布，重新恢复"风闻纠弹之例"。康熙皇帝觉得，凡参劾贪官，"其受贿作弊处，因身未目睹，无所对据，恐言事不实，不行参劾者甚多。今间有弹章，亦止据风闻参劾耳"。而风闻参劾，又有禁止风闻弹劾之令，故束缚了朝臣的手足，难以惩治贪官，惩治朋党，现在废除禁令，"再行此例，贪官似有畏惧"。若有挟仇参劾者，一旦审明，"自有反坐之例"。禁令一废，言路顿开。当年年底，山西道御史陈紫芝闻风而动，上疏参奏上任方一年的湖广巡抚张汧贪污行贿受贿案，矛头所向，直指其后台大学士明珠。与之同时，科道官又提出河务问题，也牵涉到明珠。康熙二十七年二月，又有御史郭琇直接参劾明珠、余国柱结党营私八大罪，从而把揭露明珠结党营私的活动推向了高潮。

康熙皇帝读罢郭琇的奏疏，大怒。他当即告谕吏部说："今在廷诸臣，自大学士以下，惟知互相结引，徇私倾陷，凡遇会议，一二倡率于前，众附和于后，一意诡随，廷议如此，国是何凭！"当即下令革明珠、勒德洪大学士之职，交与领侍卫内大臣酌用；革大学士余国柱职；令大学士李之芳休致回籍。当时内阁共五名大学士，除王熙外，全部撤换。另，满吏部尚书科尔坤以原品解任，满户部尚书佛论及汉工部尚书熊一潇亦解任。之后，康熙皇帝还告诫朝臣："嗣后大小臣工，各直洗涤肺肠，痛改陋习，洁己奉公，勉尽职掌，以副朕宽大矜全，咸与维新之至意。"

开放言路，废除不准风闻言事的禁令，即有大臣弹劾明珠，使得康熙皇帝了解明珠党羽的内幕，并及时地做了处理，从而保证了朝政的清明。通过此次事件，康熙皇帝更觉开放言路的必要性。为了创造更方便的条件，他下令进一步放宽限制，允许科道官随时赴畅春园面奏。所言不限事之大小，"若必大事始言，则言官难分事之大小，以致进言者少，非所以集众思广众益也"。而且言之不当亦不坐罪。对任何人的过失包括皇帝在内，都可以进言弹劾。康熙皇帝要求言官，"凡事关国计民生及吏治藏否，但有确见即应指陈。……虽言有不当，言官亦不坐罪。自皇子、诸王及内外大臣官员，有所为贪虐不法，并交相比附、倾轧党援、理应纠举之事，务必大破情面，据实指参。……即朕躬有失，亦宜进言，朕决不加责"。在康熙皇帝鼓励下，一时之间，言路大开，加强了康熙中期以后的皇权，促进了政治的清平。

言路开放以后，虽然惩治了朋党，打击了党争，但亦有不良的后果产生。臣下有人借机报复，有人以此互相攻讦，以致是非不分。康熙三十年以后，康熙皇帝想法消除其不良影响。一方面广开言路，同时，又不为大臣之奏疏所左右。康熙皇帝能抓住问题的实质，不被奏疏的表面现象所迷惑。即如最初御史郭琇参劾河道总督靳辅，言其"治河多年，迄无成效。皇上爱民，开浚下河，欲拯淮、扬七州县百姓，而靳辅听信幕客陈潢，百计阻挠，宜加惩处"。不久，户部尚书王日藻又参劾靳辅屯田累民之事。康熙皇帝不因有言官参劾而盲目惩处了事，他让靳辅与主张疏浚下河的直隶巡抚于成龙辩论，各抒己见，表示："朕凡事据理持平，岂顾此辈情面乎？况专擅之人，近经黜革，岂更令其专擅乎？"所以，康熙皇帝一方面重视言路，同时又注意分辨调查、核查事情的真伪。为此，他越来越多地指派亲信，暗中调查，进行密奏。因为，各级官吏多为了各自利益，不据实上奏，而言官之论亦多片面，有了亲信密奏，康熙皇帝就可以更为全面地了解事情的全貌，尤其是对互相攻讦的朋党，亲信密奏就可以不带偏见，有利于客观地处理问题。

从秘密奏折中，康熙皇常获得了不少真实情况，因而在康熙五十一年，他下令扩大"秘密奏折的实行范围。大臣、总督、巡抚、提督、总兵官皆许密奏。此外，派往各地的钦差，亦有密奏之权。而督抚也可将钦差大臣在地方上的所作所为密奏皇帝。这样，一方面允许朝臣及科道官员风闻言事，一方面又允许相当一批高级官员密折奏事。因此，康熙皇帝加强了对各级官吏，尤其对高级官吏的控制，康熙皇帝的皇权得到了进一步的巩固。

四

官吏队伍的优与劣，反映社会政治的清与浊，并影响乃至决定社会政治的进与退。官员是王朝推行政令的依靠力量和不可逾越的关键环节，康熙要治理好国家，必须治理好他的各级官吏。

康熙一生，投入颇多的精力整饬吏治、研究吏治。由于他是在实践中，为了解决实际问题研究吏治，故其思想有极鲜明的针对性，既反映当时官员队伍的情况，又体现康熙政治思想的根本点。

康熙把吏治和民生紧密连在一起，认为"民生不遂，由于吏治不清。长吏贤，则百姓自安。"

基于这种认识，康熙将察吏与安民相结合。即察吏的目的是为了安民；民所以能安，是其生活得安，故察吏时以人民生活的好坏作为衡量官吏优劣的标尺。

康熙长期坚持对官吏的考察不曾松懈。从本朝制度上说，考察官吏，原有京察、大计和军政等。京察即考察京

中華藏書　大清十二帝·最新整理珍藏版

官，六年一次；大计为考察外官，三年一次；军政是考察武官，五年一次。届时，由在京衙门三品以上堂官，地方督抚及提督、总兵自陈功过，吏部、都察院开列事实具奏候旨。其下属官员，分别由京堂、督抚、提督填注考语，造册开送吏部、都察院。上述被考察官员，凡清廉自守者荐举卓异，贪酷不谨者予以论劾，然后分别按例升赏、降革。

康熙利用旧制，但并没有墨守陈规，于大计、军政之外，另行"两年举劾"之制，由军政长官举劾属下功过，分别奖惩。因京察间隔时间嫌长，康熙传谕各该衙门堂官，对属下随时甄别、指参，以示劝惩。康熙晚年，对总督、巡抚及中央部院堂官还采取"四季奏闻"的办法进行考察。他于康熙四十六年九月，针对部院事务完成情况及地方钱粮命盗等案是否逾限，科道官员每月并不题参，皇帝无由得知等问题，专门规定："嗣后一应钦件，交与某官审理，及已完未完，该督抚等四季奏闻。如部发案件，其已完未完，亦着本部查明，四季奏闻。"所谓"四季奏闻"，类似明朝万历初年张居正所行"考成法"。只不过不再通过六科，而是责成吏部掌管，将推行政令与考核吏治有机地结合起来。每季之初，吏部查明各省已奏和未奏的情况，向皇帝具奏。此外，主要通过亲察与密奏，考核、奖惩官员。

察吏的重点对象是权力重大、地位显要的高级官吏。其中主要是在京二品以上部院堂官和地方大员总督、巡抚。康熙思想非常明确；端本澄源，源清流洁。康熙十九年（1680 年）五月，谕诸臣："朝廷致治，惟在端本澄源。臣子服官，首宜奉公杜弊。大臣为小臣之表率，京官乃外束之观型，大法则小廉，源清则流洁。此从来不易之理。如大臣果能精白乃心，恪遵法纪，勤修职业，公尔忘私，小臣自有所顾畏，不敢妄行，在外督抚各官，自应慎守功令，洁已爱民。"

吏治不清往往出于对权力的误解和滥用。争权夺利，以权谋私，以势压人等等，均属把权力视为私有财产和个人资本。用手中之权谋私利，与他人交换。所以权力越大，地位越高，越可资利用。小吏谄媚上官，地方大员馈送在京大官，都是用钱财换取上司的权力，为己所用；反过来是大官用权力掠取下级的回报，作为帮助下面办事的代价。康熙非常清楚地看到其中奥妙，而拒收官员馈赠的任何礼物，以及一切溢美奉承之词。为纠正地方大员与在京大臣之间的不正当来往，康熙特规定；今后凡督抚司道各官与在京大臣，彼此谒见、馈送、营求者，将行贿、受贿双方俱革职。

经济上的结伙贪污，行贿、受贿，与政治上的徇私舞弊，是贪官污吏经营的互相联系的两大方面。后者较前者具有更强的隐蔽性，假公济私的机会更多，危害更不可忽视。如：九卿会推官员，本是非常严肃的事，但因各怀私心，不能至公至正，或草率苟且，或立议争胜，极力推荐自己意中人、亲朋、同乡、门生。官员之间，尤其总督、巡抚与部院堂官营求结纳，分树门户，培植汝弼性命，并借机对国家最高司法机构进行清理整顿。

奖廉惩贪是康熙察吏的重点内容。他认为：史治之道，惟清廉最重。在《廉静论》中指出："吏苟廉矣，则奉法以利民，不枉法以侵民；守官以勤民，不败官以残民。民安而吏称其职矣，吏称其职而天下治矣。故吏尤以廉为贵也。""国家澄叙官方，首重廉吏。其治行最著者，尤当优加异数，以示褒扬。"为了倡导、扶持清廉，康熙一向注意在总督、巡抚等地方大吏中发现并培养清正廉洁的典型，大肆表彰，以激劝百官，澄清吏治。

他发现和表彰的第一位清官，是曾任两江总督的于成龙。于为山西永宁（今离石）人，顺治十八年任广西罗城知县，后历任四川合川知州、湖广黄州府同知、武昌府知府、黄州府知府，政绩卓著。至康熙十九年（1680年），迁直隶巡抚，时年已64岁。上任后，是非分明，支持廉洁官吏，劾奏贪黩县令。康熙得知于成龙事迹，亲自召见，表彰说："尔为当今清官第一，殊属难得。"并勉励说："人贵始终一节，尔其勉旃！赏白金、良马、御制诗等，嘉其廉能。于成龙提出请蠲免钱粮、赈济灾荒等要求，无不应允。康熙二十年（1681年）年底，升任江南江西总督。于成龙感激皇帝知遇之恩，到江南后更加勤于政事，诫属吏，革加派，剔积弊，治事每至达旦。"官吏望风改操"。于成龙善于微服私访，"察知民间疾苦，属吏贤不肖。"因而下情详知。又"自奉简陋，日惟以粗粝蔬食自给。"总督如此引导，下属官吏循规蹈矩。"江南俗侈丽，相率易布衣。'士大夫家为减舆从，婚嫁不用鼓乐；豪猾率家远避。数月之后，"政化大行"。

然而，秉公招怨，好官难当。竟有人挟仇谗言加害于成龙，部议令其休致。但康熙特诏留任。康熙二十三年（1684年）四月十八日，于成龙病逝。将军、都统等大僚察看其遗物，唯竹箱中一件丝袍和床头几罐咸菜。康熙闻知，感慨万千，"博采舆评"，称之为"天下廉吏第一"，加赠太子太保，予谥"清端"，荫一子入监，并御书"高行清粹"祠额及楹联赐之。后又为之树碑，并一再作祭文悼念。

奖廉与惩贪、扶正与抑邪相辅相成，相互促进。在社会风气日益败坏的清朝，清官往往遭到贪官的嫉妒、压抑，乃至陷害。只有惩贪，尤其惩治大奸大贪，清官才能成长并施展其才智。噶礼、张伯行互参案，即是突出一例。

噶礼，于康熙四十八年（1709年）七月任两江总督。上任数月即将江苏巡抚于准、布政使宜思恭、按察使焦映汉等一律劾罢，并与新任巡抚张伯行发生矛盾。康熙五十一年（1712年）二月，张伯行疏参噶礼在辛卯（康熙五十年）江南乡试科场舞弊案中，"揽卖举人"，索要贿银50万两，"自履任后，所辖两省文武属官，逢迎趋附者，虽秽迹昭彰，亦可包荒藏垢；守正不阿者，虽廉声素著，难免吹毛索疵。"噶礼反噬，劾伯行七罪，并否认得银50万两事。康熙先后令尚书张鹏翮、总漕赫寿、尚书穆和伦、张廷枢严审，但他们偏袒噶礼，使问题无法澄清。康熙这时通过苏州织造李煦调查、密奏，对案情有所了解，深感此案不仅反映贪官与清官的矛盾，而且涉及满汉关系，必须明确表态，因而坦率地对九卿等说："噶礼办事历练，至其操守朕不能信。若无张伯行，则江南地方。必受其朘削一半矣！"即如陈鹏年（苏州知府）稍有声誉，噶礼人欲害之，曾将其虎丘诗二首，奏称内有悖谬语。"朕阅其诗，并无干碍。"然后要求诸臣"皆能体朕保全清官之意，使为正人者无所疑惧，则人俱欢悦，海宇长享升平之福矣。"尽管皇帝态度如此明朗，九卿等再议时，仍不肯单提处罚噶礼，只说："噶礼、张伯行并任封疆，不思和衷集事，互相讦参，玷大臣职，均应革任。"不得已，康熙亲自处理，于五十一年十月十二日决定："命张伯行仍留原任，噶礼依议革职。"后因噶礼欲毒其母，经审实，令自尽，妻亦从死，养子"干泰发黑龙江，家产入官。"贪官噶礼受到应有的惩处，清官张伯行等人的地位才得以巩固。

在康熙的思想中，惩贪与奖廉是同一事物的两面，同等重要。从国家来说，"致治安民之道，首在惩戒贪蠹，严禁科派"；"治国莫要于惩贪"。从官吏自身说，"做官以清廉为第一"；"贪酷庸劣"断不可为。廉、贪表明心术，为官尽忠效力者自廉；唯知贪贿者"竟不为国家效力"。所以，"欲正百官，则举贤不如退不肖。"因世风日下，贤者特少，如举非其人，或由请托，根本起不到样板作用；"若黜退不肖之员，则众知所戒，各改其行，俱勉为好官矣。"

奖廉与惩贪，是康熙帝感情上的爱与恨在政治上的表现。康熙痛恨贪官污吏，"更过于葛尔丹"。所以要求澄清吏治，如同征剿葛尔丹。一旦发现、核准确是贪官者，不论官位高低，"朕得其实，亦必置之重典。"其他犯人犹可宽恕，贪官之罪决不轻饶。

康熙二十四年（1685 年）九月，九卿会议广东、云南秋审人犯。康熙说："凡别项人犯，尚可宽恕，贪官之罪，断不可宽。此等人藐视法纪、贪污而不悛者，只以缓决故耳。今若法不加严，不肖之徒，何以知警。"于是，决定将秋审人犯中的贪官耿文明等正法。康熙三十四年（1696年）十二月，亲征葛尔丹前夕，欲特颁诏书赦有罪犯，只有三种人不赦，即："贪官污吏、行间犯罪与十恶等死罪。"康熙三十八年（1699 年）三次南巡，于所经省份颁诏宽释罪犯，也不包括"十恶"及"官吏犯赃"罪犯。可见，将大贪污犯视为十恶不赦的罪人。

对于中央监察机构，康熙甚为重视。作为皇帝掌握的机构，根据需要，既要利用其为己效力，又要限制其权力的扩张。

所谓科道官，即六科给事中与各道监察御史，是中央机构的重要组成部分。明以前御史曾属御史台，给事中曾属门下省，所以也简称台省或台谏。二者都是皇帝的耳目和喉舌，品级不高，职权颇重。给事中掌规谏封驳，主要是对上；御史专主纠劾百官，主要是对下。所以，科道官不仅是各派争取对象，同时也是党争各派的急先锋。

限制科道官的主要办法是禁止风闻言事。原有风闻言事之例，世祖时予以禁止，康熙朝继之。所谓风闻言事，即将未经证实的情况或传言上奏给皇帝，作为考察官吏的参考。风闻言事利弊应具体分析，若言官借机诬陷或毫不负责地以虚情上奏，只能颠倒是非，制造混乱，与考察官吏无益，理应禁止，甚至予以处罚也是必要的。但大权势者的问题，一般人很难掌握全貌和内幕。即使所言完全真实，言官为保护揭发者不受报复，也难说"风闻"，以拒绝提供资料来源。况且，科道官的"风闻"，追与不追，信与不信，取决于皇帝。从这个意义上讲，风闻言事，对于察吏，尤其是考察权高势重的大贪大奸之人，是一种可取的措施；对于那些贪官污吏等邪恶势力，也形成一种威慑力量。

由于一时不能清除长期禁止风闻言事造成的影响，尽管禁令已除，言官亦不敢畅所欲言，进言者仍寥寥无几。为广开言路，康熙一再放宽对科道官的限制，创造方便条件。允许科道官随时赴畅春园面奏；所言不限事之大小；言有不当，言官亦不坐罪；并严禁被参之人报复。广东巡抚彭鹏，因受御史疏劾，在遵旨回奏时肆意反讦，进行报复。康熙予以斥责。

康熙三十六年（1697 年）以后，地方督抚擅自加派，引起人民反抗，康熙为及时察吏安民，求言之心更加迫切，于康熙三十九年（1700 年）十月，重申"开风闻言事之例"，对大学士等说：

> 朕欲开风闻言事之例。科道官以风闻题参，即行察该督抚，贤者留之，不贤者去之。如此，则贪暴敛迹，循良竞劝，于民大有裨益。嗣后各省督、抚、将军、提、镇以下，教官、典史、千把总以上，官吏贤否，若有关系民生者，许科道官以风闻入奏。

从此之后，科道官的作用逐渐得到发挥。

康熙察吏安民的吏治思想，中心突出，目的鲜明，体现了以民生为第一要务的宗旨。它的实施，对康熙朝统治的巩固，事业的发展，对国计民生，有着非常重要的作用。由于长期不懈的整饬吏治，明辨是非功罪，严肃奖惩，扶正抑邪，改进了官吏队伍；从中央到地方的庞大统治机构运转基本正常；多数地区人民生活有所提高。因而政治局势得以稳定。康熙也就有力量实现他的抱负，建设强盛的大清帝国。

他的察吏安民，端本澄源、奖廉惩贪等思想，深远意义并不仅仅限于本朝，也是给后世统治者留下的一笔财富。任何圣明君主都可奉为圭臬。

另一方面，由于中国封建制度已步入晚期，地主阶级腐朽没落，代表这个阶级的官吏队伍，从整体上不能不说是腐败的。如：州县与督抚、督抚与京官办公事，必须使费疏通，此弊不除，则私派不止，私派不止，则百姓负担不减。总督、巡抚等地方大吏，也"每因部费繁多，以致不能洁己。"尽管康熙百般禁止，做出严格规定，并不能完全奏效。文官加派火耗，武官侵冒兵饷，这已是当时官场中相当普遍的现象。

放在当时历史环境中评说康熙的吏治思想，当时，康熙的吏治思想所达到的高度，所取得的实效，足以令后人敬佩，值得后世借鉴。

五

清朝特有的政治军事制度——八旗制度，在清朝兴起和入关统一中发挥了重要的作用。康熙皇帝在位期间，有鉴于八旗既是统治全国的依靠力量，同时又在某种程度上影响皇权加强的现实，先后采取各种措施，改革旗务，从而进一步加强了对八旗的控制和管理。

增扩八旗规模是康熙皇帝改革旗务所采取的第一个措施。作为满洲政权兴起过程中创立的一个重要的军事制度，早在入关之前，随着形势的发展，八旗的规模即不断扩大和完善。以民族成分而言，则于满洲八旗之外，另建蒙古八旗、汉军八旗；以兵种而言，则于原来一般八旗军队之外，另行组建八旗护军、前锋、骁骑等营。康熙皇帝亲掌政权之后，鉴于清朝疆域辽阔及不断进步的军事技术，先后进行了扩大八旗兵源、增设八旗兵种、完善八旗驻防等重要活动。

首先是组建"新满洲"，扩大八旗兵源。入关之初，出于军事上统一全国和抵御沙俄东侵的需要，清朝政府即将黑龙江下游一带边疆居民陆续编入旗籍。如，顺治时期，驻防在宁古塔（今黑龙江省宁安县）的梅勒章京沙尔虎达带兵到黑龙江下游抗击沙俄侵略时，就开始对"枯尔凯"（虎尔哈）"使犬地方"（即赫哲人居住地）的居民，按氏族编组牛录（佐领）。后来，沙尔虎达派人到"使犬地方"收取贡赋。康熙皇帝亲掌政权之后，面对沙俄加剧东侵、我国东北边疆警报频传的现实，为了打败侵略者，一方面调集官军防守东北，另一方面通过收编东北各部落和各族人民，组建"新满洲"。康熙十年，康熙皇帝将居于珲春东部烟楚（岩杵）河以东沿海一带的库雅拉人等移来，编为十二佐领；康熙十二年，世居松花江下游诺罗河（今挠力河）、乌苏里江和穆棱河等地的"累世输贡"的赫哲族墨尔折勒氏请求内迁，宁古塔将军巴海遵照康熙皇帝"善布教化"的谕旨，将其内迁至宁古塔附近，编为四十佐领；康熙十六年；在吉林又"将伊撒人等编设佐领二十六员"；康熙五十三年，在三姓（伊兰）将赫哲一千五百三十余丁编为四佐领，在珲春将原在黄岛与海参崴一带捕海獭的库雅拉人编为三佐领。对于编组的"新满洲"，康熙皇帝派遣满洲八旗（"旧满洲"）官兵教以骑射，教以礼义，并由官给籽种口粮等，屯田耕种。

在编组"新满洲"的同时，康熙皇帝还建立起"布特哈（满语打牲之意）八旗"，负责统一管辖分布在从石勒喀河、额尔古纳河到精奇里江口之间黑龙江中上游地区的鄂温克、达斡尔与鄂伦春人（统称索伦部）。康熙初年，清朝政府将鄂温克人2314丁按姓氏编为29佐领。康熙六年，清朝政府又将达斡尔未编佐领的1100百余口编为11佐领。在此基础上，设立了索伦副都统品级官员实行统一管理，建立了"布特哈八旗"。康熙十二年，"布特哈八旗"已有4524丁。康熙二十三年，"索伦副都统品级官员"升格为都统级，正式定名"索伦总管"，同时增设一名达斡尔总管。康熙三十年增设"满洲总管"，并建总管衙门于伊倭齐，统一管理黑龙江中上游两岸居民。

康熙三十年代后，东北兵源出现紧张局势，康熙皇帝又将编旗范围扩大到居住在黑龙江、松花江等地的锡伯族人、达斡尔族人和蒙古各部等。康熙三十一年，蒙古族科尔沁部将所属锡伯、卦尔察、达斡尔丁14458名全部进献。康熙皇帝将其中"可披甲者"（即能披甲作战之人）11800余名皆分入上三旗（镶黄旗、正黄旗、正白旗），每150人编一牛录，共编为80牛录。同年，在贝加尔湖东岸游牧的喀尔喀蒙古巴尔虎部则不愿投降葛尔丹而南下游牧张家口外，王大臣讨论后，即要求将巴尔虎人拨盛京等处"披甲吃粮"，康熙皇帝立即同意，将巴尔虎1273丁按每百名编一佐领，分驻东北各地。

康熙皇帝扩编八旗规模，既促进了边疆地区社会经济的发展，也为八旗补充了新鲜血液，使清朝的军事力量大大增强，从而为平定叛乱、抗击外族侵略、保卫国家的统一和安全奠定了基础。三藩之乱时，东北之兵源源入关；抗击沙俄侵略时，"新满洲"和布特哈八旗成为清朝军队的重要组成部分。

其次是增设八旗兵种，使其作战能力得到提高。这方面突出的例子是火器营和虎枪营的设立。清朝入关后，把八旗分为驻守北京城内的禁卫兵和驻守京外紧要地方的驻防兵。不论是禁卫兵还是驻防兵，起初使用的主要是刀矛弓箭等冷兵器，虽然作战勇敢，但毕竟威力有限。康熙三十年，康熙皇帝下令在满洲八旗禁卫兵和蒙古八旗禁卫兵中设立火器营，鸟枪护军，每人各给鸟枪一，八旗各给子母炮五，专司教演火器。以大臣总理，其下设鸟枪护军参领（16 人）、鸟枪骁骑参领（24 人）、鸟枪护军校（112 人）、鸟枪蓝翎长（每旗满洲 20 人、蒙古 8 人，共 224 人）等官，八旗满洲、蒙古每佐领下鸟枪护军 7 名，炮骁骑 1 名，组成火器营。虎枪营的设立早于火器营。康熙二十三年，黑龙江将军进"精骑射、善杀虎之伊彻（新）满洲"四十人至京，分隶上三旗，遂设虎枪营。虎枪营以公侯领侍卫内大臣一人兼总统，其下，每旗设总领一人、虎枪长一人，在亲军校、亲军前锋校、前锋护军校、护军骁骑校、骁骑领催及闲散人内选出 360 人，作为虎枪人。凡遇蒐狩，则虎枪营总领率所属为前导。

再次是完善八旗驻防，将八旗部队派往各地，一个完整的八旗驻防体系在全国形成。八旗驻防，并非始自康熙皇帝。顺治迁都，命何洛会为盛京总管，设左右翼梅勒章京，统领满、蒙、汉八旗兵驻防盛京，并设各城城守官，是为清入关后驻防之始。不久，清朝政府又在独石口、张家口设防御，遣甲兵驻守。顺治二年，复遣八旗兵驻防顺德、济南、德州、临清、徐州、平阳、潞安、蒲州八城，每城设协领 1 人、章京 8 人，是为直省驻防所自始。但是，顺治年间的八旗驻防，因兵源不足、军事形势未定等原因，尚未形成为体系，而只是一些零星的驻防点。到了康熙年间，随着兵源的不断增加、割据势力的渐次消灭，八旗驻防全国以稳定清朝统治既成为必要，也有了可能。于是，康熙皇帝开始构筑完整的八旗驻防体系：

驻防畿辅，康熙十四年设察哈尔八旗，驻防口外。山海关增设总管1人，防御8人，满、蒙、汉兵700余。寻设张家口总管1，防御7，兵130余；独石口、古北口增设防御各2，喜峰口防御2，冷口、罗文峪防御各1，兵多则68，少则12人。

驻防盛京，康熙元年改盛京昂邦章京为镇守辽东等处将军，梅勒章京2人为副都统，统辖协领、佐领、骁骑校；康熙四年，改辽东将军为奉天将军；康熙十四年，设锦州、义州城守尉各一，佐领、骁骑校各有差；各边门皆置防御一；寻设开原防御3、金州防御1，兵弁各有差；康熙五十五年，设金州驻防水师营，船10号，兵500，水手100。吉林，康熙元年，改宁古塔昂邦章京为将军，梅勒章京为副都统；康熙三年，设水师营总管各1员；康熙七年，增宁古塔协领2；康熙十年，以宁古塔副都统1，佐领、骁骑校各11，兵700，移驻吉林，又增吉林协领八，佐领、防御、骁骑校各12，兵600人，寻复增防御15人；康熙十五年，移宁古塔将军驻吉林，留副都统于宁古塔，增吉林副都统1人；康熙三十一年，设伯都讷协领2人，佐领、骁骑校各30，防御8；康熙五十三年，设三姓、珲春协领一，佐领、骁骑校、防御有差。黑龙江，康熙初年自吉林移水师营驻齐齐哈尔等处，水手1000余；康熙二十二年设黑龙江将军，原水师营总管等并属之，设副都统2，协领4，佐领、绕骑校各24，防御8，满洲兵千，索伦、达呼尔兵500，驻瑷珲城；康熙二十三年设打牲处总管1，副总管2，以索伦、达呼尔壮丁编设佐领、骁骑校，寻于墨尔根城设驻防兵；康熙二十九年移黑龙江将军驻墨尔根，又增协领4，佐领、骁骑校各7，索伦、达呼尔兵400余，以副都统一人统兵驻瑷珲，寻设兵千余驻防齐齐哈尔；康熙三十八年，黑龙江将军又从墨尔根移驻齐齐哈尔；康熙四十九年，设墨尔根副都统一人。

驻防各直省，康熙十三年增西安右翼四旗满、蒙马甲千、弓、铁匠 14，汉军马甲等，江宁马甲千；后又各增兵2000 及弓、铁匠等；增京口步甲千人；康熙十五年，设陕西、宁夏八旗满、蒙领催，马甲、步甲、弓、铁匠；康熙十九年，设福建福州左翼四旗汉军领催、马甲、步甲、铁匠，及满、蒙步甲；康熙二十年设广东广州镶黄、正黄、正白上三旗汉军领催、马甲、炮甲、弓匠；康熙二十二年，设湖广荆州八旗满、蒙领催；马甲、步甲、弓、铁匠，共 2800 余，寻增至 4000 人；同年，增西安将军，增满洲左右翼副都统各 1，汉军左右翼亦如之，八旗满、蒙协领各 8，汉协领、佐领、防御、骁骑校不等，满、蒙、汉兵共 7000，满、蒙步军 700，暨弓、铁匠等；康熙二十三年，续设广州镶白、正红、镶红、正蓝、镶蓝五旗汉军兵，设将军 1 人，副都统 2，协领、参领各 8，防御、骁骑校各 40，八旗鸟枪领催、鸟枪骁骑、领催、骁骑、炮骁骑、弓、铁匠共 3000 有奇，兼置绿旗左右前后四营，将领 8，兵 3400 有余；寻于福州、荆州、宁夏、江宁、京口、杭州并分设鸟枪领催、鸟枪骁骑、领催、骁骑各有差，京口步军内兼设鸟枪、弓箭、长枪、籐牌等兵额；同年，增设杭州驻防八旗满、蒙、汉兵共 3200 人；康熙三十二年设山西右卫八旗满、蒙、汉护军、领催、马甲、铁匠共 5600 有奇，以将军统之，设随甲 48，笔帖式 6；康熙三十六年，裁京口绿旗水师总兵，改设京口副将，分左右二营，设游击以下将领 8 人，兵 1900 人；康熙五十九年，设河南开封满、蒙领催，鸟枪领催，马甲，鸟枪马甲，弓、铁匠；康熙六十年，设四川成都副都统一，协领四，佐领、防御、骁骑校、鸟枪领催、鸟枪骁骑、骁骑暨步军，弓、箭、铁匠。此外，康熙皇帝还通过把东北、北部的少数民族编入旗籍的方法，使其就地驻防，这在前面已有论述。

综上所述，康熙时期的八旗驻防基本上遍布于全国，其对全国各地的军事控制大大加强。

在采取措施增扩八旗规模的同时，有鉴多年以来八旗一直是清朝统治者巩固统治的主要依靠力量，而在入关之后由于种种原因八旗兵丁又日渐贫困的现实，康熙皇帝关心旗人生计，采取各项措施，解决旗人贫困问题。主要有以下几条措施：

第一，增给八旗兵丁粮饷。康熙皇帝亲政初期，就认识到满洲甲兵月饷菲薄，"不足养赡妻子家口"，故而于康熙九年三月令户、兵二部议加月饷。随后经两部议准，甲兵每人月增银一两，年增米二斛。康熙三十年二月，康熙皇帝因口外驻牧的察哈尔八旗兵丁遇事一同效力却未给过钱粮，令"嗣后察哈尔护军校、骁骑校、护军、拨什库，着月给钱粮各二两，甲兵及执事人，并太仆寺收厂人役，着月给银一两，俟其赡足时停支"。当八旗兵丁出征作战时，康熙皇帝又下令增给粮饷。康熙二十九年，为了备兵抗击葛尔丹，奉天将军绰克托预给次年二月俸粮和五个月钱粮。九月，战事结束，户部要求扣回预发之饷，并治绰克托之罪，康熙皇帝没有同意。康熙三十四年八、九月间，康熙皇帝准备征讨葛尔丹，令盛京出兵，"官兵各给粮两月，并给来岁一年俸饷。

第二，为闲散满洲披甲提供职位，增派八旗驻防外地。康熙十二年十二月，康熙皇帝以满洲子弟嬉游奢侈因而贫困负债者多，提出令各佐领酌量归并余丁，停其家人披甲，将"闲散满洲"即无业的八旗子弟令披甲入伍，则满洲人各得食粮，"少资生理"。大臣们经过讨论，提出了具体的办法，即满洲、蒙古都统下每一佐领，除留 130 人以上、140 人以下外，其余丁另合为佐领，以后新买喀尔喀蒙古之人，停其充入满洲数内。针对京内旗人不断增加、生活逐渐困难的情况，康熙皇帝又增派驻防。康熙四十九年四月，康熙皇帝以右卫（今山西右玉）有空闲官房若干，而京城八旗兵丁"无屋可居者有之"，令右卫添设八旗骁骑 2400 名，汉军火器营兵 600 名，"将现在空闲官房拨派居住"。康熙六十一年三月，京师附近郑家庄建成王府一座及兵丁住房，康熙皇帝临时改变主意，令八旗每佐领下派出一名，满洲编为八佐领，汉军编为二佐领，前往驻防，以解决其住房问题。

第三，对八旗贫人实施求济抚恤。康熙十七年四月，康熙皇帝下令丈量内务府及诸王大臣田地，有溢额者，给予八旗兵丁作葬地，满洲、蒙古及包衣每佐领给地十五亩，汉军另户兵少，每佐领给地七亩半。康熙二十三年，康熙皇帝又批准了议政王大臣等的建议：旗丁兵丁无妻室者，官给资婚娶；无房屋者，令八旗官员有房四十间者，拨一间给予居住；无田土者，以户部所存未分拨田土拨给。康熙三十四年五月，康熙皇帝又下令在京城之外，按各旗方位，每旗各造屋二千间，给予无屋兵丁居住，每人二间。每遇灾荒，康熙皇帝还及时对八旗之人加以赈济；对年老及出征伤残人员，康熙皇帝也加以抚恤，千方百计改善其处境。

第四，代清旧债，设立官库。康熙三十年，康熙皇帝下令由国家偿还八旗兵丁债务，并规定设立官库，许官银借贷，着大臣管理。这年二月，康熙皇帝谕户部：

"八旗甲兵，国家根本，当使生计充裕，匮乏无虞。向因剿除三逆（指三藩），久历行间，制办军器，购送马匹，兼之户口日增，费用益广，以致物力渐绌，称贷滋多。朕每念及，深为轸侧。若不大沛恩施，清完夙逋，将愈至困迫，难以资生。今八旗满洲、蒙古护军校、骁骑校及另户护军、拨什库、马甲，并子幼，或无嗣、寡妇、老病、伤残、告退人等，家下马甲，所有积债，尔部动支库银给还。汉军每佐领各给银五千两，令其偿完债负外，余者各该都统收贮，以备公用。……八旗兵丁债负偿完，恐犹有不得已而称贷之事，若向部内借支，事务繁扰。今发帑银，交与八旗，将各旗内部院堂官派出，会同该旗都统、副都统，视其需用之事借给，于每月钱粮，陆续扣除。如此，则兵丁不至窘迫，将来可免称贷之累，永有裨益矣。"

这些措施的实行，使八旗贫困的问题在一定程度上得到了解决，稳定了八旗军心，对封建统治的巩固大有作用。但是，也须指出，作为满族统治者，康熙皇帝视八旗为国家根本，为了保证旗人在国家中的优越地位，没有开放八旗谋生之路，如允许旗人从事其他行业的生产劳动、组织八旗屯田等，而只是采取一些消极的措施加以救恤，可谓治标不治本，不能从根本上解决问题。在封建国家的保护、优容和限制下，八旗旗人依旧是不问生产，生活腐化，八旗子弟更是养尊处优，不学无术，变成为寄生虫，这在一定程度上又促进了八旗制度的腐朽，也反过来加剧了八旗的贫困。

第四章　巡幸全国地

康熙皇帝在位期间，先后进行了为数频繁的巡幸活动。千里冰封的关外，一望无际的漠北，山青水秀的江南，雄浑壮丽的秦中，到处都可见他的足迹。通过这些巡幸活动，康熙皇帝周知民情，兴利除弊，进一步加强了自己的统治，同时，也加强了国内各民族对中央政权的向心力，巩固了统一。对于当时和此后清朝政局的发展都产生了深远的影响。兹将康熙皇帝影响较大的巡幸活动分别作一介绍，以见其巡幸之概貌。

巡幸辽东。在康熙皇帝的各种巡幸活动中，最先进行的是巡幸辽东。辽东，是清朝先世发祥之地，在清朝政权建立和发展过程中起过极为重要的作用。顺治元年，多尔衮率众入关，清朝政治中心南移，原来的都城盛京被降为陪都，但盛京及整个东北地区依然受到清朝统治者的重视。顺治皇帝亲政后，曾想出关谒陵，但因中原战火彼伏此起，这一愿望终未实现。康熙初年，国内局势渐渐平稳。而东北边疆却因沙俄东侵而烽火连年，因而，康熙皇帝亲政以后，先后采取一系列措施，加强东北边防。与此同时，他本人亦于康熙十年、二十一年、三十七年先后三次东巡盛京、吉林，从而不但巩固了边防，同时也进一步加强了清朝政府对东北地区的统治。

康熙皇帝三次东巡的共同主题就是晋谒祖陵。东北清朝祖陵有三处。其中清太祖努尔哈赤父祖陵墓在盛京以东之赫图阿拉，是为永陵。清太祖努尔哈赤之陵墓福陵，清太宗皇太极之陵墓昭陵，皆在盛京。明万历十一年，清太祖努尔哈赤以十三副父祖遗甲起兵，经过三十多年的征战，始将满洲统一，建立自己的政权。而后不久，为了反抗明朝的压迫，又以七大恨祭天伐明，努尔哈赤与其子皇太极历经萨尔浒战争，辽沈、松锦等战役，击败明军主力，对于清朝的兴起和发展作出了重要的贡献。康熙十年，清兵入关已近三十年，国内局势平稳，"寰宇一统"，为了告慰两代创业皇帝在天之灵，康熙皇帝首次出关谒陵。他说："朕缵承隆绪，上托祖宗洪庥，天下底定，仰体皇考未竟之志，躬诣福陵、昭陵，虔修祀事，以告成功。"康熙皇帝拜谒祖陵，亦是实现其父顺治皇帝未竟之志。康熙二十一年，三藩叛乱平定之后，康熙皇帝两次东巡，谒陵之外，还率群臣至松花江畔，遥向长白山行三跪九叩之礼，以拜谒传说中的始祖布库里雍顺。康熙三十七年，葛尔丹叛乱平定后，康熙皇帝三次东巡，告祭祖陵，同时亦往开国功臣扬古利、费英东、额亦都墓奠酒。总之，前后三次东巡，都是选择在国内事务处理获得重大成功之日。通过这些活动，康熙皇帝向列祖列宗和天下臣民表示，自己上不负祖宗期望，下不负臣民拥戴，从而进一步巩固了他的统治。

除竭拜先祖陵寝之外，鉴于当时沙俄东侵，边防出现危机，亲临东北，督察防务，便成为康熙皇帝东巡的另一个重要目的。如首次东巡，拜竭祖陵后，康熙皇帝即"启銮北行"，至叶赫站，召见宁古塔将军巴海，询问宁古塔及瓦尔喀、虎尔哈、飞雅喀、赫哲等各族人民风俗情况，告谕巴海说："朕向闻尔贤能，今侍朕左右，朕益知尔矣。飞牙喀、黑折虽服，然其性暴戾，当善为防之。尤须广布教化，多方训迪，以副朕怀远至意。罗刹（即俄罗斯）贼寇虽云投诚，尤当加意防御，操练士马，整备器械，毋坠狡计。"特意指示当加意防备俄罗斯。康熙二十一年，东巡盛京告祭祖陵后，康熙皇帝又率众巡视了吉林乌喇等地。吉林，旧名船厂，自明初以来即为我国重要的造船基地。清顺治十八年，就在这里设立了水师营。它是水陆交通要地，又是清修造船舰，训练水兵的重要军事基地。康熙皇帝驾临此地，检阅水军，督察战备。宁古塔将军巴海将大小几百战船和精锐官兵全部集中，排列阵式，接受检阅。这时，康熙皇帝望着猎猎红旗之下，江涛滚滚。如熊如罴的士卒在排列整齐方阵的战舰上进行操练，不禁诗兴大发，当即挥毫写就了《松花江放船歌》：

"松花江，江水清，夜来雨过春涛生，
浪花叠锦绣彀明，绿帆画鹢随风轻。
萧韶小奏中流鸣，苍岩翠壁两岸横。
浮云耀日何晶晶，乘流直下蛟龙惊，
连樯接舰屯江城。貔貅健甲皆锐精，
旌旄映水翻朱缨，我来问俗非观兵。
松花江，江水清，浩浩瀚瀚冲波行，
云霞万里开澄泓。"

此次东巡之后，为了加强边境防务，康熙皇帝特地调兵增强边防兵力。康熙二十二年，他又决定派兵永戍黑龙江，于黑龙江流域的瑷珲、额苏里增兵两千余人，士卒筑城防守，扼制了沙俄士兵的南侵。随后即展开雅克萨之战，终于将雅克萨的俄军围歼。1689年，中俄双方签订《尼布楚条约》，于是，中俄边界问题基本得以解决。康熙三十七年，也就是在《中俄尼布楚条约》签订和西北葛尔丹叛乱平息之后，康熙皇帝再次东巡，途中取道塞外，出长城口外适值中秋，他作《口外中秋》一诗，诗云：

"荒塞天低夜有霜，一轮明月照苍凉。
不贪玉宇琼楼看，独在遐陬理外疆。"

　　诗中道出了他此次东巡的目的仍是处理边疆事务。九月，他再次巡幸吉林乌喇地方，接见驻守的官员。以效力勤劳，对俄罗斯作战有功，授黑龙江将军萨布素一等阿达哈哈番，授副都统喀特胡拜他喇布勒哈番，并赐御用蟒袍、缀帽，以表彰他们在抗击俄罗斯侵略的功勋。

　　谒陵、观兵之外，"问俗"是康熙皇帝东巡的第三个目的。入关以后，随着清朝的发展，不少边远地区的满族人民也纷纷内附，对此，清朝中央政府一概予以欢迎并将其编入旗籍，号为"新满洲"。当时，新老满洲是清朝统治东北的主力，也是其统治中原的后备力量。为了表示对他们的关怀之情，康熙皇帝每次东巡，都要对这一带的贵族、官吏、士子、百姓普遍加恩。给盛京将军以下文武官员赐宴，召见老者，抚慰有过战伤的老兵，赦免罪囚，减免赋税。如第二次东巡时，在盛京谒示福陵、昭陵礼毕之后，即谕户、刑二部："山海关以外，及宁古塔等处地方，官吏军民人等，除十恶等真正死罪不赦外，其余已结未结一切死罪，俱着减等发落。军流徙仗等犯，悉准赦免。奉天、锦州二府属，康熙二十一年，地丁正项钱粮，着通行蠲豁，其官役垫补包赔等项应追银两，察果家产尽绝，亦并豁免。"到了吉林，康熙皇帝发现兵丁役重差繁，劳苦至极。回銮之日，即降特旨革除兵丁无益差徭。而后东巡，亦无不以体察民情、关心兵民疾苦为务。康熙皇帝的这些活动，对于团结东北地区的满洲贵族、百姓并进而加强其对全国的统治都起了极其重要的作用。

　　巡幸塞外。在康熙皇帝的各种巡幸活动中，巡幸塞外的次数最多。早在平定三藩叛乱期间，康熙皇帝即开始了他的塞外之行。康熙十六年，康熙皇帝首次北巡。"三藩"之乱平定后，康熙二十年四月，第二次巡视塞北，并且在塞北蒙古地区建立了木兰围场。此后，一直到康熙皇帝逝世，几乎每年康熙皇帝都要到木兰围场。其间只有两次，康熙皇帝因故未去，一是康熙二十一年，康熙皇帝东巡盛京、吉林；一是康熙三十五年，康熙皇帝出征喀尔喀蒙古的克鲁伦河，追歼葛尔丹。其余三十八年，康熙皇帝每年都率八旗出塞，到木兰围场举行秋狝大典，可以说，在康熙皇帝的各种活动中，巡幸塞外占有极其重要的地位。

巡幸江南。在康熙皇帝的各种巡幸活动中，六巡江南也是其极为重要的巡幸活动。江南地区人烟稠密，物产丰富，为清朝财赋重地，而且文化发达，仕官于朝者甚多。因而，从清朝初年起，江南地区就受到清朝统治者的重视。康熙初年，黄河又多次泛滥，直接影响南北漕运，因而，康熙皇帝亲政以后，曾把河务、漕运与"三藩"三大事列为头等大事，写成条幅，挂在宫中柱子上。这样，康熙皇帝三件大事就有两件与江南有关。为此，他一方面重用靳辅为总河，治理黄河和淮河；另一方面，又于平定三藩之乱后，从康熙十三年到四十六年先后六次南巡。通过六次南巡，康熙皇帝督修黄河，疏通漕运之外，还谒拜孔庙，祭扫明孝陵，笼络江南士大夫，蠲免积欠，对广大士庶普遍加恩，从而进一步巩固了自己对江南地区的统治。

在此同时，为了减轻人民负担，每次出巡，皆蠲免受灾地之钱粮正赋。康熙二十八年康熙皇帝二次南巡途经山东，万人空巷，夹道欢迎，康熙皇帝问及连岁收成，得知百姓安业，为此，他特下令免除次年山东地丁正赋。行至江南，又免江南省历年积欠，包括地丁钱粮、屯粮、芦银、米麦豆杂税等，共二百二十余万两，受到江南百姓极大的欢迎。为此，康熙皇帝特又赋诗志之：

"国家财赋东南重，已志蠲租志念殷。

雨泽何妨频见渥，普天愿早乐耕耘。"

抵达杭州，又告谕地方官，民间有"建立碑亭，称颂德意"者，因其致损民力，因着停止。并且告谕各处榷关应恤商惠民，力除积弊。第三次南巡之际，见淮安、扬州、高邮、盐城、宿迁等地频遭水灾，考虑百姓生计困难，米价高昂，康熙皇帝遂命截留漕粮十万石，分发受灾的淮扬等十二州县平粜。再截留十万石于扬州、淮安存贮。并且写诗志之。其中有言："淮扬皆巨郡……土狭滨众潮，禾麦苟不登，老幼日待哺。恩意宜混沛，拯救留天储。实惠布州邑，远迩均有无。"同时，免除江南、浙江各省州县于康熙三十四、五、六年度民间拖欠钱粮。免淮安、扬州府九州县二卫于康熙三十七年未完成地丁漕项等银十九万两，米麦十一万石。第四次南巡，又免除山东受灾歉收二十五州县于康熙四十一年未完钱粮。这样，康熙皇帝通过减免赋税，以施恩于江南百姓，从而获取他们的拥护。

督河、察民之外，康熙南巡的另一目的就是周知吏治。康熙皇帝重视吏治，总是利用一切机会考察吏治。康熙四十二年，康熙皇帝第四次南巡时，途经济南，出观趵突泉，书匾额"源清流洁"四字，正表明了他的吏治思想。他巡幸江南之时，更是将考察吏治看作是一项重大的事情。首次南巡，离江宁返京之际，江南大小文武官员及缙绅士民数十万人于两岸跪送，康熙皇帝告谕总督王新命、巡抚汤斌等说："尔等大小有司，当洁己爱民，奉公守法，激浊扬清，体恤民隐，务令敦本务实，家给人足。"并且写了《示江南大小诸吏》一诗。其中有言：

> "风俗贵淳庞，纷奢讵能久？
> 澄清属大吏，表率群僚首。
> 郡县布慈和，恺悌歌父母。"

祭扫明陵，亦是康熙皇帝南巡的一项内容。清兵入关之初，江南人民曾进行了激烈的反抗斗争，为此，清朝政府对江南人民的反抗进行了残酷的镇压，致使满汉民族矛盾十分尖锐。为了缓和民族矛盾，巩固其统治，康熙皇帝利用六次南巡之机，多次蠲免赋税，增加入学名额以向广大江南人民普施恩惠。同时，他还多次祭扫明孝陵，以表示对前朝开国皇帝朱元璋的尊重，从而安抚江南广大汉族人民的民心。如其首次南巡，康熙皇帝拜谒明孝陵，并亲作祝文，遣学士席尔达祭奠。并对朱元璋大加推崇，他说："夫明太祖以布衣起淮泗之间，经营大业，应天顺人，奄有区夏。"同时，亦表示了要吸取明亡的教训，"兢兢业业，取前代废兴之迹，日加儆惕焉"。且作《过金陵论》，并写怀古诗一首，其中有"治理艰勤重殷鉴，斜阳衰草系情多"之句，以志其追思。康熙三十八年第三次南巡，祭明孝陵之后，康熙皇帝命巡抚宋荦、江宁织造曹寅修明太祖陵，他亲自为明孝陵题写了"治隆唐宋"的殿额。之后，他还要大臣询访明代后裔，"授以职衔，俾其世守祀事"。诸臣谨遵其命，竭力询访，终不可得。九月份，据实上闻。遂命委该地方佐贰官一员专司祀典，以时致祭。

总之，康熙皇帝通过六次南巡，亲授方略，最终使黄淮水患问题得到解决，确保了漕运的顺利畅通。同时，抚慰百姓，督察百僚，祭扫明陵，消除江南人士与百姓的不满，求得他们的支持，实现了笼络江南地主阶级，以加强其统治的目的。

巡幸京畿。畿甸拱卫京师，地理位置极为重要，因此，从康熙八年康熙皇帝亲政之后不久，即走出京城，巡幸京畿，通过此次巡幸，他发现通州知州欧阳世逢、州同知李正杰，庸劣无才，副将唐文耀不娴武事，俱令革职，并追究直隶督抚不行参奏之责。从此之后，康熙皇帝即将畿甸作为了解全国的窗口，并作出了各种合乎实际的判断和决策。例如，康熙三十七年（1698 年），康熙皇帝巡视天津河堤时，发现山东饥民流移至直隶者很多，遂命将山东泰安等二十七州县本年度钱粮延至次年征收。康熙三十八年，在京畿修治永定河，康熙皇帝常巡视治河工事，并为此多次指示负责治河的王新命、李光地。以后，康熙皇帝南巡时，治河策略的提出，就是来自治理永定河得到的经验。可以这么说，畿甸，是康熙皇帝了解民情的一个窗口，亦是其推广一些政策措施的试点。同时，他常巡幸，无形中亦强化了京师的防卫，加强了其统治的基础。

综上所述，康熙皇帝从禁卫森严的紫禁城中走出去，马不停蹄地从东到西，从南到北，体察民情，周知吏治；督察边防，抗击沙俄；秋狝木兰，联络蒙古；视察河工，施恩江南。对于吏治的清明，边疆的稳固，清朝统治的加强，都起了不可忽视的作用。也为他的后世子孙治理国家提供了丰富的经验。他的孙子乾隆皇帝就是他的这种作风的继承者，先后四巡盛京，六巡江南，并多次北巡塞外。也正是通过康熙、雍正、乾隆祖孙三代的百年努力，清朝统治才发展到了它的全盛时期。

第五章　平定三藩乱

一

康熙亲政后，"以三藩及河务、漕运为三大事，夙夜廑念，曾书而悬之宫中柱上"。其中又将处置"三藩"看成是治国安邦的头等大事。所谓"三藩"，即顺治年间清廷派驻云南、广东和福建三地的平西王吴三桂、平南王尚可喜、靖南王耿继茂（后由其子精忠袭爵）。当时，他们奉命南征，击败南明政权及农民军余部，曾为统一中原做过贡献。此外，他们的权势也随之恶性膨胀，至康熙初年，已发展为新的地方割据势力，成为危害国家统一的症结。

"三藩"拥兵自重，权势日涨。云南每年耗饷最多时达九百余万，平时亦不下数百万。所以说："天下财赋，半耗于三藩"。而且三藩分别专制一方，严重侵犯中央集权。吴三桂以功晋封亲王，总管云南、贵州二省文武军民一切事务。顺治帝谕："凡该省文武官贤否甄别举刻，民间利弊因革兴除，及兵马钱粮一切事务，俱暂著该藩总管，奏请施行。内外各该衙门不得掣肘"。应吴三桂之请，在皇帝授予云贵督抚的敕书中，竟大书"听王节制"四字。不仅如此，吴三桂还委派部下亲信到他省任职，称为

"西选"，"西选之官几满天下"。他"散财结士，人人得其死力。专制滇中十余年，日练士马，利器械。水陆冲要，遍置私人，各省提镇，多其心腹。子为额附，朝政纤悉，旦夕飞报。诡称蒙古侵夺丽江、中甸地，及调兵往，又称寇逼，挟边防以自重"。耿、尚虽然不如三桂蛮横跋扈，然亦"擅署置官吏"，垄断地方大权，各为一方之患。

除此之外，"三藩"各自控制地方财政，欺压百姓。吴三桂"踞由榔（永历帝）所居五华山故宫为藩府，增廓崇丽；籍沐天波（黔国公）庄田为藩王；假浚渠筑城为名，广征关市、榷税、盐井、金矿、铜山之利，厚自封殖"，并"招徕商旅，资以藩本，使广通贸易殖货财"。吴三桂不仅占据沐氏全部庄田，又圈占明代卫所军田，将耕种这些土地的各族农民变为吴三桂的官佃户，恢复明末各种苛重的租税和徭役，又"勒平民为余丁，不从则曰是我'逃人'"。此外还以放牧、狩猎等各种手段为借口，强征人民土地，霸占其产业。史载："昆明三百里内为刍牧之场，其外为奉养之区者又三百余所。其道路之所费，岁时畋猎征求，又不与焉。潴其坟墓，庐其室家，役其妻孥，荐绅士庶及于农工商贾，惴惴焉唯旦夕之莫保"。

尚可喜、耿继茂两王虽不及吴三桂那样嚣张，但所镇地方也无人敢惹。同样也是以各种名堂垄断当地财赋，对民间百姓竭力搜刮、巧取豪夺。甚至利用沿海交通方便的有利条件，不顾清政府的海禁政府，大肆进行走私活动。在康熙初的十余年间，"三藩"雄踞一方，位尊权重，尾大不掉。居功自傲的功臣在战争结束不久，已成了伏踞南方、危害国家安定的势力，逐步走上了与中央集权政府相对立的道路。形势的发展已向年轻的康熙皇帝提出严峻的挑战。

康熙亲政后，三藩的割据问题日益严重。康熙把它与治河、漕运视为并重的"三大事"，用纸条写下来贴在宫中墙柱上，夙夜廑（qín）念。康熙清醒地意识到："吴三桂绝非宋朝功臣可比，乃是唐代藩镇之流。"他密切注视着局势的发展，准备寻找适当的时机解决三藩问题。

康熙初年，清朝开始采取一系列措施，逐步限制三藩势力的膨胀。首先是收缴吴三桂的平西大将军印。1663年，康熙派内大臣对住在京城的吴三桂长子吴应熊说："当初因为永历盘踞缅甸，边疆多事，所以授你父亲大将军印，不过是一时权宜之计。现在天下安定，你父亲仍据之不还，究竟是什么意思？"言下颇有责备之意，吴应熊自然听出了弦外之音，赶紧将此意转告其父。吴三桂迫不得已，具疏上缴大将军印，但内心怏怏不乐，对朝廷的不满增加。

接着，朝廷为节省军费开支，大力裁减兵员。1665年，裁云南绿旗兵5000人。两年后，左都御史王熙又奏请裁饷。他说："国家的钱粮，大半消耗在云、贵、闽、广四省的兵饷上。仅就云贵两省而言，平西藩下官兵每年需俸饷三百多万两，本省赋役不足以供应其十分之一，这种情况势必难以维持长久。我认为，云贵地区既然已经平定，绿旗兵就应当立即裁撤，即使是藩下的多余士卒，也应当遣散屯田。这样，国家的财政负担自然减轻，饷源自然宽裕。"康熙当即令吴三桂与地方督抚酌筹裁汰，节省军费100万两。

吴三桂精心建置的"忠勇营"、"义勇营"是他的王牌军队。1665年1月，康熙调整两营将官的任命，并改换其驻防地点，几经折腾，"忠勇营"、"义勇营"已名存实亡。吴三桂的心腹部将，也一一被调离云南，剪除了吴三挂的羽翼，使其孤掌难鸣。

朝廷的行动，引起了吴三桂的女婿胡国柱和心腹谋臣方光琛的警觉。1667年5月的一个深夜，他们冒着初夏的暴雨，紧急求见吴三桂，说："朝廷已怀疑亲王您了，您应当想个自全之策。"吴三桂乍听这话，猛吃一惊，随即镇静下来，若无其事地"嘿"了一声。他毕竟久经沙场，老谋深算，略一思忖，便胸有成竹，不慌不忙，决定先投石问路，将朝廷的目的试探清楚后再作打算。很快，吴三桂向朝廷上了一道奏疏，声称眼睛有毛病，请求辞去云贵两省事务。

康熙看了这道奏疏，毫不犹豫地批示道："平西亲王吴三桂久镇边疆，总理两省事务，实在劳苦功高。近日览奏，知亲王两目昏瞀（mào，目眩眼花），精力锐减，都是因为操劳过度，积劳成疾所致，朕深表关怀。"同意将所管各项事务，照各省惯例，由当地督抚管理。吴三桂没有料到康熙会出这样一招，他指使党羽云贵总督卞三元、云南提督张国柱、贵州提督李本琛先后上疏，威胁朝廷收回成命。谁知康熙毫不让步，答复说："该藩以精力日减奏请辞职，所以朕特予允准。如今地方太平，若令平西亲王继续总理事务，恐怕操劳太多，有损健康，反为不美。你等不必再说。"就这样，康熙机智地解除了吴三桂总管云贵和"西选"的特权，吴三桂权力所剩无几，仅剩个高贵的亲王名号而已。

在剥夺吴三桂的权力后，康熙为了安抚他，于 1668 年 1 月将其长子和硕额驸吴应熊（1653 年 8 月 19 日奉顺治皇帝钦命娶皇太极十四女和硕公主）晋升为少傅兼太子太保，同时又提拔耿继茂次子耿聚忠、三子耿昭忠及尚可喜三子尚之信为太子少师，表面上示以恩宠，实际上是作为控制三藩的人质，使其不敢轻举妄动。

这种软硬兼施的策略颇为奏效。1671 年吴三桂六十大寿时，吴应熊带着妻儿，千里迢迢赴昆明祝寿。吴三桂沐浴着天伦之乐，非常高兴，对方光琛等人说："你们看见了吗？朝廷并不怀疑我，你们以后说话要慎重些。"

二

吴三桂麻痹了，然而康熙却并没有停止撤藩的行动。正在这时，南明遗臣查如龙来到云南，煽动吴三桂反清复明。他给吴三桂上了一封血书，说："天下督抚及朝中大臣都期待着您效周武王发起孟津之会。您毕竟是汉人，当年山海关之事实属万不得已，现在您兵强马壮，天下的主动权把握在您手中，如果您出兵北伐中原，天下云集响应，恢复大明社稷，真是千载难逢的好时机！"这件事泄露后，查如龙被押解北京处死。康熙也从这件事中吸取了经验教训：只要吴三桂还存在，就是一大隐患，这个隐患不根除，就有可能被反清势力所利用。至此，三藩的撤除已如箭在弦上，不得不发，只待有利时机。

当康熙积极准备解决三藩问题时，平南王尚可喜正为其长子尚之信而忧心忡忡。此时的尚可喜，戎马数十年，已感精力不济，老迈多病，尚之信受命佐理军务。但此人性情暴躁，酗酒嗜杀，每当喝得醉醺醺的时候，就拔出佩刀刺侍者，即使是他宠爱的姬妾；也往往被折磨得遍体鳞伤。尚之信喜欢养狗，特地修建了狗房，设狗监管理其事，经常纵狗兜风，所过之处必须用猪肉喂饲。一天夜里，尚之信听到有喧闹声，便派狗监去察看，发现是疯狗狂乱咬人，狗监怎么也不敢再上前去。尚之信大怒，令左右侍卫割狗监肉喂狗，鲜血淋漓，直到肉尽才止。对于其父尚可喜的宫监堂官，尚之信也随意施虐，肆无忌惮。一天，宫监前往传达王命，尚之信见他大腹便便，行动迟缓，调侃说："你这个肚子怎么这样大？里面肯定有奇宝，待我打开看看。"说完，操起一把匕首直刺宫监腹部，宫监当场气绝死亡。

对于尚之信的暴行，尚可喜的家人、部属和广东百姓都感到难以忍受，而尚可喜本人又无可奈何。为避免遭其毒手，尚可喜于 1673 年 3 月上疏朝廷，请求康熙允许他回辽东养老。

康熙接到尚可喜的奏疏，不由得大喜过望。他意识到撤藩的时机来了，决定顺水推舟，以此为突破口，向三藩开刀。3 月 12 日，康熙给尚可喜下了一道谕旨："平南王尚可喜，底定广东，镇守边疆，今年已七十，欲归辽东耕种，情词恳切，能知大体，朕心深为嘉悦。"5 月 3 日，撤藩的诏书由钦差专程送达广州，尚可喜态度比较恭顺，拜谢之后，即陆续题报起程日期及家口、马匹数目，着手迁移事宜。

尚藩撤离，对吴、耿二藩产生了很大的震动。吴三桂召集幕僚商议，令谋士刘玄初也起草一封辞藩疏，以试探朝廷的态度。刘玄初劝阻说："皇上早就想把您调离云南了，苦于难以启口。您这封奏疏一上去，岂不正中下怀？恐怕早晨上疏晚上调令就下达了。"吴三桂却错误地估计了形势，依然陶醉在自己的功劳簿上，扬言说："康熙这小皇帝必然不敢把我怎么样，上疏只不过是为了消除他的疑虑罢了。"7 月 3 日，吴三挂上疏康熙，自请撤藩。7 月 9 日，耿精忠也如法炮制，上了同样一道奏疏。

短时间内连续接到三藩自请撤除的奏疏，对康熙来说正是求之不得的事。他于是将计就计，分别准许三藩的请求，称赞他们"镇守边疆，劳苦功高，请撤安插，恭谨可喜"，令议政王大臣就迁移之事详细讨论。从此一场大搏斗的序幕正式拉开。

然而出乎康熙的意料，议政王大臣会议对耿精忠的撤迁很快达成共识，而对吴三桂的处理却出现了严重的分歧。只有兵部尚书明珠、刑部尚书莫洛、户部尚书米思翰等极少数人主张将吴三桂及其所属官兵家口全部迁移，在山海关酌情安插。而以大学士图海、索额图为首的一批大臣则认为："自从吴三桂镇守云南以来，地方安宁，总无乱萌。若将他迁移，就不得不另派满洲官兵镇守。兵丁往来，加上吴三桂的迁移，必然使沿途地方苦累不堪。况且云南民族成份复杂，镇守的满洲官兵，数量少了不足以弹压局势，多了又加重当地负担。相比之下，不如仍令吴三桂镇守云南。"双方各执一端，争执不下，无法达成一致，只好上奏康熙，由他亲自裁决。

这天深夜，月明星稀，万籁俱寂，康熙却辗转反侧，难以入眠，索性披衣下床，在乾清宫中信步徘徊。盛夏的紫禁城，酷热难耐，他心里颇感烦闷。白天议政王大臣会议的讨论结果令他很不满意，尽管索额图等人的意见也有些许道理，他不得不加以考虑，但他自幼饱读史书，更深知藩镇割据的危害，唐朝后期的历史教训殷鉴不远。机不可失，时不再来，若不趁他们自请撤藩时下手，以后恐怕再难有此天赐良机。何况吴三桂之子吴应熊，耿精忠之弟耿聚忠、耿昭忠还在京师供职，彼等投鼠忌器，也许还不至于举兵叛乱。

这时，康熙已踱步来到殿外檐下。一串清脆的更声从远处传来，一阵凉风掠过，使他感到分外的惬意，心里也似乎下定了最后的决心，转身快步来到书案前，奋笔疾书，亲自拟了一道圣旨："吴三桂请撤安插，所奏情词恳切。著吴三桂率所属官兵家口，一并搬移前来。"

次日早朝，康熙刚将圣旨一宣布，索额图就第一个站出班行，朗声问道："陛下可曾想到吴三桂会因此造反？"对于这个问题，康熙早已深思熟虑，他直视着索额图，斩钉截铁地说："吴三桂蓄谋已久，若不及早铲除，将来必定养痈遗患。今日之形势，是撤藩他们可能造反，不撤藩也可能造反。与其姑息养奸，不如先发制人。"他已经作好了接受挑战的思想准备。

当时康熙年仅 20 岁，血气方刚，不是那种瞻前顾后、患得患失的人。与鳌拜的斗争，使他经受了一次洗礼，变得干练、沉着、果断、坚毅，积累了一定的政治斗争经验。眼下，他又面临着一场更大规模的较量，对手之强悍，远非鳌拜可比。但他满怀信心，坚定不移，即使为此付出代价，也在所不惜。

<h1 style="text-align:center">三</h1>

1673 年 8 月，康熙派礼部右侍郎折尔肯、翰林院学士傅达礼赴云南，户部尚书梁清标赴广东，吏部右侍郎陈一炳赴福建，会同当地总督、巡抚、提督具体办理撤兵起行事宜。康熙对吴藩特别重视，深知云南之行多有风险，于 8 月 24 日折尔肯、傅达礼启程时，特遣侍卫赐给每人御用佩刀一把，骏马两匹，以壮行色，以重事权。

9 月 7 日，钦差大臣折尔肯一行奉撤藩诏书抵达昆明，吴三桂见永镇云南的希望成了泡影，决定铤而走险。12 月 21 日，吴三桂以召开会议为名，集合藩下官兵，杀云南巡抚朱国治，扣留朝廷使臣折尔肯、傅达礼，自称"天下都招讨兵马大元帅"，蓄发易衣冠，以兴复明朝相标榜，发布《讨清檄文》，正式举起了叛逆大旗。又致信平南王尚可喜、靖南王耿精忠、台湾郑经及各省旧日部属，鼓动他们举兵反叛。1674 年 2 月 27 日，原定南王孔有德女婿、广西将军孙延龄率先响应。紧接着，3 月 15 日，耿精忠在福建起兵。1676 年 2 月 21 日，尚之信在广东倡乱。吴三桂在各省的部将也纷纷树起反旗。叛军气势汹汹，咄咄逼人，战火很快燃遍云南、贵州、湖广、四川、广西、福建、陕西、广东 8 省，全国一片鼎沸。年轻的康熙面临着一场空前严峻的考验。

康熙日夜提心吊胆的事终于发生了。他紧急召开议政王大臣会议商讨对策。尽管反叛非一时一事酿成，但撤藩是导火线，朝臣中又发生了新的争执。反对撤藩者把吴三桂的叛乱归咎于主撤者，索额图甚至提出将倡议撤藩的人正以国法，眼看一场汉景帝诛晁错的悲剧又将发生。康熙十分冷静，敢做敢当，断然否决了索额图的意见，将责任揽在自己身上。他对索额图说："撤藩出自朕意，其他人有什么过错？我从来都认为三藩势焰嚣张，不能不撤，岂能因吴三桂反叛而诿过于人？"康熙极力保护主张撤藩的人，是非分明，胆识过人。诸臣对此无不感激涕零，心悦诚服。朝廷上下同仇敌忾，齐心协力，决心给叛军以迎头痛击。

康熙迅速调兵遣将，制定了平叛部署。荆州（今湖北江陵）居天下之中，具有十分重要的战略地位，自古为兵家必争之地。因叛军已攻入湖南，居民震恐，人心浮动。康熙派前锋统领硕岱率精锐骑兵，昼夜兼程前往防守，以稳定军民之心，并进据常德，阻止叛军北上。12月24日，任命多罗顺承郡王勒尔锦为宁南靖寇大将军，总统诸将驻守荆州。多罗贝勒察尼、都统觉罗朱满等8人参赞军务，都统范达礼、王国诏等14员大将同往，总计八旗禁旅约11300人。康熙以重兵抢先据守荆州，凭江设防，切断了叛军北进的道路，是稳定战局的重大决策。

鉴于四川邻近云南，军情紧急，康熙令西安将军瓦尔喀率全部骑兵，选拔将领，昼夜开赴四川，坚守由滇入川的所有险隘之地。又因广西与贵州接壤，任命已故定南王孔有德的女婿孙延龄为抚蛮将军，统所部军队固守广西，堵住吴三桂向广西的进攻。又谕令陕西总督哈占、甘肃提督张勇等，捍卫边境，稳定西北大后方。

1674年春，孙延龄、耿精忠相继反叛，形势进一步恶化。康熙迅速增调兵力，先后派出了六路大军。第一路，宁南靖寇大将军勒尔锦等，由常德，澧州（今湖南澧县）进攻云南；第二路，镇南将军尼雅翰等，由武昌出发，分水陆两路进攻岳州（今湖南岳阳）、长沙，直趋广西；第三路，安西将军赫业、西安将军瓦尔喀等，由汉中进攻四川；第四路，平南将军赖塔，由浙江进攻福建；第五路，定南将军希尔根等，由江西进攻福建；第六路，平寇将军根特巴图鲁等，率军赴广东，会同平南王尚可喜防剿叛军。

与军事行动相配合，康熙采取了一系列的政治措施。战前，康熙曾有过操之过急和考虑不周的失误，比如他已经预见到三藩"撤亦反，不撤亦反"，却没有及时采取严密的防范措施，也没有考虑分批撤藩或派八旗兵换防等建议的可行性，三藩并撤，以致烽烟四起。所以，战争爆发后，康熙当机立断，下令停撤平南王、靖南王二藩，立即召回派往广东、福建的撤藩钦差梁清标、陈一炳，并亲自给尚可喜、耿精忠每人发了一道手谕，加以安抚，以免他们倒向吴三桂一边。

康熙将打击的重点直指吴三桂。1673 年 12 月 26 日，康熙下诏削夺吴三桂的平西王爵，通告全国说："逆贼吴三桂，当年穷途末路，摇尾乞怜，我世祖章皇帝念其投诚纳降，授以军旅，赐封王爵，开藩云南，倾心倚重。及朕本人，又晋爵亲王，委以重任，托以心膂。不想吴三桂心怀狡诈，宠极生骄，阴谋不轨，于本年七月内自请搬移，朕以为吴三桂出于诚心，且念其年龄衰迈，长期戍守边疆，所以特地允准，令有关部门周密安插，又特遣大臣前往云南宣谕圣旨。朕待吴三桂，可谓仁至义尽，无以复加。岂料吴三桂径行反叛，背弃朝廷豢养之恩，横行凶逆，涂炭生灵，真是天理难容，神人共愤。今削其爵位，遣宁南靖寇大将军勒尔锦，统率劲军，前往征剿，兵威所至，即刻荡平。凡有擒斩吴三桂首级者，即以其爵位封赏；以兵马城池归顺朝廷者，论功行赏。朕决不食言，各地方官可广为宣布遵行。"这道诏书一公布，将吴三桂几十年来为清朝立下的汗马功劳一笔勾销，无异于从政治上宣判了他的死刑。

1674年3月9日，兵部尚书王熙上疏请诛"逆子"吴应熊等人，得到议政王大臣会议的一致支持。这给康熙出了一道难题。吴应熊是吴三桂的长子，也是康熙的亲姑父，在皇室外戚中还算是比较称职的大臣。从人伦关系来说，康熙不忍心处死吴应熊，但为了防微杜渐，免得祸起萧墙，他又不得不以大清江山和国家利益为重。经过激烈的思想斗争，康熙决定大义灭亲，4月13日下令将吴应熊及其子吴世霖处以绞刑，并毁掉吴三桂在关外的祖坟，以示与叛军誓不两立。这一招棋，确实起到了"以寒老贼之胆，以绝群奸之望，以励三军之心"的作用，达到了康熙预期的效果。当正在军中饮酒的吴三桂获悉子孙被正法的讣闻时，顿时脸色铁青，双手颤抖，酒杯拿持不住，落在地上摔得粉碎。丧亲之痛使他肝肠寸断，老泪纵横，好半天才缓过气来，长叹一声，无可奈何地说："今日真是骑虎难下啊！"失望、悲痛、愤恨、悔愧之情，一齐涌上他的心头。

四

1674年12月4日，陕西提督王辅臣在宁羌（今陕西宁强）叛变，杀经略陕西军务的刑部尚书莫洛。西北后院失火，局势更加险恶，清军陷于多面作战的境地。康熙冷静地分析了形势，沉着应战，重新调整战略部署，以福建、浙江、江西为东战场，四川、甘肃、陕西为西战场，湖广为中心战场，分别配备良将劲旅，相继进剿。在东战场，有安亲王岳乐率军奋战于江西，康亲王杰书等分讨于浙江。在中心战场，康熙反复指示勒尔锦等，擒贼先擒王，主攻湖南，速灭吴三桂，各地叛军自然树倒猢狲散。

考虑到山东兖州邻近江南、江西、湖广，山西太原邻近陕西、四川，都是交通要道，战略位置极其重要，康熙将令副都统马哈达率军驻防兖州，副都统扩尔坤领兵驻防太原，秣马厉兵，建立接转基地，沟通北京——德州——兖州——江宁——安庆和北京——太原——西安两条运输线，以保证援兵及各项军用物资源源不断运往前线。为了保证军情传递的迅速、准确，康熙又令兵部在原有的驿站之外，每400里设笔帖式一员、拨什库一员，遇有紧急事务，不分昼夜急驰传递。这样，大大加快了通讯效率，能及时了解前方军情，掌握战争主动权。甘肃地隔北京5000里，有关情报只需9天时间就可送达；荆州、西安5天，浙江4天。吴三桂最初对康熙颇为轻视，以为不过一乳臭未干的小子，未经大战，不晓军事，没什么可担心的。后来听说驿报如此神速，不由得仰天长叹："完了，完了！不可与他争锋也！"

王辅臣的叛变，完全在康熙意料之外。此人早年参加过农民起义，作战勇猛，爱乘一匹黄骠马，出入千军万马擒敌，无人敢当，有"马鹞子"之称。1649年清军围攻大同时，王辅臣投降，隶汉军正白旗，因勇冠三军，受到顺治帝赏识。后随洪承畴转战南北，忠心耿耿。云贵平定后，留镇云南，隶属吴三桂。康熙知他智勇双全，特地将他从吴三桂藩下调出，任命为陕西提督，委以西北重地。1670年底，王辅臣赴平凉（今甘肃平凉）上任前夕，进京谒见康熙。康熙对他关怀有加，让他过完元宵节再启程，并叫他同自己一起观灯，眷恋之情，溢于言表："朕真想把你留在朝中，朝夕相见，但平凉是边庭要地，又非你亲去不可。"王辅臣临行前，康熙再次接见他，赐给一支蟠龙豹尾枪，说："这枪是先帝留给朕的，朕每次外出，都把枪摆在马前，为的是不忘先帝。你是先帝之臣，朕是先帝之子，今日分别，其他东西都不足珍贵，惟把此枪赐给你。你持此枪前往平凉，见到枪就如同见到朕，朕想到枪也如同想到你。"王辅臣感动得拜伏在地，痛哭流涕，久久不起，说："圣上恩重如山，微臣即使肝脑涂地，也不能报答万分之一，怎敢不竭尽股肱之力，以报效陛下?!"王辅臣是肩负着康熙的殷切希望，前往平凉上任的。吴三桂叛乱后，派人持信函、委任札赶赴平凉，煽动王辅臣反叛。王辅臣没有丝毫犹豫，拿下信使，令其子王继贞押解北京。康熙大喜，任命王继贞为大理寺少卿。然而相隔不过几个月时间，王辅臣却竖起了反旗，这令康熙怎么也难以置信。

康熙深知王辅臣的叛变带来的影响巨大，北京随时都可能受到威胁，又见其态度暧昧，不同于那些铁杆叛乱分子，决定实行招抚政策。他理了理情绪，传令召见王继贞，准备从他身上打开缺口。

王继贞一进殿，脚还没站稳，康熙就劈头喝问道："你父亲反了，知道吗?"王继贞大惊失色，吓得浑身颤栗，哆哆嗦嗦地说："我不知道，一点也不知道。"见他吓成这副样子，康熙反倒动了恻隐之心，缓步走下殿来，扶起王继贞，安慰说："你不要害怕。朕知道你父亲忠贞不二，决不至于造反，一定是莫洛不善调解，才有平凉将士哗变，使你父亲不得不屈从。朕今天召见你，是让你速速回去，宣布朕的命令，赦你父亲无罪。莫洛之死，罪在士卒，与你父亲无关。"王继贞这才喘了一口气，如释重负，诺诺而退，连夜赶回平凉。

1674年12月23日，康熙又给王辅臣发去一道长篇诏谕，把他与王辅臣的交往一桩桩娓娓道来，力图以真情打动王辅臣。诏谕中没有一句话含有谴责之意，处处流露出体谅与宽容，俨然是一封叙旧的私人信函。康熙深知，值此非常时期，追究莫洛之死已毫无政治意义，重要的是王辅臣回心转意，使战略位置极其重要的大西北不再掀起叛乱的战火。

王辅臣被康熙的真诚打动了，他一直驻扎在平凉，既不南下与吴三桂会合，也不与四川的叛将王屏藩联手。1676年2月，抚远大将军图海围困平凉，执行康熙的招抚政策，围而不攻，困而不战，以攻心为上，极力劝诱王辅臣反正。在粮道被切断、城内人心惶惶的情况下，王辅臣经过激烈的思想斗争，表示愿意投降。康熙信守诺言，恢复王辅臣原职，加太子太保，升靖寇将军，其部下一律赦免。6月15日，王辅臣接受招降，平凉光复。陕甘叛军闻讯，纷纷撤退。靖逆将军兼甘肃提督张勇、宁夏总兵王进宝等跟踪追剿，收复许多失地。清军迅速从西北战场脱身，开赴湖广主战场，增强了对吴三桂叛军作战的力量。

招抚王辅臣成功，西北安定，康熙从中总结出一条经验：剿抚并用，事半功倍。此后，"剿抚并用"策略被推广到各个战场。康熙指示，只要有悔过投诚之人，都可接受其降顺，允许其戴罪立功。

五

1676年5月至1677年5月，康熙实施"剿抚并用"的政策取得了重大胜利。在强大的政治攻势下，1676年10月4日，耿精忠归顺。1677年5月4日，尚之信投降。福建、浙江、广东等省相继平定，叛军势力局限于吴三桂控制的云南、贵州、四川、湖南、广西五省。清军实现了对吴三桂的逐步包围，并从湖南北部的岳州、长沙和南部的湘粤边界，西北从陕西到四川，对吴三桂叛军发起了反攻。

1678年初，征南将军穆占连克郴州（今湖南郴县）、桂阳、桂东、兴宁、宜章、临武、嘉禾、永兴等地，彻底粉碎了吴三桂进犯广东的企图，并准备在湖南战场进行主力决战。吴三桂军事上接连丧师失地，便于3月23日在衡州（今湖南衡阳）称帝，国号周，大封诸将，聊以鼓舞士气，重新打开局面。8月17日，吴三桂病死军中，其孙吴世璠继位，部下涣散，军心动摇。康熙利用这一大好形势，令清军分水陆两路夹击，迅速攻取岳州。

防守岳州的吴应期是一员猛将，妄自尊大，不体恤士卒，对部将也傲慢无礼，盛气凌人。水师将领林兴珠在湘潭投诚，被康熙封为侯爵，授建义将军。林兴珠主动献攻取岳州之策，提出水陆并进，以一半船只停泊洞庭湖中大岛——君山，切断常德通道；其余船只停泊在香炉峡、扁山、布袋口等处，沿九贡山陆路扎营，切断长沙、衡州通道，扼断岳州陆上交通。这样，岳州城内叛军就成了瓮中之鳖，不战自毙。这是一个非常高明的战略计划，康熙欣然采纳，于1678年5月1日开始实施。他指示说："岳州是湖南的咽喉要地，必须先行收复此地，长沙、荆州的大军才能前进。击破逆贼，底定湖南，在此一举！"

遵照康熙的指示，5月18日，安远靖寇大将军尚善、湖广总督蔡毓荣率水师开进洞庭湖，击溃叛军水师。康熙又调荆州、安庆、陕西、河南等地军队参与围攻岳州之役，共投入鸟船100艘，沙船438艘，兵力3万人，实力超过叛军。9月，清军从水陆两路将岳州团团围困，切断了城内粮道。叛军内无粮草，外无援军，惶惶不可终日，多次突围寻粮，都被清军击退。

与军事进攻相配合，清军也大力招抚，实行分化瓦解的策略。林兴珠现身说法，以侯爵的身分发布告示，鼓动城内吴军投降。吴应期见军心涣散，不可再战，便放弃岳州，率部逃回云南。1679年1月19日凌晨，清军在蔡毓荣率领下，浩浩荡荡开进岳州城。负隅顽抗达五年之久的岳州终于光复。

捷报传来，康熙喜不自禁。与叛军鏖战五年，终于取得了辉煌胜利。年轻的皇帝舒了一口气，他似乎已看到了胜利的曙光，直捣叛军老巢已为时不远，胜利已指日可待。极度兴奋之余，他挥毫写下了一首题为《收复岳州作》的长诗，以抒其情怀。

康熙沉浸在胜利的喜悦中，吴世璠却面临着一副烂摊子。当时他年仅14岁，无力指挥战事，诸将各自为战，终于酿成了湖南的大溃败。特别是吴应期放弃岳州，几乎将整个湖南拱手出让。1680年4月11日，安远靖寇大将军察尼率军攻克辰州（今湖南沅陵），彻底肃清了湖南的叛军势力。

为了夺取平叛战争的最后胜利，康熙再次调整了军队部署，严惩作战不力、临阵退缩的大将军勒尔锦等人，以湖广总督蔡毓荣为绥远将军，率湖广全省绿营兵进攻云南，征南大将军赖塔率广西满汉大军进攻云南，勇略将军赵良栋率四川、陕西满汉八旗及绿营兵进攻贵州。清军从三个方向杀向叛军老巢，1681年2月19日抵达昆明城下，围攻半年多，吴世璠粮尽援绝，服毒自杀。10月30日，清军进入昆明，终于平定了历时八年之久的"三藩之乱"。

1681年11月14日凌晨，平叛的捷报传到北京，文武百官齐集乾清门庆贺行礼。康熙按捺不住喜悦的心情，高兴得合不拢嘴。回顾八年来的艰难历程，他不禁心潮起伏，感慨万千，久久不能平静。他提笔写下了一首《滇平》诗：

> 洱海昆池道路难，
> 捷书夜半到长安。
> 朱矜干羽三苗格，
> 乍喜征输六诏宽。
> 天末远收金马隘，
> 军中新解铁衣寒。
> 回思几载焦劳意，

此日方同万国欢。

平定"三藩之乱"只不过是康熙政治生涯中的万里长征第一步，以后还有很长的路要走。年轻皇帝的肩上任重而道远。

第六章　台湾得统一

一

郑成功于清顺治十八年十二月（1662 年 2 月）驱逐荷兰殖民者，收复台湾后，郑氏集团势力控制的地区除台湾、澎湖外，还包括大陆福建沿海的金门、厦门以及铜山（今福建东山岛）、南澳（今福建南澳岛）等沿海岛屿，其中金门与厦门是郑氏集团经营多年的抗清根据地，是其在大陆沿海地区的主要据点。郑成功渡海攻台前，命其世子郑经坚守金、厦，其战略意图是：取台、澎以为基地，连金、厦以抚诸岛。然后广通外国，训练士卒，进则可战而恢复中原之地，退则可守而无内顾之忧。（《台湾外志》第 11 卷，第 185 页）可见，金门和厦门在郑氏集团的战略布局中既是维持其在大陆沿海地区最后立脚点的关键棋子，又是其在时机成熟时挺进中原的重要跳板。清政府要消灭郑氏集团，进而统一台湾，其战略目标也首先指向金、厦二岛。康熙元年（1662 年）五月，郑成功在台湾去世，郑氏集团内部发生分裂，给清廷提供了机会。

清福建总督李率泰于当年六月从省城福州赶到泉州，接到效用总兵林忠及沿海官员的报告，得知郑成功去世，郑氏集团内部分裂，即将火并的消息，大喜过望，立即邀请在福建的靖南王耿继茂等人星夜驰抵剿郑前线漳州（治所在今福建漳州市），共商对郑氏集团的剿抚事宜。李、耿等人最后商定，当此郑氏内乱之际，遣使招抚，令其自行瓦解，不战而降是上策。于是两次派人赴厦门，与郑经议和，提出郑经及部属如能遵制削发，离岛登岸，归顺清廷，朝廷将不究既往，并厚爵加封，予以优待。

郑经闻报，与伯父郑泰，将领洪旭、黄廷等密谋道：如今东有郑袭等作乱台湾，西有清军虎视眈眈，我们两面受敌，内外交困，处境十分危险。不如暂借招抚与清廷周旋，以为缓兵之计，待我东渡台湾，平定内乱后再作处置，诸君以为如何？郑经此时虽年仅二十岁，心计却很深。他的意见得到其他人的赞同，部将洪旭将郑经的策略概括为"阳和阴违，俟靖内乱，再作筹画"十二个字，并献计派使者杨来嘉、吴荫赴漳州与清方细商招抚事宜，将以前郑军从各州县缴获的二十五颗印信交还清使，假戏真做，以迷惑清廷。郑经等同意，依计而行。

郑使杨来嘉、吴荫至漳州，面见李率泰、耿继茂，献上印信及假造的郑氏集团人员、船只清单，清单中称郑氏集团现有文武官员 2560 人，水陆官兵 40 余万，大小船只 5000 余艘，控制区域有人口 300 余万，显系夸大其辞，虚张声势。李、耿以为招抚有望，厚待杨、吴二人，同时上奏朝廷，报告喜讯。清廷得报，一面命即刻送杨来嘉入京，一面下令福建各路清军原地待命，广布间谍，加紧进行离间、招抚郑氏集团的活动。

郑经见假议和之计奏效，清军的威胁可暂时避免，立即集结部队，挥师东征，平息内乱。十月初，郑经任用周全斌为五军都督，陈永华为谘议参军，冯锡范为侍卫，率军扬帆启航。初七日，抵达澎湖，采纳陈永华先礼后兵、先声后实之计，派礼官郑斌先期抵台，宣称：郑经亲率大军赴台奔丧，命在台文武官员守职待命。当时在台郑氏诸将多持观望态度，只有黄昭、萧拱宸等少数将领支持郑袭，郑袭令其在台湾各要塞设防，以武力阻止郑经入台。

郑经得知郑袭负隅顽抗，认为师出有名，遂统兵攻台。大将周全斌曾随郑成功收复台湾，熟悉台湾各港口的水道及防御设施。郑经听从周全斌的建议，避开其火力集中的重点防御水道，趁大雾从赤嵌楼附近的潦港突然登陆，背水一战，守将黄昭措手不及，中箭身亡。周全斌趁机大呼：黄昭已死，诸将速速倒戈。叛军溃败星散。周全斌率军乘胜追击，迅速控制了台湾的局面。郑经至安平，只诛杀了萧拱宸等5个叛军将领，其余概不问罪。又请出郑袭，与之相抱而哭，将罪责完全推到黄阳、萧拱宸等人身上，待郑袭如往日一样亲近，以安其心。此时郑经初承父业，恩信未著，又有所谓"乱伦"、"拒父"的恶名在身，有待洗刷，所以对台湾的反叛者采取了集中打击少数和低调处理的策略，不但很快平定了内乱，而且使在台文武官员心悦诚服，树立了威望，也稳定了台湾的局势。

二

郑经对与清廷的和谈本无诚意，当初虚晃一枪，只是与清廷虚与委蛇，好借机抽身去台湾平乱。待郑经率军从台湾返回厦门，谈判使者杨来嘉也从京城回到厦门，向郑经报告，清廷的和谈条件是坚持要郑氏集团削发、登岸。此时郑经已无后顾之忧，不需再与清廷费口舌，故转而采取强硬态度，坚决要求"依朝鲜例"，可以"称臣纳贡"，决不"削发、登岸"。郑经继位后清郑间第一次和谈遂告破裂。

从康熙元年郑成功去世，到康熙二十二年（1683年）清政府最后统一台湾，清廷与台湾郑氏集团之间共进行了10次和谈。在这一系列和谈中，双方分歧的焦点都集中在是否"依朝鲜例"这个问题上。"依朝鲜例"是郑氏集团在历次和谈中提出的首要条件，也是其谈判的基本立场。所谓"依朝鲜例"，就是要求清政府依照当时中国与朝鲜的关系模式来确定大陆与台湾、清中央政府与郑氏割据政权的关系，具体来说就是只称臣纳贡，但"不削发、不登岸"。朝鲜是中国的邻邦，由于种种原因，尤其是出于国防上的考虑，当时的朝鲜政府要求清政府给予保护，并向清政府称臣纳贡，成为中国的藩属国。郑氏集团坚持"依朝鲜例"，实际是要清政府承认台湾为中国藩属国的地位，把台湾从中国领土中分裂出去。台湾郑氏集团把分裂祖国作为结束与大陆敌对状态，谋求和平的条件，与清政府统一台湾的主旨相悖，当然会遭到清政府的拒绝。

在谈判中，清方多次要求郑氏官兵必须"遵制削发"，郑方则坚决表示"若欲削发，至死不易"。所谓"削发"（又称剃发、薙发），是清军入关后，清朝统治者强迫汉族人民改从满族风俗习惯的一项民族高压政策，要求所有汉族男子都必须像满族人那样把头顶前部剃光，后部蓄发，梳成辫子，清政府以此作为汉人是否真心归顺的标志。清廷在和谈中坚持"削发"条款，无疑是带有民族压迫性质的。但值得注意的是，台湾郑氏集团提出"不削发"并非完全是为了反对民族压迫，其用心也在于使台湾与中国分裂。因为清政府的"剃发令"只要求汉人剃发，外国人，包括藩属国的臣民都可以不剃发。郑经等提出"不剃发"，正是要清政府"依朝鲜例"，将郑经等人与藩属国臣民同样对待，归根结底还是要分裂祖国。至于"不登岸"，是指不离开台湾及沿海岛屿，不放弃郑氏集团在这些地区的既得利益，继续维持郑氏政权的割据局面。

三

施琅，原名施郎，字尊侯，号琢公，福建晋江人（故里在今福建晋江市龙湖衙口）。自幼随其父施大宣出海经商，熟悉沿海水域、地理、气候情况，有丰富的航海经验。又从师习兵法、战阵及诸般武艺，成年后即以智勇兼备闻名乡里。后慕名投郑芝龙麾下效力，屡立战功。清顺治三年（1646年），施琅随郑芝龙降清。当时坚持抗清的郑成功久闻施琅精通阵法，尤长于水战，遣人邀之共图复明大计。施琅应邀前往，在郑成功部下任左先锋（一说为左冲锋）要职，参与郑氏集团军机大事的谋划，甚得郑成功的信任和倚重。施琅追随郑成功前后约有5年时间，参加了很多重要战役，立下了汗马功劳。后在一些重大问题上，二人意见发生分歧，关系逐渐疏远，矛盾日益激化，以至施琅一度执意要脱离郑氏，削发为僧。

直至自己的父亲和弟弟被郑成功斩首，施琅一怒之下投降了清军。由于胆略过人，又熟知郑氏集团内部情况，成为郑军的劲敌。因其在与郑军的作战中，战功卓著，累迁至福建同安总兵官。康熙元年（1662年），施琅经国史院大学士、兵部尚书苏纳海的力荐，担任了福建水师提督的重要职位。在清军夺取金门、厦门的作战行动中，施琅率福建水师剿抚并用，克语屿、下金门、招降陈升，发挥了重要作用，得到康熙皇帝"素谙海务，矢志立功"的褒奖。施琅如此为清廷效力、与郑氏为敌，其动机既有对清政府知恩图报的心理，也怀有向郑氏报仇雪恨的宿怨。

康熙三年（1664年），清廷采取军事打击与政治招抚相配合的策略，将郑军逐出东南沿海地区，郑经被迫率余部退守台湾。当年六月，施琅与李率泰、耿继茂联名上疏朝廷，请求乘胜进攻澎湖，直捣台湾，剿灭郑氏，统一四海。十一月，朝廷下旨，同意施琅等人乘胜攻取台湾的意见，授施琅为靖海将军，以郑氏降将周全斌、黄廷、杨富、林顺、陈蟒等为辅佐，"统领水师，前往征剿"，并指示他们："凡事会议酌行，勿谓自知，罔听众言。毋谓兵强，轻视寇盗。严设侦探，毋致疏虞。抗拒不顺者戮之，大兵一至，即时迎降者免死。……务期殄灭逆孽，副朕倚任之意。"（《清圣祖实录》卷 12）。

施琅接到朝廷进军台湾的命令后，即着手实施攻台行动。其总体战略构想是："澎湖乃通往台湾之要冲，欲破台湾，必先攻取澎湖"，清军水师如能"飞渡澎湖，则将扼据咽喉，进逼巢穴"（《康熙统一台湾档案史料选辑》第 51 页），对台湾的郑氏集团形成强大威慑。然后再根据风向、地形及敌情相机制定进剿台湾本岛的方略。据此，其战略计划将攻台作战行动分为两个阶段，第一阶段的作战任务是攻占澎湖，在澎湖设立清军大营，观察台湾形势；第二阶段的作战方针是相机而动，出奇制胜，统一台湾本岛。

康熙三年十一月，施琅率部发动了第一次进攻澎湖的行动。但清军船队出海不久，即遇到迎头而来的强大海风，船队难以逆风而行，只好返回出发地。清廷接到施琅出征失利的上报，指示施琅"与在事将弁酌情商议，伺机进取，以奏肤功，勿以日久为虑"（同上，第 50 页）。施琅接旨后，加紧进行渡海的准备工作，于康熙四年（1665年）三月发动了第二次进攻澎湖的行动。三月二十六日，清军水师从金门蓼罗湾（即料罗湾）启航，向澎湖进发。由于海上风轻浪平，靠风力推进的清军船队航速甚为缓慢，航行了三昼夜，仍不见风起，只得靠岸停泊。二十九日再次出航，又遇顶头的东北风，风力强劲，海浪翻涌，阴云密布，施琅无奈，将船队撤回金门。两次出海受挫，施琅心急如焚，所谓"谋事在人，成事在天"，天不遂人意，急也不济事，只有静待天时。

四月十六日，天空放晴，万里无云，施琅认为这是出师的好兆头，暗中祈祷天公相助，遂于当日午时下达出发命令，清军水师分别从乌沙头（在金门附近）和浯洲屿（即金门）起锚，数百只战船，浩浩荡荡，向着澎湖方向进发。航行一昼夜，至十七日午时时分，澎湖岛屿上的小山尖已依稀可见了。

然而，就在清军士兵欢呼雀跃，将领们额手称庆之际，海上风云突变，刹时间，狂风暴起，恶浪排空，黑云压顶，暴雨劈头盖脸地砸下来，船桅被风拦腰折断，船桨被浪击得粉碎，清军官兵们被眼前这突如其来的情形吓得匍匐在船舱中，发出歇斯底里的嚎叫，这怪异的叫声好似从水底发出来的，使人联想起传说中狰狞的海怪，更增添了阴森可怖的气氛……

清军遇上了一场罕见的海上风暴。

施琅在风浪乍起之时，尚能镇定自若，仍存一线希望，盼着这风暴来得急也去得快，他实在不甘心就此收兵，功败垂成。但转眼间，他的船队已被风浪冲得四分五裂，阵形大乱，无法聚拢。施琅长叹一声，下令鸣炮返航。

返航途中，因风高浪急，清军各船逐渐失去了联系，只能随风飘流。施琅的座舱飘到了广东潮州府的潮阳县（今广东潮阳市），周全斌和林顺飘至镇海，杨富飘到漳浦（今福建漳浦县），其他船只也先后被风涛和海潮带到厦门、铜山、语屿、大担等海岛和港湾。经清点，有两只小船沉没，另有七只船下落不明。此次海上遭遇风暴，绝大多数清军都是死里逃生，物质损失虽然不大，精神上的打击却是相当沉重的，其在清军官兵心理上留下了久久难以消除的阴影。

四

为了扭转不利局面，遏止郑军的进攻势头，清廷对福建的军政大员进行重大调整，撤销郎廷相（郎廷佐之弟，康熙十五年六月继郎廷佐任福建总督）等人的总督、巡抚之职，任命姚启圣为福建总督，吴兴祚为福建巡抚。

姚启圣，字熙止，号忧庵，浙江会稽（今浙江绍兴）人，隶镶红旗汉军。康熙二年（1663年）中举，授广东香山县（今广东中山市）知县，后因事革职。"三藩之乱"起，姚启圣出家资募兵，投康亲王杰书帐下效力，屡献奇策，很受亲王器重，出任福建总督前已凭所立军功从代理知县累迁至福建布政使。姚启圣临危受命，面对郑军的嚣张气焰和咄咄逼人的攻势显得神闲气定，胸有成竹。他认为，刘国轩攻下海澄后不立即进攻漳州，而是舍近求远去攻泉州，是其大大的失策。他还分析道，郑军总兵力不过三万，集中起来才对清军有威胁。现在郑军攻占了很多城邑，必然要分兵把守。"众分，则势弱；势弱，则破之易也。此兵法所谓'兵多贵分，兵少贵合'者"（《台湾外志》第22卷，第337页）。

战局的发展正如姚启圣所料，郑军在占据了一些城池后，兵力分散，战线拉长，攻势果然减弱。为扩充军队，弥补兵力的不足，刘国轩经请示郑经，征发各地乡勇充军，同时将乡勇的眷属移送台湾，一来作为人质，二来也为增加台湾的农业劳动力。但这样就引起安土重迁的沿海百姓的怨恨。加上郑军以重兵围攻泉州，但却久攻不下，粮饷军需的供应发生了困难，于是又加重了对百姓的搜刮和役使。前线将领刘国轩等感到占领区民众的不满日益强烈，上书郑经指出，郑军筹饷部门繁多，制度混乱，形成对占领区百姓的层层盘剥，"弹丸之地，有限之民，正供之外，又有大饷、大米、杂饷、月米、橹桨、棕、麻、油、铁钉、灰、鹅毛、草束等项。最可惨者，又加之以水梢、毛丁、乡勇。民力已竭，科敛无度，伏乞速为裁罢，以苏民困"（《台湾外志》第22卷，第337页）。还有一些郑氏官员认为百姓困苦已极，这样不利于郑氏集团在沿海地区立足，主张停止幕兵、移民等活动，整顿郑军等饷组织及制度。但郑经只是派人前往察议一番，未采取任何有效的变更措施，状况依然如故。结果是郑氏集团在沿海地区逐渐失去民心，而粮饷军需问题仍得不到解决，军心士气也开始动摇了。这一局面的出现，就为清军开展招降活动提供了契机。

康熙十六年（1677年），康亲王杰书在与郑氏集团的议和失败后，曾向康熙皇帝报告说"郑锦（即郑经）无降意"，康熙随即答复："郑锦虽无降意，其附逆人民有革心向化者，大将军康亲王仍随宜招抚"（《清圣祖实录》卷71）。康熙帝这一招降郑经下属官兵，瓦解郑氏集团基础的旨意得到姚启圣的充分领会和贯彻。姚启圣很擅长搞策反工作，在出任福建总督之前，他就曾劝降过三藩骁将韩大任和郑军潮州守将刘进忠等人，耿精忠降清也有他的一份功劳。升任福建总督后，姚启圣在协助杰书等清军将领对郑军发动积极的军事进攻的同时，又抓住时机，采取一系列政治措施，对其展开了大规模的招降策反活动。为达到削弱郑氏集团社会基础，动摇其统治根基的目的，姚启圣首先从处理好对其家属及亲友的政策入手。他的前任郎廷相认为福建人大多与郑氏官兵有各种各样的联系，因而怀疑他们暗中资敌、通敌，普遍不予信任。姚启圣上任伊始，即广张布告，申明郑氏在沿海地区盘踞多年，当地百姓不可能与其无任何瓜葛，但绝不能以此株连无辜。他下令今后禁止以与郑氏有牵连为借口，进行诬告、陷害和挟私报复等活动。他还在搜罗人才时，对曾追随郑氏后来能改邪归正，又确有才能的人委以重任，授予统兵权，推心置腹，用人不疑。这些做法对争取民心，消除沿海民众的敌意产生了很好的效果。

姚启圣的招降活动对郑军官兵产生了巨大的瓦解作用，康熙十八年（1679 年）年初，镇守沿海要地的郑军五镇大将廖琠等即率部向姚启圣投诚，在此前后投诚的郑军官兵络绎不绝，据统计，数年间有十万以上的郑军先后降清，有力地配合了清军的军事行动。

五

平定"三藩之乱"期间，清军在与郑军的作战中，一再处于被动不利境地，尤其是对盘踞海岛及濒海地区的郑军不能实施有效的打击，一个重要原因就是缺乏一支强有力的水师部队。康熙十五年（1676 年），当时的福建总督郎廷相在与郑氏军队的较量中，认识到建立水师的必要性，向朝廷请求恢复和重建康熙七年遭裁撤的福建水师，设立水师提督和左右二路水师总兵。翌年，清政府恢复了福建水师建制，任命海澄公黄芳世兼任福建水师提督。

康熙十七年（1678 年），新任福建总督姚启圣痛感清军水师力量的薄弱和缺乏训练，在当年九月给朝廷的上疏中指出：郑氏集团之所以能长期割据台湾，并威胁沿海地区安全，倚仗的就是一支具有丰富海战经验、实力雄厚的水师部队。所以对郑军作战，"水战更重于陆战"。只凭借陆上优势进行陆战，无法彻底消灭郑军水师；要取得海上作战的胜利，就必须建立起强大的水师部队。他还指出，选任重臣为专职水师提督，使水师部队得到系统、全面的训练和正确的指挥，是福建水师建设的当务之急。这时他有心举荐精通海务、能征惯战的老将施琅出任福建水师提督，但他知道此时施琅之子施齐在海澄被郑军俘获，尚在郑军营中，故心存忌讳，不敢直接出面力保施琅。只在上疏中说"臣细加搜求，实无谙练水战堪任闽省水师提督之官，不敢冒昧妄保……请乞敕部另简廉勇优长、威名素著、深识水性、谙练才能者，仰祈钦点一员，勒限星驰赴任"（《康熙统一台湾档案史料选辑》第 172 页）。其言隐约有提醒朝廷起用施琅的含意。康熙十八年（1679 年）的和谈失败后，姚启圣深感加强福建水师之事已刻不容缓，于当年六月上了一本《特举能臣疏》，疏中首先强调了水师提督一职的重要性说："目下剿贼平海，全赖水师提督一官。今陆路既不能冲击矣，如水师战胜，贼自败走台湾，如水师不胜，贼仍盘踞厦门。是总督、巡抚、陆路提督不过相助为理，而决战成功，实水师提督一人任也"（《忧畏轩奏疏》卷 3）。随后，姚启圣又检讨了自己当初不敢保举施琅的顾虑。于是他不避嫌疑地推荐施琅说："臣任藩司（布政使）时，闻知原水师施（琅）威名，郑锦（即郑经）畏之如虎"，且福建各界人士，"万口同声，皆知其堪任水师提督也"（同上）。为解除朝廷的疑虑，他又指出，施琅虽有一子落入郑军之手，但还有六子及全家数百口在京城，岂有为一子而舍弃全家的道理呢？但清廷已于当年四月任命万正色为福建水师提督，姚启圣在得知这一消息后，仍坚持认为施琅是水师提督的最佳人选，于七月再次上疏提议让施琅以靖海将军总统福建水师事务，将万正色调往广东。此议被清廷议政王大臣会议否决。

康熙皇帝将万正色提拔为福建水师提督的同时，还批准万正色携带岳州全部战船及水手到福建赴任，又从总督标下调拨 14000 人编入水师部队，从江苏、浙江选取战船百艘，从湖广拨发新式西洋炮 20 具，一同调往福建，加强福建水师的力量。此后，姚启圣、吴兴祚等人在福州等地又督造了大批战船，并招降了一部分郑军水师，陆续装备、分配到福建水师。由于上至朝廷、下至福建军政大员对建设一支强大的水师部队已达成共识，并采取了一系列有力措施，使重建时间不长的福建水师迅速壮大，经过万正色的精心组织和训练，成为一支精锐善战的海上劲旅。

至康熙十九年（1680年）初，郑军在清政府军事进攻、政治瓦解和经济封锁的三重打击下，战斗力大为削弱。清军则大兵压境，水陆齐集，逐渐完成了合围郑军、收复沿海及岛屿的战略布势。康熙十九年（1680年）元月，万正色率由240艘战船、28580名官兵组成的福建水师部队开至定海（今福建连江县东北）待命，并进行海上攻击作战演练，威慑郑军。郑经也调集所有水师部队，并征发远洋商船和文武官员的私船编入水师，以弥补战船的不足，将部队部署于海坛（今福建海坛岛）、南日（今福建南日岛）、湄州（今福建湄洲岛）、崇武（今福建泉州湾东北崇武镇）及臭涂澳（今福建惠安东南海角）等沿海岛屿，构成对清军水师的梯次防御。其中郑军水师副总督朱天贵统领战船200余艘镇守第一线阵地海坛；郑军水师总督林升率100余艘战船，坐镇臭涂澳，随时准备北上增援海坛。清郑两军对垒，大战一触即发。

这时，清军福建前线将领在进攻时间上发生意见分歧。福建总督姚启圣和陆路提督杨捷认为水师组建不久，实力尚不足以击败郑军。因此他们主张一方面福建水师再训练一段时间，并补充新造战船，同时联络荷兰舰队，待荷兰船到，于半年之后发起攻击，方有必胜的把握。福建巡抚吴兴祚和水师提督万正色则认为，水师实力强盛，士气高昂，足以破敌，不必等待荷兰舰队。而且此时海上正值北风，清军占据上风的有利位置，若等到下半年，风向一变，就失去了战机。所以主张立即向郑军发动进攻，并制订了作战方案，由万正色统水师兵分二路，一路攻海坛，一路迫近厦门；福建督、抚、提各率所部由陆路分别向郑军盘踞的厦门、海澄附近的海仓、松屿、浔尾、石浔等地同时发起攻击，与水师的海上行动相互配合，共歼郑军。

由于联络荷兰舰队之事迟迟没有结果，吴兴祚、万正色的意见逐渐占了上风。康熙十九年二月，万正色从定海率先向海坛郑军发动进攻，姚启圣、吴兴祚等也立即采取行动，从陆上夹击郑军，声援海上。万正色的水师在海坛港口与郑军展开激战，将朱天贵所率郑军及林升的援军驱赶至外洋，占领了海坛岛。这时，清军陆上部队已封锁了海岸及各港口，安放大炮，阻止郑军船只靠岸。郑军水师无法停泊和取水，总督林升只好率领全部水师撤退至金门蓼罗湾。消息传到厦门，郑经及郑军诸将均认为水师是战败逃至金门，一时人心惶惶，谣言四起，郑氏集团文武官员纷纷准备逃亡，已呈土崩瓦解之势。郑经传令刘国轩说："思明（即厦门）将危，海澄何用？"要其立即放弃海澄，回守厦门，共商进退之策。刘国轩接令，心知败局已定，气塞胸臆，半晌无语，惟有顿足而已。这时守卫谢村、鼓浪屿一带的郑军将领陈昌降清。刘国轩闻讯，无心恋战，遂弃城、寨而走，退至厦门。厦门此时已陷入一片混乱之中，郑军官兵降清的降清，逃跑的逃跑，抢东西的抢东西。郑经与刘国轩、冯锡范等人见势不妙，怕夜长梦多，于是乘清军包围圈尚未合拢，率数千残兵败将惶惶如漏网之鱼，逃回台湾。在金门的郑军水师统领林贤也随后向台湾方向逃逸。朱天贵带领部分郑军水师窜至铜山，被姚启圣用招降之策瓦解，举部向清军投诚。至此，清军全部收复了沿海地区及岛屿。

六

对台湾是以武力统一为主，还是以和平统一为主，在这个问题上，清政府的策略经历了一个变化过程。康熙三年（1664年），清廷在收复金门、厦门诸岛之后，即任命施琅为靖海将军，令其率福建水师征剿台湾，务必彻底消灭郑氏集团。这时期，清政府武力统一台湾的态度是十分明确的。但在康熙三年末至康熙四年初清军水师三次进攻澎湖行动受挫后，清廷对台政策即发生了变化，从武力统一演变为停止武力行动，寄希望于通过和谈方式统一台湾。康熙五年（1666年），清廷下令裁减福建清军。康熙六年（1667年），清政府派使者赴台湾进行和平谈判。康熙七年（1668年），清政府又下令裁撤福建水师，焚烧所有战船，完全放弃了武力统一的打算。康熙八年，康熙皇帝在铲除鳌拜集团，亲掌朝政之后，仍继续实行以抚为主的对台方针，对和平统一寄予希望。当年六月，他亲自主持了对台湾郑氏集团的和谈，并作出不改变其在台湾统治地位的重大让步，但郑经等人顽固坚持对抗和分裂立场，致使和谈失败。此后，康熙帝致力于内部调整和发展，以增强整体实力，为统一台湾创造条件。康熙十三年（1674年），"三藩之乱"爆发，郑经的水师乘势在福建沿海登陆，数年间占领了闽、粤七府之地。经过8年的平叛战争，清政府不但彻底平定了三藩叛乱，而且将受到重创的郑氏集团重新逐回台湾岛。

康熙帝从清政府与台湾郑氏集团多次和谈失败的教训和郑经武力进犯大陆的威胁中认识到，以纯粹和平方式解决台湾问题的可能性是不存在的，要实现统一，必须诉诸武力。康熙十八年（1679年），平叛战争尚在进行当中，康熙帝即已定下了武力统一台湾的决心。《清实录》载：（康熙十八年正月）"上（指康熙）欲乘胜荡平海逆，乃厚集舟师，规取厦门、金门二岛，以图澎湖、台湾"（《清圣祖实录》卷79）。康熙十九年，在清军收复金、厦等沿海岛屿，郑经率残部逃亡台湾后，福建总督姚启圣于当年八月上疏条陈"平海善后事宜"八款，其中建议之一即为

"台湾断须次第攻取，永使海波不扬"（《康熙统一台湾档案史料选辑》第218—221页）。但清廷却下达了部分裁减福建满、汉军队及水师部队的命令，康熙皇帝在给兵部的谕令中明确指示："台湾、澎湖，暂停进兵。令总督、巡抚等招抚贼寇。如有进取机宜，仍令明晰具奏。"（《清圣祖实录》卷91）部分撤军和"暂停进兵"的指令并非意味着放弃武力攻台的既定方针，而是尽快恢复沿海地区的社会秩序，减轻人民的负担，做好攻台的各项准备，等待攻台的最佳时机。这体现了康熙皇帝对战争阶段和时机的精心把握和对渡海作战的慎重态度。

康熙二十年（1689年）四月，清福建总督姚启圣接到在台湾的内应傅为霖等人的密报，得知郑经已于当年正月死去，郑克塽被杀，年少的郑克塽继位。傅为霖在密信中还说："主幼国虚，内乱必萌，内外交并，无不立溃，时乎时乎不可失也。"要姚启圣速速发兵进剿台湾（《康熙统一台湾档案史料选辑》第232页）。姚启圣于五月上疏朝廷请求"会合水陆官兵，审机乘便直捣（郑氏集团）巢穴"（《忧畏轩奏流》卷4）。康熙皇帝接报，认为武力统一台湾的时机已经到来，于当年六月初七在与大学士等会商后发布谕旨：

"郑锦（经）既伏冥诛，赋中必乖离扰乱，宜乘机规定澎湖、台湾。总督姚启圣、巡抚吴兴祚、提督诺迈、万正色等，其与将军喇哈达、侍郎吴努春，同心合志，将绿旗舟师分领前进，务期剿抚并用，底走海疆，毋误事机。"（《清圣祖实录》卷96）

从当时的历史情况看，清政府武力统一台湾不仅是必要的，而且各方面条件已经具备，统一的趋势已不可逆转。康熙皇帝高瞻远瞩，把握时机，顺应时势，作出进军台湾的历史性决策，是完全正确的。

"闻鼙鼓而思良将"，康熙皇帝在定下武力统一台湾的决心后，就开始考虑清军水师主将的人选问题。当时的清福建水师提督万正色虽然擅长水战，驭军有方，战功卓著，但他是武力统一台湾的坚决反对者，无法正确贯彻康熙皇帝的战略思想，康熙果断地决定将其调离原职，改任福建陆路提督。康熙皇帝后来回顾当时撤换万正色的原因时说："万正色前督水师时，奏台湾断不可取。朕见其不能济事，故将施琅替换，令其勉力进剿，台湾遂一战而克。"（《康熙起居注》康熙二十三年七月二十二日）但究竟用何人来担此重任，康熙对此颇费思量。这时，姚启圣与吴兴祚联名上疏保举施琅，内阁学士李光地也向康熙皇帝推荐施琅，但由于施琅的特殊背景，重新启用施琅之事很费了一番周折。

前面说到，姚启圣曾多次向清廷举荐施琅担任福建水师提督，都遭否定。其中一个主要障碍就是施琅的儿子施齐（又名施世泽）、侄子施亥（又名施明良）都在郑军之中，朝廷担心施琅投鼠忌器，不肯尽心尽力地攻打郑氏。施齐、施亥被擒之后，郑经曾多方劝降，待之如上宾，其用意是"欲以阴结其心，且牵制襄壮公（指施琅），使不出都"（《温陵浔海施氏大宗族谱》之《施世纶·总戎忠烈文御兄传》）。即拉拢施齐等人，为其所用，并以此阻止施琅出京，担任福建水师提督之职。可见郑经的确对施琅心存畏惧。康熙十九年（1680 年）二月，郑军溃乱逃台前夕，施齐、施亥遣家人与姚启圣暗通消息，密谋乘乱起事，擒郑经以献。但此事被刘国轩侦破，密报郑经。郑经于是下令，将施齐、施亥及其家属共 73 口全部杀害，抛尸大海。姚启圣闻讯，即于当年四月上疏朝廷报告其事，并请求给予优抚、正名。当时兵部认为姚启圣的消息来源不可靠，提出待克取台湾之后再予详查。但姚启圣此举的目的是扫清施琅出任水师提督道路上的障碍，因此他决定全力调查此事，提供充足证据。同年十二月，姚启圣与吴兴祚、杨捷合疏密奏其联合调查的结果，将此案所涉及的20多人的证词——附上，证明施齐等被杀之事属实。这对后来施琅得以复出起了重要作用。

经李光地等人的保举，康熙皇帝已基本确定了福建水师提督的人选，但他还要当面考察一下施琅的才能。于是康熙在内廷备宴，召施琅询问攻台之策。施琅侃侃而谈，从容分析了敌我双方的形势，并陈述其用兵方略。康熙皇帝听后十分满意，遂作出任命施琅为福建水师提督的决定。康熙二十年（1681年）七月二十八日，康熙皇帝对议政王大臣等发布谕旨：

> "今诸路逆贼，俱已歼除，应以见在舟师破灭海贼。原任右督都施琅系海上投诚，且曾任福建水师提督，熟悉彼处地利、海寇情形，可仍以右督都充福建水师提督总兵官加太子少保，前往福建。到日，即与将军、总督、巡抚、提督商酌，克期统领舟师进取澎湖、台湾。"（《清圣祖实录》卷98）

同年八月，康熙又在瀛台赐宴，并叮嘱施琅说："尔至地方与文武各官同心协力，以靖海疆，海氛一日不靖，则民生一日不宁，尔当相机进取，以副朕委任至意。"（《康熙起居注》康熙二十年八月十四日）表示了对施琅寄予的殷切希望。

从施琅的自身情况来看，他的确具备了担任攻台清军水师主将的条件。首先，施琅自幼在海边生活，从事海上贸易等活动，精通航海，对海疆的气候、地理等方面的情况了若指掌。从军后，转战东南沿海，有丰富的海战经验。其次，施琅通晓兵法战阵，多年来精心谋划对台用兵方略，提出"因剿寓抚"的战略方针及一整套实施方案，不但周密完备，而且是切实可行的。第三，施琅是从郑氏阵营中反叛出来的，他熟悉台湾郑氏集团内情，他的智勇韬略也一向为郑军官兵所畏惧。他在郑氏集团中的故旧很多，为争取内应和进行情报工作提供了便利条件。第四，也是十分重要的一点，施琅是武力统一台湾的坚决拥护者，而且他对统一充满了信心。他指出，清政府对郑氏集团有三个必胜条件：一是"新平三藩"，政治稳定；二是凭借"天下之财赋"，有雄厚的经济基础；三是"以我之众百倍于彼"，军事实力占压倒优势（《榕村语录续集》卷11）。另外，施琅对敌方名将刘国轩等毫无畏惧之心，他对康熙皇帝当面表示："今卜之天时，揆之人事，郑氏气势，决不能再延。且臣料其一二巨帅，虽号桀骜，以臣视之，直狐鼠耳，当非臣敌也。"（《靖海纪事》所附《襄壮公传》）这种压倒一切敌人的气势和必胜信念与万正色等将领及朝中一些大臣畏敌如虎、谈海色变的怯懦言行形成鲜明对照，因而使康熙闻言"大悦"，终于作出任命施琅为水师主将的重大人事决策。

七

康熙二十年（1681年）十月，施琅走马上任，一到福建前线，他就立刻发现了主将不明确、指挥不统一所带来的问题。当月，施琅即向朝廷请求授予自己"专征"大权，即由他来全权指挥攻台行动。康熙此时也认识到以前攻台清军指挥人员的圈子画得太大了，应该有所明确。十月二十七日，康熙下旨："总督姚启圣辖福建全省兵马，同提督施琅进取澎湖、台湾。巡抚吴兴祚有刑名、钱粮诸务，不必进剿。"（《清圣祖实录》卷98）这样就将攻台统兵将领圈定为施琅与姚启圣两个人了。但问题并没有因此而解决，施、姚二人间又出现了难以调和的摩擦和矛盾。

从施琅来说，他20多年来一直以平定海疆、统一台湾为己任，他在给朝廷的上疏中说："臣丁年六十有二，血气未衰，尚堪报称。今不使臣乘机扑灭，再加数年，将老无能为；后恐更无担当之臣，敢肩渡海灭贼之任。"（《靖海纪事》上卷，《决计进剿疏》）大有能担当此重任者非我莫属的气势和自信。所以他对与姚启圣"同征"的安排并不满意，认为姚启圣"生长北方，水性海务非其所长"，而且总督、提督共同统兵难免互相牵制、彼此掣肘，使自己无法实施既定方略，妨碍攻台行动的顺利进行。因此他先后三次上疏，极力向朝廷争取"专征"权。

从姚启圣方面来说，自己为施琅出任福建水师提督出了这么大力，甚至不惜以全家百口的性命来担保，岂料施琅上任伊始就过河拆桥，排挤自己，实在是令他十分伤心，以致"不禁中心如焚如溺而不能自已"。但他极力保荐施琅也并非完全出于公心，而是"特以其为（郑）成功故将，欲借为先驱"（全祖望《鲒埼亭集》卷15，《碑传·会稽姚公神道第二碑铭》），攻台之际，"欲其相辅成功"（《碑铭集》卷15，《姚少保启圣传》）。其目的是借助施琅的才能和特殊身份，帮助自己成就统兵平定台湾郑氏的不世伟业，一来可报效朝廷的沐浴之恩，二来也可使自己建功扬名，可谓"公私兼顾"了。所以他也屡次上疏，坚决反对施琅"专征"，要求与施琅"同征"。

除此之外，施、姚二人在出征时间、进军路线、兵力使用等一系列指挥问题上亦出现意见分歧，相持不下，以致严重迟滞了攻台行动的实施。在出征时间上，施琅主张利用西南季风于六月出征，姚启圣则主张利用东北季风于十月出征；在进军路线和兵力的使用上，施琅提出集中兵力先攻占澎湖，然后相机剿抚，统一台湾，姚启圣则坚持分兵两路，一路在台湾北部的淡水登陆，一路进攻澎湖，分进合击，夺取台湾。意见不统一，两人在指挥权上又无明确分工，于是就相互掣肘。康熙二十年（1681年）十月，姚启圣上奏清廷，提出于当年十、十一、十二几个月中尽快出兵。施琅不同意，也上疏说："当此冬春之际，飓风时发，我舟骤难过洋。臣现在练习水师，又遣间谍通臣旧时部曲，使为内应，请候明年三、四月进兵。"（《清圣祖实录》卷102）以风向不利和准备不足否定了姚启圣的意见。第二年（康熙二十一年，1682年）三月，施琅上奏朝廷提出于五月南风起时进兵，并与姚启圣按计划于五月初会集铜山（今福建东山岛），只等夏至后南风成信之际即发兵。不想姚启圣到铜山后以皇上有旨："进剿海逆，关系重大"，总督、提督应同心合谋为借口，"转意不前"，坚持南风不如北风，主张"十月可乘北风，分道前进"，使此次攻台行动受挫，半途而废。

康熙二十一年七月，施琅又上疏力陈台湾"可破可剿"的理由，并第三次向朝廷要求给予"专征"权，甚至立下"事若不成，治臣之罪"的军令状。同年十月，康熙在答复施琅此一奏本时说："进剿台湾事宜关系甚重，如有机会，断不可失。当度势乘机即图进剿。"（《康熙起居录》康熙二十一年十月初四日）这里虽仍未同意施琅的"专征"请求，但武力统一台湾的决心已不再动摇了。两天后，康熙就施琅的"专征"问题交议政王大臣讨论，据《康熙起居注》载：十月初六日，"为议政王大臣会议准提督施琅请自行进剿台湾事。上曰：尔等之意如何？大学士明珠奏曰：若以一人领兵进剿，可得行其志，两人同往，则未免彼此掣肘，不便于行事。照议政王所请，不必令姚启圣同往，着施琅一人进兵似乎可行。上曰：然。"武英殿大学士明珠的话代表了相当一部分王公大臣的意见，康熙也就不再犹豫，随后下旨："进剿海寇关系紧要，着该督（总督）、抚（巡抚）同心协力，攒运粮饷，毋敢有误"。又说："海寇固无能为，郑锦（经）在时犹苟延抗拒，锦死，首渠既除，余党彼此猜疑，各不相下，众皆离心，乘此扑灭甚易，进剿机宜不可停止。施琅相机自行进剿，极为合宜。"（《康熙起居注》康熙二十一年十月初六日）康熙的这一决定意在由施琅一人率清军出征，姚启圣则坐镇福建，与巡抚吴兴祚一同负责后勤保障工作。这样，施琅就完全取得了武力统一台湾的作战指挥权，他就可以在不受干扰的情况下，充分发挥其军事、政治才能，实施其既定的攻台方略。

八

施琅在康熙二十年（1681年）十月赴任福建水师提督之后，在争取"专征"权、排除反战派的阻挠的同时，积极采取一系列措施，进行战前准备。他上任伊始，即着手对福建水师进行整顿和加强，包括选拔得力的将领、对水师官兵进行海上作战演练、修造可以经受海上风浪且具有一定攻击力的战船、监制海战及登陆所需器械等等。他不断派出间谍深入敌后，利用在郑军中的旧关系，进行策反和情报工作。他还派遣小分队乘快船到澎湖附近海域，对郑军进行佯攻和火力侦察，以弄清敌人的兵力部署和防御设施等情况。

在充分了解敌情的基础上，施琅制订出澎湖海战作战方案，其中最重要的是根据台湾海峡的气候特点，选择正确的渡海时机和进攻路线。季风气候是台湾海峡最明显的气候特点。每年的冬季季风，风向偏北，风力强劲，海上风急浪高；夏季季风则风向偏南，风力较小，海面也较平缓，但夏季又是破坏力极强的台风的多发期。对于当时以海风为主要动力的清军舰队来说，气候风向利用得当，则可借助风力，一帆风顺，为取胜创造有利条件；利用不当，判断失误，就可能遭到海风的袭击，重蹈康熙三、四年攻台失利的覆辙。因此，根据海峡季风气候规律来选择正确的渡海时机和进攻路线，对于清军进攻澎湖行动的成败至关重要。

施琅凭借多年海疆活动积累的丰富经验和对海峡季风规律的掌握，决定把渡海作战的时机选在夏季的六月。施琅认为，冬季北风刚硬强劲，不利于舰队的航行和停泊。澎湖之战，未必能一战而胜，一旦舰船被海风吹散，就很难迅速集结，发起二次进攻。夏季的西南季风则比较柔和，海上风轻浪平，清军船队可编队航行，官兵可免除晕眩之苦，也有利于舰队集中停泊，实施下一步作战行动。同时，由于夏季多台风，按常规此季节不宜渡海，所以敌方防备定然松懈。此时发起攻击，可使敌猝不及防，取得兵法所谓"出不意，攻无备"的奇效。为避开台风的袭击，施琅选定夏至前后 20 余日为最佳渡海和作战时机，他凭着以往航海经验判断，这段时间中风浪最平和，台风发生的可能性较小。

在进攻路线的选择上，施琅根据风向和已知的敌方防御情况，决定清军船队从铜山（今福建东山岛）启航，乘六月的西南季风向东穿越台湾海峡，首先夺取地处澎湖主岛以南、郑军防守薄弱的八罩屿（今澎湖望安岛）一带。这样就可获得船队的锚泊地和进攻出发地，并占据上风上流的有利位置，向澎湖发起攻击。攻下澎湖，扼敌咽喉，然后兵锋直指台湾，可顺利实施"因剿寓抚"的战略方针。

康熙二十二年六月上旬，施琅将由福建水师和部分陆师官兵组成的清军水陆两栖部队集结于铜山，作临战前的最后准备。他召集各级指挥员，用米堆成"沙盘模型"，明确而详细地阐述了自己的作战意图和方案。施琅又下令在各战船的船帆上以大字书写本船主将的姓名，这样既便于指挥，又可根据其进退以定赏罚。施琅标下游击蓝理自愿担任破敌先锋，领取了"先锋银锭"。施琅于是犒赏全体将士，举行誓师仪式。清军攻台部队共有官兵 2 万余人，战船 230 余艘，船坚炮利，士气昂扬。

六月十四日清晨，大清福建水师提督、攻台清军主将施琅一声令下，清军舰队肩负着统一台湾的历史使命，浩浩荡荡驶出铜山港，风帆鼓起，龙旗飞扬，向着正东方向的澎湖进发。

六月十五日申时（下午三点一五点），清军舰队抵达澎湖西南的猫屿（在今澎湖七美乡）、花屿（在今望安乡）一带海面，只遇到小股郑军及巡海哨船，未作抵抗即向澎湖主岛方向逃逸，清军按计划顺利夺取了八罩屿作为锚泊地，并派官员乘小船到郑军未设防的将军澳（在八罩之东）、南大屿（在澎湖列岛的最南端，即今之七美屿）安抚岛民。

十六日晨，施琅率清军向郑军防御阵地发起进攻。刘国轩指挥郑军水师在澎湖港湾内排列横队，依托岸炮火务抵抗清军。清军船队由于行动不一致，将士争功，前后拥挤冲撞，队形发生混乱，部分战船被突然上涨的潮水冲近敌炮台，陷入郑船和岸上火力的包围之中。先锋蓝理被流炮击中，肚破露肠，仍拖肠血战，奋呼："今日诸君不可怯战，誓与贼无生还。"（同上，第 406 页）

施琅见前军危急，驱船冲入敌阵，奋力救出被围战船，激战中眼部负伤，只得率军退出战斗。因天色已晚，清军暂泊于距澎湖主岛不远的西屿头海面。施琅令部将游观光、许英、林凤各率所部，把守澎湖各出口要道；并下令官兵不许卸甲，弓上弦、炮装弹，严防郑军乘夜潮突围或劫营。

刘国轩看到清军退却，也不追赶，下令鸣金收兵。这时丘辉建议，乘清军新败，于当晚派水师袭击清军的锚泊地。刘国轩坚持"谨守门户，以逸待劳"的方针，认为只要台风一起，清军将不战自溃。刘国轩还因胜而骄，轻蔑地说："谁谓施琅能军？天时、地利尚莫之识；诸军但饮酒，以坐观其败耳。"丘辉等怏怏而退。

十七日，施琅将船队撤回八罩屿进行休整。但施琅毕竟久经战阵，遭挫败后仍能保持冷静清醒的头脑。他及时吸取失利的教训，对下一步作战行动进行了周密的筹划和部署。施琅将清军分为四部分；施琅亲率56只大型战船组成的主攻部队，正面进攻郑军主阵地娘妈宫；总兵陈莽等率领由50只战船组成的东线攻击部队，从澎湖湾口东侧的岈内突入鸡笼屿、四角山一带，作为奇兵，配合主攻部队夹击娘妈宫；总兵董义等统率另50只战船组成的西线攻击部队，从湾口西侧的内堑进入牛心湾，进行佯动登陆，牵制西面的郑军；其余80只战船作为预备队，随主攻部队跟进。又采用部将吴英的计策，发挥清军战船数量上的优势（郑军可用于作战的船只数量有限），结成"五梅花"阵，以五船围攻敌一船，这样，既可免除清船互相冲撞之患，又可集中火力将敌船各个击沉。

十八日，施琅派船先攻取了澎湖港湾外的虎井、桶盘二岛，扫清外围。十九日，施琅亲自乘小船到澎湖内、外堑等处侦察敌情及地理形势。二十、二十一两日，施琅派老弱残兵分两路佯攻内、外堑，以为示弱骄敌之计。

二十二日早七时，经过充分休整和准备的清军向澎湖郑军发起总攻。这一场恶战，只打得天昏地暗，海面上炮矢纷飞，有如雨点，炮火的烟焰和蒸腾的水气遮天蔽日，以致咫尺莫辨，双方将士的鲜血染红了海水，在火光的映照下，仿佛整个大海都在沸腾、燃烧。经过9小时的激战，清军取得全面胜利，共毙伤郑军官兵1.2万人，俘获5000余人，击毁、缴获郑军战船190余艘。郑军主将刘国轩混乱中乘小船从澎湖北面的吼门逃往台湾，勇将丘辉、江胜等被击毙。此役清军阵亡329人，负伤1800人。

九

施琅对台湾郑氏集团的招抚策略，符合康熙皇帝"抚之为善"的战略思想，康熙深表赞许，并立即向台湾郑氏集团颁布了赦罪诏书，严正指出：郑氏集团割据台湾，人民饱受其苦，这种局面应尽早结束。郑克塽等人若能迷途知返，真心归顺，不但以往罪过全部赦免，而且将得到清廷的优待。

康熙二十二年（1683 年）闰六月初八日，郑克塽派人与清军谈判，表示愿意投诚，但又提出留居台湾"承祀祖先，照管物业"的要求。施琅予以严辞拒绝，并提出清方的和谈条件：刘国轩、冯锡范亲自到军前面降；台湾的人口、土地全部移交清政府管理；郑氏集团人员遵旨剃发，迁入内地，听从清政府安置。七月五日，郑克塽等人表示完全接受清方的谈判条件，向清政府上表投诚。和谈取得了圆满成功，为台湾本岛的和平统一铺平了道路。

同年八月十三日，施琅率清军在郑氏官员的引导下，从台湾的鹿耳门（今台湾台南市安平港北）入港登陆。施琅沿途察看形势，感叹进入台湾的通道"港道纡回，地势窄狭，波涛湍急，可谓至险至固"（《靖海纪事》卷下，《舟师抵台湾》），庆幸能兵不血刃平定台湾岛。十八日，施琅主持举行了隆重的受降仪式，宣读了皇帝的赦诏，郑克塽等遥向北京方向叩头谢恩。然后，施琅带领清军顺利接管了台湾全境。"历尽劫波兄弟在，相逢一笑泯恩仇"，至此，台湾如离家多年的游子终于重新回到了祖国的怀抱。

统一台湾后，在台湾的施琅代表清廷进行了一系列善后安抚工作。施琅亲撰祭文，前往祭祀郑成功庙，祭文说：

"自南安侯入台，台地始有居民。逮赐姓（指郑成功）启土，世为岩疆，莫可谁何！今琅赖天子威灵，将帅之力，克有兹土。不辞灭国之诛，所以忠朝廷而报父兄之职也。但琅起卒伍，于赐姓有鱼水之欢。中间微嫌，酿成大戾。琅于赐姓，剪为仇敌，情犹臣主。芦中穷士，义所不为，公义私恩，如是而已！"（《台湾外志》第30卷，第435—436页）

郑氏集团投诚的官员受到了施琅的礼遇，没有任何歧视和侮辱；施琅发给郑军投诚官兵粮食和俸饷，军官陆续送往大陆，士兵愿意归农的许其归农，愿意继续当兵的加入清军。对于台湾的百姓，他整肃军纪，严厉禁止一切损害台湾人民利益的行为，公布了《谕台湾安民生示》、《严禁犒师示》等，恢复台湾正常的生产生活秩序，对以往的苛捐杂税实行减免，制止原台湾地方官员犒军扰民。

对于在台的外国人，施琅也采取了保护政策，很有分寸地处理了对外事务。当时在台湾的外国人有郑成功收复台湾后被扣留的荷兰人和在台做生意的英国人。施琅释放了被长期监禁的荷兰人，其中主要是一些妇女和儿童。对英国人，施琅将其视为敌人，他派人转告英国人说："英国人十一、二年以来，与台湾之匪徒勾结，以火药、枪械及其他武器供给之，违反一切国家之惯例及平等之原则，公然称与台湾王（指郑经）亲善，经常与台湾通商。"（同上，第138页）即使如此，施琅对这些英国商人的生命财产安全仍给予了保护，但拒绝了其继续留在台湾进行贸易活动的要求。这是对唯利是图，不惜违反国际准则，支持分裂势力的英国殖民者的应有惩罚。

此外，清政府也兑现诺言，对投诚的郑氏集团成员按其对统一贡献的大小进行封赏，封郑克塽为一等公爵，编入汉军旗，与入关时有功的汉族贵族一样对待。刘国轩、冯锡范都封为伯爵，刘国轩功高，后来还被重用为天津总兵。其他文武官员及士兵也都得到了妥善安置。这些善后安置措施对于消除台湾军民的疑惧心理，稳定台湾的社会秩序，巩固统一的成果产生了巨大作用。

康熙二十二年（1683 年）十一月下旬，施琅在台湾诸事初步就绪之后，将台湾事务交吴英管理，自己率部班师返回大陆。康熙皇帝在接到清军攻克澎湖、统一台湾的捷报后，龙颜大悦，当即亲题御书手卷一轴予以嘉奖，并赋诗一首："岛屿全军入，沧溟一战收。降帆来蜃市，露布彻龙楼。上将能宣力，奇功本代谋。伏波名共美，南北尽安流。"（《台湾外志》第 28 卷，第 415 页）认为施琅可与汉代伏波将军马援相媲美，高度评价了施琅的战功。而后，又授施琅靖海将军，封靖海侯，世袭罔替，奖励施琅为统一大业所立下的汗马功劳。

第七章　边疆得巩固

一

　　中国东北是清朝的发祥地。到明崇祯末年，即后金天聪年间，西起贝加尔湖，北到外兴安岭，南至日本海，东抵鄂霍茨克海，包括库页岛在内的东北广大地区，都在清统治的势力范围之内，属于中国的版图。沙皇俄国是个欧洲国家，原来和中国的疆界相距万里。直到明崇祯九年，俄国人才第一次听说东方有条黑龙江。此后，沙俄政府就不断派遣远征军，对黑龙江地区进行肆意掠夺。

　　康熙四年（1665 年），沙俄入侵军窜犯占领了雅克萨（今黑龙江省漠河东、塔河西北的黑龙江北岸），在雅克萨和尼布楚等地建立据点，构筑寨堡，设置工事，不断向黑龙江中下游地区进行骚扰，抢掠中国的索伦、赫哲、费牙喀、奇勒尔等族民众的财产和人口。沙俄政府为配合武装入侵活动，不断地派遣外交使节到中国来，以访问为名，收集情报，探听消息，对中国政府进行威胁和讹诈。康熙九年（1668 年），沙俄政府派了一个叫米洛瓦洛夫的人来中国，要求康熙帝向老沙皇称臣纳贡，说这样才能得到俄皇陛下的恩惠和保护。十五年（1676 年），沙俄政府又派了个名叫尼果赖的人，率了一个使团来中国，大肆吹嘘沙俄如何如何强大。说沙皇是天上的太阳，照亮了月亮和所有的星星。因此，任何国家的君主都要受沙皇的庇护，好像星星受太阳照耀一样。

康熙帝并没有被沙俄使团的这些威胁吓倒。但沙俄了解到了康熙正在全力以赴平定三藩之乱，中国出现了动荡的局势。尼果赖立即向沙皇报告，狂妄地说，只要有 2000 名正规军，就能使中国长城以外的所有土地上的人们，都可能臣服于沙皇俄国。此后，沙俄军加紧了在黑龙江地区的侵略活动。调拨了大批枪炮、物资到尼布楚和雅克萨，不断派遣入侵军人员分路四出，向中国内地蚕食扩张。从十五年到二十一年，沙俄军推进到黑龙江的各条支流上，建立了据点，康熙虽然不断派遣使臣进行交涉、劝说、警告都无用，他们的侵略活动更变本加厉。

二十二年（1683 年）十月，康熙下令设黑龙江将军，由萨布素首任此职，命其率宁古塔兵 1000 人进驻额苏里（今黑龙江省黑河与呼玛之间的黑龙江北岸）。黑龙江将军的设置，使抗击沙俄入侵军有了组织保证，对加强东北的边防建设有深远意义。它和盛京将军、宁古塔将军（后改为吉林将军），奠定了后来东三省建置的基础。

康熙命萨布素等到黑龙江的首要任务，是筑爱辉城（今黑河市）。爱辉（旧名瑷珲），明朝的时候称胡里平寨。清顺治九年，被沙俄入侵军焚劫，成了一片废墟。康熙十三年，清军在这里建了一个木城，但规模太小，现在按康熙永戍的要求，必须重建。二十三年，爱辉城建成了一个方形城堡，周长 940 步，合 4700 尺，设有 5 个门。后来因为这城堡地处江东，与内地交通联系很不方便，就在原来名叫托尔加城的旧址，另建了爱辉新城。新城比旧城大，方 1300 步，高 1 丈 8 尺，也设有 5 个门。从此，清军就在爱辉城驻兵屯粮，成了抗击沙俄入侵军的重要基地。

康熙为了将大批军需物资运往黑龙江，广泛听取了大

中華藏書

大清十二帝·最新整理珍藏版

中国书店

臣的意见，组成了一条横贯东北三省的水陆运输线。从南到北，全线长四五千公里，沿途设兵驻防，建造粮仓。康熙还命令前线部队就地屯田，专门派了侍郎萨海等前往监督耕种，从而保证了黑龙江驻戍部队的供给。

康熙为了使前线奏报军机畅通、及时，命令理藩院侍郎明爱，率兵勘测了一条从黑龙江至北京最快传递军情的路线。这条路线从爱辉西南，翻越小兴安岭至墨尔根（今黑龙江嫩江），由墨尔根通过齐齐哈尔直达松花江北岸的茂兴，接上吉林到北京的驿站。紧急军情可从茂兴转西南，由内蒙古驿站飞马驰入喜峰口送往北京。康熙还具体规定了每个驿站设壮丁 30 人，马 20 匹、牛 30 头。壮丁从盛京、宁古塔所属各驿站派出，马和牛由盛京户部按数采买送去。康熙永戍黑龙江的措施，有效地扼制了占据雅克萨的沙俄军向黑龙江中下游继续扩张的企图。在康熙的亲自组织指挥下，到二十三年，整个黑龙江中下游及各条支流上的沙俄军据点，已基本被肃清，为收复雅克萨等地创造了条件。

康熙通过永戍黑龙江的措施，到二十四年（1685 年）初，收复雅克萨的作战准备已基本就绪。他收复雅克萨，对沙俄入侵军遵循先礼后兵的原则，一再声称："兵非善事，不得已而用之。"一年前，康熙曾用满、蒙、俄三种文字写信致俄国察罕汗，并派官员送给占领雅克萨的沙俄军，要他们立即送还根特木儿，从中国撤兵。

沙俄政府对康熙的信置若罔闻。这次，康熙在出兵前，再次致信沙俄政府，并叫两名俄俘送回国，表示如他们立即从雅克萨撤回，我兵即只驻扎在黑龙城，雅克萨只设瞭望哨。如拒绝撤兵，我大兵即要相机进取。

沙俄政府对康熙的信仍毫无反应。在这情况下，康熙于二十四年（1685 年）四月二十八日，命令都统彭春、副都统班达尔善统兵 3000，及水师将领林兴珠率藤牌兵

500，分批开赴雅克萨，五月中旬陆续到达。

五月二十四日，清军列阵，包围了雅克萨。沙俄军首领托尔布津，自恃城坚炮利，在城头与清军将领对话时，态度傲慢，盛气凌人。这时，有一队40余人的沙俄军乘木筏前来增援，被清军当即全部歼灭。当天晚上，清军按康熙的指令，以声东击西的战法部署兵力。先在雅克萨城南筑起土垅，布置了弓弩，佯作攻城的架势，暗地在城的东西两侧，架起了红衣大炮。二十五日黎明，清军开始攻城，大炮突然向城里齐发轰击。因为城内沙俄军无防火设备，城池又是木质结构，所以被炮火击中的地方，即烈火熊熊，硝烟弥漫，顷刻间，城内到处起火。沙俄军陷入一片混乱，100余人毙命。

清军又在城周围堆起了预先准备好的干柴，准备点火焚城，见城内沙俄军慌成一团，就用弓箭将劝降信射入城内。劝降信是按照康熙"仁至义尽"的原则拟定的，条件很宽大。即只要他们撤出雅克萨，保证不再重来，就可以保全他们的生命，允许他们带走自己的武器和财产。沙俄军首领托尔布津在走投无路的情况下，只得竖起了投降的旗子。

清军见沙俄军投降了，就立即停止了攻击。统帅彭春在沙俄军举行投降仪式后，宣布俄俘全部释放，派遣官兵将其700余人（包括少数妇女、儿童），送至额古纳河口，返回尼布楚。另有45名俄俘不愿回国，康熙命令将他们留下，安插在盛京。至此，第一次雅克萨之战，以清军获胜，沙俄军投降而告终。

二

沙俄入侵军另一首领维雅索夫，以雅克萨之败为俄国人的耻辱，在托尔市津等回到尼布楚没有几天，即派兵70

人到雅克萨侦察清军动静。他们见到雅克萨四野萧条，杳无人迹，就立即返回报告。回到尼布楚不到两个月的托尔布津，奉命又率兵侵占了雅克萨。这次，沙俄军因为又得到了波兰被俘军官皮尔顿率领的 600 名柯萨克兵的支援，兵力增加到 800 多人。

二十五年（1686 年）二月，康熙得知沙俄军重占雅克萨的消息后，随即部署了第二次雅克萨之战。他谕示文武大臣："今罗刹复回雅克萨筑城盘踞，若不进行扑剿，势必积粮坚守，今后图之不易。"旋命将军萨布素、郎坦等，速修船舰，统领乌拉、宁古塔兵 2000 人，攻取雅克萨，又命令调福建藤牌兵参战。七月，清军抵达雅克萨。萨布素先释放 1 名俄俘捎信入城，遣责沙俄军偷偷返回，重建城堡，警告他们将要受到驱逐的下场。沙俄军自恃这次兵力强，火器多，有充足的弹药和粮食及坚固的工事，因此对清军的警告，毫不放在眼内。他们不断地派出小股士卒出击，使清军的火炮及攻城器械，不得靠近城垣。

清军的火器比较弱，除了一些大炮外，只有 50 支土枪，士兵都是用刀矛弓箭作战，杀伤力小。但官兵士气高，每次能将出城突击的沙俄军，打得死的死、伤的伤，并不断向城内发炮。在开战后的几天中，沙俄军就被打死了 100 多人，连首领托尔布律也被炮火击中而毙命，后来由皮尔顿代为指挥。

清军由于缺少火器，沙俄军重修的雅克萨城又比较坚固，所以久攻不下。康熙考虑到已快进入深秋季节，命令前线统帅萨布素要做好部队过冬的准备，进行长期围困。要萨布素组织官兵，在雅克萨城周三面掘壕沟、筑堡垒，在壕沟外设置水桩和鹿角（带杈的树枝），分段防御；在城西面的江上，另设一支部队，以防江路来援的敌兵。康熙还担心盛京去的官兵不会喂马，还专门下命令调索伦的总管，及抽调部分黑龙江官兵承担这一任务。

　　清军按康熙的部署，将雅克城围得严严实实，使沙俄军人员进出不得，断绝了外援。沙俄军为避免被清军炮火袭击，都居住在洞穴里边，由于潮湿，病号很多。康熙知道后，要萨布素从爱辉派了医生去，如沙俄军需要的话，就给他们治疗。但沙俄军指挥官皮尔顿不接受，并且送了些小麦给清军，以表示他们军中有粮食吃，要坚守阵地。时隔不久，沙俄军人员连病带饿，活着的只剩下66人。

　　沙俄政府对康熙的多次善意忠告，一直是漠然置之的，当得知他们的军队在雅克萨又遭惨败，也无法救援时，被迫遣使团同清政府和谈。二十五年九月二十五日，沙俄使团先遣人员到达北京，向康熙呈交了沙皇的信件。信中表示愿意和清政府和谈，请求清军撤围雅克萨，等他们以戈洛文为首的使团一到，和谈就开始。康熙见沙皇有和谈诚意，第二天就命令萨布素将部队撤离雅克萨3里以外。要求对沙俄军人员以礼相待，允许他们自由出入，给他们送木柴和粮食。当年冬天，清军按康熙的命令，单方面撤离雅克萨返回爱辉。至此，第二次雅克萨之战，又以清军获全胜而结束。

　　二十八年（1689年）四月五日，经中、俄双方使团协商，谈判地点改在尼布楚。康熙将使团成员作了充实，首席代表增加到7人，添进了熟悉东北边界情况的郎坦、萨布素等，仍以外国传教士徐日升（葡萄牙人）和张诚（法国人）任翻译。四月二十六日，使团启程时，康熙根据葛尔丹进攻喀尔喀蒙古的形势，为了避免两线作战，决定对沙俄作出重大让步，他向使团宣布了新的谈判方针："今以尼布楚为界，则俄罗斯贸易无栖托之所，势难相通。你等初议时，仍当以尼布楚为界，如对方恳求尼布楚，可即以额尔古纳为界。"

　　康熙命派遣官兵约3000人随使团分两路行进，一路由索额图、佟国纲率领，自北京出发；一路由郎坦、萨布素率领，自爱辉溯黑龙江而上。两路分别于六月初五和十五日到达尼布楚。这时，沙俄使团首席代表戈洛文仍停留在贝加尔湖。他一方面继续配合葛尔丹劫掠喀尔喀蒙古，妄图强迫蒙古各部归顺俄国；一方面命令督军伊凡，率兵在尼布楚及其附近构筑工事。中国使团到达尼布楚已19天了，戈洛文还没有到。但却多次派人到中国使团处，进行无理的指责和刁难。说中国使团带来那么多兵，其目的在于打仗，而不是谈判，要求中国使团撤离尼布楚，退到额尔古纳河口去。这些指责和刁难，被中国使团一一顶了回去。

七月五日，戈洛文终于到了尼布楚。八日，谈判在尼布楚城外200俄丈处搭设的帐篷里开始。俄方代表进入会场先声夺人，仪仗森严，鼓乐齐鸣，3名使臣衣着华丽，神态高傲，卫队人员违反协议，暗藏手雷。中方代表进场时，没有仪仗、乐队，7位使臣并坐在一起，显得朴素、坦然。按协议规定，双方进入谈判现场的官兵各300人，只能携带刀箭，不得带火器。另外，为了使中方兵力和俄方在尼布楚城内兵力平衡，中国木船可以载500名兵士，停泊在离谈判会场200俄丈处。

谈判开始，就以黑龙江流域自古以来的归属问题，及造成武装冲突的责任问题，进行了激烈的辩论。中方代表索额图，回顾历史，以确凿的事实驳得戈洛文理屈词穷，哑口无言。八月九日复会时，戈洛文觉得要坚持以黑龙江划界，中国代表绝不会同意。他就故作姿态，假装让步，提出以牛满河（今黑龙江省逊克东江对面）为界。这方案，实际上还是将黑龙江中游以上的北岸地区划给沙俄。中国使团索额图等，缺乏谈判经验，没有按照康熙交待的原则，作好逐步退让的方案。当俄方提出了新方案时，认为他们让步了，自己也该让了，就提出了以尼布楚为界的方案，一下把康熙指示的最后分界线摊了出来。俄方戈洛文听到中国愿意让出尼布楚，见目的已达到，心里暗暗高兴。但是戈洛文表面上还装得拒不接受中国的划界方案，继续与中国使团纠缠。

中国使团没有看出戈洛文的真相，认为自己提出的方案遭到对方拒绝，谈判继续不下去，就按康熙"俄罗斯不遵谕而行，尔等即还"的指示，准备返回北京了，戈洛文又变了一副面孔，他买通了中国使团的两名外国翻译，进行会外活动，劝说中国使团不要走，同时又继续与中国使团讨价还价。中国使团为使谈判成功，又作了退让，同意将黑龙江上游北岸的分界线，让至尼布楚以东四五百公里的格尔必齐河，南岸的分界线让到康熙规定的额尔古纳河。

康熙二十八年七月二十四日（1689 年 9 月 7 日），中俄双方达成了协议，签订了《中俄尼布楚条约》。这是中俄两国之间签订的第一个边界条约，共 6 项条款，包括中俄东段边界的划分，越界人员的处理，中俄贸易等内容。按"条约"规定，沙俄政府得到了尼布楚周围及以西原属中国的领土；清政府虽然在领土方面作了很大的让步，但收复了雅克萨等长期被沙俄霸占的领土，并以法律的形式明确了中俄东段的边界，结束了战争，使东北边境得以安定。这样就可集中精力，平定厄鲁特蒙古准噶尔部首领葛尔丹叛乱。因此，康熙对这次谈判的结果，深感满意。

《尼布楚条约》签订以后，康熙又下令进一步建立与健全管理机构，充实防卫力量，加强边境管理。在盛京、宁古塔（今吉林牡丹江境内）、黑龙江，分别设将军统兵驻防。由黑龙江水师营负责管辖爱辉、墨尔根、齐齐哈尔等三城的 120 艘战船和舢板船，执行巡逻和战斗任务。康熙还根据《尼布楚条约》规定，下令在额尔古纳河和格尔必齐河等地建立了两国边界的界碑。将《尼布楚条约》的条款，用满、汉、蒙、俄、拉丁等五种文字镌刻在碑上作为标记，并规定要定期派人巡视界碑的情况，确立了巡边制度。此后，中俄两国边界，有较长时间维持了和睦与稳定的局面。

二

康熙九年（1670 年），准噶尔部首领僧格在内讧中被杀。这时在西藏当喇嘛的葛尔丹，立即从西藏赶回，声称奉达赖喇嘛的命令，为同母之兄僧格报仇。他将僧格的敌手车臣"台吉"（蒙古贵族的称号）驱逐出去，杀掉了僧格的儿子，囚禁了自己的叔父，攻杀了自己的岳父。"顺我者昌，逆我者亡'，以血腥手段控制了准噶尔部。

十六年（1677 年），葛尔丹出兵攻掠已移居青海的和硕特部，杀掉了这个部的首领、自己的岳祖父，自称为博硕克图汗，并威胁厄鲁特其他部都奉他的号令。十九年（1680 年），新疆"回部"（清代对天山南路的通称）伊斯兰教内部黑山派和白山派之间闹矛盾。葛尔丹率 12 万大军，乘机攻占了"回部"叶儿羌、喀什噶尔等四个主要城市，新疆的整个天山南路被他控制。进而又攻占了新疆的哈密和吐鲁番，并不断袭扰漠北的喀尔喀蒙古，使清朝的统一和边疆的安全，受到了严重的危害。

葛尔丹随着统治势力不断增强，野心也不断膨胀，在沙俄侵略势力的支持下，转而向东攻掠喀尔喀蒙古。康熙二十六年（1687 年）九月，葛尔丹率兵 3 万，攻占了喀尔喀蒙古的扎萨克图汗部，唆使扎萨克图汗进攻左翼王谢图汗部。土谢图汗出兵击毙了扎萨克图汗沙喇，及葛尔丹的弟弟多尔济扎卜。葛尔丹以此为借口，于二十七年六月，大举进攻喀尔喀。这时喀尔喀部土谢图汗，正率兵在楚库柏兴（今色楞斯克）和沙俄军作战，后方空虚，遭葛尔丹袭击，顿时大乱。土谢图汗立即回兵反击噶尔丹，遭到失败，就与胞弟哲卜尊丹巴（活佛）会合，率领属下台吉、子弟等内迁，请求清廷保护。康熙立即派遣理藩院尚书阿喇尼前往迎接，于漠南蒙古乌珠穆沁等处，妥善安置了游牧地方。

葛尔丹在乌尔会河之战后，气焰更加嚣张，乘势进一步向内地深入。清军阻挡不住，使其一下进到西乌珠穆沁境内，距古北口（今北京密云县东北）仅 900 里。京师（今北京）官吏出现危机之感，全城人心惶惶，有些官府衙门竟闭上了大门，市场物价飞涨。康熙镇定如常，命令八旗禁旅将北京城实行了戒严；谕示朝廷文武官员，决定利用葛尔丹骄傲轻进的心理，部署兵力出击、围歼。

康熙于七月十四日，率禁军从北京启程，二十四日进驻博洛和屯（又名黄姑屯，今河北隆化），统筹全局，近地指挥。

康熙在启程前，就已患感冒。二十二日在途中，病情加重，整夜发烧，不得成眠。二十四日，到了博洛和屯后，他实在难以坚持了，在诸大臣的恳求下，决定暂且回京，命令前线各路兵马，听大将军调用，实际上前线作战的每个具体部署，仍由他决定。

康熙在大军出发前，担心葛尔丹得知官兵出击，会畏惧而退逃，指示福全要不断派人到葛尔丹军营劝说其退兵，以稳定噶尔丹。岂知葛尔丹早已探听到清军出击的消息，他根本不在乎。声称："喀尔喀是我的仇敌，我因追击他们才闯入'汛界'的，朝廷不将土谢图汗及哲卜尊丹巴交给我，是不会罢休的。"并说："据我得到的消息，土谢图汗之子噶尔旦台吉亦在官兵。我今虽面临 10 万大军的对阵，亦无所畏惧。"因此，葛尔丹继续引兵南进。

清军两路大军出发后，各自按康熙预定的路线疾进。左路军由于副将允禔听信了他人的谗言，和主将福全的关系不协，并且私自向康熙陈奏告状。康熙担心允禔在军中闹坏了事，就立即下令将其调回了京师，另调了康亲王杰书率兵自察哈尔以东会福全军。所以，清军左路军北上耽误了几天时间，造成了右路军常宁孤军深入。常宁军在乌珠穆沁和克什克腾旗交界的地方与葛尔丹相遇。葛尔丹军兵锋正锐，常宁军接战不利，向南退却。葛尔丹长驱直入，至七月二十七日，急追至克什克腾旗南境，沿萨里河至乌兰滚，抢先占据了主峰乌兰布通峰，距同日到达吐力埂河的福全军仅30里。康熙得报，命常宁停止后撤，速与福全军会合，夹击葛尔丹于乌兰布通；命杰书等率兵速西进，屯归化城，以切断葛尔丹西退的道路。

清军统帅福全等早已探听到了葛尔丹在乌兰布通设置的驼阵，但如何破法，心里没有底。经过两三天时间准备后，于八月初一的凌晨，各路兵马向乌兰布通进发，中午便与葛尔丹军交上了火。清军一开始进攻就不利。因噶军有骆驼作掩体隐蔽，清军用火统、弓箭仰攻，毫无效用，而自己因没有掩体蔽身，所以净挨打。左路军参赞佟国纲、佟国维见情况紧急，立即率兵从左侧渡过萨里克河，向葛尔丹军冲击，佟国纲中鸟枪阵亡，前锋参将格斯泰及前锋统领迈图亦先后战死，众多的兵士遭到伤亡。

康熙闻报前线作战因破不了"驼阵"而失利，即命炮兵将领费扬古，率京师八旗炮兵营，携带在平三藩之乱期间仿造的数百门红衣大炮，及新造的"连珠铳"、"冲天炮"等火器，疾驰前往参战。正当清军进攻受挫而束手无策时，康熙所派的炮兵赶到了，立即投入了战斗。大将军福全命令将各炮列于英金河滩上，齐发猛轰，声震天地。自午一直到傍晚，将葛尔丹设置"驼阵"的骆驼大部击毙。骆驼滚翻仆地，"城栅"断裂。清军乘势冲击，噶尔丹失去掩体，惊溃败退，葛尔丹自己乘夜避入山顶险要处。第二天，葛尔丹一面组织部队北撤，一面派喇嘛济隆率70多人，到清军营地游说。并捎去请罪书，对佛发誓，保证不敢再犯喀尔喀。福全轻信了葛尔丹的诺言，中了缓兵计，于是命令各路军队停止了进攻。

康熙接到胜利捷报后，担心前线将领滋长麻痹轻敌情绪，下令要穷追不舍，不留后患。福全接到康熙命令时间已经过去五六天了，葛尔丹率残部已退去很远，追击已来不及。康熙非常痛心，马上派都统希福，驰赴福全军前参赞军务。但已无济于事，使乌兰布通大捷的战果功亏一篑。

葛尔丹从乌兰布通率残部2000人回到科布多（位今蒙古西部），他的营地早被侄子策妄阿拉布坦抢劫一空，连妻子（原为策妄阿拉布坦的未婚妻）等家眷也都被掳走。葛尔丹不死心，一面集合旧部，休养生息，以图东山再起；一面乞求沙皇俄国支持。三十年，沙俄托布尔斯克将军派人去科布多会见葛尔丹，继续策动其叛乱。三十三年（1694年），康熙多次约葛尔丹参加喀尔喀会盟，以调解其与土谢图汗等之间的矛盾。葛尔丹拒不接受，反而横蛮地写信给清政府，一定要索取土谢图汗及哲卜尊丹巴，否则将继续进兵喀尔喀。

三十四年四月，葛尔丹储备充足后，便又率兵3万向喀尔喀进攻，沿克鲁伦河而下，到达了巴颜乌兰一带，扬言在过冬后，将借俄罗斯鸟枪兵6万，大举进攻漠南。康熙召集了三品官以上的武臣，商讨征剿方案。武臣中不少人主张不宜出击，理由是距离太远，部队要经过大沙漠地带，携带火器及运送粮食等尤为困难，劝康熙帝不能轻举妄动。但将军费扬古主张出击，认为葛尔丹为人狡诈，若不及早根除，对北部边疆将后患无穷。费扬古的意见正合康熙的意图，康熙又多次听取大学士的意见，组织议政王大臣会议讨论，于三十五年（1696年）正月，作了出兵的决定，并再次率兵亲征。

二月，康熙下令发兵10万，分三路前进。东路由黑龙江将军萨布素统领东三省兵，越兴安岭出克鲁伦河进击；西路由抚远大将军费扬古统陕西、甘肃兵，由宁夏北越沙漠沿翁金河北上，断葛尔丹的归路；中路为主力军，由康熙亲率，由北京出独石口，直奔克鲁伦河，与东西两路军协同夹击。

康熙的中路军，要在无边无际的沙漠、草原上行程数千里。他命令征调了大批扎萨克图部人作向导，每2名士兵配1个民夫、1头毛驴，随军运输粮食、器材及御寒器具。还组织了6000辆大车的运输队，携带了大量木材、树枝，以备在过沙漠和沼泽地时填路。

康熙在沙漠行军途中，时常关心着士兵和马匹的休息。当遇到行李运输迟缓，士兵们不能及时安营时，他每天不到五更就起身，亲自督促运输兵丁行李的驮队早一点出发，使行李先到营地。见到天气变化要下雨时，即传令将马匹盖好。三月的一天，队伍驻扎在滚诺的地方，正遇风雨交加，康熙见士兵们未能及时安营，就站在雨中，一直等士兵们结营完毕，才进行宫；等士兵们都开完饭了，自己才进飧。康熙在横渡沙漠的征途中，还写下了《瀚海》一诗："四月天山路，今朝瀚海行。积沙流绝塞，落日度连营。战伐因声罪，驰驱为息兵。敢云黄屋重？辛苦事亲征。"反映了他不辞劳苦的无畏气概和战斗精神。

康熙率领的中路军，经过59天的艰苦历程，于五月初五由科图（今内蒙古苏尼特左旗北）继续前进，逐渐逼近葛尔丹军。而西路军由于沿途草地大多被葛尔丹军焚毁，不得不迂回前进。因此，行军速度赶不上中路军；东路军也未能按期到达预定地点，这就形成了中路军突进的不利态势，这时又传说沙俄已出兵来援葛尔丹了。随征大学士伊桑阿担心孤军深入遭敌夹击，建议康熙将中路军后撤，并谎报葛尔丹已撤退西逃。康熙心里很清楚，他严厉训斥了官员中的畏战惧敌言论，表示这次一定要歼灭葛尔丹后才撤还。并警告官兵："凡不奋勇前进者，必予诛之。"

康熙决意要中路军继续前进，并预计葛尔丹会依托克鲁伦河进行顽抗，就将队伍分成二路，准备夹击。克鲁伦河，横亘瀚海东北 2000 里，原来漠南、漠北蒙古之界，历来是兵家必争之地。康熙在部队即将逼近时，亲自登高执圆镜眺望，察看地形。然后将一部分兵力占据左边的山麓高处，佯作大部队要从那里通过的样子，自己即率兵争先据河。

葛尔丹原先不相信康熙会亲征。他曾说过："康熙皇帝不在北京城里安居乐逸，过这样的无水瀚海之地，难道能飞渡吗？"可他从清军放回的人员中得知，康熙已确实亲自出征。他自己到一座高山上一望，见"御营黄幄龙纛，环以幔城，又外为网城，军容山立"，大惊失色地说："官军是从天上而降矣。"遂传令，将庐帐、器械全部抛弃，乘夜而逃。等到康熙率兵渡过克鲁伦河，进抵巴颜乌兰，却扑了个空。

康熙见葛尔丹已逃遁，立即率领岳升龙等 3 名总兵，选了精兵轻骑，以"疾驰莫惮追奔力，须使穷禽入网罗"的决心猛追。同时密令西路军统帅费扬古，疾行于昭莫多（位今蒙古乌兰巴托南）设伏堵截。康熙连续追击了 5 天，终因粮食供应不上，只得停止。

费扬古接到康熙的密令后，督兵星夜驰奔。将士们知道皇上已到了克鲁伦河，无不奋发："皇上出自深宫，尚且先至敌境，我们怎能不冒死前进？"到五月十三日，西路军终于先敌赶到昭莫多。

昭莫多，蒙古语为大树林的意思，因地势险要，自古即为漠北战场。康熙善于学习，重视研究历史，所以他果断地命令费扬古在这里设伏。费扬古按照康熙的部署，令部分骑兵下马步战，在昭莫多东侧依山列阵；依托土拉河布置了防御，将骑兵主力隐蔽在对面山上的密林中。费扬古刚布阵完毕，葛尔丹军已进至距昭莫多30里处，他就先派骑兵400迎战，且战且退。葛尔丹率万余骑兵急追，到昭莫多后，猛扑清军各制高点。清军以弓箭、子母炮还击，激战整日，难分胜负。费扬古遥望葛尔丹军后阵不动，知道必是家眷、牲畜和辎重，遂另遣一支精骑袭击。于是，葛尔丹军营大乱。清军乘势四面出击，连夜追击30多里，斩杀3000余人，俘获人畜无数，葛尔丹骁勇善战的爱妻阿奴也被斩杀，噶尔丹自己先率数骑逃跑脱身。

康熙于五月十八日得捷报后大喜，决定班师，留费扬古驻守喀尔喀，负责招降葛尔丹及其残部。

葛尔丹于昭莫多惨败后，又去西部纠集旧部，投靠达赖喇嘛，图谋卷土重来。不久，即网罗5000余人，打算到哈密过冬。康熙据此情况，仍把葛尔丹当作边疆地区的一大隐患，将注意力转向了西北地区，并作了两步打算，第一步先亲自招抚，如招抚不成，即进行第三次亲征。

三十五年（1696年）四月，康熙率领2000八旗兵，以行围打猎为名，进行西巡。到了怀来城（今属河北）后，即派人将招抚噶尔丹的敕书，送给了大将军费扬古，要他广为颁示；不要急于出兵，要频繁地派遣准噶尔的降人回去做招抚工作。康熙还指示将陆续来降的准噶尔人编入上三旗满洲佐领，其中头人都分别授以官职；还规定，凡来降的人不愿到内地的，都各配马一匹返回原地。叫他们向葛尔丹部下宣传朝廷的招抚政策，劝其归降。康熙的招抚措施，产生了良好的效果。不久，便有1500多人前来投降，使葛尔丹更加孤立。

十一月，康熙接到费扬古的报告，葛尔丹派了27人组成的使团前来议降，便接见了使团首领格垒古英，命令他立即返回转告葛尔丹，要其亲自来降，否则必发兵进讨。康熙这次西巡3个多月，招抚了葛尔丹的众多部众，扼制了葛尔丹的外援，重新部署了西北的兵力后，于十二月回京。

二月六日，康熙命令发兵 6000 进击葛尔丹。兵员从西北驻守官兵中抽调，不必另从京师发往。兵分两路：一路由内大臣孙思克等率领，出嘉峪关；一路由大将军费扬古等率领，出宁夏。两路军分进合击。康熙亲临宁夏节制作战。三月二十六日，康熙到达宁夏，将诸事安排就绪后，继续向前线深入。到达黄河西岸的船站，亲自视察八旗前锋、黑龙江兵及绿旗兵。然后又到狼居胥山，亲自组织运输军粮过 120 里的无水地区。接受以往教训，调了部分粮食及马匹储藏在附近各个驿站，待部队回师时补给。康熙一切部署就绪，只待佳音。

四月十五日，康熙接到报告，葛尔丹已于闰三月十三日，在阿察阿穆塔台的地方服毒自杀，有的说是得暴病死的。葛尔丹部下首领丹济拉等，携带葛尔丹尸骸，及其女钟齐海，共 300 户来归降。五月十六日，康熙凯旋而归。后在《剿灭葛尔丹告祭天坛文》中，对三次亲征作了概括："亲统六师，三临绝塞，弘彰挞伐，克奏肤功。"持续了近十年的葛尔丹战乱，至此结束，从此漠北和西北地区一大不安定因素被扫除。

第八章　崇本兼抑末

一

康熙治国的要道是敬天法祖，勤政爱民。法祖是外在的，爱民是内容。他"坚信所敬惟天，所重惟民，实则君道在于爱民。因为古往今来的成破利害，人心向背是主要的，人心不可失。考察古代史，天下兴亡虽非一辙，而得众心者，未有不兴；失众心者，未有不亡。臣（康熙）以此为鉴，不敢轻忽。凡天下臣民，皆我赤子，一夫失所，即伤朕心'。

康熙不但说得动听，而且做得相当感人。观其终生，爱民如子的生动事例多得很，仅举一例为证。康熙十六年（1677 年）九月二十八日，皇帝出巡路过长城脚下，沿边内外，观风问俗。当圣驾来到珐达兰墨苏地方时，发现一个人躺卧在路旁边，皇上立即派遣侍卫官塞勒等人，前去看望，询明此人的具体情况。

侍卫官回来报告说，是个农民，名字叫王四海。他是从边外来的，原来是给人家当雇工的，现在回家探亲，因为带的食品吃光了，饿得奄奄一息，躺在路边起不来啦。

康熙听后说：他虽然不是我的儿子，但此人饿得要死，僵卧不起，难道不值得可怜吗？你们去给他喂点稀米粥喝，争取救活，然后带到我面前来。等带到皇帝面前后，康熙又命令大学士索额图，详细问明情由。得知因身体虚弱，不能走动，遂命令喜峰口当地官员、驻防游击杜升将军等人，妥善照料这位农民，待康复后送回原籍，与家人团聚。

从这件事例中，不难看出堂堂的封建大皇帝，是多么关心民众的疾苦，甚至达到亲自过问一个农民死活的情况。

历史上的帝王将相，常常标榜爱民如子，但多数是挂在嘴上，写在纸上，只不过是收买人心而已。康熙则不然，他曾经深有体会地说：自古帝王生长在深宫，很少知道稼穑的艰难与民生疾苦。朕经过水灾地方，看见老百姓以水藻（海带紫菜类）充饥，我就亲口尝一尝，百姓艰苦，时刻不忘，永记于心。

康熙重农不停留在原则的、一般性的说教上。他对农业生产的关心及指导是实际的、具体的。他出巡不忘农业，从中了解农村情况，筹划生产发展措施。康熙常派农官去各地督耕，并亲自向农官布置具体任务。二十五年（1686年）三月，康熙命副都马喇赴黑龙江督理农务，对他说："农事关系兵饷，须积贮充足。其在驿递人夫亦令合力播种屯田。尔等前往，务期农政修举，收获饶裕，年胜一年"。三十一年（1692年）二月，他命令都统瓦代待等往达尔鄂莫等地耕种。针对边外气温低的特点，他指示其及进广播麦种，深耕田垄，勤谨耘耨，耘时莫将土压住草根，以免其重新发芽；耕种太稠密，禾苗虽可观，但收获少，稀疏耕种，反而得好收成。三十二年（1693年）二月，他命内大臣公坡尔盆等去归化（今呼和浩特）等地督耕，因该地风寒，特叮嘱：田垄要高；一般作物不收，种早熟的麦与油麦、大麦、糜黍有益，可向当地人宜种何谷，还说："朕曾问老农，皆云：将雪拌种可以耐旱。尔等试为之。"康熙身居北京，密切注视各地农业生产中发生的问题，及时发现解决。二十八年（1689年）六月，因得悉奉天游民很多，适奉天府尹王国安陛辞，康熙谕之曰："奉天为根本重地"。今闻游民甚多，务农者少；一遇旱涝，即难补救。"尔至任当劝民务农"。三十年（1691年）十二月，因归化城一带耕牛农具发生困难，他又发谕旨：所用耕牛在御厂内取用，耒耜等项铁器著支用库银制造，从驿地运送。边外木植甚多，其木器即于彼处制用。从以上事例处理中，不难看出康熙对农业生产所花费的一番苦心。康熙当政后，为恢复和发展农业生产采取了一系列措施。其中第一位的当然是鼓励垦荒。

顺治帝在位时，曾一再发布谕令，鼓励垦荒，但成效不大。康熙即位后，许多官员先后上疏，强调国家生财之道，以垦荒为要；并回顾以往垦荒情况，总结经验，提出改进办法。河南道御史刘源濬认为，产权不稳和起科太急是影响垦荒事业发展的两大障碍。他曾经在顺治十八年六月上疏："南阳（今河南南阳市）、汝宁（今河南汝南），荒地甚多，应急议开垦，但无人承种之荒地，耕熟后往往有人认业，兴起讼端，官即断明而资产荡然矣；三年起科虽有定例，开种之初，杂项差役便不能免。此所以官员劝耕、民终裹足不前也"。针对存在问题，他建议："嗣后请先给帖文以杜争端，开列姓名年月，并荒田四至坐落。每岁由县申府，而道，而院，则刁讼自息；再宽徭役以恤穷黎。除三年起科之外，如河工、供兵等项差役，给复十年，以示宽大之政，则人尤鼓舞"。此疏经户部议复，康熙批准，采纳实行。此后，康熙鼓励垦荒除给拓荒者以资助，如："流移者给以官庄；匮乏者贷以官牛；陂塘沟恤，修以官帑"等，此外，主要以明确产权和延长起科年限为两大重点措施。

关于产权问题。首先遇到的是为数不小的废藩田产。

明代藩王庄田，包括皇庄及勋戚庄田，自顺治初年以来，都说废藩田产。垦种废藩地亩的百姓负担特别重，他们既要按藩产租额缴租，又要按民田额赋纳粮。康熙曾于二、三年先后将部分地区"加增额赋"或"增租"蠲除。但因藩产的名义犹存，一切蠲免只是临时性的。这样，不仅未开垦者无人问津，即使已经开垦者亦有重新被摺荒的危险。鉴于这种情况，康熙决定永远革除"废藩各色"，改变废藩田产所有权，归耕种者所有。其变更方法，先是于康熙七年（1668年）十月，根据户部题请"命查收故明废藩田产，悉行变价，照民地征粮"。后因？以地易价，复征额赋，重为民累"，他又于次年三月决定："撤回所差部员。将现在未变价田地，交与该督抚，给与原种之人，令其耕种，照常征粮"。至于无人承种之余田，经户部议复，"召民开垦"。农民"开垦耕地，永准为业"，"与民田一例输粮"。这种奉结旨免其易价、改入民户之废藩田产，名曰"更名田"。"更名田"分布在直隶。山东、山西、陕西、甘肃、河南、湖北、湖南等省，总数不下二十多万顷。承认这部分土地归垦种者所有，有利于鼓励人们继续垦荒和耕种，对发展农业生产无疑是一大促进。有些地主将土地摺荒，一旦农民将它们开垦起来，地主便以产权所有前来索要，或干脆不许农民开垦。对这种情况，康熙也曾明文规定："凡地上有数年无人耕种完粮者，即系抛荒，以后如已经垦熟，不许原主复问"。这样，这部分开荒者也获得土地所有权。农民获得了土地，其生产积极性于是大大提高。

关于起科年限问题。康熙七年（1668年）四且，云南道御史徐旭龄总结垦荒"二十年而无效"的三个原因，其中第一条即是"催科太急"。他认为"田有高下不等"，故起科年限也不应强求一律，"必新荒者三年起科，积荒者五年起科，极荒者永不起科，则民力宽而佃垦者众矣！"。

中华藏书

大清十二帝·最新整理珍藏版

十年（1671年），康熙采纳官员们的建议，决定放宽起科年限，令新垦荒地，"三年后再宽一年'，即四年起科。次年，宽延到六年。到康熙十二年（1673年）十一月，康熙考虑到：小民拮据开荒，物力维艰"，恐催科期迫，反致失业，又决定："嗣后各省开垦荒地，俱再加宽限，通计十年方行起科"。因"三逆"叛乱，筹饷紧迫，十年起科的规定未能认真执行。平叛期间。基本是三年起科，个别地方，如四川，甚至"方来报垦，遂有索其丁赋者"。康熙十八年，平定湖南，康熙重新规定："开垦荒田，仍准六年起科"。此后，虽然有些地区恢复三年起科之制，但在闽浙沿海、贵州、甘肃、湖广等地，仍是五年、六年之后起科，甚至永免升科。随着国家经济状况日见好转，已开垦而未升科的土地越来越多。康熙对这方面情况了如指掌，五十二年（1713年）十月，他指出："今四川之荒田，开垦甚多，果按田起课，则四川省一年内，可得钱粮三十余万"，又讲起他"巡幸时，见直隶至范家口以下，向年永定河冲决之处，今百姓皆筑舍居住，斥卤变为膏腴，不下数十百顷，皆禾尝全起税也，又江南黄河堤岸，至所隔遥堤，有二、三里者，亦有六、七十丈者，……今彼处百姓尽行耕种，亦并未令起课"。他态度很明确："朕意国用已足，不事加征"，让民间分享一些垦荒的实惠。康熙朝对土地从未进行大规模丈量，所谓清查也不严格，全靠自报。如业主隐瞒土地，后来自首，则按惯例，自出首之年起科。总的精神是放宽对新垦土地的起科年限，从而充分调动农民垦荒的积极性。

垦荒，在当时是社会经济发展和人民生活的急需，加之政府提倡和鼓励，因而被誉为荣耀之事。某地垦荒成绩显著，亦即其官员一大功劳。有些地方官员为了捞取高升的资本，往往虚报垦荒成绩，回头又让农民去承担这报垦而未垦土地的赋税。为杜绝此方面弊病，康熙于四年

（1665年）明令废止康熙元年所颁布的限定五年垦完全部荒田的规定，以免地方官员追求数量和速度而虚报成绩。他还修改考成条例，惩治捏报垦荒的官员，规定：擅将"荒地捏报垦熟者，原报督抚降二级，罚俸一年，道府降四级调用，州县卫所官革职"。要求各级官员报垦荒地，必俟起科完结，取具里老天包赔荒田甘结，才能报部核明，按等议叙。为防止督抚与州县官通同作弊，康熙八年，"停止督抚垦荒加级记录之例"。平定"三逆"叛乱之后，康熙令清查各省隐占田亩，特别谕令督抚，防止"州县有司，或利其升叙，虚报田粮，摊派民间"。根据上述规定，陆续豁免一批因捏报垦荒而出现的"旷土虚粮"，并处罚一批因捏报功绩而骗得议叙的官员。这些措施，赏罚分明，使垦荒得以正常和顺利进行。

　　康熙年间，垦荒积极、踏实，加以政治形势渐趋稳定，因而收效较大。据《清会典》记载全国民田总数：顺治十八年（1661年），为五百四十九万余顷，康熙二十四年（1685年），增至六百零八万余顷，雍正二年（1724年），则达到六百八十三万余顷。这里尚未包括将近四十万顷的军漕屯田、十七万顷的内务府官庄和八旗庄田，以及各省的"在官地亩"、"学田"等等。此外，从康熙中期起，不少人在山区荒岛从事开垦，更有大批农民从山东、河北、山西、陕西等省到内蒙及东北地区开垦荒地。于是，康熙后期，全国田土总数实际上已达到甚至超过明代万历初年的水平。耕地面积迅速增加，流移农民与土地重新结合，使残破的小农经济结构得到恢复。在垦荒过程中，相当一部分土地归垦种者所有，更加激发了农民的生产积极性。因此，农业经济很快得到恢复和发展。

　　为了促进农业生产发展。康熙对粮食作物的种植和产量提高也采取了积极措施。水稻是我国主要粮食作物之一。在明代，全国粮食以稻米居多。水稻又是高产作物。

因此，康熙特别注重水稻栽培。他在宫内的丰泽园（今中南海内）以玉田谷种播水田"数区"，每年九月成熟收割。某年六月下旬，水稻刚出穗，一日，康熙"循行阡陌"，"忽见一棵高出众稻之上，实已坚好"便将其收藏起来作种子。次年试种，"验其成熟之早否"，果然又在六月成熟。"从此生生不已，岁取千百"，终于用"一穗传"育种方法，培育出早熟新稻种。"以其生自苑田，故名御稻米"。御稻米"色微红而粒长，气香而味腴"。由于生长期短，适于北方，南方则可一年两熟。种植成功后，不仅宫廷内食用"皆此米"，而且推而广之。康熙心中充满实验成功的喜悦说："今御稻不待远求，生于禁苑，与古之雀衔天雨者无异。朕每饭时尝，愿与天下群黎共此嘉谷也"。在南方，推广新稻种，着眼于发展双季稻。双季稻并非康熙的创举，我国南方早有水稻双季以糯和粳的连作。康熙发展了水稻连作制，打破了糯粳连作的传统，实现了同种粳稻双季连作。康熙试种御稻成功之后，于五十三年（1714年）决定向大江南北推广，首先把一石御稻种发给苏州织造李煦，令推广，同时试种双季连作。康熙渴望"一岁两种，则亩有倍石之收"。他在《早御稻》诗中表达了这种激望的心情："紫芒半顷绿阴阴，最爱先时御稻深。若使炎方多广布，可能两次见秧针"。御稻种深受欢迎，两年以后，传播到江苏、浙江、安徽。两淮及江西等地。但李煦在苏州及江宁织造曹頫在江宁初次试种御稻双季连作没有成功。五十四年（1715年），李煦奏报说第一季是四月初十插秧，七月十三收谷，六亩五分地，共收"一十八石二斗五升讫"；第二季七月二十八插秧。康熙在批示中指出："凡所种至立秋后未必成实，四月初十种迟了，京里的六月二十已得进矣"。果然如此，李煦种的第二季结实甚少，所收稻谷每亩不满一石。曹頫所种第二季稻未能成熟。但康熙并不恢心。翌年，他派专人去苏州指导李煦种双季连作御稻，提早于三月插秧，结果获得成功。第一季亩产与其他稻种相当，第二季亩收二石一、二斗至二石七、八斗，亩产量大幅度提高。在北方，至明朝，水稻种植仍极局限。康熙朝，在北京西郊玉泉山种植水稻成功，逐步推广，成为有名的"京西稻"。三十九年，直隶巡抚李光地上疏，请求允许在直隶开水田。四十三年（1704年），天津总兵官蓝理请在天津等地允许开水田。康熙对在北方开水田毫无异议，但他考虑北方气候、水土等情况，反对轻举和盲动，主张周密筹划，通过实验逐步推广。已如前述，康熙在宫内躬身栽培水稻，育出良种，亦摸索了北方种水稻的经验。他特别强调注意解决水的问题"北方水土之性""不同于南方"，水难于积蓄，雨水大时水大，但很容易涸固。西巡时，他见山西太原以南及陕西、宁夏、哈密，引水自高处灌入田中，认为这种办法很好，"此皆按地方之形，随水土之性而作者也"。对蓝理之请，康熙未立即表态，令交部议奏。后来，大学士等会同蓝理提出了具体方案，康熙才令蓝理先在天津开水田试种，并对直隶开河引水诸事提出了具体意见。蓝理在天津开水田一百五十顷，民称"蓝田"。康熙朝，直隶一带水田种植逐步扩大。特别是在康熙主持下，水稻种植已向北发展。四十二年（1703年），在热河承德建避暑山庄，康熙把御稻种移去，在庄内设大片水田，所收稻米"每岁避暑用之尚有赢余"。从此，水稻种植由长城以南发展到长城以北。

害虫是农作物的大敌。康熙为防治虫灾进行了细心的研究。他通过查阅古文献，学习古人治蝗虫办法，出巡时观察蝗蝻滋生情况，研究蝗虫动向。他对治蝗虫提出一系列切实可行的办法。他反对主张不扑听其自去的宿命论观点，斥之为无知之言，强调依靠人的力量战胜虫灾。因此，今地方各级官员要防患于未然，消灭幼虫，冬天预掘蝗种，冬春之交及早耕耨田亩，用上压住蝗种、这是"去恶务绝其本也"；一旦蝗虫出现，即令地方官到田间与百姓共同扑打，直到消灭为止

康熙的重农思想和采取的有力措施，对农业的发展起了促进作用。

即使是在十数年前，康熙帝已经一再说全国人口大增，而田土不增。这种情形势必使民生遇到困难。对如何解决这一问题表示了担忧。康熙四十八年十一月决定天下普免一年钱粮之后数日，他在与大学士们议论米价时说："今京城米价甚贵，朕闻小米一石需银一两二钱，麦子一石需银一两八钱，尔等与九卿会议如何可以平价。"大学士李光地说："今人口甚多、即如臣故乡福建一省户口繁息较往年数倍，米价之贵，盖因人民繁庶之故。"后面的对话，康熙帝甚至想到边外开垦，以缓解人口多、粮价贵的问题。

在传统中国封建社会中，一个非常明显的迹象是：土地使用权相对分散，男耕女织的小农经济在相对稳定的环境中，农业经济便很快得到恢复发展。一个王朝的"盛世"正是在这时出现：土地大面积开辟，人口极度膨胀。统治者往往以此引为自豪。那时几乎用不着更多的智慧，统治者们要么抑制土地兼并，要么重农抑商，倡导节俭。他们知道只要人们有饭吃，便可万事大吉。然而仅这两点便不易做到，更何况人口的增长只要在稳定的环境中，其增长速度便不是长期维持低水平的生产力、而土地面积又难以再增加的条件所能承受。康熙帝的忧虑显然是这种潜在危机的敏感反映。但他又能有什么新的对策呢？

有趣的是，尽管康熙帝君臣一再讨论人口增加的压力，以当时的记录看，人口似乎也并未增长多少。三藩之乱发生前的康熙十一年，全国人丁 1943 万多，叛乱平定后的康熙二十一年几乎仍维持这一数字。此后 20 年间虽

然持续发展，直到康熙四十六年，也还是2041万。其实这时的实际人口当已超过一亿。因为以一丁之家有人5口计算，恐怕相差不远。这已经大大超出了中国古代社会人口数的最高水平。然而还不能说这是统计数的全部。原因还不在于统计的一般性缺漏。因为国家赋役以地亩和人丁计算，许多农户隐蔽地亩逃赋很难，但隐匿人丁，逃免丁银的现象却较为普遍，这从当时人丁数字的统计便不难发现问题。比如康熙四十四年、四十五年、四十六年，3年中人丁竟一个没增加。

尽管如此，康熙帝仍表示很愿意看到这种人丁兴旺的情形。他不仅对地方官上报的一胎产三男等消息深为高兴，认为是祥瑞之象；同时，多次赏赐长寿的老人。他知道地方上报人丁数有隐匿不实的情况。却也不予深究，因为国家库府充实，也不必斤斤计较有否偷漏。除此之外，在自己的统治期内，能养活如此众多的人民，那正是盛世的标志，至于如何继续使人民丰衣足食，当然不能想像出什么控制人口增长的办法。他曾屡次下令禁止地方上的溺婴陋俗。

不过，这种人丁数、人口数含糊不清的局面，对国家也产生了相当不利的消极影响。表面上看，地方人丁数上报不实，好像也减轻了民户的丁银压力。其实，在许多地方，地方官有意匿不上闻，但对民户增丁却仍征收丁银，贪占分肥。随着人口的发展，大量不在册籍的人口日益增加，也不利于地方管理。而这种无法控制的人口因逃避"丁税"而流动性较强，也因此造成一定程度的社会混乱。尤其是人丁流失严重，使征收丁银的赋役制度流于形式。某些册籍人丁已死，而丁银仍旧，却由他户赔交。反而使民户加重了负担。征收起来也相当麻烦。而农业经济发展起来之后，人口增加，人均土地面积减少，一些剩余劳动力受丁银束缚，很少自由，民间对征收丁银也表示出很强的不满情绪。种种情况表明：康熙帝只有改革赋役制度，才能使上述一系列弊端有所变化。

康熙五十一年二月二十九日，也就是康熙帝决定普免天下钱粮不久，他召集大学士、九卿等重臣，宣布自己的意图。他说："朕览各省督抚奏编审人丁数目，并末将加增之数进行开报。今海宇承平已久，户口日繁，若按现在人丁加征钱粮实有不可，人丁虽增，地亩并未加广。应令直省督抚，将现今钱粮册内有名丁数，勿增勿减，永为定额。其自后所生人丁，不必征收钱粮，编审的时候，止将增出实数查明，另造清册题报。"接着他又说："西南各省，先前因战乱，田地抛荒严重。现在都已开垦无遗，说明人口确实增加了很多。此次变动，朕故欲知人丁之实数，不在加增钱粮也。"

虽然说康熙帝命朝臣随后要"详议以闻"，其实已是一言九鼎，所议只是执行的细节而已。毫无疑问，这又是一项惠民而今百姓欢呼雀跃的实政。它以康熙五十年册籍所载人丁数为定数征收丁银，而五十一年以后新增人丁不再加收丁银。这就是所谓盛世"滋生人丁，永不加赋"。当时全国在册人丁数为 2462 万 1324 人。

这一赋役改革，虽然仍没有取消人丁税，但对那些少地或无地的农民来说，确实减轻了不小的负担。尽管原来在册的丁额负担仍在，但他们不再为添丁生子而发愁，也用不着东躲西藏以逃避。有了这一规定，原本不在正册的人丁也可不必再为地方官所逼迫多交丁银。人民的生活因此得以安定许多。

这一改革在客观上不仅使原来漏报或不报的人丁终于可以以实添报，给澄清全国人丁和人口实数奠定了基础；也促进了人口的进一步增长。此后十年间，人丁总数增加到 2576 万 3498 人，其中不用上交丁银的成丁就有 114 万 2174 人。到康熙末年，这位帝王治下的全部人口大约已快接近一亿三千万人左右。这是一个空前的数字！如果按中国古代社会战乱相循的规律来看，这在任何一个以前的王朝都是无法供养的。正因为如此，如果不是康熙帝的出色管理，这一数字早已应进入民生乏食、社会动荡和战乱了。

"滋生人丁，永不加赋"的改革引起的社会变化还有一些不是康熙帝所能预料到的。自从明朝张居正改革，实行把地、丁两项合并一总征银的"一条鞭"法后，国家基本上是征收银子，农民再不必为交粮而世代附着土地上辛勤耕耘。有些农民已游离于土地之外，进行商业和手工业以营生。尽管其名下土地数字仍然存在，但只要交银便可完赋，农民获得了更多的人身自由。因而商业和手工业得到迅速发展。康熙帝进一步减少人丁银的征收，使这一趋势更加明显。康熙帝统治的后期，伴随农业经济的繁荣，城市工商业和雇佣劳动发展较快，江南许多地方商贸往还，百货充溢于市，呈献了繁荣兴旺的发达景象。这不能不说与这一改革有关。

"智者千虑，必有一失"。康熙帝还是没有想到，既然丁银以康熙五十年人丁为定数，那么人丁年过 60 岁，就应"除丁"，其负担的丁银要么免收，这样全国所收丁银势必会越来越少；要么就需用新增丁项补上，可又不符合规定。这又使保留的丁银征收出现麻烦。所以不久又规定："缺额人丁，以本户新添者抵补。又不足，以同甲粮多者顶补。"这样，原额丁银仍可保证，可赋役不均的现象却因此而更加严重。"额丁子孙多寡不同。或数十百丁承纳一丁。其故绝者，或一丁承一二十丁。或无其户，势难完纳。"康熙五十三年，御史董之燧请统计丁粮，按亩均派，以此解决这一弊病。部议不便更张而未行。但是不这样做又没有别的办法，结果广东、四川两省还是采取了这一措施。两年之后，御史董之燧再次上疏，请求丁银随地亩征收，限于民间买卖地亩，康熙帝批准。但真正在全国推行"摊丁入亩"却已在康熙帝去世之后的雍正年间。到那时，在中国征收了近两千年的人头税才终于取消。

"滋生人丁，永不加赋"所产生的后果无论如何，它毕竟是康熙帝晚年所实施的一项重要的惠民政策。它也只有在经济发展、国力强盛的情况下才能出现。但就在这一政策的出台的前后，康熙帝执政后期社会的不安定因素也多方滋长。康熙帝仍在忙碌着，但更多的是烦恼。他仍然期望展示自己的宽厚，但在眼前所发生的一切都已不能完全尽如人意。

二

黄河在历史上经常泛滥、改道，据有关统计共达一千五百多次，给沿河地区人民带来巨大灾害，严重影响国计民生。因此，古代帝王，大多数重视治河，康熙帝是其中比较杰出的一位。

黄河易于泛滥，与其流经地区的自然条件和河流特点有关。它自巴颜喀拉山北麓发源，全长五千四百六十公里，中游流经内蒙、山西、陕西和河南西部，不仅容纳晋、陕之间数十条支流的水量，而且夹带大量黄土高原的泥沙。平均每立方米含沙量达三十七公斤，暴雨时最多超过六百公斤。"一碗水、半碗泥"之说，形象地反映了黄河含沙量之大。黄河从河南孟津进入下游，河道变得宽阔，水流缓慢，中游带来的约十六亿吨泥沙，有四分之一左右淤积在河床中，每年河床平均升高约十厘米。这样年复一年，泥沙不断淤积，以致下游河道成为高出两岸平地的"地上河"，一般高出地面很多，乃至十余米，全靠人工筑堤束水。一旦年久失修，遇到雨季、汛期，极易冲决改道。

元朝开始定都北京，纵贯南北的大运河穿过黄河，向北延伸到北京附近的通州。黄河和运河交汇，更增加了泛滥的可能性。此后，治黄已不单纯是疏导通流、防止泛滥，还要使黄河保持相当的水位，以便蓄黄济运。对此，康熙曾说："前代治河皆以为宜疏决而放之海，则永无河患；但今运道自淮以北，必由黄河一百八十里而后达于运河，与古形势不同，则古说亦何可尽行也？尤其是明朝万历初年河臣潘季驯治河功成，尽断旁出诸道，把金，元以来黄河东出徐州由泗夺淮经云梯关入海之路线固定下来，此后二百八十年间一直以此为惟一入海河道。这固然能使人们免受改道之苦，但也出现了新的问题。主要问题是，洪泽湖以东的清口，不仅为黄、淮交汇之地，也是大运河出入的咽喉，成了最易出事的地区。如果黄、淮势均力敌，尚能相安无事，而实际上经常是黄强、淮弱，因为"黄水荟萃众流，来自万里，力大而势强；淮源近出豫州，北御黄、南资运，力分而势弱"。淮不敌黄，经常发生黄水倒灌。"倒灌之弊，小则扪塞河口，大则淤垫河身"。甚至黄、淮二水一起涌入运河，冲决堤坝，泛滥成灾。

清初战乱不息，河道年久失修，致使河患十分频繁。史载："自顺治十六年（1659 年）归仁堤（在江苏宿迁东南三十五里白洋河口）冲溃之后，睢、湖诸水悉由决口侵难，不复入黄刷沙。以致黄水反从小河口、白洋河二处倒灌，停沙积渐，淤成陆地。至康熙六、七年间，各处大水，黄、淮并涨。……淮河之水由高、宝诸湖直射运河，冲决清水潭，下淹高、江等七州县（高邮、江都、山阳、盐城、宝应、泰州、兴化）之田者多，而赴清口会黄入海者少。海口淤，而云梯关也淤；云梯关淤，而清江浦、清口并淤矣"

康熙初年，对地方的管理还没有有序化，有些"奸民"和地方官，为了私利，擅自决口，加重了水患。据工科结事中李宗孔于康熙七年十月上疏揭露，安徽泗州（今泗县）、盱眙的"奸民"，"自古沟镇"。至夏家桥等处，新开沟路，共有八条"，使淮水由盱眙之周桥闸。翟家坝决口，以致高邮等处地方俱被淹没。当政府派遣人前往堵塞决口时，"奸民"竟"聚众驱逐夫役，不容修筑"。州县官不仅未加禁约，反而借口"呈详督抚，以候会勘"，出示令修筑，"暂停"。此外，"亦间有不肖小吏利于兴工，往往为此，旅修旋决，遂成河患"。

康熙帝刚刚亲政、就遇到一场大水，河道、运道遭到进一步的破坏。当时每年通过运河挽运七省漕粮四百万石至北京，供应官兵俸饷，运道受阻，事关重大。因此，康熙帝亲政之初，便"以三藩及河务、漕运为三大事，书宫中柱上"，定为国家的重大任务。如康熙自己所说："从古治河之法，朕自十四岁，即反复详考'。每当发生水灾，他便派人巡视河工，绘图以进，及时掌握情况，采取对策。

但康熙亲政之初国家财政困难，尚不能进行全面治理，仅为保证运道而搞一点应急的小型项目；开支稍大的工程便不能进行。康熙七年冬，河道总督杨茂勋为解决清口黄水倒灌问题，题请添筑拦黄矶嘴长坝。十二月，工部尚书马迩赛等遵奉圣旨议复，认为"所需钱粮太多，请将黄河北岸挑挖引河，分引黄河之水"。用减弱黄河水势之法解决清口黄水倒灌问题，使淮水冲出清口。恢复运道通行。减弱黄河水势固然能暂时解决清口的倒灌和淤沙问题，但从长远和全局看，黄河水流放缓会增加自身的淤沙，最终仍将不利于清口，然而，当时只能如此。康熙帝批准了这一方案。因此，虽然国家每年投入大约几十万两白银，收效仍然很小，"河患之深，日甚一日"。

几年之后，国家财政状况渐有好转，康熙在治河方面表现了一定的主动精神，颇有未雨绸缪之意。十一年六月，他根据差往巡视决口的侍卫吴丹、学士郭廷祚所呈绘图和汇报，认为"黄河自宿迁以至清河皆为紧要，虽有遥堤一层，恐未足捍蔽水势"，因而令工部会同河道总督、漕运总督共同商酌，"应否于遥堤之外，再筑遥提"，"所需钱粮，逐一详确议奏"。次年十月，又批准工部议复河道总督王光裕奏疏，令于清口筑坝，"以遏浊流"；并于"水势平缓"的七里墩建闸，挑浚新河，"使湖水自七里墩闸进口，即由新河文华寺入运，"以使"黄流可遏，运道无虞"。这年年底，爆发了吴三桂等人的叛乱。康熙必须集中一切人力、物力支持平叛战争，治河一事又无暇顾及。

康熙十五年（1676年），各处又发大水，黄、淮再次并涨，其灾情远远超过康熙六、七年那次。据靳辅在《河道敝坏已极疏》中指出："清口以下之河身既高，不能奔趋归海，而睢、湖诸水又合淮水并力东激。以故除古沟、翟家坝等原冲九处之处，又将高良涧板工冲决口大小二十六处，高家堰石工冲决口大小七处。诸水尽由各决口直注运河，加冲清水潭、三浅等处各决口，下淹七州县之田，而涓滴不出清口。黄水又乘高四溃，冲断于家岗等处，又复灌人烂泥浅，将武家墩板工冲开五十丈，入故明所开之废河，历杨家庙会合灌水，直奔清水潭。其武家墩上流刷成大河，宽一二百丈不等，又分一股人洪泽湖，由高家堰石工决口，会准并归清水潭。而于各旧决口之处，则又浸淫四漫，较之以前势愈分泄，以致下流更淤，而河身高垫更不可言矣"。黄河自清江浦到海口，约长三百里，"向日河身深二、三、四丈不等，今则深者不过八九尺，浅者仅二三尺矣。黄河淤运河亦淤，今准安城堞卑于河底矣"。

河道敝坏已极，若再不全面修治，不仅江南被淹、运道受到淤阻，甚至河南、山东也将成为泽国。因此，尽管平叛战争还在进行，国家财政仍然比较困难，康熙帝还是

中华藏书

大清十二帝·最新整理珍藏版

中国书店

下决心对黄河、淮河进行全面的治理。

康熙以"淮、扬等处堤岸溃决，淹没田地，关系运道人民的生活，甚为重大'，于十五年十月派遣工部尚书冀如锡、户部侍郎伊桑阿前往巡视。临行之前，康熙帝特别叮嘱："河工经费浩繁，迄无成效，沿河百姓皆受其困。今特命尔等前往，须实心相视，将河上利害情形体勘详明、各处堤岸应如何修筑，务为一劳永逸之计，勿得苟且塞责。如勘视不审，后复有事，尔等亦难辞咎"。这道谕旨，提出"务为一劳永逸之计"，反映了康熙帝全面整治河道的坚定决心。

不久，康熙立即开始各项准备工作。十五年十二月，他命江南淮、扬所属沿河地方栽植柳树，以备河工需用。次年二月，经吏部决定，慎选河员，并行久任之制，规定："嗣后凡河工道员缺出，内而部属，外而知府、同知，果有曾任何职、尽心河务者，令总督保题；其未任河职，才品优长，该督所深悉者，亦许题请。至现任河员，果能尽心河务，俸深升授他职者，许以升衔题留原任；升转时，仍照所升之职升用"。同月，康熙帝把原河道总督王光裕解职。因为经奉差勘验河工工部尚书冀如锡等检查发现，王光裕原报正在抢修的项目，实际并未兴工；题报已经"堵塞完固"的项目，质量极差，"新堤高宽不及旧堤之半"，认为他"全无治河之才"。经过慎重选择，升任安徽巡抚靳铺为河道总督，并遣部侍郎折尔肯、副都御史金儁，前往会同新任总河察审河务。

靳辅，字紫垣，汉军镶黄旗人。顺治九年（1652年），以官学生考授国史馆编修，初入政界，此后，步步高升，十五年（1658年），改内阁中书，不久迁兵部员外郎。康熙初年，自郎中四迁至内阁学士。十年（1671年），授安徽巡抚，治绩优著。十五年，康熙嘉其实心任事，"加兵部尚书衔"。这说皇帝已经发现他的经世才华，即将委以重任。不久以后，将其升擢河道总督，并寄予厚望。康熙委任靳辅之后，曾对日讲官说："近简命河臣董理（河务），辨其水势，疏其故道，严察下吏，重其考成，果能实心行之，庶或一劳永逸"。

靳辅感激皇上知遇之恩，勤勤恳恳，以图报答，十六年三月受命，四月初六即赶赴宿迁河工署就任。莅任之后，他除随时向幕宾陈潢请教之外，并"遍历河干，广谘博询"，进行为期两个多月的实地考察。毋论绅士、兵民以及工匠夫役人等，凡有一言可取一事可行者，"莫不虚心采择"。他研究了我国历代治河的利弊、得失，主张继承明代河臣潘季驯"筑堤束水，以水攻沙"的理论，并结合实际灵活运用。他体会康熙帝"务为一劳永逸之计"的谕旨，在《河道敝坏已极疏》中，批驳了只知"保运"、而不求治黄的错误做法，提出了统筹全局、"将河道运道一体，彻首尾而合治之"的指导方针，并将治河应行事宜分拟《经理河工八疏》，同日呈交皇帝。

《八疏》每疏一事，提出五项工程和三项用以保证的措施。五项工程是：挑清江浦以下，历云梯关，至海口一带河身之士，以筑两岸之堤；挑洪泽湖下流，高家堰以西，至清口引水河二道；加高帮阔七里墩。武家墩、高家堰、高良涧、至周桥闸，残缺单薄堤工，构筑坦坡；筑古沟、翟家坝一带堤工，并堵塞黄淮呼处决口；团通济闸坝，深挑运河，堵塞清水潭等处决口，以通漕艘。其三项保证措施是：钱粮浩繁；须预为筹划、以补济军需；请裁并河工冗员，以调贤员，赴工襄事；请设巡何官兵，共六营五千八百六十名，配置浚船二百九十六只，以经常维修、保护堤坝。各项工程初步估算需银二百一十四万八千余两，后逐步增至二百五十余万两。需用人夫数量亦很大，仅第一项工程每日即需十二万余人，加上其他各处工程每日大约需要二十万人。

康熙收到靳辅奏疏，于十六年七月十九日命议政王、大臣、九卿、科道等官，会同详确议奏。议政王等不同意大修，因"目今需饷维殷，且挑浚役夫，每日需十二万有余"，也易生事端，故建议："先将紧要之处酌量修筑，俟事平之日再照该督所题，大为修治"。康熙帝不同意议政王等人暂缓实行的想法，令靳辅继续论证，说："河道关系重大，应否缓修，并会议各本内事情，著总河靳辅再行确议具奏"。靳辅于十六年九月奉旨，经"反复筹维，再三勘阅"，在同年十二月遵旨再上《敬陈经理河工八疏》。此疏对前一方案稍做调整，如挑浚黄河人夫，因为"侉车（独轮车）代挑，"并将工期由二百日延至四百日，故可从原拟每日十二万减至三万人。再如，洪泽湖下流、高家堰以西至清口之引水河，过去拟二道。因为年内已经挑浚一道，故再挑一道即呆。原二、三、四疏所列各项工程仍坚持原案，靳辅声称："急宜修筑，断难议缓"。个别工程还有所补充。如，清江浦以下历云梯关至海口挑浚黄河工程，于原定遥堤之内，加筑缕堤和格堤。以缕堤束水，以遥堤、格堤防冲决。并用同样方法修筑清江浦以上至徐州黄河两岸之堤工。

总之，靳辅的治河方案坚决贯彻"一劳永逸"、全面修治的方针，从而得到康熙的大力支持。十七年正月，经议政王大臣等议复，康熙帝批准实行。二月，又决定支给正项钱粮二百五十余万两，限定三年告竣。从此，清初大规模治河全面展开，并逐步取得成效。

导黄入海工程。于河身两旁各开一道引河用挖出的土，筑两岸之堤。南岸自白洋河至云梯关约长三百三十里，北岸自清河县至云梯关约长二百里，以每里一百八十丈科之，共长九万五千四百丈。又自云梯关以至海口尚有百里，除近海二十里潮大土湿无法动工外，其余两岸共堤一百六十里，计长二万八千八百丈，虽堤坝略小，然亦与关内同样挑筑。这项工程从康熙十七年动工，使淤塞十年的海口开始通流，为其他各项治河工程的进行创造了有利条件。但是在三年限期之内并未最后完成。靳辅在二十年三月上疏自责，请求处分。康熙将其革职，但仍"令戴罪督修"。至次年五月，大见成效，据靳辅上疏说："海口大辟，下流流通，腹心之害已除"。

清口工程。明初南来漕船至清江浦天妃闸，从这里流向黄河。万历年间，河臣潘季驯移运口于新庄闸（亦名天妃）以纳清而避黄，称清口。然其口距黄淮交汇之处不过二百文，黄水仍复内灌。靳辅于十七年十月上疏建议："必须将清口封闭，从文华寺挑新河至七里闸，以七里闸为运口（即南运口，也称清口），由武家墩、烂泥浅转入黄海。如此则运口与黄淮交会之处隔远，运河不为黄水所灌，自无垫高之患矣"。此疏经批准后，靳辅自新庄闸之西南桃河一道，至太平坝；又自文华寺永济河头起，挑河一道，引而南经七里闸，复转而西南，亦接之太平坝，俱达烂泥浅之引河内。则两渠并行，互为月河，从舒急流而备不虞，外则河渠离黄水交汇之处不下四、五里，又有裴家场、帅家庄二水，乘高迅往以为之外捍，而烂泥浅一河分其十之二以济运，仍挟其十之八以射黄。这一工程于年底完成之后，效果很好。据靳辅说："运艘之出清口，就像从咽喉而直吐，即伏秋暴涨，黄水不特不能内灌运河，并难抵运口"，"迩年以来，重运过淮，扬帆直上，如历坦途；运河永无淤垫之虞，淮民岁省挑浚之苦"。

高家堰工程。高家堰是洪泽湖与高邮、宝应诸湖之间的堤堰。它的最大功用是挽湖束水、捍淮敌黄，使淮水经洪泽湖顺利流出清口；同时也是运河的屏障。康熙十五年大水，高家堰溃决多处，冲决漕堤，下河七州县大部被淹。靳辅将诸决口尽塞，自清口至周桥九十里旧堤悉增筑高厚，并将周桥至翟坝三十里旧无堤并已成河九道之处亦创建新堤。仍留减水坝六处，以备旱时蓄水济运；涝时泄水保堤。靳辅并于堤外帮筑坦坡，坡长为堤高的八倍，在其上种草植树，不时维修，效果极佳。这项工程从十七年动工，到第二年七月初二日始接靳辅奏报，全部竣工。山阳、宝应、高邮、江都四州县河西洞出诸湖沃地，可设法招垦，"增赋足民"。

清水潭工程。清水潭靠近高邮湖，地势卑洼，受害尤重，最难修治。大决口南北三百余丈，水深至七、八丈，东西与湖水相连，汪洋无际，漕运受阻。历经杨茂勋、罗多、王光裕三位河道总督经营堵塞十余年，费帑金五十余万，随筑随圮，终难底绩。靳辅经调查研究，综合加以治理，决定先堵塞高家堰各处决口，令淮水尽出清口，刹其上流水势；并挑山阳、清河、高邮、宝应、江都五州县运河，塞决口三十二，疏其下流水路，然后专力以图清水潭。他吸取前人在决口下埽填土，"随下随溜"的教训，采用"避深就浅，于决口上下退离五、六十文为偃月形，抱决口两端而筑之"的方法，"筑成西堤一道长九百二十一丈五尺，东堤一道长六百零五丈，更挑绕西越河一道长八百四十丈"。靳辅亲率河官六十余员，"身宿工次"，从十七年九月兴工，至第二年三月，凡一百八十五日而工竣。仅费银九万余两，省帑金四十八万余两。然后向皇帝上疏奏报："七州县田亩尽行涸出，运艘。民船永可安澜矣"。康熙览奏非常高兴，特予嘉奖，"名河曰永安，新河堤曰永安堤"。

归仁堤工程。归仁堤原以障睢，并永瑚、邸家、白鹿诸湖之水，不使流入淮河，且令由小河口、白洋河二处入黄河，助黄刷沙。清初，许多河臣认为归仁堤与运道无关，致多年失修，经常决溢。靳辅认为归仁堤失修是造成河患的原因之一，于十八年春命动工修复。首先把旧堤加高培厚，其次挑引河一条，并用其土筑大坝一道，此外又筑滚水坝一座，不使黄水倒灌。修复后的归仁堤，成为捍淮敌黄的一道屏障。

皂河工程，康熙初年，漕船入黄河，西北行抵宿迁，由董口北达。后董口淤塞，遂取道骆马湖，西北行四十里始得沟河，又二十余里至窑湾口而接伽河。"湖浅水面阔，好纤无所施，舟泥泞不得前，挑掘异送，宿邑骚然"。靳辅发现宿迁西北四十里皂河集沟渠断续，有旧淤河形一道，因而上疏要求，并于十八年（1679年）十月议准，用节省河工钱粮，挑新浚旧，另开皂河四十里于骆马湖之旁，上接伽河，下达黄河，行驶安全，便于挽运。又自皂河迤东，历龙冈、岔路口至张家庄二十里，挑新河三千余丈，并且移运口于张家庄，以防黄水倒灌。此项工程自十九年初动工，中经大水冲淤，历时二载始告成功。

另外，靳辅为保护重要堤堰，还增筑一系列滚水坝与减水坝，并于二十年六月议准，在徐州长樊大坝之外，"创筑月堤，长一千八百六十九丈"。

靳辅贯彻康熙帝一劳永逸、全面治理的方针，取得了显著成绩，但也遇到很大困难。主要是十九年、二十年又遇到两次大水，河道多次决口。先是杨家庄决口，至二十年年底刚刚闭合龙门，次年正月，再度溃决，经奋力抢修一个多月，才得以重新筑塞。不料宿迁徐家湾险工又漫决百丈有余。他即刻督夫抢修，于三月中旬堵塞。这时，他一面勘查各工，督令缮修；一面疏请钦差阅视河工。其疏刚刚奏入，又有肖家渡民堤坐陷，决口九十余丈。这些都是前进中的困难，本来不足为怪，但却有人借机全盘否定治河成就。

对于靳辅的工作，早就有人不满意了。康熙十八年十月请开皂河时，左都御史魏象枢对皇帝说："河臣动用钱粮二百余万为一劳永逸之计，前奏堤坝已修筑七分，今又欲复开河道，所谓一劳永逸者安在？"康熙帝虽然要求

"务为一劳永逸方针"但又充分估计到实际困难，因此答道："即目前河工告竣，亦因天旱易修，岂得遽恃为永固耳?"。二十一年五月初八，康熙根据靳辅要求，遣户部尚书伊桑阿、左副都御史宋文运等四人去江南勘阅河工"。尚未出发，候补布政使崔维雅奏呈所辑《河防刍议》、《两河治略》二书，并条议二十四款，对几年来的治河成就一概予以否定，主张拆毁所有工程。康熙命勘阅河工大臣带领崔维雅，"会同总河靳辅确议具奏"。行前，康熙将伊桑阿等召至御座前，谕曰："治河不在空言，而在实行，慎未可轻言河工之易也。……尔等前去务与靳辅公同商酌，加意看验，勿各执己见。凡有会议事宜，必逐一陈奏"。

然而勘阅河工户部尚书伊桑阿等，以挑剔的目光看验黄河两岸堤工，并归仁堤、高家堰、运河、皂河等处工程，然后回到徐州，以崔维雅条陈二十四款质问靳辅。靳辅毫不气馁，"逐条登答"、批驳，有理有据，使伊桑阿等感到"若照崔维雅所议，另行修筑，亦难保其必能成功"，因而无法定议。十月，伊桑阿等还奏："现在肖家渡决口九十余丈，宿迁、沭阳等处田地淹没，黄河不归故道，本年粮艘虽已北上，将来运道尚属可虞。至所修工程，多有不坚固、不合式之处，与一劳永逸之言大不相符，应将该督并监修各官交与该部，从重治罪，其不坚固、不合式等处，责令赔修"。同时，"将崔维雅、靳辅所议之处，逐款对写缮疏具题"。同时，靳辅也上疏申辩说：河道全局已成十之八九，止有杨家庄以下一百四五十里河身未经大通，肖家渡新口未堵塞。""伏念肖家渡虽有决口，而海口大辟，下流疏通，河道腹心之患已除。堵塞此口，其事实易，断不宜有所更张，以隳成功而酿后患。"

靳辅的回答与申辩，对康熙帝产生了一定影响。他于十月十七日对九卿詹事科道等说："先是崔维雅条奏二十四款，朕初览时似有可取，及览靳辅回奏，则崔维雅所奏事宜，甚属难行"。但是，康熙对于靳辅能否完成治河任务仍无把握，因此，曾于十一月十三日令九卿科道等官会议，是否可行海运。户部尚书伊桑阿等复奏："黄河运道非独有济漕粮，即商贾百货皆赖此通行，实国家急务，在所必治"。而且，建造海船、疏浚近海淤塞之河道，"其费益大"、"似属难行"。康熙同意。不少人建议皇帝换掉靳辅，康熙考虑"若另用一人，则旧官离任，新官推诿，必致坏事"，因此，意欲继续任用靳辅，令其完成治河任务。二十一年十一月十七日，九卿等遵旨会议尚书伊桑阿察勘河工一疏，建议将靳辅等人俱行革职，戴罪赔修，限六个月修竣。最后康熙决定："靳辅仍着革职，戴罪督修；修筑各官，俱著革职，戴罪监修，靳限将肖家渡决口堵塞。但河工关系重大，所需钱粮浩繁，若责令赔修，恐致贻误，仍准动用钱粮，勿得借端科派小民"。崔维雅的条奏二十四款，遭到彻底否决。到这里，由崔维雅奏疏制造的治河危机，趋向缓和。

二十二年七月，因大工一个接一个地做完，工部议复靳辅以二十八本奏销钱粮，康熙高兴地对工部官员说："前见靳辅为人似乎轻躁，恐其难以成功，今闻河流得归故道，深为可喜。以后宜加严毖，勿致疏防，方为尽善，其各本俱依议"。这年十二月，命复靳辅河道总督。次年七月，奉差福建广东甚界内阁学士席柱复命，康熙向他询问靳辅及河道情况。席柱回奏说："曾见靳辅颜色憔悴，河道颇好，漕远无阴。"康熙听后感慨地说："今河工已成，水归故道，有裨漕运商民，使轻易他人，必至贻悔矣"。

康熙帝高兴归高兴，可心里还是放心不下。因此，康熙二十三年严冬来临之前，也是乘平三藩、统一台湾后解决俄罗斯对黑龙江侵略的间隙，他要亲自看看这令他费尽心思、烦扰难安的黄河和花费了数百万两钱财的治河工程到底是个什么样子。

皇帝要来视察，真是历尽千辛万苦的总河官靳辅作梦也想不到的。他多么希望这个惟一信任、支持他、并能对他的努力主持公道的明君能亲眼看一看他治河的成就。

从宿迁到桃源，康熙帝每登黄河大堤都深感治河的艰难，他从靳辅憔粹的面容和从容自信的奏对中了解到这个年过半百的老汉军旗人的忠诚。他以充满理解的语调，对这位安心任事的官员说：自己虽然在宫中详细研究过治河的著作和一些工程图，尽管"知险工修筑之难，未曾身历河上，其河势之汹涌溅漫，堤岸之远近高下，不能了然。"通过视察，发现一些堤段还存在相当大的危险，应加意防护。"大略运道之患在黄河，御河全凭堤岸。若南北两堤修筑坚固，可免决啮，则河水不致四溃。水不四溃，则濬涤淤沙，沙去河深，堤岸益可无虞。今诸处堤防虽经整理，还宜培薄增卑，随时修筑，以防未然，不可忽也。此后又对修筑减水坝提出看法，认为这只是一时权宜之计，最好能"筹划精详，措置得当，使黄河之水顺轨东下。水行沙刷，永无壅决，则减水诸坝皆可不用。运道既免梗塞之患，民生亦无垫溺之忧，庶几一劳永逸，可以告河工之成也。"靳辅对皇上的意见深表赞同，但也表示目前由于治理尚在起步，只能先抓主要工程。在宿迁到清河，一路之上，康熙帝见到河工夫役运土筑堤，椿埽下桩，夯筑甚力，都住足观看，亲自上前慰问，还嘱咐靳辅说："堤上夫役，风雨昼夜，露宿草栖，劳苦倍常。所领工食无几，恐有不肖官吏从中侵蚀，必使人沾实惠，不可不加意轸恤也。"

从清河南行，康熙帝改乘舟船，每见水淹民舍、田园，都不免一番察看和对官员如何救灾爱民有所指示。如果说康熙帝先前关注治河，主要还是关心运道的南北通畅，这次南行使这个身居九重的年轻皇帝更加深了对治河意义的认识。浸泡于水中的黎民百姓，流徙转死，挣扎无依。那一幕惨状即使在他临幸江宁（南京）教场、明孝陵前，还是苏州惠泉山，都无时或忘。一再叮嘱地方官员要切念民依，诘已率属，砥砺名节，移风易俗，务使家给人足，早至太平盛世。当北返回程再到高邮、宝应等泛区，康熙帝对吏部尚书伊桑阿说："朕车驾南巡，省民疾苦。……见民庐舍田畴被水淹没，朕心深为轸念。访问其故，具悉梗概。高、宝等处湖水下流，原有海口，以年久沙淤，遂致壅塞。今将入海故道濬治疏通，可免水患。自是往还，每念及此，不忍于怀。此一方生灵，必图拯济安全，咸使得所，始称朕意。"然后让他与工部尚书萨穆哈前往遭水灾的各州县，详细调查受灾情况，并表示为真正济民除患，"纵有经费，在所不惜。"

天气渐渐转寒，康熙帝准备在进入腊月之前赶回北京，但又惟恐有关照不到之处。当返抵清河县，十一月初十日，天刚放亮，他只带数十扈从，骑马沿高家堰大坝，往返百余里，凡河工险要，一一详细询问，再三叮咛靳辅，要十分重视高家堰数处薄弱坏节，不能出事。四天后，在山东郯城县沙沟，他在御幄之中，濡墨挥毫，将前一日写下的《阅河堤诗》当众书于纸上，并赐给靳辅，算是君臣临别时再示信任的托付。并对靳辅鼓励道："尔数年以来，修治河工，著有成效，黾勉尽力，朕已悉知。此后当益加勉励，早告成功，使百姓各安旧业，庶不负朕委任至意。"靳辅跪接御书，展读皇上的诗句，不禁心潮起伏老泪纵横：

"防河纤肝良，六御出深宫。

缓辔求民隐，临流叹俗穷。

何年东稼穑，此日是疏通。

已著勤劳意，安澜早奏功。"

靳辅叩兴谢恩，心中激动不已，几年来的辛苦和委屈顿时化为两行热泪顺颊而下。得遇如此圣明之主，即呕心沥血、劳顿捐躯又有何妨。他当即回奏到："臣惟有鞠躬尽瘁，以效犬马之报而已"。

就在这之后又四天，康熙帝顺路至曲阜祭拜孔庙，于十一月二十九日返回北京。

康熙帝已亲身临视了治黄工程，深知"一劳永逸"的愿望还未能达到，以往的争论已如烟云飘散，重要的是真抓实干。每实施一项工程，他都要认真听取各方面的意见，对靳辅提出的主张尤其重视。康熙二十四年，经靳辅呈请，在徐州毛城铺。河南考城、仪封黄河两岸都进行了大规模的筑堤筑坝工程。加牢高家堰也投入大量的人力和财力。然而也许是康熙帝觉得应尽快将遭水灾的难民救出苦海，要不就是他认为靳辅治河只关注防堵，这些都无法从根本上解决问题。以他的想法，只要能将黄河来水及高邮、宝应等地积水顺畅排出，问题便可彻底解决。而根本的方法就是开挖海口，如此才能一劳永逸。因此，自二十三年年底，伊桑阿一行回京后，提出与康熙帝想法相吻合的下挖海口的意见后，康熙帝便急于实施这一计划，并当即下令由安徽按察使于成龙主抓这一事务，由靳辅相予支持，不得有误。

旨意下达，立即引起一场牵动全局的朝廷争论。

靳辅和于成龙先后上疏，可见解却完全相反。靳辅根据多年经验和实测发现，海口不能轻挖。因为泛区低洼多处低于海平面，如海口一开，不仅难排积水，反倒会引起海水倒灌，酿成巨灾，惟一可行的办法是筑堤束水，以击退海潮。而于成龙却坚持开浚海口，坚决执行皇上的主张。争来争去，难于一定。尽管朝臣大多数支持靳辅的主张，可康熙帝的心中却不以为然。到康熙二十四年底，康熙帝公然表示还是按于成龙的意见，先开挖再说，并立即派员进行实地勘验，准备施工。谁知，不久勘验官员回奏说，当地百姓都认为还是不开挖海口为稳妥。这一下原来便反对开挖下河的九卿官员都表示不能轻易动工。康熙二十五年二月，于成龙升任直隶巡抚，表面上，似乎康熙帝已放弃原来的主张。可是 3 个月后，勘验官员工部尚书萨穆哈和礼部左侍郎穆称额却突然以勘验回奏失实的罪名被革职。原因是由江苏巡抚升任礼部尚书的"理学名臣"汤斌一反先前反对开浚海口的态度，认为开工甚为有益，并向康熙帝说，自己曾把开工有益的意见向二人反映过。至此，康熙帝早就怀疑有人从中作梗，有意阻挠他的主张的想法似乎得到证实，他难抑心中怒气，再次询问九卿拿出意见。此时，当然已没有人敢于坚持原来主张，一致认为应该开浚海口。六月六日，康熙帝发下上谕发内币二十万，派孙在丰前往督修开浚海口工程。

孙在丰虽领命待行，康熙帝的心情却仍未平静。他虽怀疑有人在暗中捣鬼，其实也没什么得到什么真凭实据。那么群臣何以对自己的意见颇多疑虑，难道确实是海口难开？靳辅治河确有功劳，可也不至于如此固执己见，抗旨不遵，何况自己一直对他相当信任、重用。多年来，康熙帝在纷繁复杂、动荡不定的社会条件下，谨慎勤龟，事无巨细都亲自处理。他之所以南巡视察河工，就是想亲自了解一下情况，以便在朝臣的争执中正确地拿出一下决定性的意见。他一直是相当自信的。重大事务他还是善于之后，减水坝方可不用，此外再没有别的办法。从这一回奏看，虽然没提靳辅，但事实已证明靳辅的作法是正确的，却又没说皇上不对。但要开挖下河，势必要关闭减水坝，使下游开挖能顺利进行，可这样又难保黄河大坝不重又冲决。就是说减水坝其实还应保留，并且决不能关闭。而这一说法事实上使康熙帝的主张在不关闭减水坝的情况下将无法施行。

朝臣现在也很难摸准康熙帝的心思了，他到底是真的一定要开挖下河，否定靳辅呢？还是仍用靳辅而最后会放弃开挖下河呢？既然皇上的意思无法捉摸，那就还把这个难题交给他本人决定吧！

康熙帝也不想再说什么了，这条该死的黄河到底还要花费他多少精力呢？不过既然朝臣们心里都不愿撤换或将靳辅革职，反正自己也没做决定。于是在六月底他回到紫禁城之前宣布：靳辅虽然有错，但免其革职，仍令修治。

康熙二十五年七月初四，孙在丰督修下河临行向皇上保证，用三个月时间亲身实地考察海口，争取在一年内督修完毕。康熙帝只简单答到："然。"

在以后几个月中，朝臣很少提起河工之事，康熙帝也没有再主持有关会议，直到年底，孙在丰勘察一番后，最终提出要求关闭所有减水坝，以便开浚下河。才使问题重又摆到桌面上来。靳辅因担心这样做将冒大堤决口的危险，上疏坚决反对。康熙二十六年正月十七日，正好靳辅在朝，康熙帝与内阁、九卿诸臣当面要求靳辅将上游闸坝全部关闭，靳辅无可奈何，只得同意。此后，下河工程已进入实际准备阶段，但陆续暴露的问题使争论仍在进行，朝臣之中分歧也很大，下河工程实际仍处于艰难进行的境地。

就在康熙帝为此恼怒不已之时，这年年底他的祖母太皇太后博尔济吉特氏因病去世，又使康熙帝的感情受到严重刺激，原订于十二月下河兴工的计划再告延期。

康熙二十七年的春节，紫禁城内各宫殿一片缟素，与凛冽的寒风相应，使人不禁有一种肃然生畏之感，节日气氛早已不见踪影。数百名文武朝官齐集午门外，没有人敢交头接耳，连咳嗽都憋在喉咙之内。连续数日举哀使一些官员连苦笑都难得做出。可是今日毕竟是元旦令节，到底皇上打算继续哀悼还是稍稍表示庆贺呢？各官正心中嘀咕，就有诏旨传来，王以下各官停哭一天。

太皇太后是十一月二十一日病倒的，她已 75 岁高龄。数十年政治风浪和难以预料的社会动荡她都亲身感受并为此花费了无数心血，陪伴和哺育教导了三代君王。尤其是对孙儿康熙帝更投入了全部的心血。近三十年来，每有难决的大事康熙帝都要到慈宁宫和祖母共商，祖孙间喜悦共享，忧难同担。康熙帝深感祖母养育成立之恩，时时表现着依恋孝敬之诚。他曾几次陪祖母去塞外温泉疗养；曾奉祖母去五台山巡游；每次巡幸地方怕祖母惦念，都随时发信京师，向祖母奏报请安；他东巡盛京时，还不忘将自己亲手捕捞的鲜鱼，用盐渍或羊脂加工过，派人快马送抵宫中给祖母品尝……祖母一病，康熙帝非常忧虑，昼夜守候在慈宁宫，"检方调药，亲侍饮肴。""衣不解带，寝食俱废。"当祖母病势日益沉重后，他悲痛难忍，声泪俱下，他在对上天祈祷的祭文中写到："忆自弱龄，早失怙恃，趋承祖母膝下，三十余年，鞠养教诲，以至有成。设无祖母太皇太后，臣断不能致有今日。成立罔极之恩，毕生难报。"尽管康熙帝采取了一切他能想到的办法，又是为犯人减刑，又是致祭天坛，怎耐太皇太后已是风烛残年又患了重病，终于没有熬过年关，腊月二十五日崩逝于慈宁宫。无论康熙帝如何痛哭哀悼，老祖母也已为九泉下人，留下的只有她临终前以国事为重的劝告。

正月二十三日上午，已差不多两个月未听政的康熙帝又来到乾清门听政。只见他形容清瘦，面色苍白，身穿青色布衣，头上发辫也已剪断，由左右侍卫搀扶才升上龙椅。这不仅使百官大吃一惊，纷纷劝皇上节哀，以保养圣体为重。康熙帝点了点头，随后官员奏事。御史郭琇奏道："靳辅治河多年，讫无成效。皇上爱民，开浚下河，欲拯淮、扬七州县百姓，而靳辅听信幕客陈潢，百计阻挠，宜加惩处。"当户部尚书王日藻代表九卿陈奏意见时，认为靳辅于退水之地屯田有害于百姓应该停止，而河工筑堤，还是应按靳辅意见办理。康熙帝对这一回奏大为不满，命郭琇跪在近前，然后对群臣说：自己亲历河工，很了解实际情况，靳辅筑重堤重累小民，屯田只有利于廷臣，又兼重用小人陈潢，这不能原谅。然后问郭琇参本有没有参劾掣肘河务的廷臣，郭琇回答没有，然后让九卿就参本中事再行会议。这不禁让诸臣再吃一惊：皇上所谓掣肘河务的廷臣所指何人？

康熙表示为祖母服丧 27 个月，经群臣再三劝谏仍改为 27 日除服，然而他于宫中仍穿粗布衣服，且白天黑夜衣带不解，在小室内持丧。群臣劝其改变做法，稍加调养，康熙帝心情更加烦躁。二月初三日，侍读学士德格勒和侍讲学士徐元梦因"私抹记注档案"，被康熙帝下令革职，交刑部严加治罪。初七日，在听政时，康熙帝说：河工屯田对"九卿诸臣俱有利益，惟朕知其累民，再三详酌，以至于今，尔等未发一语也……若事发议罪，则尔等俱在一处。"而且说："至于受贿贪赃之辈，朕未尝不知，但从宽大而已。若果详究，其有一人得免者？前曾将鳌拜、班布尔善俱行正法，若有败乱国政者，朕岂加宽宥耶？"康熙帝显然在河工一事之外另有所指。这无疑是向群臣发出最严厉警号。

谜底很快揭开。二月初六日，御史郭琇再上弹章，这次他没有直接参劾靳辅，而是觇视康熙帝的意图，矛头直指一向支持靳辅的武英殿大学士明珠和余国柱等人，参本列了八条罪状，说明珠、余国柱二人垄断内阁票拟之权，任意轻重；背公营私，把持朝政，市恩立威，要结群心，挟取货贿；结连满汉党羽，把持会推用人之权；卖官鬻爵，导致官贪民困；学道教职以贿委派，败坏士风文教；以派差、考选要索科道言官，言路多受其牵制；排陷异己，阴行倾害。其中与河工有关的一条说："靳辅与明珠、余国柱交相固结，每年糜费河银，大半分肥，所题用河官，多出指授，是以极力庇护、……天鉴甚明，当洞悉靳辅累累抗拒明诏，非无恃而然也。"

郭琇弹章一上，朝臣震惊异常。大多数人感到痛快，尽管有借河工发难的难以服众之处，但毕竟说出明珠倚势弄权，贪纵枉法，放出了长期压抑心底的郁闷之气。不过许多官员也为郭琇捏了一把汗：明珠早已权倾朝野，如果皇上仍然对他恩宠不衰，或仍示以宽容，后果难以预料。

明珠，纳喇氏，满洲正黄旗人。在顺治朝以侍卫任銮议卫小官，以善于逢迎被四辅臣用为内务府总管。康熙帝亲政那一年爬到刑部尚书之职，不久又用为兵部尚书。当尚可喜请归老辽东，他附和撤藩主张，受到康熙帝赏识，康熙十六年被授为武英殿大学士，多次加太子太师，成为朝野侧目的满洲新权贵。十余年中招权纳贿，结党营私。《清史稿》说他"既擅政，簠簋不饬，"货贿山积"，朝臣中大学士勒德洪、余国柱、李之芳，尚书佛伦。葛思泰、科尔坤、熊一潇；侍郎傅腊塔、席珠等都拜在他的门下。对明珠等隐特会推之权，票拟擅含己意等行为康熙帝并非全然不觉，甚至还多少实行过一些警告性的打击，结果明珠却并不在意，反而变本加厉。他似乎觉得康熙帝毕竟年轻，政治经验不多，也似乎总是那样宽容，他的致治决心总要依靠像自己这样有"智慧"的人才能实现。利令智昏的人总是过高估计自己而小看他人，他并不知道康熙帝已经通过于成龙、高士奇等暗中了解了许多他的劣行。尽管康熙帝在开浚下河问题上固执己见，或许明珠支持靳辅并没太大的错处可言，然而，如果康熙帝把这看成是对皇帝权威的挑战，问题的实质已不再是技术问题而成为政治问题。这时，治黄问题自然成为康熙帝严治朋党问题的一个切入点。谁能说郭琇的大胆参劾不是康熙帝暗示的意愿呢？

事隔一天之后，康熙帝御乾清门听政，一通长篇上谕，把中央政府中十数年来积弊历数一遍，然后宣布将靳德洪、明珠革去大学士，交领侍卫内大臣酌用；李之芳体致回籍，余国柱革职；吏部尚书科尔坤、户都尚书佛伦、工部尚书熊一潇解任。上谕中说："朕亲政已久，于部院大小官员行事无不深知。……今在廷诸臣，自大学士以下，有职掌官员以上，全不勤敬供职，但知早出衙门，偷安自便。三五成群，互相交结，同年门生相为援引倾陷。商谋私事，徇庇党舆，图取财赂，作弊营私。种种情况，久已确知。九卿、詹事、科、道皆朕委任之员，凡议会议，理宜各出己见，公同商酌。乃一二欲行倡率之人特议于前，众遂附和于后，雷同草率，一意诡随。又其甚者，虽在会议之班，茫无知识，随众画题，希图完结。廷议如此，国事何凭？更有当集议时，缄默自容，及至偾事，巧行推卸。此等推诿苟容之辈，朕甚恶之！亦屡加严饬。至于用人，关系重大。群臣贤否，难以周知，故遇紧要员缺，特令会推，原期为国得人，实有裨益，亦欲令被举者警心易虑，惟恐溺职，累及举者，因而自加勉励。'"然而仍有劣员被荐用。本来这些弊病早已洞见，"而不即指发，翼其自知罪戾，痛加省改，庶可终始保全。岂意积习深锢，漫无悛悔。……嗣后大小臣工，各宜洗涤肺肠，痛改陋习，洁己奉公，勉尽职掌，以副朕宽大矜全，咸与维新之至愈。"此后对一批贪劣不称职官员分别进行罢免纠治的处理。这是康熙帝在全国逐渐稳定后，处分的最重大的一个朋党集团，对肃清朝政产生了积极的作用和影响。

在这个"朋党案"中，河工问题自然包含其中，康熙帝仍认为靳辅抗阻开浚下河及屯田，情弊显然。不过他对靳辅的处理还算慎重。一个月后，他又让靳辅和于成龙就河工诸问题再次辩论。靳辅仍坚原有意见：下河不应开；屯田未曾害民；减水坝关闭会危及大堤。此时朝臣均已了解康熙帝的意图，自然反对靳辅而逢迎上意。三月二十四日，靳辅终于被革职，然考虑到河工的前景尚难预料，并未重治以罪。同时把议河工反复无常的几个官员漕运总督慕天颜、两江总督董讷、督理下河工部侍郎孙在丰等人一一革职降级。重新改用王新命为河道总督。

岂料，靳辅虽撤，河工问题却更加复杂。皇上和群臣没有可能在已被成见左右的思维定势中区分靳辅原已修筑工程的对错，自然倾向于否定；但靳辅所修工程如被否定，不仅没有可以替代的可行方案，恐怕还会酿成巨大的祸患，这是一个显而易见的难题。然而靳辅既然已革职，于成龙等人自然觉得康熙帝的意向只能是从头开始，便竭力鼓动废掉原有工程，包括靳辅两年来于黄河的遥堤、缕堤之间开挖的，自骆马湖始，经宿迁、桃源，直到清河的长达180里的中河。此运河纯为漕运可免走黄河冒风险而开。此时康熙帝觉得还是不能只凭臆断来决定，立即派官员前往视察，发现中河并未累民，反而非常便民，尤便漕船，"中河内商贾船行不绝"。在事实面前，康熙帝倒还清醒，距撤换靳辅未及一个月，他对议论纷纭的全体朝臣宣布说："今数年以来，河道未尝冲决，漕艘亦未至有误，若消靳辅治河全无裨益，微独靳辅不服，朕亦不惬于心矣。"于成龙虽是好官，可在治河问题上，是对靳辅挟仇报复。如果王新命果然以为"靳辅所治不善，大坏河道，将原修之处尽行更改，是伊等各怀私忿，遂致贻误河工，可乎？"立时说得这些"不知河务"却"挺身而言"的衮衮诸公哑口无言。

到了这时，虽然群臣已无所适从，可康熙帝的心中显然早已经明白：靳辅到底无法否定，还是要对河务进行实地调查然后再说。

这年四月七日，康熙帝按照祖母生前遗愿，不把祖母遗体运往盛京与祖父合葬。决定亲自护送祖母梓宫安奉于遵化孝陵附近新落成的暂安奉殿。繁复的奉安礼仪没完没了，康熙帝悲痛的泪水流个不停，直到二十六日康熙帝才返回北京。那以后，他的眼睛便留下了"目昏"的毛病。

五月二日，康熙帝虽对河务之事"延蔓殊觉厌烦"，还是决定派刑部尚书图纳、兵部尚书张玉书、左都御史马齐、兵部侍郎成其范、工部侍郎徐廷玺前往视查河务，临行，他很干脆地向各位官员交待说："尔等至彼处，从公详看，是曰是，非曰非，据实具奏。"

其实康熙帝的为政风格本来是很果断的，无论是铲除鳌拜还是撤除三藩都表现得很清楚，惟独在治河问题上，他确实有力不从心的感觉。论经验他没有，论实践，作为一个百废待兴，政务丛脞的帝王也实属难能。他信任靳辅，可朝内的党争和明珠等人的擅权，又使他觉得靳辅的自信和敢为似乎不正常。表面上，康熙帝不止一次说过靳辅"好大言"、"浮夸"，其实质是对靳辅不接受他的意见强烈不满。当郭琇将明珠党与靳辅朕在一起后，康熙帝宁可相信那是真的，靳辅于是成为党争的牺牲品。但如果说康熙帝纯属固执己见，一意孤行倒也不尽然，他身贵为帝王，何事不可令行禁止。他之所以一次次让九卿讨论，一次次派员勘险，正说明他内心的矛盾：黄河并不听他的命令。他不敢鲁莽行事。

他有点儿累了。尽管他早已不再依赖祖母的支持，可祖母的去世，使他突然感到惟我独尊其实也是一种孤独。他的心里话从此再也无处诉说。随着暂安奉殿门的关闭，他要真正以一人而临御天下，在群臣面前表现出自己完全的成熟。他要好好调整一下。于是，视察河务诸臣走后，他提前进驻瀛台，他不能总是这样精神劳顿，形容憔悴。六月初三，他驻进京西畅春园，每日只在澹宁居简单处理几件紧急事务。到七月中旬回瀛台，他断续有近一个月没有听政。但传来的消息让他高兴的不多：因湖北总督裁撤，其标兵亦裁，结果裁兵因索要兵饷不得，引起了兵变，巡抚柯永升刚上任，被刺身死，布政使叶映榴被逼自刎，叛兵在夏逢龙的倡率下，占据武昌城。康熙帝紧急调兵遣将，延一个多月才将乱兵镇压。与此同时，塞外传来葛尔丹大举入侵喀尔喀的消息。七月十六日，他只得亲巡塞外，安抚蒙古，行进在途，他收到视察河务诸臣的奏报，对靳辅治河的成就充分肯定。康熙帝回京后次日的九月二十三日，便立即召九卿、詹事、科、道官商讨治河意见，一致同意视察的结果，并同意按靳辅的主张治理。只对中河狭窄，恐水大冲坏影响漕运，提出修减水坝泄洪的主张。即使如此，靳辅也还坚持不必。朝臣不能拿出意见，于是请皇上再次南巡，亲视河工以定。

康熙帝也想在解决葛尔丹叛乱之前，将治河问题基本解决，以省后顾之忧。于是决定康熙二十八年初再次南巡河工。

康熙采纳九卿等官建议，于二十八年（1689 年）正月初八日进行第二次南巡，命靳辅、于成龙随行，"躬历河道，兼欲观览民情，周知吏治"，至浙江绍兴会稽山之麓亲祭禹陵而返，三月十九日，回京，历时七十天。这次南巡重点是视察中河。他于二十三日初步看过之后，对中河工程持怀疑态度，说："朕现此河狭隘，……若遇霪潦之年，水势愈涨，万一黄堤溃决，失于防御，中河、黄河必将混而为一。此中河开浚后，小民商贾无不称便者，盖由免行黄河一百八十里之险耳。然此论徒知目前小利，又安识日后长久有利无利也！""但既浚之河，难以复塞。若永恃此河输运，断然不可。……其黄河运道原自不废，仍并存之"。后来行经丹徒，见河道"亦复狭隘"，又闻官员俱言中河挑浚有益"，于是又改变看法，令扈从大臣会同总河、总漕，再次讨论对中河的评价，"确议以闻"。

三月初八日，康熙回程至宿迁，听诸臣奏报所议中河事情。大家一致肯定中河的存在价值："避黄河一百八十里之险；且束散漫之水，使不致淹没民田。只因黄河逼近，不便挑宽，应将中河无庸另议"。但对如何维护中河，他并未完全遵重靳辅建议，基本上采纳了现任总河王新命的主张。无非二人区别在于：靳辅担心中河水弱，不利济运、敌黄，故重蓄水而轻于泄，为防河决，宁可加高堤坝；王新命担心中河水涨决堤，故重排泄而轻于蓄。从长远观点来看，后者容易出现黄水倒灌和河道淤塞。康熙提几个问题之后，告诫总河王新命要重视靳辅的经验，说："中河工尚未成，善后事宜尔须留心，随处修治。遥堤减水坝所关尤要，天时旱潦不齐，尔当相其缓急先时整理。至于黄河险工，靳辅修挑水坝，令水势回缓，甚善"。

这次南巡的另一目的是"亲视下河"。康熙曾命侍郎徐廷玺，巡抚于成龙先往阅视。但他们于二月十四日回奏欺骗康熙说：'往下河水路甚浅，不通舟楫，陆路亦其难行，且宿顿无所；各口工程，俱遵皇上指画，今工已及半，凡所修治无可疑者"。据此，扈从诸臣认为："皇上似可无行"。康熙明知下河工程一向委派亲信管理，不让前去即系无所成就，只好作罢。三月初二，根据工部题请，将下河事务一并交与河道总督王新命管理，使"上下河道，可以兼顾"，原监理下河工程开音布令撤回京另有重用。将下可工程交出，固然与新任总河不反对这项工程有关，但也表明这项工程进展不够顺利，短期内难以看到成就。

南巡第三个重点内容是阅视七里闸、太平闸、高家堰一带堤岸、闸坝。过去天妃闸水势湍急，往来漕船、民船间有损坏，因此，康熙命河臣改天妃阐为草坝，别设七里、太平二闸，以分水势。这次亲临二闸，见"漕流平缓，舟船上下，利涉无虞"，十分得意。行至高家堰，他面向群臣宣布说："观此一带堤岸，颇为坚固，岂可谓之单薄？此提亦不可无减水坝。若妄将减水坝轻塞，湖水势大，安能保堤无决？故朕前谓减水坝亦有当用者，此也。但旧谢，康熙劝慰不许，命顺天府丞徐廷玺同往协同办理。

康熙对靳辅寄予厚望。但因其确已衰迈，竟在奉命溯黄河向山西督运救灾漕粮时，因操劳过度病倒河南荥泽县。皇帝闻讯，特命其子治豫驰驿省视，又命内大臣明珠往视，传谕留淮调理。但终因病情过重，于三十一年十一月去世。康熙降旨悼念，下部议恤，赐祭葬，谥文襄。靳辅卧病时，自知时日不多，接连上疏"陈两河善后之策及河工守成事宜几万言。又请豁开河筑堤废田之粮，并清淤出成熟地亩之赋"。康熙对靳辅的建议极为重视，一一经过仔细研究。其中仅高家堰堤外另筑小堤和引黄水内灌使淤平洼地两项未用，其他诸如重视黄河险工、加筑中河遥堤、塞张庄运口、修骆马湖石闸及占用民地豁免钱粮，涸出腴地查出升科等等，均予采纳，并逐项落实。

三

康熙年间，除了推行奖励农耕、"恤商便民"等政策积极发展生产以外，康熙皇帝还通过大规模的蠲免钱粮、赈济灾荒以及提倡积谷等手段来保障人民生活，稳定封建统治。

所谓蠲免钱粮，就是封建国家把应该向人民征收的赋税减少及至免除征收，以减轻人民的负担。一般说来，蠲免钱粮建立在封建国家财政充裕或者人民有实际困难、赋税征收难以进行等基础之上。自古以来，有远见的封建皇帝都尽可能地蠲免钱粮，减轻人民负担，以缓和社会矛盾，稳定封建统治。康熙皇帝在位期间，先后在全国蠲免税粮、丁银、通赋达数百次。这些益蠲免、大体上可以分为灾荒蠲免、逋欠蠲免、巡幸蠲免，战争蠲免以及大规模普遍蠲五种形式。

灾荒蠲免是清朝赈济灾荒措施的重要组成部分。中国是一个大国，各地的地理、气候等自然条件很不相同，风、火、水、旱、虫、雨、雹、霜、雪等自然灾害发生的频率特别高。中国自古又以农业立国，农业的发展对天气、气候等的依赖性特别强，而广大农民抵御自然灾害的能力又特别弱。因此，每遇自然灾害发生，农业收成必受影响，封建政府一般地都能及时赈济灾民，并根据受灾的程度，分等蠲免田赋。顺治年间，清朝政府规定，受灾八分至十分者，免十分之三；受灾五分至七分者，免十分之二；受灾四分者，免十分之一。应当说，这个蠲免比例是偏低的。因此，康熙年间开始提高蠲免比例。康熙四年（1665 年）三月，清朝政府为了防止地方官报灾迟误，或先征后蠲，使蠲免有名无实，因而决定："以后救灾州县，将本年钱粮先暂行停征十分之三，等查明受灾程度以后，照例蠲免，以便百姓得到实惠。"这条诏谕的颁布，使灾荒蠲免的比例最少是十分之三。遇有重灾，则全部蠲免。这年六月，山东部分地区遭受严重旱灾。户部经过讨论，提出：济南、兖州、东昌、青州四府旱灾十分，应照例蠲除十分之三的赋额；登州、莱州二府旱灾七八分，应照例蠲除十分之二。康熙皇帝不同意，下令说："这六府所属地方已经受了重灾，就把本年（康熙四年）应征的钱粮全部免除，并张榜通告，务必使家喻户晓，人人明白。"此后，曾定加一蠲免之例，即三分之外再加一分，共蠲免十分之四。实际上此例用于受灾七八分者，而受灾九十分者仍行全部蠲免。不久，又重定蠲免的比例，即受灾九十分者，全蠲本年额赋；受灾七八分者，于应蠲之外加免二分也就是蠲免十分之五。有时灾荒严重，影响时间长，田地收获少，一年蠲免不足以解决百姓生计。对于这种情况。康熙皇帝就下令延长蠲免的时间，或三年，或永远不征收钱粮。康熙七年十一月，康熙皇帝下令对河南安阳、临漳的水冲沙压地免正赋三年。第二年正月，陕西郿县山水暴发，康熙皇帝下令对被冲堆压砂石、不能耕种的田地永远豁除赋税。此外，凡水冲沙压及坍江地的赋税，康熙皇帝均下令永远豁免。

对于灾荒蠲免，康熙皇帝要求务必使各阶层都能得到实惠。康熙四年正月，左都御史郝维纳上了一道奏疏，说："山西、山东等省普遍旱灾，皇上发帑赈济，恩惠至为优握。但是，赈济恐怕难及穷乡僻壤，蠲免钱粮才可使所有各处皆得实惠。田有田赋，丁有丁差，以前各地受灾，照例都是蠲免田赋，而不蠲免丁差（钱粮），那些有丁口而没有土地的百姓就不能和有田之人一起霑承皇上的恩泽。因此，臣请求以后将丁银和田赋按同样比例一起蠲免。"郝维纳指出的忽视少地和无地贫民的蠲免漏洞，立即得到康熙皇帝的重视，并责成有关部门迅速讨论执行。在蠲免实践中，康熙皇帝还发现，虽然政府按亩免征了一定比例的钱粮，但那些拥有大量土地而佃人耕种的地主们，却依旧要佃户交足租额，因而蠲免的好处不及佃农。于是，康熙九年九月下令："嗣后征租者（指地主）照蠲免分数亦免田户（指佃农）之租，使普天之下均得蠲免好处。"康熙二十九年七月，康熙皇帝又对地主、佃户蠲免的比例作出明确规定："以后直隶及各省遇有恩旨蠲免钱粮时，七分蠲地主，三分蠲免佃种之人。"这个规定，康熙皇帝以后又反复申明，严格执行。

为了保征人民得到蠲免的实惠，防止州县官在蠲免时阳奉阴违，蒙上剥下，康熙皇帝于康熙六年正月采纳了山东道御史钱延宅的建议，命各督抚于奉蠲处所，每图（里）取现年里长出据的证明，收存该地方，并分缴部科查对。对于违反规定者，并有详细的处分条例，即：被灾州、县、卫、所凡是奉蠲钱粮有已征在官、不准充抵次年赋额者，有未征在官、却不与扣除应该蠲免的数额而一概混比侵吞者，或者在督抚报灾时先停征十分之三，等到中央批准蠲免比例后却不告谕百姓者，或者止称蠲免起运而不及存留使百姓仅得蠲免好处的一部分者，或者在易知由单内先行扣除、却达不到中央规定的数额者，州、县等有关官员，俱以违旨侵欺论罪；如其上级不加检查稽察，道府俱降三级调用，督、抚、布政司俱降一级调用；如果其上级查出却不行纠参，而被科道官员察纠或者其他人揭发出来，则按照徇庇例治罪。

蠲免逋欠，是蠲免多年积欠的赋税钱粮。封建社会里，由于生产力抵下，广大农民对自然灾害等抵抗能力不强，因而一年到底，收获并不很多。而地主的剥削。封建官吏的勒索更使农民所剩无几，简单的生活都难以维持，更谈不上还要向封建国家交纳赋税了。因此，即使是在所谓的治世盛时，也有地方交不上赋税钱粮的。这样的拖欠一年紧跟一年，形成逋欠。据统计，顺治年间直隶及各省共拖欠银二千七百万余两，米七百万余石，超过康熙初年银二千五百万两、米六百万石的全年额赋。如此庞大的逋欠数字，民力难以承担。与其催征旧逋，引起新欠，甚至激化社会矛盾、导致农民走上反抗之路，不如蠲免旧逋，以保证当年钱粮的按时征收，安抚广大百姓。但是，一下子全部蠲免，又为康熙初年的国力所不允。因此，逋蠲是逐步、审慎进行的。康熙三年，蠲免顺治十五年，以前的各省民间逋赋。次年，又下令蠲免顺治十六年、十六年、十八年的积欠钱粮。蠲免了顺治年间的逋欠钱粮，接下来又开始蠲免康熙年间的逋欠。康熙八年二月，山西陕西总督莫洛及甘肃巡抚刘斗以连年灾荒、民困至极，请免平凉、临洮、巩昌三府所属的州、县、卫积欠银七万八千三百余两，粮十六万三千余石。户部认为，各省都有拖欠的钱粮，如果蠲免三府所属地方，则兵饷必然缺额，因此这个请求不能批准。康熙皇帝对户部的意见很不以为然，指出应当分别对待。平凉等三府屡遭灾荒，情况与其他地方不同，因此应允许地方官们提出的遍蠲要求，但下不为例。这个处理，实际上开了蠲免康熙年间遍欠的先例，以后遍欠蠲免遂纷至沓来。

在遍欠蠲免中，很值得一提的是蠲免遍欠漕粮。清代在地丁钱粮以外，又在山东、河南、江南、浙江、湖广等地征收一定数量的米、豆等物，从水路运到京师，以供皇室、贵族、官吏以及戍守北京的兵丁之用，这部分粮食称为漕粮。一般说来，漕粮都是当年征收，当年起运，不能有丝毫耽误，也例不蠲免。康熙六年，黄河泛滥，江南桃源县（今江苏省泗阳县）受害尤甚，江宁巡抚韩世琦上疏，请求将该年桃源县的起运漕粮，分两年补征带运。康熙七年二月，康熙皇帝批复同意。然而，因灾荒日益加重，至康熙九年二月两年期满，非但补征未果，反而越欠越多。新任江宁巡抚马祜遂上疏请免带征漕米。康熙皇帝指出，按照惯例漕粮是不能蠲免的，但是该巡抚既称桃源等处屡遭水灾，民生困苦，与别的地方情况不同，就允准其要求。将该地康熙六、七两年分未完漕粮一万六千六百四十石蠲免，下不为例。桃源既免，紧接着又有漕运总督帅颜保上疏，要求将受灾的江南高邮等六州县康熙六、七、八年未完漕米二万八千七百六十九余石改折带征。户部经过讨论，决定同意其要求。但是，康熙皇帝认为，高邮等处灾伤与别的地方不同，如果把未完漕米仍令带征，"恐小民不能完纳，以致困苦"，故而令户部重新研究。户部官员当然理解康熙皇帝的意思，不久就重新提出处理意见：高邮等地叠遭灾伤，情况特殊，将其康熙六、七、八年未完漕粮全部蠲免。自然，康熙皇帝同意了这个处理意见。这个口子一开，此后漕粮蠲免也就成了常事。如果连年受灾，本年又遭重灾者，地丁、漕粮等一起蠲免。康熙十一年十二月，江南兴化等五县大河卫连年灾荒后又加本年水灾十分，康熙皇帝决定：将应征本年地丁银及漕粮、漕项一并蠲免。三藩之乱期间，因急需军饷，对应征及逋欠的蠲免都十分谨慎。但到战争后期，康熙皇帝开始对新收复的关键地区进行蠲免，以安定民生，招民复业。康熙十八年二月，令蠲免江西康熙十六年以前积欠的钱粮；十月，免湖广康熙十三年至十七年"近贼地方"（靠近叛乱的地方）额赋。待平定三藩、抗击沙俄取得胜利以后，康熙皇帝更加大力蠲免。康熙二十七年，康熙皇帝宣布，免除各省康熙十七年以前漕项旧欠。次年，康熙皇帝下令将江南积年民欠约二百二十余万两概行蠲免，并将遭受水灾的邳州历年逋欠及该年地丁、漕项等钱粮一并蠲免。

巡幸蠲免，是指康熙皇帝在巡行各地的过程中所实行的钱粮蠲免。康熙皇帝一生之中，曾多次离开北京，拜谒祖陵，巡视河工，查看边防，体访民情。对御驾所过之地，康熙皇帝多次作出蠲免钱粮的决定。康熙十年九月，康熙皇帝以寰宇一统告祭福陵（清太祖努尔哈赤陵）、昭陵（清太宗皇太极陵）。在前往盛京途中，康熙皇帝下令："山海关外跸路所经，勿出今年、明年租赋。"三藩之乱平定后，康熙皇帝巡幸的次数大增。巡幸蠲免也更多了。康熙二十一年三月，康熙皇帝以平定三藩再次出关谒陵，宣布蠲所过地区租税。康熙二十三年九月，康熙皇帝南巡。行前，他下令车驾所过之地免赋税一年。经过曲阜时，康熙皇帝又宣布免除当地的次年租赋。康熙二十八年正月，康熙皇帝南巡阅视黄河工程，下令免山东地丁额赋，除江南积欠二十余万。康熙三十二年十一月，康熙皇帝奉皇太后谒孝文庄皇后暂安奉殿和孝陵（清世祖福临陵）。回宫之后，下令免除沿途经过的顺天、河间、保定、永平四府翌年税粮。两年后，康熙皇帝巡幸塞外，检查边防，再次下令免顺天等四府的第二年地丁钱粮。康熙三十七年十月康熙皇帝三次东巡，宣布免奉天当年米豆。次年正月，康熙皇帝在南巡中目睹沿途民生已比不上十年以前，认为是地方官吏恤养不力所致，因而令"截留漕粮，宽免积欠"康熙四十二年正月，康熙皇帝四次南巡，宣布蠲免跸路所经及兼收各属去年逋赋。同年十月，康熙皇帝西巡，下令免除山西、陕西、甘肃的逋赋。大体说来，巡幸蠲免涉及的范围较小，基本上限于康熙皇帝到过的地方；次数相对也少，有时纯粹是主观意志的结果。

战争蠲免，就是对战场所在地区或者供应战争之需的邻近省区进行的蠲免。康熙朝有影响的战争是从三藩之乱开始的，因而战争蠲免也主要是从平定三藩之乱后开始推行。但是，就在三藩之乱期间，康熙皇帝为了争取三藩控制区人民的拥护，已开始战争蠲免。康熙十六年二月，康熙皇帝下令免除福建当年租赋。不久，其他邻近三藩盘踞地的省份也先后接到了蠲免逋欠钱粮的诏书。只有江西，康熙皇帝怒其"从逆"，"所在背叛，忠义全无"，"以致寇氛益炽，兵力多分，迟延平定之期"，直到康熙十八年，二月才下达蠲免令："其（康熙）十六年以前旧欠钱粮，着尽行蠲免"。显然，这对安抚百姓、扰乱叛军兵心有很大作用，为尽快消灭敌人奠定了基础。三藩之乱平定以后，为了减轻战争波及地区人民的痛苦，稳定社会秩序，康熙皇帝又不失时机地蠲免当地钱粮。康熙二十五年九月，康熙皇帝指出：湖广、湖南、福建、四川、贵州地方，"昔年为贼窃据，民遭苦累。今虽获有宁宇，更直培养，以厚民生，"下令将四川、贵州两省所有康熙二十六年应征地丁各项钱粮"俱着蠲免"，二十五年未完钱粮"亦着悉与豁除"；湖广、南、福建三省所有康熙二十六年下半年、二十七年上半年地丁各项钱粮，以及二十五年未完钱粮，"尽行豁免"。至于云南，康熙皇帝于康熙二十八年十二月下诏，免其康熙二十一年至二十三年民间逋欠钱粮。康熙二十六年，康熙皇帝以陕西百姓于"用兵之际，转输馈饷"，令免其当年未完钱报及次年应征地丁各项钱粮。此后，战场转到西北，清军与以葛尔丹为首的分裂势力进行斗争。康熙三十五年。康熙皇帝首次亲征葛尔丹，取得了昭莫多战役的胜利。战后，康熙皇帝以数年来宣化所属地方"牧养军马，供亿甚繁，深劳民力"，下令免其明年额赋；这年十二月，康熙皇帝又宣布，陕西、甘肃两省的沿边州、县、卫、所，在朝廷大军讨伐葛尔丹的征途中"供亿繁多，闾阎劳苦"，免其明年地丁银米。次年二月，康熙皇帝第三次亲征葛尔丹，下令免除大军经过的岢岚、保德、河曲等州县的当年额赋；十月，又以山西在几年的征伐战争中有"行赍居送之劳"，免其来年额赋。康熙三十七年二月、康熙皇帝下令，免除山西去年逋赋。

大规模普遍蠲免，在平定三藩之后着手进行。康熙二十一年九月，康熙皇帝对大学士等说："自用兵以来，百姓供应烦苦。朕以前常说，等天下太平时即宽免钱粮。如今三藩已经殄灭，你们就与户部一起把天下钱粮出纳总数统计出来，奏报给朕。"康熙二十四年康熙皇帝第一次南巡期间，了解到民间疾苦，"深为轸念"。由经过地方情形，他推知其他省份也不会有多大差异。三月，回京后，他指示大学士等与户部讨论蠲免直隶各省第二年的钱粮事宜。大臣们经过讨论，汇报说：各省在同一年蠲免，恐怕会造成国家财政拮据，因而请求轮流蠲免。康熙皇帝表示同意，寻令先免直隶全省八府去年未完地丁钱粮六十余万及当年额赋三分之一约五十余万，二者相加，计一百一十万两。以后，康熙皇帝又先后蠲免河南、湖北、直隶、江南、山东、湖南、福建、四川、贵州、陕西等省。轮流蠲免进展迅速，三年之内，"布惠一周"。此例一出，以后几乎每年都有大规模蠲免。康熙三十年十二月，康熙皇帝提出来年尽蠲漕粮，令大臣们讨论。大臣们认为，尽蠲漕粮，势必要使漕船停运，这样就使搭乘漕船的其他物资也不能往来交流，造成"百货价值亦将腾贵"的副作用。因而，大臣们建议，将漕粮照省分府，逐年轮流蠲免。康熙皇帝也意识到了自己的疏忽，表示同意大臣们的意见，下令除河南第二年漕粮已颁谕免征以外，湖广、江西、浙江、江苏、安徽、山东各省，着自康熙三十一年始，以次各蠲免一年。康熙三十二年八月，康熙皇帝下令免广西、四川、贵州、云南边地四省第二年应征地丁银米。至康熙四十五年（1706 年），康熙皇帝又于五月、十月分两批蠲免全国各省四十三年以前逋欠，共银三百八十九万余两，粮十一万一千八百余石。康熙四十六年（1707 年）十一月，康熙皇帝以江南、浙江旱灾，令免康熙四十七年两省通省人丁征银共六十九万七千余两，免征同年江苏、浙江、安徽重灾州县田亩银三百九十三万余两，粮四十八万八千石。康熙四十八年十一月，康熙皇帝再次作出重大决定，令从康熙五十年起，三年之内分批普免天下钱粮。

康熙前中期对天下钱粮的蠲免，次数之多，总量之大，堪称前所未有的行动。康熙四十四年十一月，据有关官员统计，自康熙元年以来所免天下钱粮数目，共计九千万两有奇，而康熙四十二年以来的三年间竟达一千六百余万两。到了康熙四十八年十一月，有关官员又一次作出统计，得出康熙元年以来所免钱粮共一亿两有余。数额之大，亘古未见！

赈济灾荒，也就是用财物来救济发生灾荒地区的百姓。如果说蠲免灾荒是减免对百姓的征取的话，那么赈济灾荒则是对灾民的直接给予，两者都是为了帮助灾民战胜灾荒，维持生产和生活。康熙皇帝在位期间，对于赈济灾荒一直十分重视。在赈济灾荒的实践中，他也留下了不少美谈佳话。

康熙皇帝要求地方官们要及时报告灾荒。他指出：

"救荒之道，以速为贵。倘赈济稍缓，迟误时日，则流离死伤者必多。虽有赈贷，亦无济矣。"因此，对于地方督抚，康熙皇帝要求他们遇灾即报，以便赈济。他不止一次地告诫各地督抚："地方遭受了灾荒，应该立即题报，使朕得以预筹救赈之策。"他还专门作出规定：凡报灾迟延者都要加以惩罚。例如，康熙三十六年甘肃自西和至陇西等州县皆遭受严重灾害，农业歉收，百姓流离失所。作为甘肃巡抚的喀拜对此无动于衷，无视朝廷多次发布的报灾令，"竟不题报"。这年七月，康熙皇帝巡行塞外，得知当地灾情严重，十分气愤，立即下令办赈，并将甘肃巡抚喀拜史部议处，而后又下令将喀拜革职。康熙四十八年八月，安徽巡抚刘光美疏报凤阳府受灾，已与督臣邵穆布开始救恤。康熙皇帝接报后，突然想起当年上江州县春灾，刘光美隐匿不报；百姓疾病者甚多，刘光美亦匿不奏闻，下令将其交有关方面察议。九月，交部提出，刘光美应照溺职例革职。康熙皇帝决定，刘光美降五级调用，调四川巡抚叶九思补安徽巡抚员缺。

提倡迅速报灾。目的是及时赈济。为此，康熙皇帝主张简化报灾手续，提高办事效率。康熙三十六年十一月，康熙皇帝对大学士等说：

"各省遭受灾荒的地方，按例先由当地巡抚先行奏闻，等户部讨论之后才开始检查受灾程度，决定蠲免和赈济事宜。如果说直隶、山东这些靠近京师的地方还能来得及蠲赈的话，那么那些边远省份经此往返奏请，时间就拖得长了，虽议蠲赈，为时已晚。因此，以后凡是受灾应奏报的，地方巡抚要把受灾的程度检查好也同时报来，户部把蠲赈的比例、额数也一起讨论，听朕裁决。"

有时，情况紧急，地方官还没等到中央的指示，就先动用正项钱粮加以赈济。按理，这是不合制度的，应受到处罚。但是，康熙皇帝却没有这样做。例如，康熙十二年，甘肃巩昌府所属部分州县遭瘟疫，牛马病死的很多。春耕在即，急需牲畜，请旨赈灾蠲免已来不及了。甘肃巡抚花善急百姓之所急，冒着违制受罚的风险，从该省上年征解银内拨款发给老百姓购买耕牛，从积贮屯粮中拨给籽种。四月，花善奏报到达京师。户部官员经过讨论，认为民间牛、驴等死亡没有动用正项钱粮买补的先例，至于动用正项钱粮，按制必须先行题请，而花善却任意违例。因此，户部提出，处罚巡抚花善以及当地的布政使、道员、知府等有关官员，令赔补擅动银谷。康熙皇帝没有同意户部的建议，说："银谷既然已经下发给百姓，当地的有关官员就不要赔补，也不要治罪了。"从康熙皇帝的处理中，我们发现，他是支持花善等人的，而且他也没有下不为例的指示，可见在赈济灾荒问题上康熙皇帝是允许地方官有主动权的。康熙皇帝对匿灾不报者和主动赈灾者的两种截然不同的态度，对于地方官员来说，无疑是一个重要的讯号，使他们对赈灾也采取了积极的态度。因而，康熙年间的赈灾工作做得也很出色。

康熙初年，黄河、淮河屡次决口，河水泛滥，淮、扬一带受灾严重。淮安府所属安东（今江苏省涟水县）、海州（今江苏省灌云县）等九州县，扬州府所属高邮、兴化等四州县，水患频仍，康熙八年夏秋又罹淫雨。第二年二月，康熙皇帝令户部"檄行督抚，即发仓粟，赈济饥民"。但是，屋漏偏遭连阴雨，淮、扬的老百姓还未从雨灾中恢复过来，新的灾害又接踵而至。五月下旬，淮、黄暴涨，湖水泛滥，老百姓的房屋、土地尽被淹没，百里淮、扬顿成一片泽国，江南江西总督麻勒吉上疏要求亟行赈济。但淮、扬所存积谷已为上年赈济用掉，麻勒吉题请暂挪正项钱粮，候劝输捐纳补还正项。户部经过讨论，以正项钱粮不便动支为由否定了麻勒吉的请求，提出应将凤阳仓存贮及捐输扣存各项银米，交贤能官员散赈，如有不足，则劝谕通省大小官员捐输俸饷。康熙皇帝心急如焚，下令说："淮、扬百姓连被水灾，深可悯念。着差部院廉能大臣一员，作速前往踏看。果系被灾已甚，无以为生，即会同督抚一面将正项钱粮动用赈济。若系次灾，即照部议，将各项粮米赈济，务使民沾实惠，以副朕轸灾恤民至意。"十月，康熙皇帝想到当地老百姓室庐多被淹没、夏麦未收、秋播难施的凄惨状况，指出：被灾之民既无耕获，何以输粮？如果官府再加催科，老百姓就更难以为继了。他令户部等有关部门讨论蠲免该地当年应征钱粮。事后，康熙皇帝仍悬念不已。康熙十年三月，差往江南郎中禅塔海奏事来京，康熙皇帝又关切地询问起淮、扬的情况。禅塔海汇报说：淮、扬等处地方，水患未消，人民饥馑流移，前虽行赈济，今仍无以糊口，困穷至极。康熙皇帝听了汇报，"深切悯恻"，谕户部说："民为邦本，如斯困苦，岂可不速行拯救？今应即行差官前往赈济，或就近截留漕米，或动支何项银两、籴米给散饥民。"四月，户部建议发银六万两赈济淮、扬。康熙皇帝认为老百姓当前最缺乏的是米谷，给予银子没有用，遂令截留漕粮六万石及各仓米四万石，遣侍郎田逢吉与贤能司官二人，会同当地督抚主持赈济。关于具体的赈济细节，山东道御史徐越建议说：

"淮、扬饥民，现议赈恤。臣以为当前赈济，应在各府、州、县分设米厂。多设米厂，可使饥民避免奔赴、守候、拥挤等苦。然后按人头发米，大体上每人每天给米一升，三日一放，则一石米可以养活一人于百日，万石米可以养活万人于百日。这样，即使那里有灾民十万，也只需要十万石米。臣请求将部差的贤能司官每府派一员，令其与地方官一起，亲自经办赈济事宜，至麦收后停止。"

康熙皇帝很欣赏这个办法，令田逢吉等人"速如议行"。此后，淮、扬仍不断罹灾，康熙皇帝也不断加以赈济，同时大力治理黄河和淮河，从根本上解决问题。

康熙十八年七月，京师发生严重地震，并波及附近通州、三河等州县，房倒屋塌，旗民人等死伤甚众。当时，平定三藩之役正在进行，灾害牵动着前线每一位八旗官兵的心。康熙皇帝极为重视，下诏求言，并大力赈济。户部、工部提出救济方案：倒塌房屋无力修复者，每间房屋旗人给银四两，民人二两；死亡人口不能收殓者，每名给银二两。康熙皇帝嫌少，令拨内帑银十万两，酌量给发。另外，康熙皇帝还令赈济通州、三河等近京州县的灾民。由于灾荒，饥民们不少流浪到了京城。到了冬天，天寒地冻，食不果腹，饥民们的处境更为凄惨。于是，康熙皇帝下令在五城设厂赈粥。至次年三月，巡视中城御史洪之杰上疏，称饥民自去年冬天流集京师，因五城赈粥，都已存活下来；赈济的限期一宽再宽，到三月底为止，如今期限已到，臣请求将赈济未完的银米酌给饥民，令其回乡。但是，康熙皇帝认为："如今不是麦收季节，如果把这些饥民现在遣返回乡，他们仍然会衣食无着，流离失所，不能真正解决问题。"他下令在五城关厢外添设赈粥厂，再行赈粥两月，等麦子成熟的时候听其各回乡里。到六月，康熙皇帝"命五城粥厂再展限三月"，并"遣太医官三十员分治饥民疾疫"。对直隶各州县卫所的赈济，也因"春麦已枯"，展延至秋收。从此，每年冬天自十月开始在五城设立粥厂，煮粥赈灾，成为定例。康熙皇帝经常关照增加银米，宽展期限，增设粥厂，修理五城栖流所诸事。康熙二十八年，直隶旱灾，粮谷无收。康熙皇帝先后下令拨户部库银三十五万两，赈济灾民。对八旗护军兵丁特别优待，多给一倍钱粮。不能赡养的庄屯人口共二万二千四百二十八人，每人给米一石，孑身寡妇、退甲护军、拨什库及无马甲只给一两钱粮者，其家口庄屯人口共六万三千七百一十九人，每人亦给米一石。次年正月，康熙皇帝考虑春耕在即，又令给受灾州县卫所的贫民百姓及八旗屯庄人口资助牛、种，以便及时春播，不违农时。对这次赈济执行的情况，康熙皇帝放心不下，特地派遣侍郎索诺和、阿山、席珠、齐穑、李振裕、李光地、王维珍、徐廷玺等人分四路去检查。当他听说"赈过饥民万万，均荷天恩"时，才安下心来。

康熙三十年陕西西安、凤翔等地旱灾，地方官匿灾不报，致使赈济失时，大批灾民流落他乡。康熙皇帝听说后，立即派学士布喀前往查看灾情，商讨赈济事宜。十二月，康熙皇帝下令动支正项钱粮二十万两，由户部侍郎阿山、内阁学士德珠负责赈济灾民。第二年二月，因阿山奉差不能尽心，康熙皇帝宣布将其解任。在动用当地钱粮赈济同时，康熙皇帝令"仍拨给别省钱粮，刻期运送，务使均沾实惠，人获更生"。对于赈济以前已流落他乡的饥民，康熙皇帝要求所在省份的督抚董率有司区划赈济，令其各得其所；所在地方官有能酌量资给，使流民回原籍者更好。对于在这次灾荒中隐瞒灾情、防救不力的官员，康熙皇帝下令尽行革职。次年四月，为了吸引流民回籍，康熙皇帝又下令动支户部库银一百万两，送陕西供军需和赈济。即使在这样的情况下，陕西的情况仍然没有根本好转。康熙皇帝寝食不安，倍感焦虑，甚至停止元旦筵宴，以表轸念陕西饥民之情。康熙三十二年正月，康熙皇帝批准四川陕西总督佛伦的请求，将西安、凤翔二府额销盐引暂减一半。三月，康熙皇帝又以陕西旱荒，遣子允禔携御制祭文代祭华山。允禔祭毕回京后，奏报陕西已经风调雨顺，麦苗长势很好，流民回原籍者甚多。康熙皇帝略得安慰。七月，佛伦等人奏报，西安、凤翔的情况已大为好转，雨雪霡足，麦豆丰收，秋禾茂盛，流民回籍者已有二十余万。康熙皇帝这才如释重负。不久，康熙皇帝又批准了陕西巡抚吴赫的请求，在陕西旱徕流民，有地者给与牛、种，无地者一例给银安插。这样，一连数年的陕西旱灾终于被战胜了。

上面，我们详细介绍了康熙皇帝对江南淮、扬二府及直隶、陕西西安、凤翔二府灾荒的赈济，真可谓细致周到，体现出一个开明皇帝对民生疾苦的深切关怀。至于康熙皇帝对其他地方灾荒的赈济，事例还不胜枚举。限于篇幅，不再一一介绍。

对待灾荒，康熙皇帝不仅仅是蠲免和赈济等被动地去补救，而且提倡积谷，采取备荒的主动措施。康熙皇帝认为，既然自然灾害难以避免，那么就应在灾害发生前早为之备，以便把灾害可能造成的损失降到尽可能小的程度。康熙四十一年三月，康熙皇帝对大学士等说：

"去年丰收，粮谷多获。如今出现小旱，似乎不会造成多大灾害。然而，作为亿兆人之共主，朕不预为其谋行吗？以前，朕常常以旱、涝等灾害难以避免，令大臣们各陈奏事宜，以备灾荒。但因当时人自为奏，所以辞多粉饰，不着边际。如今令九卿、詹事、科道官集议，凡有益于时政者俱言无隐，使国家早为之备。"

康熙皇帝备荒的措施，主要有以下几个方面：

第一，严令设仓积谷。居安思危，丰收之时不忘灾荒，大力积谷储粮，这是康熙皇帝一贯的思想，也是他反复强调的政策。例如，康熙二十九年七月，直隶各省"霖雨时降，黍苗被野，刈获在即，可望有秋"，康熙皇帝担心"愚民不知爱惜物力，狼藉耗费，只为目前之计，罔图来岁之需"，令督抚严饬地方官吏和平民百姓，务必"及时积贮，度终岁所食，常有余储"。劝谕农民做好积贮以备灾荒的思想，在康熙皇帝的另一段话里也有表现：

"民生以食为天。若家藏丰裕，即使发生水旱之灾，也用不着担心。自古耕九余三，重农贵粟，正是藏富于民、经久不匮的重要途径。前几年因为连年丰收，粒米充盈，百姓就不知蓄积，恣意挥霍。去年山东、河南一逢岁歉，百姓即缺衣乏食，流离失所。虽然朕一再颁令蠲免赈济，加意抚绥，但被灾之民生计终难得遂。这实在是因为地方官吏平时不以民生为重，没有把朕劝谕积谷之令推行下去。近据奏报，各地雨泽霈足，今年可望丰收。朕恐怕丰熟之后，百姓又像以前那样不知俭省，妄行耗费，故令各地方大吏督率有关人员，晓谕百姓，务必勤俭节约，多积米粮，使俯仰有资、凶荒可备，以副朕爱养斯民至意。"

提倡百姓自己积谷是一个方面，另一方面，康熙皇帝大力提倡地方官府设仓积谷，这是其提倡积谷的主要方面。康熙皇帝提倡地方各级政府设仓储粮，州县设常平仓，村镇设义仓和社仓。这些仓储，都由官府出钱修造。但是，不法官吏往往借修仓名义，趁机向老百姓们摊派钱粮，假公济私，违背朝廷备荒安民的宗旨。对此，康熙皇帝想法加以堵塞。例如，康熙二十四年九月，户部请求将张家口诸处仓廒令地方官设法修造。康熙皇帝说："如果让地方官们想办法，他们势必向百姓加派。修造仓廒之费，就用当地所收税银吧！"建好仓廒以后，康熙皇帝鼓励百姓在收获后量力集输，提倡官吏、地主捐纳，以保证仓里有谷。对于各地设仓积谷的情况，康熙皇帝多次下令检查。康熙二十一年七月，康熙皇帝说："各省常平等仓积贮米数甚属要务。有此积贮，虽遇灾荒也可无虞。朕以前曾有旨令行，如今担心地方官阳奉阴违，执行时有名无实，一旦遇到灾害，便无可奈何。因此，朕令将各省的执行情况逐一检查评议，然后奏报上来。"康熙二十九年正月，康熙皇帝又说："朕于积贮一事，申饬不啻再三"，"嗣后直省总督、巡抚及司、道、府、州、县官员，务宜恪遵各道谕旨，切实举行，使家有余资，仓庾充实。"康熙四十一年三月，他又在一道谕旨中反复强调要检查各地的设仓积谷情况：

"朕亲理机务多年，深知稼穑之事，深感富民之道，在于有备。去年冬天北方少雪，今年春天雨水又不足，朕担心蝗蝻趁机滋生，有伤农事。各地官吏，都应提前为备。直隶、山东、山西、河南、陕西、江北等地、历年来积贮的仓粮足额与否，该地督抚应查核明白，务必使仓有余储，不出现匮乏的局面。那些所有需要提前准备之事，你们这些督抚都应用心办理，不得失职。如果真能做好设仓积谷的工作，即使年成不好，也可以放心无虞地开仓赈济。至于直隶各省今年的雨水有无多寡情况，着所在督抚具折奏闻，以纾朕宵旰勤民之意。”

康熙皇帝认为，总督、抚巡作为地方大吏，是皇帝政令得以推行的关键，因此，"备荒之法，全赖督抚得人"。康熙皇帝屡次下诏，令督、抚们做好设仓积谷的工作，并对违令者严加治罪。例如，前述陕西西安、凤翔发生灾害后，当地地方官即因匿灾不报、备荒不力而被革职。康熙四十二年七月，山东大雨成灾，康熙皇帝在赈济灾民的同时，宣布："山东有司不理荒政，停其升转。"

第二，提倡籴米平价。所谓籴米平价，就是米贱时买入，米贵时低价卖出；从丰收之地买米，运到歉收之地卖出，以平抑物价，救济灾民。这是康熙皇帝备荒的另一条行之有效的措施。康熙皇帝在位期间，屡次命令各地方官，当丰收之时要出公费购买米谷，待歉收时开仓平籴。康熙四十九年七月，署理偏沅巡抚事、户部右侍郎王度昭上疏说："镇筸自改协为镇之后，兵民聚处，生齿日繁，请酌借帑银三千两，买谷积仓。谷贵之时，平价发籴、秋成谷贱之时，买补还仓，预备赈济。每年将余剩价银，于六年之内，补还所借之项。"康熙皇帝表示同意。在备荒实践中，康熙皇帝还令招商贩籴。康熙三十二年二月，因西安米价昂贵，康熙皇帝令户部招募各省富商，给以贷款及照验文据，让他们从当地买米运往西安出售。七月，陕西米价下降，遂停止招商贩籴，收回成本。除官府买谷平粜。招商贩粜两种方式以外，康熙年间用得更多的是截留漕粮及动支京师附近通州仓谷平粜。康熙三十二年京师歉收，米价腾贵，康熙皇帝令大学士从通仓每月拨米万石，以低于时价的价格粜卖。康熙四十七年正月，因江南米价较高，康熙皇帝令漕运总督将湖广、江西起运的当年漕米截留四十万石，分拨江宁、苏州、松江、常州、镇江、扬州六府，交贤能官员减价平粜。康熙四十九年八月，因福建等处旱灾，康熙皇帝令截留当年起运的镇江漕粮十万石，松江、湖州各十万石，由福建水师船只转运至灾区粜卖。

第三，禁止民间糜费粮谷。康熙皇帝不止一次地告诫百姓，要勤于耕作，也要俭朴过活，这在前面已经有多次叙述。值得一提的是，为了提倡节约，康熙皇帝在位期间曾经多次颁布诏旨，禁止民间蒸造烧酒。例如，康熙三十二年十一月，康熙皇帝下诏说："蒸造烧酒，多费米谷。今当米谷减少之时，着户部立即行文直隶巡抚，不准顺（天）、永（平）、保（定）河（间）四府蒸造烧酒。"确实，酿一碗酒，需用数碗米谷，这在生产力还很低下的时代，康熙皇帝的禁令是可以理解的，也是值得肯定的。

四

中国封建社会是一个典型的农业社会，农业被视为安身立命的根本，工商业则被当作游手趁食的奇技末巧，历朝历代都奉行"重农抑商"、"重本抑末"的政策。康熙初年，清朝在财政经济上尽一切努力鼓励垦荒，恢复发展农业生产，对工矿业却没有给予应有的重视，甚至根本没有提到国家的议事日程上来。

1679年3月20日，康熙在太和殿举行殿试，策问马教思等151名贡士。他一共提了三个问题，其中第三个问题是征询如何解决铜不足用的问题："近来铜严重不足，远远不能满足铸造钱币的需要。有人建议开采铜矿，有人建议禁止民间损耗铜资源。这两种办法是否可行？或者除此之外还有什么良策？你等饱读诗书，留心经济学问，不妨详细奏来，既不要隐瞒观点，也不要泛泛议论，朕将亲自览阅。"当时平定"三藩之乱"已取得决定性的胜利，国家即将转入恢复发展社会生产的新时期，铜不足用，事关重大，形势迫使康熙把矿业问题作为治国大事之一，向贡士们提出来，征询他们的意见。然而这些贡士都是"两耳不闻窗外事，一心只读圣贤书"的迂夫子，远离社会实际，没有一个人想得出什么好办法。为解燃眉之急，康熙只好下令搜集各部院衙门和各省的废铜器皿、毁坏的铜钟及废铜炮等，解运户部铸造钱币。1679 年 10 月，康熙批准户部提出的《钱法十二条》，其中一项内容是允许开采铜铅，规定凡是出产铜、铅的地方，如果有老百姓愿意开采，当地督抚可选派精明能干的官员监督开采。从此，清朝在局部范围内有条件地开放了自明朝末年以来的矿禁政策。

平定"三藩之乱"后，新任云贵总督蔡毓荣于 1682 年向康熙上《筹滇十疏》，其中第四疏专门论述矿业政策。他指出：云南矿产资源异常丰富，有开矿的传统和技术，因地制宜，开发矿业。既是民间的迫切要求，又可以改变云南长期以来兵饷不足、赋税不多、经济上仰靠他省的困境，使社会生活得到稳定，是理财而兼"弭盗"（指平息人民的反矿禁情绪）、利国又利民的好办法。其具体实施方案是："听任百姓开采，由官方收税管理。"也就是提倡民间投资，民间经营，以民办矿场代替官办矿场，改变矿业全由官府垄断的局面。所开采的矿物，"每十分抽税二分"，即税率为 20%。地方官要大力招商开矿，得税 1000 两以上，可优先升迁；开矿商民上税 3000—5000 两，政府酌情赏给顶戴（清朝用以区别官员等级的帽饰），以鼓励民间积极开采。由于蔡毓荣的建议有利于从根本上改变"铜用不足"的问题，所以康熙立即批准执行。两年后，即1684年9月，开矿政策推广到各省，所有铜铅矿都听凭民间开采，产品的80%允许自由出卖，20%交纳官府。各省由道员总管开采事宜；府佐分管，州县官专管。道厅官所收铜铅税每10万斤记录一次，40万斤加一级；州县官每5万斤记录一次，20万斤加一级。后来铁、锡等矿也基本上照此办理，只有金、银矿略有不同，仍是"官收四分，给民六分"的比例。

康熙"任民采取"的开矿政策，有利于调动商民投资矿业的积极性，因而促进了矿冶业的发展。特别是云南的矿冶业，包括铜、铁、锡、铅、金、银等矿的开采，率先在全国由萧条转入发展时期，产量迅猛上升，税收也急剧增加。从1705年冬至1706年秋，云南在一年之内共收矿税银80152两，金84两，比1685年增加了20倍，这也就意味着产量提高了20倍。广东、广西、四川、湖南、贵州等省的矿冶业也相继兴起，矿厂的规模不断扩大。1690年，商人何锡获准在广东海阳县的仲坑山开矿，规模最盛时注册的矿工多达13万人。据不完全统计，1684年全国大型矿厂只有9个，1685年增加到29个，1712年达到66个，不到30年间增长了7倍多。矿冶业的发展，增加了国家的财政收入，对整个社会经济的恢复发展起了推动作用。

康熙中叶以来的开矿政策，使清朝的矿冶业进入了一个空前的大发展时期。但是，从康熙后期起，矿禁政策又逐渐抬头，开矿一变而为禁矿。

这个转变是从1704年康熙发布的一道上谕开始的。上谕中说："开矿事情对各地很没有好处，此后凡是有申请开采的，一律不予批准。"这道上谕是康熙针对各地矿徒聚众滋事、进而威胁清朝统治而发布的，它是康熙矿禁政策的前奏。此后，不仅新矿不准开采，一些已经开采的旧矿也陆续遭到封闭或限制。1713年5月，康熙从四川提督康泰的奏疏中得知，四川有个叫"一碗水"的地方，聚集了1万余人开矿，虽有官兵驱逐，但随逐随聚，地方政府无计可施。康熙明白，这些偷开矿厂的人都是无房可住、无地可耕的贫苦百姓，倘若一下子禁其开矿，他们何以为生？因此，他指示内阁大学士与各部院大臣会商，制定一个两全其美的政策，既要让穷苦百姓享有微利、养赡生命，又不至于聚众生事、妄行不法。经过反复讨论，康熙审核批准的新矿业政策规定：允许云南督抚雇本地人开矿，皇商在湖广、山西雇当地人开矿亦照准，其余各省所有未经开采或刚刚开采的矿厂严加禁止；各省穷民已经开采而且赖以度日的矿厂不在禁止之列，但必须由地方官查明姓名，登记造册；越境开采或本地富人霸占矿厂者，从重处罚。这次重定的矿业政策，核心是限制和禁止包括地主、商人、贫民在内的民间采矿业，加强官府和皇商对矿业的垄断，实质上是对1679年以来"任民采取"政策的否定。

1715年，又有云南地方官请开银矿，朝臣们还没来得及展开讨论，大学士李光地便抢先奏道："矿徒聚集起来非常容易，一旦将来矿产开尽，这些人如何疏散得了？"李光地话没说完，康熙已深表赞同，竟连连点了四次头。于是，云南开银矿的事未获批准，这实际上是对1713年矿禁政策的进一步肯定。以后，广东、湖南、四川、河南的矿厂也相继被禁止。

与矿业政策由"禁止—开放—再禁止"的反复完全一样，康熙的外贸政策也经历了"禁海—开海—再禁海"的摇摆，并对当时和以后的中国社会产生了重要的影响。

康熙前期，清朝一直推行海禁政策。这既是对明朝防范倭寇、禁止民间出海贸易政策的继承，也是清朝巩固政权的重要手段。清朝入关之初，以郑成功、张煌言为首的东南沿海抗清势力相当活跃。1658 年，郑成功、张煌言联军北伐，由福建攻入浙江、江南，兵临南京城下，一时声威大震，东南动摇，连驻防杭州的清军将领也考虑过投降，清朝朝廷上甚至有过迁都的讨论。为了防止郑成功势力不断从海上进攻，清朝严厉执行海禁政策，规定从天津到广东沿海各省，一律严禁商民船只私自出海，有与郑成功、张煌言串通贸易者，不论军民，通通就地正法；地方官员执行不力者，革职重惩。1661 年清朝又颁布"迁界令"，尽毁沿海民房物资和船只，立界移民。迁界是禁海政策的进一步扩大，其目的是制造一个无人区作为隔离地带，以实现彻底禁海。"迁界令'下达后，江苏、浙江、福建、广东沿海到处挖界沟，筑界墙，派八旗军队驻戍，界内外严禁通行，出界寸步即以违旨罪逮捕杀害。沿海人民被赶出了世代居住的家园，扶老携幼迁往新区，海边的故居被一把火烧得精光，一块石头也不留下，很多人颠沛流离，处境十分凄惨。

康熙初年，清朝与海上郑氏政权的军事对峙仍在继续，朝野上下都严格执行禁海政策。1678 年平南王尚可喜上疏要求开放海禁，允许百姓造船出海贸易，官兵借此机会利用商船作战，解决军费不足的问题。康熙接到奏疏后，明确表示反对，说："今若开放海禁，恐怕奸诈之徒会趁机与海贼勾结，侵扰沿海人民。海禁绝不能轻易开放！"

禁海政策的实施，人为地制造了许多骇人听闻的悲剧，不仅断绝了沿海百姓的生路，也使政府的收益大大减少，给社会经济的发展造成了很大的阻力。因此，不仅广大人民暗中仍与海外开展贸易，就是清朝的地方大员们也纷纷呼吁开放海禁。1683 年台湾回归祖国，海峡两岸的对峙局面宣告结束，全国形势陡然发生了变化，海禁政策失去了前提。在这种情况下，康熙顺应时代发展的要求，及时下令开放海禁。

1683 年 8 月 17 日，福建总督姚启圣首先上疏，要求恢复沿海各省迁界。因当时台湾问题尚未彻底解决，康熙没有批准。两个月后，福建巡抚吴兴祚再次上疏，建议将广东沿海土地召募百姓垦种。康熙见时机已经成熟，立即批准执行。这年 11 月，他派吏部侍郎杜臻、内阁学士席柱二人南下广东、福建，主持展立界限的工作，又派工部侍郎金世鉴、副都御史雅思哈负责勘测江南、浙江海界。临行前，康熙千叮咛万嘱咐说："迁移百姓是一件至关紧要的工作，你等要转告各省督抚，务必查明原有产业，各还其主，妥当安插，不得有误！"杜臻、席柱领命而去，先赴广东，从钦州防城（今广西防城县）开始，沿海由东而北，历经 7 府 3 州 29 县，给还民由 28192 顷，使 31300 人回归故园；接着又到福建，从福宁州（今福建霞浦）的分水关开始，沿海而北，历经 4 府 1 州 24 县，给还民田 21018 顷，又使 40800 人回到了原籍。1684 年 5 月，杜臻、席柱圆满完成任务回京。

展界是开海的必要准备，开海则是展界的必然继续。1684 年 4 月，江南、浙江两省展界复业工作基本完成，康熙立即批示同意开放海外贸易，允许两省商民出海捕鱼。但福建、广东两省督抚却以种种借口拒绝开放海上贸易，康熙闻讯后火冒三丈，一针见血地指出："之所以如此，原因就在于总督、巡抚自图得利，中饱私囊，这是国家绝不允许的！"在他的亲自干预下，1684 年 7 月，福建、广东两省也废除了出海贸易的禁令。当时距收复台湾还不到一年时间。紧接着，开海令推广到沿海各省。1684 年 11 月，康熙明确宣布："各省原先制定的海禁条例，从今以后一律废止。"

海禁一开，创建海关也就成为当务之急。1684 年 8 月，户部尚书梁清标派该部司员宜尔格图、吴世把二人为收税郎中，前往广东、福建主持筹建海关事宜。康熙立即批准，设闽粤江浙四关，定澳门、漳州、宁波、云台山（今江苏连云港）为对外贸易口岸。宜尔格图和吴世把计划按内地税关模式筹建海关，却遭到了康熙的反对。他说："宜尔格图等人主张拨给海关一定税额，在路、桥、渡口等处一概抽税，这不符合朕恤商裕民的宗旨。一概抽税，就与在原本没有收税的地方增设关口收税一样，恐怕会扰害国计民生。因此，朕认为，只能对出入海上进行贸易的船只收税。"1689 年 3 月，康熙又专门传旨，对捕捞鱼虾的船只、民间日用物资以及百姓赖以糊口的贸易，都实行免税；福建、台湾之间进行贸易的船只，以及澳门陆上贸易改走海上的船只，只能收一次税。康熙还规定，外国贡船随带的货物一律免税，江南、浙江、福建、广东四海关按照统一的税率和计税方法办事，外国船只在任何一关交了进口税后，其余三关不得重复征税。

康熙开放海禁，顺应了形势的需要和广大人民的心愿，极大地促进了东南沿海地区贸易及中外贸易的迅速发展。1685 年 3 月施琅奏报说："海禁开放以后，沿海各地竞相打造船只，飘洋过海，贸易频繁，捕采纷纷，往来难以数计。"当时，北自锦州、天津，南至广东，东到台湾，往来船只络绎不绝。仅 1686 年 12 月停泊在广东海面的西洋船就达 29 艘。据日本长崎交易所的统计，到日本贸易的中国船只，1684 年为 26 艘，1688 年达 194 艘，5 年间增加了 7 倍多，形势非常喜人。

然而，开海政策执行了 30 年后，康熙又来了个 180 度大转弯。由于海寇猖獗，西方殖民主义势力的蜂拥而来使中国海防面临威胁，汉人与海外联系密切使清朝东南海疆的潜在危机日益加重，出于这三方面的忧虑，1716 年

10月康熙明确提出了禁海问题。第二年1月，兵部等衙门遵照康熙的旨意，会同来京陛见的广东将军管源忠、闽浙总督觉罗满保、两广总督杨琳等人，议定了禁海的规定，经康熙批准，立即雷厉风行地下达执行。

康熙后期的禁海，与顺治时期的禁海政策有所不同，它不是一概禁绝、不准片板下海，而是区别对待，内外有别，总的原则是：中国商船与东洋贸易照旧，与南洋吕宋、噶喇巴（令印度尼西亚雅加达）的贸易严行禁止；外国商船前来贸易照旧，地方文武官员严加防范；禁止向国外卖船、运米出境，也禁止中国人留住国外。康熙禁海的目的，并不是为了断绝对外贸易，而是为了割断内部敌对势力与外部殖民势力的联系，防止国内与侨居国外的反清势力结合，以确保大清江山安然无恙。

开矿禁矿，开海禁海，康熙完成了一次次自我否定，终点又回到起点。这种政策决策的反复，给中国社会造成了很大的负面效应。如禁矿政策不仅在一定时期内影响了矿冶业资本主义生产关系的萌芽，而且一度使清朝矿冶业急剧衰落。以云南铜矿为例，1723年全省铜产量为100万斤，收税2万两银，比1705年减少了3/4。禁海对东南沿海地区商品经济的发展和沿海人民的生活也产生了很大的消极影响，这种阴影甚至笼罩着以后雍正、乾隆、嘉庆、道光各朝的对外政策，闭关锁国，流毒极深，终于造成了近代中国落后挨打的惨痛局面。因此，禁矿与禁海，是康熙历史上的倒退，表明晚年的康熙在某些重大决策上已失去积极进取的锐气，思想逐渐趋于保守。

第九章　尊崇儒家道

一

　　康熙皇帝亲掌政权以后，为了加强自己对思想领域的统治，经过一个时期的摸索，将程朱理学确定为正统哲学思想。这一行动，不但对当时社会发展起了重要的作用，也对此后中国社会的进步产生了重要的影响。

　　程朱理学又称道学，北宋时由周敦颐、邵雍、张载、二程兄弟（颢、颐）等人创立，南宋时朱熹集其大成。程朱理学是一个比较完备的客观唯心主义体系，认定"理"先天地而存在，把抽象的"理"（实指封建伦理准则）提到永恒的、至高无上的地位；为学主"即物而穷理"。由于程朱理学更合统治者的需要，因而从南宋后期始即被尊为官方哲学，历经元、明，相沿不改。清朝入关初，统治阶级忙于统一全国，只笼统地崇儒重道，还无暇裁定朱王之争。康熙即位后，随着崇儒重道国策的推行，康熙皇帝越发认识到程朱理学对巩固封建统治的重要性，开始提倡程、朱。

　　康熙皇帝尊奉程、朱的思想，很大程度上是受了儒臣熊赐履的影响。熊赐履笃信朱学，"读孔孟之书，学程朱之道"，自康熙十年二月至康熙十四年三月一直充任日讲官。他以朱熹注《论语·学而》篇的讲解，开始了康熙一朝的日讲。此后，熊赐履始而隔日进讲，继而每日入宫，向康熙皇帝讲"读书切要之法"，讲"天理人欲之分"，讲"俯仰上下只是一理"，讲"本然之性与气质之性"，讲"辟异端、崇正学"，讲朱熹的知行观，斥王守仁的"知行合一"说。在熊赐履等人的影响下，康熙皇帝逐渐接受了程朱理学，并开始把它奉为官方哲学。康熙皇帝尊奉程朱理学的措施，大体有以下几个方面。

第一，把程、朱看作孔、孟正传，大力宣扬程朱理学。康熙皇帝认为，程朱以前，"虽汉之董子（仲舒）、唐之韩子（愈）亦得天人之理"，但却"未及孔孟之渊源"，没有得到儒家学说的精髓；到了北宋，邵雍"玩索河洛之理、性命之微，衍先天后天之数，定先甲后甲之考，虽书不尽传，理亦显然矣"；周敦颐"阐无极而太极，复著《通书》，其所授受，有自来矣，如星辰系乎天而各有其位，不能掩也，光风霁月之量，又不知其何似"；程颐、程颢"充养有道，经天纬地，聚百顺以事君亲"；朱熹"集大成而继千百年绝传之学，开愚蒙而立亿万世一定之规，穷理以致其知，反躬以践其实"，这才得到孔孟正传；因此，只有程朱理学才是治国的学术，"非此不能知天人相与之奥，非此不能治万邦于衽席，非此不能仁心仁政施于天下，非此不能外内为一家"。

第二，刊刻程、朱之书。为了提倡程朱理学，康熙皇帝不遗余力地刊刻程、朱之书。《性理大全》是明朝永乐年间纂修的收录程、朱等人的理学著作及有关性理的语录的一部官书，影响颇大。康熙皇帝"见其穷天地阴阳之蕴，明性命仁义之旨，揭主敬存诚之要，微而律数之精义，显而道统之源流，以至君德圣学政教纪纲，靡不大小兼该，而表里咸贯，洵道学之渊薮，致治之准绳"。乃命儒臣对其重加补订，并亲为作序，刊行全国。后来，为了宣扬朱熹之学，康熙皇帝令熊赐履、李光地等人录章摘句，收集朱熹的一句一字，编成《朱子全书》，并亲为之制序，刊行全国。康熙皇帝还令修《周易折中》，"上津河洛之本末，下及众儒之考定，与持论之不可易者，拆中而取之。"康熙六十年，康熙皇帝又以《性理大全》等书繁杂矛盾，下令节编性理诸书，成《性理精义》，并亲自为之作序。在为《性理精义》作的序中，康熙皇帝叙述了自己对程朱理学的崇奉态度及该书的编纂经过：

"朕自冲龄以来，六十多年间，未尝一日放下过经书。唐虞三代而后，历代圣贤相传授受，言性而已。到了宋代，学者们才提出性理这个名词，使人了解尽性之学即学习圣贤之道，不外乎遵循理的规定。朕敦好典籍，对于理、道等有关论述尤为留意，而且在位日久，玩味愈深，体之身心，验之政事，越发认识到其确然不可易。前明纂修《性理大全》一书，可谓广备，但其搜取太繁，重复较多。各地流行的性理之书不下数百种，而相互矛盾者比比皆是，很不利于程朱之学的传播。于是，朕命大学士李光地将程朱之书加以诠释进览，授以意指，省其品目，撮其体要，既使诸儒之阐发不杂于支芜，又使学者的披寻不苦于繁重。至于图象律历、性命理气之源，前人所未畅发者，朕亦时以己意折中其间。这样，编成了这部《性理精义》，颁示天下。读此书者，当明了此意。"

第三，理学名臣得到重用。康熙皇帝既尊奉程、朱，因而也重用那些讲程朱理学的所谓理学"名臣"。较早受到康熙皇帝重用的当数熊赐履。熊赐履因为在康熙皇帝开始举行的经筵且讲中提任讲官而深得康熙皇帝之心，康熙十四年迁内阁学士，后破格授武英殿大学士，兼刑部尚书。次年，熊赐履以诿咎同僚而夺官。康熙二十三年，康熙皇帝南巡，熊赐履迎谒，召入对，御书"经义斋"榜以赐。康熙二十七年，熊赐履起为礼部尚书，后授东阁大学士兼吏部尚书，预修《圣训》、《实录》、《方略》、《明史》等书，并充总裁官，五次主会试。另一个康熙朝最得重用的理学"名臣"是李光地。李光地，字晋卿，福建安溪人。康熙九年进士，选庶吉士，授编修。三藩之乱时，李光地腊丸上书，有功朝廷，授内阁学士。康熙二十五年授翰林院掌院学士，直经筵，兼充日讲起居注官，教习庶吉士。历官兵部侍郎、工部侍郎、直隶巡抚、吏部尚书兼直隶巡抚等，康熙四十四年拜文渊阁大学士。李光地承家教，从小即究心性理之学，"非程朱不敢言"，其理学"宗朱子而能别白其是非"。其时康熙皇帝"潜心理学，旁阐六艺，御纂《朱子全书》及《周易折中》、《性理精义》诸书，皆命（李）光地校理，日召入便殿研求探讨"。除此而外，康熙年间得到重用的理学名臣，还有"笃守程、朱"的汤斌，有"专宗朱子、不容一语出入"的陆陇其，有以"崇程朱为己任"的张伯行，还有魏象枢、张廷玉、蔡世远等等。

二

康熙时期，国内政局长期安定，社会经济也得到了迅速的恢复和发展。这样，康熙皇帝又先后采取各种措施，振兴文化教育事业。其中，对当时和后世影响颇大的活动是设馆修史。

康熙皇帝自幼就喜欢读书，亲掌政权之后，仍是"听政之暇，无间寒暑，惟有读书作字而已"。他自称："一刻不亲书册，此心未免旁骛。"因此终日手不释卷。但他认为最为有用的是经书和史乘，因为"经史俱关治理"。在史乘方面他涉猎甚广，不仅经常阅读，还注意深入地探讨。正是由于康熙皇帝意识到史学的重要，在他执政期间，敕撰了许多史籍，为了保证撰史的质量和进度，对重要史籍，不惜花费许多人力、物力，设馆纂修。其中比较突出的是记注和编纂当代史以及撰修《明史》。

除了记注和纂修当代史外，康熙朝进行的一项浩大的史学工程就是撰修《明史》。

兴朝为前朝修史，这是自唐代以来形成的史学传统。清朝在入关第二年，即顺治二年就宣布开馆纂修《明史》。当时倒也煞有介事地任命了内三院大学士冯铨、洪承畴、李建泰、范文程、刚林和祁充阁等六人为总裁，任命学士詹图赖、充伊图、宁完我等七人为副总裁，命郎廷佐等九人为纂修官。但真正的撰史工作并未展开，因为当时大局未定，战事频仍，朝廷根本无暇顾及此事，而所委之人又多系贰臣，无心编纂旧朝史事。客观上资料亡散、遗献无征，等等，都不可能成就一代之史。朝廷匆忙宣称设馆修史，不过是为了宣示明朝已运祚倾移，清朝则确立了天命所归的正统地位。因此，终顺治一朝，史稿"仅成数帙"，撰史工作无形中处于搁置状态。

真正大规模设馆撰修《明史》是在康熙皇帝亲政以后。康熙十八年三月，康熙皇帝从给事张鹏所请，命内阁学士徐元文为监修，翰林院掌院学士叶方霭、右庶子张玉书为总裁，再次开馆撰修《明史》。此次开馆规模之大，远远超过前两次，当时所录用的博学鸿儒一、二等计五十人，悉数尽充《明史》撰修官，此外又补充了右庶子卢君琦等十六人。因种种原因未参加博学鸿辞考试的姜宸英、黄虞稷、万言、黄百家等也被网罗入史馆。

以五十鸿傅为主体的史馆人员，在内东华门外的史馆内，投入撰史工作。他们首先进行了分工，全体人员共分为五组，抽签决定每组和每人所撰的具体篇目。在此后的三年中，他们将明代三百年的历史分三段撰写，康熙十九年正月至二十年六月，撰洪武至正德各朝。康熙二十年六月至二十一年四月，撰泰昌、天启、崇祯三朝。康熙二十一年四月至二十二年正月撰嘉靖、隆庆、万历三朝。

史官们在馆修史，勤勤恳恳，孜孜矻矻。

为了体例的完善和记事的确当，史官们还不断研讨，互相观摩。例如对是否设立《道学传》，就有彭孙遹、朱彝尊等七八个人发表了自己的见解。万象瑛描述他撰史时的情形说："顾从事此中，具极甘心，事业考之群书，是非衷之公论，文章质之同馆诸贤，据事叙述，其人自见。虽不敢希信史，然职掌所存，或者其无负乎！"其他史官也同他们一样兢兢业业。例如：潘耒分工撰《食货志》，将自洪武至万历朝的《实录》，认真阅读，其中关于"食货"的内容，共钞出六十余册，密行细字，每册多至四十余页，少者亦有二十余页。又如馆臣所钞产嵩、张居正、周延儒事迹，均有五百余册；关于魏忠贤的生平资料则达上千页之多。汪琬在馆仅六十日，就撰出史稿一百七十五篇。可见史官们在明史馆确实是勤勉任事的。

经过三年努力，纂修者分拟之稿大部分完成，陆续交由总裁审阅。《明史》最早之初稿，多于此时修定，其后数十年间又在此基础上进行了增删改易工作。

《明史》馆总裁，在最初几年屡有变易，但徐元文居职最久，出力也最大。他在康熙二十一年曾一度因拜都御史罢史职。至二十三年重领《明史》监修官，遂延聘布衣明史志家万斯同居于其家，请其删定诸纂修官所拟史稿。经过十二年时间，至康熙三十年徐元文病卒，万斯同删成史稿四百十六卷。康熙三十三年，王鸿绪、陈廷敬为《明史》总裁，王氏也延聘万斯同，继续删定《明史》列传部分。又经八年的辛勤工作，至康熙四十一年万斯同客死王鸿绪京邸，史稿已成四百六十卷。万斯同所删定的史稿为《明史》最后成书起了决定性作用。

康熙四十年以后，旧时史馆诸人相继凋逝，修史工作又呈停滞状态。康熙四十八年，王鸿绪因附和阿灵阿等奏议改立皇太子事被免官，回家时将史馆草稿全部携去，竟无人过问。王氏在家将万斯同删定的史稿和以前馆臣所拟史稿又重新作了增损改易，于康熙五十三年进呈《明史》列传部分二百零五卷，于康熙六十一年又进呈本纪、志、表计一百零五卷，两次所呈共三百一十卷。此即后世所谓《横云山人明史稿》。至此《明史》基本完成了。虽然《明史》最后定稿是在雍正十三年，但自雍正元年最后一次开馆，因雍正帝刚即位，与其政敌斗争激烈，无暇顾及《明史》纂修之事，以致撰修人员互相掣肘，史事无所进展，最后仅稍为变动史稿的篇目次序、改窜一些字句，然后在纪传之后缀以赞辞，就定稿奏呈了。因此，雍正年间的再修《明史》，不过是为康熙年间大规模撰修《明史》做了简单的收尾工作，《明史》的主要撰修工作是在康熙朝完成的。

《明史》作为二十四史中最后一部史书，仍不失为有价值的传世之作，清人赵翼曾评价说：

"近代诸史，自欧阳公《五代史》外，《辽史》简略，《宋史》繁芜，《元史》草率，惟《金史》行文雅洁，叙事简括，稍为可观。然未有如《明史》之完善者。……盖阅六十年而后讫事，古来修史者未有如此之日久而功深者也。惟其修于康熙时，去前朝未远，见闻尚接，故事迹原委多得其真，非同《后汉书》之修于宋，《晋书》之修于唐，徒据旧人记载而整齐其文也。又经数十年参考订正，或增或删，或离或合，故事益详而文益简。且是非久而后定，执笔者无所徇隐于其间，益可征信，非如元末之修宋、辽、金三史，明初之修《元史》，时日迫促，不暇致详而潦草完事也。"

赵翼的评价，除了说《明史》"无所隐徇"被认为有吹捧当朝官修史书之嫌外，其他几点还是比较中肯的。《明史》的价值主要体现在两方面。其一，在体例上，它完善了纪传体体例，例如，为了适应明代阉祸猖獗、农民起义频仍、少数民族地区矛盾多故的客观情况，创设了《阉党传》、《流贼传》和《土司传》。鉴于朱元璋罢除宰相制后，六部尚书及左、右都御史地位提高，特设《七卿年表》。此外如《历志》增加插图、《艺文志》只载明代所著之书等，也都是特例。其二，在内容上，除了清廷忌讳之处，一般记载都能做到丰富详实，有的内容是《明实录》所不载的。其记事的可信程度，从总体上看也超过其他许多明史著作，这得益于当时撰者如朱彝尊、潘耒等人的精心考辩和万斯同的严慎核实。

三

出于对民族传统文化的热爱和理政的需要，康熙皇帝在位期间，先后组织编修了为数浩瀚的典籍。据《清史稿·艺文志》统计，由他组织编纂的书籍有：

经部：《日讲易经解义》、《周易折中》、《日讲书经解义》、《书经传说汇纂》、《诗经传说汇纂》及序、《律吕正义》《春秋传说汇纂》、《日讲四书解义》、《康熙字典》、《钦定音韵阐微》、《韵谱》等。

史部：《明史》（未完成）、《太祖实录》（重修）、《太宗实录》（重修）、《世祖实录》、《平定三逆方略》、《亲征平定朔漠方略》、《历代纪事年表》、《太祖高皇帝圣训》、《太宗文皇帝圣训》（续成）、《世祖章皇帝圣训》、《月令辑要》及《图说》、《皇舆表》、《方舆路程考略》、《清凉山新志》、《刑部则例》、《大清会典》、《御批通鉴纲目》、《通鉴纲目前编》及《外纪》及《举要》、《通鉴纲目续编》等。

子部：《圣谕》、《朱子全书》、《性理精义》、《历象考成》、《数理精蕴》、《星历考原》、《选择历书》、《佩文斋书画谱》、《广群芳谱》、《渊鉴类函》、《骈字类编》、《分类字锦》、《子史精华》、《佩文韵府》、《佩文韵府拾遗》等。

集部：《清圣祖文初集》及《二集》及《三集》、《避暑山庄诗》、《古文渊鉴》、《全唐诗》、《唐诗》及《附录》、《四朝诗》、《全金诗》、《佩文斋咏物诗选》、《历代题画诗》、《千叟宴诗》、《历代赋汇》及《外集》及《逸句》及《补遗》、《历代诗余》、《曲谱》等。

总计康熙朝编修书籍共六十余种，一万余卷。这一成就，虽和其孙乾隆皇帝相比略逊一等，但是却远远超过了前此所有帝王，以及清代的其他皇帝。康熙年间编修的书籍，不但数量众多，而且还以门类齐全和内容广泛而著称于时。如果说在他亲掌政权之初，由于战争较多和政务繁忙，使得他只是出于政治上的考虑，不得不将所修书籍局限于日讲各经解义以及前朝正史、本朝实录、圣训的话，那么，康熙三十年以后，随着国内政局进一步安定、社会经济迅速发展和清朝统治的巩固，这一局面开始打破，并先后出现了不少有名之作。

其中，在继续编纂一些说经之书的同时，康熙皇帝又另辟蹊径，组织学者编修《康熙字典》，不但开辟了清人治学新方向，而且由于该书有着普遍的使用价值，在社会上也产生了广泛的影响。

《康熙字典》是康熙年间编修的一部重要的字书。康熙四十九年三月，康熙皇帝对大学士陈廷敬等提出了编修字学书籍的设想：

"朕留意典籍，编定群书，这些年来，如《朱子全书》、《佩文韵府》、《渊鉴类函》、《广群芳谱》等书都已修纂，先后告成。至于文字之学，也是很重要的，应该编修出一部书来。明人梅膺祚的《字汇》失于简略，张自烈的《正字通》则征引繁芜，内多舛驳。加上四方风土不同、南北声音各异。宋司马光的《类篇》分部或有未明，南朝沈约的《声韵》后人不无批评，明朝洪武年间乐韶凤等编的《洪武正韵》虽然对前朝字书多有辩驳，可惜又流传不广，故而世人仍多用《声韵》。朕曾经参阅诸书，用心考证，发现蒙古、西域以及海外诸国多用字母，地方不同，声音迥异，难以混一。大抵天地之元音，发于人声；人声之象形，寄于点画。如今，朕打算编修一部汉文字书，使其详略得中，归于至当，增《字汇》之阙遗，删《正字通》之繁冗，以垂示永久。你们斟酌讨论出式例具奏上来。"

根据康熙皇帝的指示，成立了编书机构，以张玉书、陈廷敬为总阅官，凌绍雯、史夔、周起渭等二十七人为纂修官。他们"悉取旧籍，次第排纂，切音解义以《说文解字》、《玉篇》为主要依据，并参考《广韵》、《集韵》、《韵会》、《正韵》，其余字书有一音一义可以采用的，也尽入其中。至于诸书引证不能详备的，又从经、史、百子以及汉、晋、唐、宋、元、明以来诗人文士的著述中旁罗博证，广泛征引，使其言之有据"。这项工程，历时五年，至康熙五十五年完成。康熙皇帝为之作序，并钦定书名为《字典》，后人遂称其为《康熙字典》。《康熙字典》在中国语言学史上占有重要的地位，它吸收了历代字书的有益成分，融会总会，并加以补充发展，达到了封建时代字书发展的顶峰。《康熙字典》的突出特点是收字多，计四万七千零四十三字，超过了封建时代的任何一部字书。在辨形、注音、释义、引例等方面，它也都比以前的字书更完备、细密、允当。在体例编排方面，《康熙字典》采用了《字汇》、《正字通》两书行之有效的部首检字法，并将部首及部中之字均按笔画为序，查阅较为便捷。正如康熙皇帝在给该书写的序中所说的："古今形体之辨，方言声气之殊，部分班列，开卷了然，无一义之不详、一音之不备矣。"

所编书籍之外，还有一部《古今图书集成》也值得重点介绍。《古今图书集成》原名《古今图书汇编》，共计一万卷，署名为"雍正三年蒋廷锡等奉敕撰"，但是真正编纂者却是康熙年间的著名学者陈梦雷。陈梦雷，字则震，又字省斋，晚号松鹤老人，别号天一道人，顺治八年（1651年）生于福建侯官（今福建省福州市）。自幼聪敏好学，十二岁时中秀才，十九岁时中举人，康熙九年得中进士，选庶吉士，任翰林院编修。陈梦雷虽然少年得意，但一生却历尽坎坷。在他走上仕途之后，曾经三次因受到封建统治集团内部政治斗争的牵连而被囚禁或遭流放。第一次是康熙十二年（1673年）返闽省亲之时，适逢盘据福建的靖南王耿精忠举兵反清。陈梦雷因拒不受伪职，而被拘于福建僧舍达五年之久。第二次是在三藩叛乱平定以后，清政府错以附逆罪将陈梦雷征下诏狱，不久减死谪戍奉天。十六年后，康熙皇帝东巡，陈梦雷蒙恩召还，侍皇三子胤祉读书。但二十多年后，康熙皇帝去世，在诸子角逐中获胜的雍正皇帝胤禛一上台便对政敌大打出手，陈梦雷又以七十一岁高龄再次被流放塞外，终而老死于流放之地。

长期囚禁与流放生涯虽然使他在仕途上极不得志，但是与宦海隔绝的客观环境却给了他读书治学以较为充裕的条件。尤其是康熙时流放奉天期间，他在极为艰苦的环境中坚持读书，著述不辍。与此同时，他还热心当地教育事业，执经问业之士接踵而至。在此期间，他先后著成《周易浅述》八卷、《盛京通志》、《承德县志》、《海城县志》、《盖乎县志》等书。通过这些书籍的纂修，锻炼了他搜集材料、分部划类等整理和编纂文献的基本技能，而长期的教学实践也使他进一步熟悉了治学的门径。因此，这一时期是他学识和能力成长的重要时期，也是他以后从事编纂《古今图书汇编》的重要准备时期。

从康熙四十年（1701年）十月开始，陈梦雷正式编修《古今图书汇编》。他独自一人承担编选任务，从允祉处领银雇人缮写。经过数年不分昼夜、废寝忘食的劳动，到康熙四十五年（1706 年）四月，全书初步编成，计三千六百余卷。初稿修成后，陈梦雷把它进呈给康熙皇帝，希望由皇帝决定其去存分合，并要求利用内府藏书、江南别本等对所收内容加以校订、增补。但是，康熙末年，诸皇子为争夺皇位继承权而拉党结派，斗争甚烈，康熙皇帝无暇及此。而且，《古今图书汇编》初稿过于浩博，它虽称三千六百余卷，但"若以古人卷帙较之，可得万余卷"，对这样一部大类书进行校订，显然要很长很长的时间。更重要的是，康熙五十一年（1712 年）太子胤礽再次被废，与允礽关系密切的允祉和陈梦雷都受到一定牵连，因而该书的校订、出版也被推迟。不久，雍正皇帝上台，胤祉被贬守护康熙皇帝墓——景陵，陈梦雷被第二次流放。雍正皇帝下令把《古今图书汇编》改名为《古今图书集成》，令尚书蒋廷锡等重加编校。蒋廷锡等人对其中的类目名称和卷数作了一些改动，而内容却大都仍陈氏之旧，然后宣布定稿。雍正四年（1726 年），由雍正皇帝作序，将《古今图书集成》付印。在印本上，记的是蒋廷锡等"奉敕撰述"，陈梦雷的功劳被完全抹煞。

经过雍正朝改定的《古今图书集成》，全书凡万卷，另有目录四十卷，内分六汇编、三十二典、六千一百零九部。六汇编是历象、方舆、明伦、博物、理学、经济，其中历象汇编包括乾象、岁功、历法、庶征四典，凡一百二十部，计五百四十四卷；方舆汇编包括坤舆、职方、山川、边裔四典，凡一百八十七部，计二千一百四十四卷；明伦汇编包括皇极、宫闱、官常、家范、交谊、氏族、人事、闺、媛八典，凡二千八百七十三部，二千六百零四卷；博物汇编包括艺术、神异、禽虫、草木四典，凡一千一百三十部，计一千六百五十六卷；理学汇编包括经籍、学行、文学、家学四典，凡二百三十五部，计一千二百二十卷；经济汇编包括选举、铨衡、食货、礼仪、乐律、戎政、祥刑、考工八典，凡四百五十部，计一千八百三十二卷。在全书层次安排上，部是最基层的单位，每部之下又包括汇考、总论、图表、列传、艺文、选句、纪事、杂录、外编等项，汇考记述大事，引证各种古书以详细介绍该部内容之源流；总论采录经、史、子、集各书对该内容的议论；图表则根据内容需要，分列图、表加以说明，但并非每部都有；列传记述人物生平；艺文则采集和该部内容有关的诗、文、词、赋等；选句多择俪句、对偶，供吟诗作文时借鉴；纪事收录不见于汇考的琐细小事；杂录收不宜收进汇考、总论和艺文的材料；外编则收录前述各项不好安排的荒唐无稽之事。《古今图书集成》所收内容，多将原书整篇、整段抄入，并一一注明出处，标示书名、篇目和作者，以便读者核校原书。全书总计约一亿六千万字，规模仅次于《永乐大典》，而远在其他同种类书之上，是一部名符其实的集古今图书之大成的中国古代的百科全书。

第十章　立储起风波

一

康熙八岁御极，六十九岁驾崩，在位六十一年，是中国历史上在位时间最长的皇帝。

人到七十古来稀。康熙在人们准备为他庆祝七十大寿的时候去世，已登古稀之年。古代皇帝长寿少，短命者多。健康长寿的康熙与一般帝王不同的是，从来不追求长生不老，也不幻想返老还童。他幼年时期，身体不算太好，吐过血，"常灸病"，直至多少年后，仍念念不忘灸病之苦，即"艾味亦恶闻"，"闻即头痛"。但他一生不消极保养，而是以积极态度从事骑射、狩猎和田园劳动，"或猎于边墙，或田于塞外"，增强身体素质，锻炼"勇果无敌"精神。康熙五十八年八月十九日，他将自幼至今狩猎所获做了一个统计："凡用鸟枪弓矢，获虎一百三十五、熊二十、豹二十五、猞猁狲十、麋鹿十四、狼九十六、野猪一百三十二，哨获之鹿凡数百。其余围场内随便射获诸兽不胜记矣。"比方说野兔为小动物，不屑详计总数，但最高记录尚能记忆，最多时"曾于一日内射兔三百十八"，超过庸常人毕生所获。他认为"恒劳而知逸"，如果长期安逸，劳累就经受不住。他一生读书、治理朝政向来不辞辛劳，并于日理万机之余暇，充满乐趣并心神宁静地潜修技艺；其兴趣、嗜好高雅不俗。生活上节饮食，慎起居；"不喜厚味"，喜"粗食软蔬"，所好之物不多食，不尚豪华，爱简洁。这种良好的精神状态和习惯，使他避免了糜乱生活之害，因此始终保持了旺盛的精力，并健康长寿。他在迎接古稀之年作诗一首：

> 淡泊生津液，清虚乐有余。
>
> 鬓霜惭薄德，神愈恐高誉。
>
> 苦好山林趣，深耽性道书。
>
> 山翁多耄耋，粗食并园蔬。

康熙当时是就饮食一事书怀，其心境极为平和。但诗中涵义很深，既讲养身之道，又将养心、养性融合其中。

康熙对自己的健康和寿命很欣赏，说：五十岁"方有白须数茎。"有人向他进乌须方，康熙笑而辞之，说："自古帝王鬓斑须白者史书罕载。吾今幸而斑白矣"。"朕若须鬓皓然，岂不为万世之美谈乎？"几十年间，他继承祖业，治理国家，不曾虚度时光。他非常满意地说："赖祖宗积善累德之效，所以受无疆之福，得四海余庆，万类仁寿，使元元之众安生乐业。于此观之，可谓足矣"。这是就过去而言，康熙直到生命最后的日子里，也没停止操劳和思虑。他度过了充实而又硕果累累的一生。

康熙帝的妻子，从清东陵陵寝安葬者统计，共有四位皇后：孝诚仁皇后赫舍里氏、孝昭仁皇后钮祜禄氏、孝懿仁皇后佟佳氏、孝恭仁皇后乌雅氏。其中赫舍里氏为康熙四年（1665 年）册封，于康熙十三年（1674 年）生允礽之日死。康熙十六年（1677 年），册封钮祜禄氏为皇后。康熙二十八年（1689 年）册封佟佳氏为皇后。乌雅氏却是雍正即位尊为皇太后的。妃嫔等有：敬敏皇贵妃章佳氏、惇怡皇贵妃瓜尔佳氏、悫惠皇贵妃佟佳氏、温僖贵妃钮祜禄氏、定妃万琉哈氏、顺懿密妃王氏、纯裕勤妃陈氏、惠妃纳拉氏、宜妃郭络罗氏、荣妃马佳氏、成妃戴佳氏、良妃卫氏、平妃赫舍里氏、慧妃、宣妃、通嫔纳拉氏、襄嫔高氏、谨嫔色赫图氏、静嫔石氏、熙嫔陈氏、穆嫔陈氏、端嫔董氏、僖嫔、布贵人、伊贵人、兰贵人、马贵人、袁贵人、文贵人、尹贵人、新贵人、常贵人、勒贵人、妙答应、秀答应、庆答应、灵答应、春答应、晓答应、治答应、牛答应、双答应、贵答应、瑞常在、常常在、尹常在、禄常在、徐常在、石常在、寿常在、色常在。共后、妃、嫔、贵人、答应、常在五十五人。

多妻必多子，据清实录载康熙子、孙、曾孙一百五十余人。多妻多子孙，是康熙家庭的一大特点。长期以来，中国是个体小生产经济占绝对优势地位的社会，家庭不仅是生活单位，犹是经济单位。人们观念中子孙多是一大幸福，平民百姓如此，帝王将相更是。其实不然。如果说贫苦劳动人民家庭成员之间同甘共苦，无所争夺，能享天伦之乐，皇帝则很难享受这种快乐。争夺皇位就是一大不幸。康熙共生子三十五人，其中早殇没来得及齿者十一人，叙齿者二十四人。

皇长子允禔，康熙十一年（1672 年）生。母惠妃纳拉氏。据传教士白晋说："皇上特别宠爱这个皇子，这个皇子确实很可爱。他是个俊美男子，才华横溢，并具有其他种种美德"。由于他在皇子中年龄居长，替乃父作事最多。征讨葛尔丹时，康熙任命裕亲王福全为抚远大将军，十九岁的允禔从征，任副将军，参与指挥战事。还衔命祭华山，管理永定河工程。二十六岁，被封为直郡王。因争储位，谋害太子，被康熙革王爵，监禁，雍正十二年（1734 年）卒。

皇二子允礽，生于康熙十三年（1674 年）。因系孝诚仁皇后所生，为嫡长子。康熙十四年，在他还是个一岁多的婴儿时，就被立为太子。但是康熙四十七（1708 年）年九月被废；四十八年，复立；五十一年十月，再废，受禁锢；雍正二年，卒。

皇三子允祉，生于康熙十六年（1677年）。母荣妃马佳氏。允祉博学多才，成为乃父学术上的最有力助手。康熙征葛尔丹时，允祉领镶红旗大营。二十一岁，被封为诚郡王；次年，降为贝勒；三十二岁，晋诚亲王。雍正即皇位，命允祉守护景陵。雍正八年（1730年），被夺爵、囚禁。十年，去世。

皇四子胤禛，生于康熙十七年（1678年）。母孝恭仁皇后。康熙亲征葛尔丹时，胤禛奉命掌管正红旗大营。二十岁，被封为贝勒，三十一岁，晋雍亲王。康熙驾崩，胤禛继位，为雍正帝。

皇五子允祺，生于康熙十八年（1679年）。母宜妃郭络罗氏。康熙认为此子心性甚善，为人淳厚。康熙征葛尔丹对，允祺奉命领正黄旗大营。十九岁，被封为贝勒，时年三十岁，晋恒亲王。雍正十年，卒。

皇六子允祚，康熙十九年（1680年）生。母孝恭仁皇后。康熙二十四年，夭折。

皇七子允祐，康熙十九年（1680年）生。母成妃戴佳氏。康熙夸他"心好，举止和蔼可亲"。康熙亲征葛尔丹时，命允祐领镶黄旗大营。十八岁，被封为贝勒；二十九岁，晋淳郡王。后管正蓝三旗事务。雍正元年，封淳亲王。八年，卒。

皇八子允禩，康熙二十年（1681年）生。母良妃卫氏。少时为允禔母惠妃抚养。诸臣奏称其贤，康熙的哥哥裕亲王也在皇帝面前夸他"心性好，不务矜夸"。康熙自然喜欢，十七岁，即被封为贝勒。后署内务府总管事。因争储位被夺贝勒，并受拘禁。允礽获释，允禩复为贝勒。雍正即位，为稳定其情绪，命总理事务，进封廉亲王，授理藩院尚书。雍正元年，命办理工部事务。四年，雍正以其结党妄行等罪削其王爵，圈禁，并削宗籍，更名为阿其那。同年，死。

皇九子允禟，康熙二十二年（1683 年）生。母宜妃郭络罗氏。二十六，被封为贝子。雍正命其驻扎西宁。后以其违法肆行，与允禩等结党营私为由，于雍正三年（1725 年）夺爵，幽禁。四年，削宗籍，令改名塞思黑。卒。

皇十子允䄉，康熙二十二年生。母温僖贵妃钮祜禄氏。二十六岁，被封敦郡王。康熙五十七（1718 年）年，奉命办理正黄旗满洲、蒙古、汉军三旗事。因党附允禩，雍正元年，被夺爵拘禁。乾隆二年，得以释放，封辅国公。六年，卒。

皇十一子允禌，康熙二十四年（1685 年）生。母宜妃郭络罗氏，与允祺、允禟同母。康熙三十五年（1696 年），年幼夭折。

皇十二子允祹，康熙二十四年（1685 年）生。母定妃万琉哈氏。康熙四十八年，封贝子。曾署内务府总管事务，办理正白旗满洲、蒙古、汉军三旗事。康熙六十年（1721 年），派允祹祭盛京三陵。次年，任镶黄旗满洲都统。雍正即位后，进封履郡王。乾隆即位，进封履亲王。乾隆二十八年，卒。

皇十三子允祥，康熙二十五年（1686 年）生。母敬敏皇贵妃章佳氏。康熙六十一年，雍正即位，封为怡亲王，命总理户部三库。雍正元年，总理户部。为人"敬谨廉洁"，雍正照例赐钱粮、官物，均辞而不受；对雍正"克尽臣弟之道"；总理事务"谨慎忠诚"，为雍正所赏识。三年，从优议叙，复加封郡王，任王于诸子中指封。后总理京畿水利，多有建树。又办理西北两路军机。八年卒。是雍正最知心、也是得其协助最多的兄弟。

皇十四子允禵，康熙二十七年（1688 年）生。母孝恭仁皇后。与雍正同母。但党附允禩，与雍正对立。康熙四十八年，封贝子。五十七年，任抚远大将军，征讨策妄阿拉布坦。六十年，率师驻甘州，进次吐鲁番。雍正元年，晋为郡王。三年，被降为贝子。四年，禁锢。乾隆即位时，下令释放，封辅国公。乾隆十二年（1747年），晋升贝勒；十三年，进封恂郡王。二十年，卒。

皇十五子允禑，康熙三十二年（1693年）生、母顺懿密妃王氏。雍正四年（1726年），封贝勒，命守景陵。八年，封愉郡王。九年，卒。

皇十六子允禄，康熙三十四年（1695年）生。与允禑同母。因在亲王死后无嗣，雍正命他袭封。乾隆三十二年（1767年），卒。

皇十七子允礼，康熙三十六年（1697年）生。母纯裕勤妃陈氏。雍正元年，封果郡王，管理理藩院事。六年，晋亲王。七年，奉命管工部事。八年，总理户部三库。十一年，授宗令，管户部。十二年，赴泰宁，送达赖喇嘛还西藏，沿途巡阅各省驻防及绿营兵。十三年，返回京城，协助办理苗族事务。乾隆即位，命总理事务，解宗令，管刑部。乾隆三年，卒。

皇十八子允祄，生于康熙四十年（1701年）。与允禑、允禄同母。康熙四十七年，夭折了。

皇十九子允禝，康熙四十一年（1702年）生。母襄嫔高氏。康熙四十三年，夭折。

皇二十子允祎，康熙四十五年（1706年）生。与允禝同母。雍正四年，封贝子，八年，晋贝勒。十二年命祭陵，称病不行，降辅国公。乾隆即位后，复封贝勒，守泰陵。二十年，卒。

皇二十一子允禧，康熙五十年（1711年）生。熙嫔陈氏生。立志向上，颇有文才。雍正八年，加封贝子，晋贝勒。乾隆即位，晋慎郡王。乾隆二十三年，卒。

皇二十二子允祜，康熙五十年（1711年）生。母谨嫔色赫图氏。雍正八年，封贝子，十二年，晋贝勒。乾隆八年，卒。

皇二十三子允祁，生于五十二年（1713年）。静嫔石氏所生。雍正八年，封镇国公。十三年，乾隆即位，晋贝勒，后降镇国公。四十五年，复封贝子，两年后，晋贝勒。四十九年，加郡王衔。五十年，卒。

皇二十四子允祕，康熙五十五年（1716年）生。母穆嫔陈氏。秉性忠厚和平。有学识。雍正十一年，允祕十七岁，被封为诚亲王。乾隆三十八年，卒。

康熙诸子，能文能武，多为奇英之才。康熙非常重视皇子的教育，自幼年抓起，慎选教师，并亲自教诲督促，多方面严格要求。康熙谈起对皇子的教育，曾说："朕深惟列后付托之重，谕教宜早，弗敢辞劳，宋明而兴，身亲督课，东宫及诸子以次上殿，背诵经书，至于日昃，还令习字、习射、覆讲，尤至宵分。自首春以及岁晚无有旷日"。教育内容很全面，经、史、文、算术、几何、天文、骑马、射箭、游泳等，使用各种火器，还兼以书画音乐。尤其注重教以治道，"上下千古成败理乱，已了然于胸中"。康熙寄希望于子孙，要把他们培养成自己事业的优秀继承人。为了同一目的，皇子长到几岁或十几岁、二十几岁就开始跟随乃父外出巡视、谒陵，增长见识，了解各地风情、民间疾苦。尤其征讨葛尔丹之役，令十九岁的皇长子任副将军，率师随裕亲王出征，开创皇子领兵之制。三十五年康熙亲征时，命太子坐镇京师代理朝政，皇三子、皇四子、皇五子、皇七子等分别管理镶红旗、正红旗、正黄旗、镶黄旗大营，从父皇出征，参与军事议论，接受锻炼，称得上一次诸子接替朝廷大业的演习。康熙无意恋战，渴望儿孙们成长起来，肩负起清朝统治重任。

二

康熙对子女的教育自幼严格，选拔教师很慎重，并亲自督促教诲，期望甚高。他自己曾谈到子女的培养问题，说："朕深感各位皇后临死时的托付之重，教育应及早抓起，所以不辞辛劳，夙兴夜寐，亲自督促功课。每天天还没亮，诸位皇子便轮流上殿背诵经书，直到太阳西斜。又令他们习字、射箭，往往持续到夜半。一年四季，天天如此，未曾有一天闲暇。"教育内容十分全面，经、史、文学、数学、天文、书法、绘画、音乐、骑马、射箭、游泳等，无一不学，并能使用各种火器（枪炮）。每天刚敲五更时分，百官尚未早朝，偶尔有先到朝堂的人，也是残睡未醒，倚在墙角柱头假寐。这时就可看见一盏白纱灯刺破了黎明前的黑暗，引导皇子们进入隆宗门拐弯隐去，随即书房里传来阵阵朗朗书声。不论春夏秋冬，也不分寒暑雨晴，从来没有间断过。在康熙悉心培养下，每位皇子都精通四书五经、满语汉语，诗文书画无一不精，刀马剑箭无一不晓，个个文武双全，成为一时俊彦。

康熙对每位皇子都寄予厚望，特别重视教给他们治国安邦的真实本领，要求他们对上下千古的成败治乱都必须了然于胸，成为自己事业的优秀继承人。皇子们几岁或十几岁时，便开始随他四出巡视、谒陵，增长见识，了解各地风情和民间疾苦。康熙渴望皇子们茁壮成长，肩负起清朝军国大任。

1676年1月27日，平定三藩的战争正在紧张进行，年仅22岁的康熙出人意料地宣布，立皇后赫舍里氏生的刚刚18个月的皇次子允礽为太子。允礽并不是长子，他有5个哥哥，其中4位早夭，都没有超过4岁。但皇长子允禔却是他实实在在的兄长，当时已经5岁。据后来法国传教士白晋说："皇上特别宠爱这个皇子，这个皇子也确实很可爱。他是个美男子，才华横溢并具有其他种种美德。"但遗憾的是，允禔的生母是惠妃纳喇氏，庶出，所以与皇太子的宝座无缘。允礽虽然是皇次子，但他有一个得天独厚的优势，那就是他的生母乃是当朝国母，立他作为皇储，符合中国传统社会宗法继承制立嫡立长的原则，乃是一件顺理成章、众望所归的事情。

当时，设立了为太子服务的詹事府衙门，以内阁侍读学士孔郭岱、翰林院侍读学士陈廷敬为满汉詹事。康熙特别关心允礽的成长，比其他众皇子倾注了更多的心血。允礽幼小的时候，康熙就开始为他讲授四书五经。允礽6岁时正式拜师入学，先后有张英、李光地、熊赐履、汤斌等德高望重的名儒担任太子的老师。允礽还向西方传教士学习过数学和医学。等到他年龄稍大，康熙就向他传授治国之道，告诉他祖宗的创业经历和确立的国家制度，后人当如何守成、如何用兵。凡古今治乱成败、人心向背的经验教训，事事都详细指点，并经常带他外出视察。允礽天资聪颖，学业进步很快，8岁能左右开弓，箭无虚发；10岁时将"四书"记得滚瓜烂熟。他曾拟过一副很不错的对联："楼中饮兴因明月，江上诗情为晚霞。"受到康熙的赞许，夸奖他"骑射、言词、文学俱佳，没有不及人之处"。

允礽20岁刚出头，就能代替父皇处理朝政了。1696年，康熙亲征葛尔丹，授权允礽代行祭天地的郊祀礼，各部院奏章交太子处理，如果事关重大，由诸王大臣议定，启禀太子定夺。允礽不负重望，恪尽职守，朝廷上下都称颂他的贤能。白晋在《康熙皇帝》中说："这位现年23岁的皇太子和京师里的同龄王侯一样眉清目秀，身体健壮，是最为理想的皇子之一。因此，皇太子的侍臣及朝廷大臣对他有口皆碑。人们深信他不久即将像其父皇那样成为历代最著名的皇帝。"

　　然而事与愿违，立太子后由此而产生的皇帝与太子之间、太子与皇子之间的矛盾却一天天尖锐起来。这是康熙所始料未及的。

　　1690年7月，乌兰布通之战前夕，康熙准备御驾亲征，给噶尔丹迎头痛击。出塞以后，漠漠荒原的凄凉景象，使康熙对太子眷恋不已，甚至把允礽的衣冠带在身边，时时拿出观看、抚摩，就如同见到本人一样。不料中途生病，高烧不止，更加想念儿子，令皇太子允礽、皇三子允祉火速赶往军营见面。8月28日，两位皇子骑马来到行宫，向父皇请安。康熙期望太子表现出起码的关怀之情来，而对当时年已17岁的允礽来说，这正是他行孝的一次绝好机会。然而康熙察颜观色，发现允礽竟没有半点忧威之意，言谈之中倒流露出幸灾乐祸的神色。康熙舐犊情深，没想到日思夜想盼来的太子，竟是如此的冷酷无情，不由得大失所望，心里很不是滋味。他认定"允礽绝无忠君爱父之念"，留在身边无益，干脆打发他先回北京。这是父子俩之间发生的第一次不愉快。

　　此后，康熙进一步发现允礽有许多恶劣品性，不堪君国重任。本来允礽的学识是不错的，但他一岁半就立为太子，身居一人之下万人之上，处处与众不同，这种特殊的地应，加上周围人的阿谀逢迎，渐渐使他忘乎所以，目空一切。大凡太子有荣誉地位，却无治国重担与压力，有权力欲而无责任感。允礽就是在这样的环境中养成了骄奢淫逸、暴虐不仁的性格，令康熙感到非常头痛。康熙一生主张宽厚仁慈，允礽却横行霸道，肆意凌辱王公大臣，曾殴打平郡王讷尔素、贝勒海善（肃亲王常宁之子）、镇国公普奇等，手下兵丁很少人没遭过他的毒打。康熙一生注意节俭，从不扰害百姓，允礽却对金钱贪得无厌，放纵属下勒索地方官员。1707年允礽随康熙南巡，江宁知府陈鹏年供奉简单，差一点被允礽处死，经张英、曹寅苦苦求情才幸免于难。不孝、不仁，这是康熙最反感的恶行，他怎能容忍这样的人继承自己的皇位？

康熙最初很注意维护太子的地位，树立太子的权威，为他将来执政作准备。他为太子制定了威严的着装、仪仗，与自己的规格相差无几。每年元旦、冬至和太子生日（称为"千秋节"），康熙除了接受诸王、贝勒及文武百官的进表、朝贺外，还让他们到太子居住的东宫重复同样的仪式，行二跪六叩首礼。但1694年3月祭祀奉先殿时，他发现太子有越权的行为。按礼法制度，皇帝与太子的仪礼有严格的区别，皇帝的拜褥在门槛内，太子的拜褥在门槛外。然而当时的摆设却是太子的拜褥与皇帝相同，并置槛内。康熙令礼部尚书萨穆哈移往槛外，萨穆哈面有难色，不敢承担责任，请旨记档。康熙勃然大怒，当即宣布罢免萨穆哈官职，向允礽发出了严重警告。

在康熙与允礽父子失和的情况下，1698年3月，封皇长子允禔为直郡王，皇三子允祉为诚郡王，皇四子胤禛（即后来的雍正皇帝）、皇五子允祺、皇七子允祐、皇八子允禩都封为贝勒，先后参与国家政务的管理。而在康熙亲征葛尔丹期间受命留守京师的允礽，却没有得到父皇任何嘉奖，心中老大不快。就康熙大封诸子的本意来说，未必有易储的意图，但诸皇子受封并陆续从政，却使他们有了竞争皇储的政治资本，使本已失宠的允礽感到了莫大的威胁。这样，康熙与允礽之间的矛盾更加尖锐起来，而且在原有的皇帝与太子这一对矛盾之外，又增加了太子与皇子、皇子相互之间的矛盾。

鉴于自己的百般呵护收效甚微，丝毫没有把太子拉回自己身边的希望，康熙决定拿太子党的首脑人物索额图开刀。1703年5月，康熙下令逮捕索额图，斥责说："你背后怨尤之言，不用朕说穿，你自己心里明白。朕若不先发制人，恐怕反遭你的毒手。"最后以"议论国事，结党妄行"的罪名将索额图拘禁，不久死去。直到 1713 年，索额图已死去 10 年，康熙仍余恨未消，咬牙切齿地说："索额图其是本朝第一罪人！"

对于索额图的覆灭，允礽心中十分难过，但又无可奈何，怨愤之情时常见诸词色；同时待人接物也变得喜怒无常，自暴自弃。康熙以铲除索额图来挽救允礽的努力再次宣告徒劳，父子间的感情鸿沟越来越大。

1708 年 9 月 2 日，康熙由避暑山庄前往木兰围场，随驾的有皇太子允礽、皇长子允禔、皇十三子允祥、皇十四子允禵、皇十五子允禑、皇十六子允禄、皇十七子允礼、皇十八子允祄及文武官员、八旗侍卫 3 万多人。9 月 26 日，年仅 8 岁的允祄突然病倒，御医百般治疗，非但不见好转，反而不断恶化。康熙心急如焚，匆匆回到热河。随行官员因康熙年事已高，怕他经受不住打击，无不为之忧虑。相反，太子允礽却表现出惊人的平静，毫无怜爱之意。

允祄为密妃王氏所生。王氏是一位倾城倾国的绝色美人，一位西方传教士称她为"那位皇帝迷恋的有名的汉族妇女"。康熙对她很钟爱，爱屋及乌，对允祄也很有特殊感情，这就理所当然引起了允礽的忌恨。允礽清楚祖父顺治皇帝的所作所为，由于迷恋董鄂妃，废黜了皇后，甚至打算立董鄂妃生的皇子为太子。父皇既然宠爱密妃和允祄，其情形与当年顺治十分相似，允礽甚至想到自己的太子地位是否稳当。所以当康熙心情极度沉重、坐卧不安之时，允礽竟无动于衷，甚至喜形于色。这使康熙想起了1690 年自己生病时允礽的表现，不禁痛心疾首，责备说："你是他的亲哥哥，怎能毫无友爱之心？"没想到允礽雷霆大发，与康熙激烈争吵，态度极其恶劣，最后拂袖而去。康熙长叹一声，跌坐在椅子上，既伤心，又担心，半天没有缓过神来。

由于允祄病势日渐沉重，康熙不忍心看到悲剧降临，决定回宫。10月15日，康熙强打精神，故作镇静地告谕随从诸大臣说："自十八阿哥患病以来，朕昼夜调治，希望他早日痊愈。现在病情加剧，想来已无济于事。朕一身关系甚大，为了年老的皇太后和天下臣民，朕必须保持身体健康。区区幼子，有何关系，朕忍痛割爱，就此启程。"

康熙与允礽的隔阂越来越深，他甚至怀疑允礽有谋害自己的企图。因为他发现允礽每到夜晚便鬼鬼祟祟地逼近他的帐篷，从缝隙向里面窥探，白天则监视着自己的一举一动。康熙心中积郁已久的疑虑陡然增加，神经高度紧张，曾说："朕说不定是今日被鸩（zhèn，以毒害人），还是明日遇害，昼夜戒惧不宁，死生未卜。"为此他特令武艺高强的皇长子允禔护卫左右。

10月16日午夜，一个黑影闪进御营，摸向睡梦中的康熙。他被惊醒，一跃而起，高呼："抓刺客！"御营内外顿时大乱，警声四起，侍臣、卫士和骑兵急忙前来护驾。虽然刺客迅速逃离，神秘地消失在黑暗中，但康熙已猜出来者是谁。御营戒备森严，外面的人根本就不可能潜入皇帝的行营。而且此人的身手动作和脸上的冷漠神情，他简直太熟悉了。他确认，这神秘的不速之客，就是皇太子允礽。

1708年10月17日，康熙巡视塞外返京途中，刚刚停歇在布尔哈苏台，就传令文武大臣立即到行宫前集合。大臣们不知发生了什么事，赶紧来到行宫门口。康熙喝令允礽跪下，当众历数他的罪状，禁不住老泪纵横。他说："朕继承祖宗宏图大业以来，迄今已四十八年。几十年来，朕兢兢业业，体恤群臣百官，惠养黎民百姓，以治理天下为己任。岂料允礽不效法祖德，不遵守朕训，肆恶虐众，暴戾淫乱，种种罪恶，实难启口，朕已包容二十年。近来允礽更加嚣张，公然侮辱在朝诸王、贝勒、大臣官员，并专擅威权，纠集党羽，窥伺朕躬，甚至连朕日常起居饮食也百般探听。一旦有人揭发其不法行为，他就怀恨在心，伺机报复，所以朕不曾将其所作所为向各位大臣核实，以免再遭不幸。朕巡幸陕西、江南、浙江等地，或驻庐会，或歇御舟，从来不随便走出半步，更没有滋扰民众。而允礽及其属下人等却巧取豪夺，为所欲为，令朕羞于启齿。朕从允礽幼儿时起便谆谆告诫他，所用诸物都是庶民膏脂，应节俭有度，爱惜民力。然而他不遵循朕言，穷奢极欲，甚至派人拦截进贡使团，抢夺蒙古马匹，使蒙古各部俱不心服。诸如此类，不胜枚举。朕希望他悔过自新，一忍再忍。不想允礽穷凶极恶，大有将其同胞兄弟都不放过的趋势。十八阿哥患病以来，众大臣无不体恤朕年事已高，恐朕伤心过度，允礽身为兄长，毫无友爱之心，朕对他稍加责备，竟勃然大怒，与朕顶撞。更有甚者，允礽每夜窥视朕的行踪，阴谋不轨，企图为索额图报仇。如此不忠之人，朕岂能将祖宗大业交付与他？倘若让如此不忠不孝、不仁不义之徒继位为君，我大清帝国的祖业将如何发扬光大？"

说到这里，康熙已是失声痛哭，扑倒在地。

恰在此时，允祄的死讯传来。真是祸不单行，康熙悲愤交加，心力俱瘁。

康熙本来是打算回到京师再采取行动的，但由于日夜担惊受怕，心神不宁，惟恐允礽抢先动手，加害于己，所以先发制人，在途中便迫不及待宣布废黜太子。同一天内国家发生非常变故和十八阿哥病死，皇帝此时又不在京师坐镇，局势很是危险，因此康熙宣布废太子后，急令大队人马火速返回京城。

这件事在康熙心灵上留下了深深的创痛。为了国家政治上的需要，他不得不废黜太子。但宣布废黜后，他又感到非常难过。愤恨、失望、惋惜、怜爱，各种心清交织在心头，一连 6 天都是食不甘味，寝不安席。每当与众大臣谈起这事时，他就泣不成声，涕泪纵横。

允礽被废，皇太子位空缺，诸皇子为了各自的理想，明争暗斗，较量更加激烈了。尤以是长子允禔和皇八子允禩最为突出。允禔在诸皇子中年龄最大，最早参与军国大事，特别是康熙拘禁允礽前命他担负警戒任务，这使允禔产生一种幻想，以为康熙立嫡不成，势必立长，因此经常飞长流短，造谣中伤，攻击皇太子允礽。但康熙对他的野心早有觉察。1708 年 10 月 17 日拘禁允礽的同时，也公开声明："朕前命直郡王允禔护卫朕躬，并没有立允禔为皇太子的意思。允禔秉性急躁愚顽，岂能立为皇太子！"这实际上是对允禔作了定论，打破了他的美梦。允禔见自己夺储无望，转而大耍手腕，骗取父皇的信任，企图借刀杀人，铲除正在拘禁中的允礽和强劲对手允禩。

10 月 29 日，允禔借口请安来到康熙身边，见左右无人，便故作神秘地说："父皇可曾听说过一位名叫张明德的相面人？据说此人相术不凡，曾给八阿哥看过相，说他日后定当太贵。"

康熙当然明白允禔这句话暗示的是什么。但他正襟危坐，一言不发，看允禔还要耍什么把戏。

允禔从康熙的脸上看不出预期的答案，只得刹住了话题。停了停，话锋一转，又说："允礽品行卑污，对父皇不仁不义，大失人心。如果要杀允礽，不劳父皇亲自动手。"

康熙猛然一颤，惊诧不已，不敢相信自己的亲生儿子竟然说出这种话。他勃然大怒，厉声喝道："允禔，你这狼心狗肺的东西！你既不懂得君臣大义，又不念及父子亲情，简直是乱臣贼子，天理难容，国法难容！还不给我退下！"

允禔灰溜溜地走了。康熙气得浑身发抖，一股冷气直冲脑门。

根据允禔提供的线索，康熙立即派人调查张明德相面一事。经查，不仅属实，而且有谋害废太子允礽的企图。允禔、允禩都牵连在其中。不久，皇三子允祉揭发：皇长子与蒙古喇嘛巴汉格隆来往密切。康熙顺藤摸瓜，发现是用巫术镇魇允礽，并从允禔府中搜出镇魇物件，证明允禔确实有陷害亲兄弟的阴谋。人赃俱获，允禔不敢抵赖。康熙下令，革其王爵，终身监禁。

允禔失势，皇八子允禩势力大增，跃上了争储的舞台。允禩精明能干，党羽众多，在朝臣中颇有威望。但康熙从相面等事中发现他野心勃勃，明知张明德谋害允礽却不举报，居心叵测，又发现允禩任内务府总营期间，大肆笼络人心，博取虚名，侵吞皇权。康熙气愤地对大臣们说："八阿哥到处活动，拉帮结派，将朕所赐恩泽，都归功于自己名下，这简直是又生出一个允礽来。以后有人胆敢再说称赞八阿哥的甜言蜜语，朕立即砍了他的狗头！朕手中皇权绝不容他人践踏！"11月11日，康熙以"柔奸性成，妄蓄大志"，"纠结党羽，谋害允礽"的罪名将允禩逮捕。皇十四子允禵出面求情，说："八阿哥绝无谋害太子之心，儿臣可以担保。"皇九子允禟（táng）也在一旁随声附和。康熙听后气得暴跳如雷，拔出佩刀向允禵冲去。心地善良的皇五子允祺急中生智，一把抱住康熙大腿，跪在地上哀声劝阻，诸皇子也纷纷叩头恳求，才避免了一场流血事件。康熙余怒未息，挥拳打肿了允禟的脸，并令诸皇子抽挞允禵20鞭。

储位空缺，诸子纷争愈演愈烈，使康熙感到有必要补上缺位，杜绝诸子争储的念头。但由于他再次决策失误，不但没能结束诸子纷争的局面，反而使一大批朝臣也卷了进来。

被魂牵梦萦的康熙，终日以泪洗面，寝食不安，一天天消瘦下去，文武大臣个个忧心如焚。12月4日，在朝臣们极力劝说下，康熙离开紫禁城，前往南苑行围。然而睹物伤情，孝庄太皇太后生前对允礽的钟爱，孝诚皇后去世时恋恋不舍的神情，允礽少年时活泼可爱地随侍左右、父子天伦其乐融融的情景，一幕幕浮现在眼前，怎不令康熙黯然神伤？55岁的老皇帝再也支撑不住了，终于病倒。大臣们不敢怠慢，赶紧护驾回宫。康熙迫不及待地传旨：马上召见允礽。

父子相见没有平时的寒暄，甚至谁也没有说话，只是怔怔地望着对方。但康熙已相当满足了，他让太监传话给等候在外的大臣们："朕刚刚召见了废太子，感到病情轻松多了。从今以后，不许再提往事。"此后康熙经常召见允礽，每召见一次，心里就畅快一些。他曾找过太子的老师、大学士李光地，单刀直入地问道："太子的病如何医治才能痊愈？"李光地当然明白这句话意味着什么，所以也意味深长地回答说："慢慢调治，天下之福。"康熙非常满意，随即于12月25日令众大臣举荐太子人选。出乎他的预料，满朝文武推举的竟是拘禁中的皇八子允禩。这使康熙感到，必须利用允礽嫡长子的身份，才能堵塞朝中大臣之口，断绝诸位皇子觊觎储位之念。允礽再次犹如明星一般从康熙的满腹愁云中冉冉升起。

12月26日，康熙召科尔沁亲王额驸班第、领侍卫内大臣、都统、护军统领、满大学士、尚书等人入宫，解释说："皇太子允礽前因魇魅纠缠，以至本性沦丧。朕将他召到身边，加意调治，今已痊愈。朕原在书上见过魇魅之事，觉得荒诞不经，不能相信以为真，今日才知道魇魅可以迷失人的心志，真是太可怕了！"诸臣祝贺道："皇上洞悉太子病源，用心治愈，真是国家之福，天下之福。"康熙郑重问道："你们是否还像以前一样辅佐太子？"诸臣异口同声回答："臣等无不同心协力！"于是康熙将御笔硃书当众宣布，大意是："从前拘捕允礽时，朕不曾与人商议，以为理所当然，便将允礽逮捕囚禁，全国臣民都认为朕的行动极为正确。每当想起这事，朕就放心不下，仔细想来，对允礽的指控有属实的，也有捕风捉影的。何况允礽患的是心病，今已逐渐痊愈，这是朕的福分，也是诸臣的福分。今朕不打算匆匆忙忙立允礽为太子，只是想让各位大臣知道这事而已。允礽绝不会抱复仇之怨，朕可以尽力担保这一点。"实际上，这是一份平反的文书，康熙的意图再明白不过了：他要复立允礽为太子，只是时间早晚而已。

1709年4月19日，康熙正式复立允礽为皇太子，遣官告祭天地、宗庙、社稷坛。

同一天，康熙封皇三子允祉、皇四子胤禛、皇五子允祺为亲王，皇七子允祐、皇十子允䄉为郡王，皇九子允禟、皇十二子允祹（táo）、皇十四子允禵为贝子。第二年10月，正式册封允祉为诚亲王，胤禛为雍亲王，允祺为恒亲王，允祐为淳郡王，允䄉为敦郡王。这既是"普天同庆"的表现之一，同时也隐含着康熙的良苦用心：从积极方面来说是试图促进太子与诸皇子以及皇子相互之间的团结，从消极方面来说则是为了限制太子的权力。这表明允礽虽然复出，其地位却并不稳固。所以朝廷内外有人预言："太子虽然复位，将来如何却很难说。"

允礽复出之后，重新成为众矢之的，凡有意争夺储位的皇子都把矛头对准了他；允礽对众兄弟也格外戒备，时刻提防，彼此间的裂缝比过去更大。同时，太子与皇帝之间的矛盾也再次滋长。允礽并没有吸取先前的教训，仍大摆皇太子的派头，饮食服用比康熙还奢侈，而且经常派家奴到各省富庶地区勒索贡品和美女。最不能让康熙容忍的是，原来的太子党又重新聚集到允礽周围，侵夺康熙的皇权。允礽急于登基，曾满腹牢骚地抱怨说："古往今来，有当了 40 年而不能即位的老太子吗?"

1711 年 10 月 27 日,康熙在畅春园大西门内箭厅召见诸王、贝勒、文武大臣,气愤地说:"有的大臣为皇太子援结朋党,诸位都是朕亲自提拔的,受国恩已经 50 年了,不想着为国尽忠,却比附皇太子结党营私,究竟想干什么?"诸臣见康熙声色俱厉,颔下胡须气得乱颤,都面面相觑,不敢说话。康熙逐个质问都统鄂善、兵部尚书耿额、刑部尚书齐世武和副都统悟礼等人,众人矢口否认有结党之事。康熙不容分辩,将他们全部拘捕审问。

皇帝与太子之间的矛盾,使朝中大臣无所适从。如果倾向皇帝,惟恐以后太子即位,大祸临头;如果倾向太子,又怕皇帝怪罪,招致杀身之辱。所以朝臣中流传着"两处总是一死"的说法,人心动荡不安。

矛盾终于发展到不可调和的地步,康熙决定再次废黜太子。1712 年 10 月 29 日,康熙巡视塞外回到北京的当天,向诸皇子宣布:"皇太子允礽自复立以来,狂疾未除,大失人心,祖宗大业断不可托付此人,著将允礽拘捕囚禁。"意大利传教士马国贤目睹了这一可悲的场景,写道:"当我们抵达北京附近的皇庄畅春园时,惊恐地看见花园里有八九个满洲人和两个太监跪在那里,光着身子,双手反绑。不远处,诸皇子站成一排,也光着头,双手捆在胸前。不久,皇帝乘坐敞篷轿从房间里出来,走到皇子们面前,爆发出虎吼一样的愤怒,痛斥太子,下令把他关在宫内,并宣布永远废黜这个不幸的皇子。"允礽再次由尊贵的储君变成阶下之囚。

第二天,康熙以御笔硃书起草了文告。康熙承认,当初复立允礽为太子时,正是他自己充当了太子的保证人,然而允礽恶习不改,劣迹昭彰,使他惭作报颜,愧对举国百姓。由于允礽"狂疾"益增,不可救药,他不得不将其永远废黜。1712 年 12 月 13 日,康熙庄严地祭告天地、太庙、社稷坛，表达了他深切的悔恨之情，完成了废黜太子的最后程序。

围绕皇储之位发生的风风雨雨，使康熙伤透了心。从此他对建储一事讳莫如深，宣布不再立太子，而且禁止臣下谈论建储之事。他不希望重蹈覆辙，更不愿意看到同室操戈的悲剧发生。他太疲倦了。他需要安宁。

三

康熙六十一年十一月十三日间，这个为大清王朝的昌盛与繁荣奋斗六十多年的一代英主康熙皇帝，满怀着对他的亿万子民无限眷恋之情告别了人世，在位六十一年，终年六十九岁。

康熙皇帝因病去世虽然为其一生画上了一个句号，但是在他死后一段时间里，由他在位期间开始进行的诸皇子争夺储位以至最高权力的政治斗争仍在继续。

雍正皇帝胤禛在位期间，虽然功业彪炳，不亚乃父；他死之后，有关他的传说也是家喻户晓，童叟皆知。在各种历史著作中，他更是史家集中讨论的重点对象，或褒或贬。然而，在他即位之前的康熙时期，尤其是在康熙季年康熙皇帝诸皇子进行激烈争储夺嫡斗争之时，在时人心目中，有望继位的只是皇太子允礽、皇长子允禔、皇八子允禩、皇十四子允禵等三、四个头角风云人物，对于皇四子胤禛，普遍不大关注，印象淡漠。谁也不曾想到，这个默默无闻的雍亲王，竟在康熙皇帝临危之际，金口玉言，令其嗣位为君。康熙皇帝为何对其独加青睐？而作为角逐帝位中的一匹黑马，胤禛又是玩弄了什么手法而使自己一夜之间便成为政治舞台上的中心人物并使其他所有对手中箭落马、一败涂地？其实，如果对康熙季年有关史料详加分析，即可看出，胤禛所以在储位之争中得到最后胜利，并非出于偶然，而是他多年以来辛苦经营的合理结果。

胤禛生于康熙十七年，是康熙皇帝的第十一个儿子。因为在他出生前后，他的七个兄长皆在童年早夭，按照后来的皇子排列次序，他成为皇四子。他的生母是乌雅氏。在他出生之时，他的母亲不过是个一般宫人，因为生子有功，进位德嫔，不久，又晋升为妃。在他幼年时期，康熙皇帝的孝懿仁皇后因为无子，将他抚养成人。孝懿仁皇后是一等公佟国维的女儿、康熙皇帝生母孝康章皇后的侄女、康熙末年担任理藩院尚书、步兵统领隆科多的姐姐，可以想见，这段经历和关系对于他在几十年之后的发达有着一定的因果关系。

青少年时期，在康熙皇帝的关心下，胤禛受到了良好的教育。学习内容包括满、汉、蒙古文字、经史、骑射等许多科目。年龄稍长，又随从康熙皇帝巡幸各地。十九岁上，康熙皇帝亲征噶尔丹，又以胤禛参预军事，掌管镶红旗大营，经受军旅生活的锻炼。同时，为了培养他的行政才能，康熙皇帝还先后派给他一些临时性的差使，并于康熙三十七年将他封为贝勒。就是通过这些，胤禛学到了日后治理天下所必需的文化、历史知识，并具有了一定的行政才干，在满族皇室中也有了一定的政治地位，从而为他后来参加储位之争以及最后打通通向最高权力之路准备了条件。

康熙四十七年九月，在胤禛步入而立之年的时候，发生了康熙皇帝废掉皇太子的重要历史事件。对此，皇长子允禔、皇八子允禩这些平素早已在国家政治生活中崭露头角的皇子欣喜若狂并且都毫不犹豫地投入了竞争储位的斗争。在这场政治风暴中，和这些手足同胞相比较，胤禛显得更为成熟。他深知，虽然康熙皇帝和允礽父子矛盾由来已久，然而，由于父皇向来为人仁慈宽容，尽管在气头上采取了一些十分激烈的行动，但在事情过后，念及父子之情必然会改变态度；况且，多年以来，在诸多弟兄同胞中，自己并非十分引人注目，太子被废对自己没有好处，确定皇太子也暂时轮不到自己头上。兼之以康熙皇帝宣布废掉皇太子是在北巡塞外期间，恰好在此期间，胤禛奉命留京办理事务，未曾陷入这场斗争。因而，对于此次事件，胤禛采取了调和的态度。他一方面力劝康熙皇帝息怒以保重身体，并全面考虑事情的影响和后果；另一方面，对于废太子允礽，他也不落井下石，而是在不使自己卷入斗争漩涡的前提下，有机会时，便为允礽说上几句好话。如康熙四十七年九月中旬康熙皇帝进京后，将允礽拘押上驷院，他自己则撰拟废弃皇太子的告天文书，写好之后，交于负责看管允礽的是长子允禔、皇四子胤禛、皇九子允禟，让他们交给允礽过目。允礽看过之后，对他们说，我的皇太子是父皇给的，父皇要废就废，何必告天。允禔将此话转奏给康熙皇帝，康熙皇帝听后说，做皇帝是受天之命，这样的大事，怎么能不告天，允礽如此胡说。以后他的话就不必上奏了。允禔将这道谕旨传给允礽，允礽又说，"父皇若说我别样不是，事事都有，只弑逆的事，我实无此心，须代我奏明。"允禔以康熙皇帝有言在先，拒绝代奏。这时皇九子允禟向胤禛说，这件事关系重大，似应代奏。胤禛即不顾允禔反对，将此上报康熙皇帝。本来，康熙皇帝废掉皇太子的主要原因之一是怀疑他企图加害自己，现在听到此话，立即下令摘除允礽项上锁链，同时，对于允礽的敌对态度也大大缓和下来。

在有分寸地为允礽开脱的同时，胤禛也极力避免触怒允礽的政敌允禩、允禔一伙人，以免被他们视为太子党，他明明知道在康熙皇帝废太子前后，允禔、允禩干了许多见不得人的勾当，但是他却不向康熙皇帝揭发。在康熙皇帝回心转意对允礽的态度缓和下来后，想起胤禛顾全大局的做法，当众对他加以称赞，说他"性量过人"、"深知大义"、"洵为伟人"。胤禛也矢口否认他曾为废太子说过好话。并说："皇父褒嘉之旨，臣不敢承受。"对于允禵、允禩公开跳出来竞争储位的做法，他既不表示支持，也不表示反对。同时，他自己也一再表示无意营求储位。正是他的这种态度，在康熙皇帝初废太子的风波之中，他既未像允礽、允禵、允禩一样受到康熙皇帝的严厉打击而声名大损，也未像其他年幼皇子一样唯唯诺诺、无所表现。因而，康熙四十八年，他和皇三子允祉、皇五子允祺一样受封为亲王，政治地位大大上升，成为在这场政治风波中捞取实惠最多的一个皇子。

胤禛继位后，在各种国务处理中，他的政治才干也得到了充分的发挥，针对康熙末年以来朝政废弛、吏治腐败的现象，他"竭虑殚心，朝乾夕惕，励精政治，不惮辛勤"。先后通过整顿吏治，实行奏折制度、创建军机处，制止八旗下人对旗主的私属关系，推行地丁合一、耗羡归公、养廉银和改土归流等重要制度、政策和法令，以一个改革者所当具有的胆略，对当时的封建统治机构和赋役制度进行了大刀阔斧的改革。通过改革，在经济上，使得国家财政情况明显好转；在政治上，也使皇权进一步强化，为乾隆时期清朝统治全盛局面的形成奠定了一个很好的基础。雍正皇帝以自己的实际成就证明，他是康熙皇帝最优秀的接班人。

在雍正皇帝的各项改革措施中，特别值得一提的是他所创建的秘密建储制度。作为康熙末年争储活动中的一个主要人物，雍正皇帝早就看出康熙末年争储斗争的根源在于传统建储制度不完善，从而导致了政局的混乱并严重消弱了皇权。为了防止类似情况再度出现，经过深思熟虑，雍正元年八月十七日，在他即位九个月后，他召集总理事务王大臣、满汉文武大臣、九卿等至乾清宫，宣布秘密建储。按照这一规定，由他将储君名单装人密封锦匣之内，当着几位总理事务王大臣之面将匣"置之乾清宫正中最高之处世祖章皇帝御书'正大光明'匾额之后"。直到他死之后，才允许臣下开拆。而后，又另书与之内容相同的密旨一道存放圆明园，以为异日勘对之资。在他看来，这一决定对全国臣民而言，解除了因储位空缺而产生的危机感；对储君而言，因为并不知道自己是内定储君，当然也就不会因此而骄横不法，更谈不上敢和皇帝争权；对诸皇子而言，一不知道自己是否储君，二不知道储君是谁，想要对其进行攻讦也无的可发；对宗室重臣而言，因为不知道谁是储君，也就无法攀龙附凤，进行政治投机。而皇帝本人却通过这一决定在生前可以不受任何干扰地处理各种国家政务，死后也可以按照自己的意旨实现国家最高权力的顺利过渡。雍正皇帝的这一规定，是对两千多年以来特别是清朝开国以来传统建储制度的一个重要改革，也是对康熙晚年再废太子后禁言建储思想的完善和发展。正是这一制度的推行，使得此后一百多年的时间里，没有再次出现皇室之内骨肉相残的局面，最高权力过渡一直相当顺利，对于清朝政权的长治久安起了重要的作用。因而，尽管雍正皇帝曾经不择手段地屠兄戮弟，大大违背了康熙皇帝的意愿，但是对于这一制度的制定与推行以及由此而导致的清朝政权的长治久安，康熙皇帝地下有知，也会含笑九泉的。

第十一章　生活轶事多

一

　　康熙皇帝虽是一代英主，对于社会的发展作出了重要的贡献，但是，到了他的晚年，由于皇储之争、太子立废以及诸子争储夺嫡，凭空给他制造了不少的烦恼。因而，在考虑和处理一些问题时，便失去了往日的理智、冷静和灵活，并做出了十分错误的处理，其中一个十分典型的事例是对康熙五十年至五十二年对戴名世《南山集》案文字狱的处理。

　　如上所述，康熙朝文字狱始于康熙元年的庄氏史狱。当时，清朝统治虽已大致确立，但是明朝残余势力仍在各地活动，为了建立和巩固统治，四辅政大臣对有关历史著作中涉及满洲先世的记载严加禁毁，涉及人员也残酷镇压，这些，虽在一个时期中起到了明显的镇慑作用，但是，对于消除满汉民族矛盾却未起任何作用，并不利于清朝统治的巩固。因而，康熙皇帝亲政后，即刻大幅度地改变了四辅政时期的文化政策和民族政策，笼络遗民，调和满汉，皆不遗余力，并且也收到了明显的效果。虽然如此，面对民族压迫的客观现实，汉族人民的反抗仍然时有发生。如康熙四十七年，先后发生浙江大岚山张念一、朱三等起兵反清事件，虽然不久即遭镇压，并于山东拿获改名王老先生之朱三太子，但是，这些事件也给康熙皇帝以极深的刺激，因此，戴名世《南山集》案发生时，康熙皇帝便一反常态，对之进行了极为严厉的处理。

戴名世（1653—1713），安徽桐城人，字田有，一字褐夫，号药身，又自号忧庵。早年，贫困好学，酷爱历史，利用在籍教书余暇，先后搜集大量史料，著成有关明末桐城地方史事的《孑遗录》一书，在此同时，他还有志撰拟一部明史著作。在搜集材料的过程中，他曾仔细看过同乡人方孝标的《滇黔纪闻》一书，方孝标，原名方玄成，因避讳康熙皇帝御名，以字行，顺治六年进士，历官内宏文院侍读学士，两充会试同考官。顺治十四年江南乡试科场案，方孝标与其父方拱乾皆受牵连，流放宁古塔，后释归。因为顺治间，方拱乾曾在皇帝面前为吴三桂说过好话，吴三桂不忘旧情，故于此时特邀方孝标南访云贵，方孝标一路游山玩水，刚到贵州，恰逢吴三桂叛乱，被拘留。为了逃出虎口，方孝标乃假装疯癫返回安徽原籍，后来，他将这段经历见闻取名《滇黔纪闻》刻入已著《钝斋文集》。戴名世读过该书六七年后，他的一个学生余湛先碰见了个名叫犁支的和尚，这个和尚原是桂王宦官，后来桂王被害，这个宦官便剃发为僧，改名犁支。戴名世得知此事，马上赶赴余家，值犁支已经离去，未能会面。戴名世便请余湛先将与犁支谈话内容详细整理，经过和方孝标《滇黔纪闻》对照，他发现《滇黔纪闻》一书有些记载未必准确。为此，康熙二十二年时他专门写了一封《与余生书》给余湛先，对于犁支所述南明史事表示了高度的重视。他在信中说，从前南宋灭亡之际，只据有区区几个海岛，存在时间又十分短暂，而元修《宋史》，仍然详细予以记载。明朝灭亡后，弘光帝占有南京，隆武帝占有闽越，永历帝占有两广、云贵，地盘不下数千里，首尾十七八年之久，势力和影响都不下于汉昭烈帝刘备占据四川和南宋赵昺之盘据海岛。而其事迹至今却没有记载，几乎湮没不闻，实在令人痛心。我自己虽有志撰成此段历史，但既无书籍，又每天为衣食而奔波，材料无法搜集。而有身份的士大夫们又一心想往上爬，当大官，谁也不关心这些。您知道犁支在什么地方，我十分希望您将他找来与我共同探讨此事。十几年后，戴名世受聘于浙江学政姜棣幕中，得其资助，于原籍南山冈买房一所，田五十余亩，并于康熙四十一年迁居于此。当时，戴氏门人尤云鄂将平时所抄的戴名世文章百余篇，以《南山集偶钞》为名，刊印行世，《与余生书》也收入集中。康熙四十四年，长期处于极度贫困中的戴名世时来运转，以五十三岁之老秀才中顺天乡试第五十九名举人。康熙四十八年五十七岁上，更是吉星高照，连中会试第一名进士，殿试第一甲第二名榜眼，授翰林院编修，到京供职，兼充日讲起居注官，直接充当康熙皇帝的近身侍从。岂知伴君如伴虎，就在他踌躇满志之时，一场奇祸正向他逼近、康熙五十年十月，都察院左都御史赵申乔上疏康熙皇帝，参赛戴名世"妄窃文名，恃才放荡"，并指责他在中举以前"私刻文集，肆口游谈，倒置是非，语多狂悖"。此奏一上，康熙皇帝大为吃惊。三年前，浙江、山东诸处的朱三太子。王老先生等反清复明案件，使他记忆犹新，而今就在他身边，竟然还有人在为南明政权唱挽歌，争正统，低毁本朝，在他看来，这不是"悖逆"大罪又是什么，因而，立即降旨"这所参事情，该部严察审明具奏"。这样，刚刚正式提任翰林院编修不过两年的戴名世立即被投入监狱。

随着案情审查的深入，牵连人数越来越多，戴名世本人"罪行"也愈加严重。首先是将戴案和吴三桂叛乱挂上了钩。戴名世在《与余生书》中提到《滇黔纪闻》作者方孝标时，因为他是同乡先辈并且作过内宏文院侍读学士，因而只称方学士而不名。而在吴三桂政权中担任重职的方光琛恰好也是安徽人。更为巧合的是，吴三桂叛乱平定后，方光琛及其八个子孙都被清朝政府处死，独有一名叫方学诗的儿子缉拿未获。在满文中，方学士与方学诗是一个词，因而康熙皇帝便将《滇黔纪闻》作者方孝标误认为是一直没有缉获的方光琛之子方学诗。既然如此，戴名世敢于使用叛乱分子方学诗著作中的材料并发表相同的观点，自然是罪不容诛。尽管在朝不少汉大臣都知道，方孝标原籍桐城，与原籍歙县的方光琛同姓不宗，而且方学士和方学诗更是风马牛不相及，但是，面对这场风波，躲都躲不过去，谁还敢冒着杀头之罪去向康熙皇帝说明真实情况。这样一来，戴案性质也就大大升格。其次，方学士既然就是长期缉拿未获之方学诗，他的亲属怎能允之逍遥法外。这样，方孝标之子方登峰、方云旅、方世樵以及其族党便被一齐拘拿进京。再次，既然戴案性质如此严重，竟然还有一些有名人士如汪灏、方苞、方正玉等敢于为之作序，并为之出资刊刻行世。于是，与戴名世通书之余湛先、有关序文作者及为其刻书之人共一百多人也都牵进案中。经过长期审讯，康熙五十一年正月，刑部提出初步处理意见："察审戴名世所著《南山集》、《孑遗录》内有大逆等语，应即行凌迟。已故方孝标所著《滇黔纪闻》内，亦有大逆等语，应到其尸骸。戴名世、方孝标之祖、父、子、孙、兄弟、伯叔兄弟之子，年十六以上者，俱查出解部，即行立斩，其母女妻妾姊妹子之妻妾，十五岁以下子孙，叔伯兄弟之子，亦俱查出，给功臣家为奴。方孝标归顺吴逆，身受伪官，迨其投诚，又蒙恩免罪，仍不改悖逆之心，书大逆之言，令该抚将方孝标同族人，不论取之已尽未尽，逐一严查，有职衔者尽皆革退。除已嫁女外，子女一并即解到部，发与乌喇、宁古塔、伯都讷等处安插。汪灏、方苞为戴名世悖逆书作序，俱应立斩。方正玉、尤云鄂闻拿自首，应将伊妻子一并发宁古塔安插。编修刘岩，虽不曾作序，然不将书出首，亦应革职，金妻流三千里。"康熙皇帝听过后，提出修改意见，他说，汪灏长期在内廷参与修书，且已革职，从宽免死，但应令其家口入旗。方登峰之父方孝标，曾为吴逆学士，吴三桂之叛，系伊从中怂恿，伪朱三太子一案，亦有其名，今又犯法委行。方氏族人，不可令其留于原籍，应将其没人旗下为奴，或者即行正法，方才允当。根据他的意见，刑部等又反复审拟，康熙五十二年二月，经康熙皇帝最后批准。将戴名世从宽免其凌迟，即行处斩。方孝标诸子方登峰、方云旅、方世樵俱从宽免死，并其妻子充发黑龙江。其他干连人犯，俱从宽免治罪，没人旗下为奴。至此，这场轰动一时的文字狱大案方告结束。

从康熙皇帝对戴名世案最后处理的情况来看，似乎康熙皇帝已经发现，戴名世《与余生书》中之方学士并非参加吴三桂叛乱的方学诗。虽然如此，他仍然将错就错，对戴名世及桐城方氏族人进行了严厉的处理，这除了说明他讳言己过之外，也还表明，尽管几十年中他极力表示自己不分满汉，为天下之共主，而其基本立场仍然牢牢地站在满洲权贵一边，谁要是敢于否认入关以后满洲政权的正统或者是对此说三道四，就必然要受到他的严厉惩罚。无可讳言，这是康熙皇帝一生中的一大失误，但是在其实际执政时期，以文字罪人并予以严厉处理的文字狱案，仅此一起，和后来雍乾两帝滥兴文字狱比较起来；并不值一提。就此而言，和康熙皇帝一生成就相比，对戴名世《南山集》案的错误处理，只是大醇小疵，并无损于康熙皇帝的整体形象。

二

康熙是位大孝子，他幼年丧父，一生成长，主要靠圣祖母培育下成长起来的，因此总是不忘祖母之恩。推己及人，对哺育他生长的乳母之恩，也同样时刻牢记在心怀，感恩戴德。

再推而广之，圣祖仁皇帝名符其实以仁治天下，以孝道感化天下。凡是有不敬父母，或轻视继母、养母的人，只要得知，他都过问并亲自妥善处理，养成天下人尊长爱幼的良风美俗，不使斯文扫地。

康熙九年（1670 年）四月九日，浙江巡抚范承谟报告说，仁和县知县丁世淳，因为继母刘氏年老，呈请赡养，终其天年。经过束部讨论后说，按照规定的章法条例，亲生的父母年龄在七十以上的人，可以有养老送终的义务，至于终养他的继母，条文上没有规定。康熙知道这件事后说：既然有养老送终的条例，怎么能分别生母、继母呢？生母、继母都是妈呀！让知县官丁世淳，好好终养他的继母。

无独有偶。同年四月初一日，吏部题报，有位镶黄旗官员阿喇密，他的母亲年老无依无靠应该给予半俸（工资一半），嗣后均照此例办理；如果是继母，不准给予。报到康熙那里，皇上说：继母难道就不是母亲吗？应该和亲生母亲一样嘛，命令同样照半俸供给。自此以后，永远遵行。

康熙为政的主导思想是满汉一家、官民一体、天下一家，凡属臣民皆朕赤子，原无异视。所以，提倡尊重人、爱护人，反对相互歧视。

三

康熙在处理国家大事之余，就喜爱练习书法。翰墨，除有文辞、绘画之意外，另指书法。好学不倦的康熙，自幼酷爱书法，时至晚年，乐此不忘。自古到今，凡历史上的书法大家，都是康熙学习的对象。为学习书法艺术，曾临摹法帖多至万余幅，给寺庙、楼台馆所题写匾额，多至千余条。

康熙十二年（1673年）三月四日，对大学士傅达礼说：学问之道在于实心研索。朕听政之暇，无间寒暑，唯有读书作字而已。顺便御书一行，给大家看后说，人君之学不在此，并非专工书法，只是业余爱好，游情翰墨罢了。

康熙十九年（1680年）六月二十七日，向大学士们谈书法：朕在处理国家大事之暇，留心经史，随时取古人的墨迹（法帖真迹）进行临摹。虽然是好学不厌，并没有得到根本要领，岁月流逝，日积月累，偶成卷轴（装订成册的字帖）。你们侍君左右，辛苦勤劳，朝夕问答。因思古代的君臣之间，好坏意见都可以互相劝说引导，所以拿出平日书写的家迹，给你们看，意思是要你们提出意见，指出不足，不是说朕的书法已经成熟到家了，你们要明白我的意思。然后又以亲自书写的字帖给学士们看，并对他们说，你们每天讲学，早晚不误，启发诱导之余，常常请我题字，朕在政务之暇，研精典籍，顺便翻阅古人的墨迹临摹照写。你们既然是文学侍从之臣，就有成就圣德大业的责任，所以按照你们的要求，朕才书写给你们看，一定要体会朕的意图。

康熙四十一年（1702年）五月二十五日，曾给大学士等一百四十多名官员御撰书法。并对他们说：寻章摘句，华丽词藻，不是帝王追求的。朕四十多年来，每天都在兢兢业业，不敢稍有怠慢，随时检查自己的不足，时刻想念着这一点。稍有余暇，就习书法，历年以来所积累的临摹字幅，送给你们参观。

不久，翰林院侍读学士陈元龙等遵照皇帝意图，各书绫字（写在白丝绸上的墨迹）一幅，送给皇上。康熙看后，给学者们讲了自己学习书法的体会，供他们参考研究。康熙说：学习书法，必须摹仿学习古人法帖，其用笔时，是轻是重，是疏是密，或疾（急）或缓，各有体势（格局、布局）。宫中古代法帖甚多，朕都看着摹仿，有李北海的书华山寺碑，字迹非常大，朕不怕劳累，一定临摹而后止。朕的性格如此，长年累月，毫不间断。

康熙四十三年（1704 年）七月十七日，又对大学士、翰林等官，讲了他学习书法心得：朕自幼就爱好书法，每日写千余字，从无间断过。凡是古代名人的墨迹、古刻，无不细心临摹，积今三十多年了，实在是性格所好。

因为康熙有一手好书法，所以文人学者都向他学习，他也愿意和臣下交换心得体会，如此虚心好学、礼贤下士的精神，确是难得。

四

为网罗一批知识分子，侍奉左右，询问国事，探究学问，以备顾问著作之选，于康熙十六年十一月十七日，在京设立了南书房。地处紫禁城内乾清宫的斜对面，又称南斋，属内廷范围。室宽三楹，是康熙每日读书及活动场所，室内设有御座。清王朝将儒臣在内廷的直庐，即办事处所，称作书房。入关后的清代宫廷之内，先后有过两个书房，一称上书房，一称南书房。前者是皇子们受师教读之所，后者是皇帝的文学侍从，即内廷翰林的值班办事处。或因南书房位在懋勤殿之南，故称南书房。南书房只是内廷的一个机构，并未列入国家或内府的正式编制，因此人员也无固定的限制。南书房也没有什么成文的职资责规定。按清圣祖于十六年十二月二十日，对大学士勒德洪、明珠谈设立南书房的意图时说：

朕经常看书写字，近臣之中并没有博学之士和善于书法的人，以致讲学论道不能应对。今天想在翰林中选择博学多能善于书法者二员，常侍左右，讲究文义。

由此可知南书房的主要作用是为皇帝读书治学充当顾问。其具体任务主要有如下四项：

第一，为皇帝讲经说史，或在研究经义时提供咨询。群臣之间在谈论学问之余，有时也涉及治理国家的大事。十七年四月二十七日上午，康熙召见张英到懋勤殿谈学习体会，对他说：临民以主敬为本，昔人有言，一念不敬或贻四海之忧，一日不敬或以致千百年之患。大概诚与敬，是千圣相传之学，不越乎此。张英回答说：诚与敬相辅相成，而诚又是敬的根本。没有私心杂念才能主敬，稍有异念，则失误就会到来。圣言真是说得恰到好处。关于用人问题，张英答康熙说：才有所长，则必有所短。古人云，人不求备，但当于各取所长之中，又应看大节和小节。康熙说：今人受明朝陈规陋习的影响，积渐日深，情操洁已，难说办到。职守亦多至旷怠，很少忠于事业者。朝廷良法美意，往往施行未久，就给破坏了。朕常想循循善诱，使之改正，以患积重难返。张英对答：人心风俗，是国家的根本，但恶习非一时所染，那么想改变也不容易。惟在我皇上事事常用鼓舞之法，用潜移默化之法，就会转变人心及社会风气。这就是南书房翰林为皇帝讲解经史、探求治道的一个侧面，主要在学术，兼及现实社会问题，只是坐而论道，不参与具体事务的处理。

第二，为皇帝编纂书籍。清代开国初期的皇帝，都喜好召集文人编纂书籍。早在入关前，清太宗皇太极就设文馆，命达海翻译经史，编纂国史。清世祖福临入关后，又议修明史，诏求遗书，敕撰易经通注、孝经注等书。康熙爱书如命，组织编定群书，亲自为之作序，指示大纲，不下百余种。清圣祖常在内廷的蒙养斋设局修书，其地与南书房相近，南书房中的某些翰林往往参加编书。当时的起居注官不无感叹地说：时召德臣人南书房，凡古人文辞，有关治理者，编纂成帙、充溢几案。从来古文向学之盛，现在才达登峰造极的程度。

第三，听政之余，陪侍皇上搞文化娱乐活动，如赋诗唱和，书法临摹，古画鉴赏，乃至钓鱼赏花、侍宴伴游等等。康熙自称，万几余暇，怡情翰墨。十七、八岁读书过劳，至于咯血，还不肯罢休。业余游艺，临摹有名大家手卷多至万余。手写寺庙匾榜，多至千余条。吟诗作赋，是南书房翰林们的经常课题。或是皇帝作品，要侍臣们颂扬唱和；或因政事、节假日，皇帝要他们作诗歌颂太平盛世；或皇帝披阅古人诗赋，与侍臣讲论心得体会。作诗或品评诗赋，是康熙的一大爱好，他个人作品很多。

第四，为皇帝整理、誊抄或代写一些文字资料或撰拟特颁谕旨等。

总之，南书房翰林作为内廷文学侍读，主要是在皇帝退朝之后，陪侍皇帝讲读经史，谈古论今，或从事文字翰墨及其他文化娱乐活动。有人说：仁庙（康熙）与诸文士赏花钓鱼、剖析经义，和同堂的师友无异。又有人称，南书房的翰林们每天讲经论史，代拟谕旨，咨询庶政，访问民隐，讲求学业，赏花钓鱼。虽为君臣，无异师友。因此皇帝和侍读官员之间，结下了深情厚谊，朝夕相处，情同手足。其中最受宠爱的是张英、高士奇二人。

在南书房成立的初期，讲经史，一般是召张英侍值；而研究书画诗文，则由高士奇值入，或召励社讷；编纂工作主要是陈廷敬、叶方蔼等人。平时能面见康熙的主要是张英、高士奇二人。偶逢观赏或节日朝贺、颁赏时，才有较多的南书房翰林在场，日常一般只有一人或二人随从。清朝中央机构一般都是满汉复职制，惟有南书房基本都是汉人，有个别满人入值，时间也不长。

一方面说明康熙在争取汉族知识分子，同时也证明皇上所言"汉人学问胜满洲百倍"，用汉人方能完成上述任务。

五

山西省五台县五台山，是我国四大佛教名山之一，地处山西五台县的东北端。周长二百五十公里，由五座山峰环抱而成。五峰高耸，峰巅平坦宽阔，如垒土之台，故称五台。五峰之外称台外，五峰之内称台内，台内以台怀镇为中心。五台各有其名，东台望海峰，西台挂月峰，南台锦绣峰，北台叶斗峰，中台翠岩峰。山中寺庙林立，清流潺潺，青山绿水，风景秀丽。五台山在我国佛教发展史上具有重要地位，隋唐时期即已名扬四方。因此，向来是名人、僧侣以及一般游人的观光旅游场所，留下了各方人士的足迹、印记、墨迹和事迹。清朝康熙、乾隆等皇帝多次朝拜五台山，在菩萨顶住宿歇脚，书匾题铭，撰写碑文，后即兴工扩建。

康熙二十二年（1683年）二月十二日，玄烨出幸五台山，命皇太子允礽随驾。一路风尘仆仆，经过八天的行程，于二十日到达五台山菩萨顶（五台山五大禅处之一）。是日，山西巡抚穆尔赛、按察史库尔喀、五台县知县赵季璞等，前来拜见康熙皇帝。第二天开始进行观光活动。二十一日，登南台锦秀峰眺览。二十二日，登东台望海峰、北台叶斗峰远望。二十三日，登中台翠岩峰、西台挂月峰远望。二十四日上午七时，康熙皇帝自菩萨顶启程回京。在长城脚下西路旁边射杀一虎。

山西巡抚穆尔赛等报告说：长城附近原有猛虎潜伏，往来商贾居民常受其害。今皇上巡幸，除此虎害，嗣后永绝吃人之患，商贩居民都有安全的保证。请求皇上赐一地名吧，臣下刻石立碑，留作永远纪念。奏请再三，康熙才答应，赐名射虎川（今山西五台县东北一百三十里左右）。

过了一会，内阁学士阿兰泰向山西巡抚穆尔赛传令说：前不久崞县百姓名叫张怀瓃等人控告，因连年受灾，难以生活，皇帝巡访此地，实在是地薄民穷，看到后非常同情。可将状内情由蔡明，研究如何处理，然后报上。这天在龙泉关（河北阜平县西七十里）安歇。

二十五日凌晨，召巡抚穆尔赛到行幄，康熙问他说：你们是地方大官，有什么问题要提吗？巡抚回奏说：仰赖皇上洪福，山西地方还算太平，百姓安居。康熙说：五台、繁峙、静乐等县，地瘠民贫，能说百姓安居吗？你们既然被委以重任，必须严格要求自己，廉洁奉公，忠于职守，务期兴利除害，使民生各得其所，才不辜服朕的委任。不然，罪有所归，各负其责。

同年九月十一日，上奉太皇太后巡幸五台山。太皇太后上下车，皇上都亲自扶持，等到停留的时候，又徒步送太皇太后走进行宫，然后皇上再入行宫。本日驻跸万安寺。十二日到达董家林。十三日过涿州。因为长城岭一带山路险峻，康熙亲自前往察看所修道路，命裕亲王福全、恭亲王常宁，随太皇太后驾行。本日在刘家中王地方安歇。对扈从人员们说：凡是经过地方，不许随从人员以买东西为各，扰害地方小民。你们要严加察访，如有违犯者，连同本主，题参治罪。十四日到达大马家庄。这天，直隶巡抚格尔古德赴行宫请安。皇上认为地方事务责任重大，命令他立即回保定就职，不必扈行。十五日到达完县东白庙村。十六日到达曲阳县北镇里地方，因近五台，传谕自明日始，扈从人员等禁止杀生。十七日到达阜平县西长寿庄。十八日到达龙泉关。十九日到达菩萨顶。这天，有位五台县的举人名叫阎襄献《射虎川记》，皇上看后，将文章给学士牛钮、张玉书过目。考虑到阎襄是位寒士，命令将白金三十两送给他。

二十日皇帝车驾离开菩萨顶。途中遇见村民背着米豆等物，皇帝问他们干什么用？村民回答说，准备皇帝巡行时用。

于是，传谕学士阿兰泰说，太皇太后驾临五台，一切应用之物，都由国库开支预备，原无丝毫取给小民。这所备物件，何处应用，可察明情况来报。随询问五台知县赵继普及村民等，都说五台地方偏僻，恐太皇太后驾到，物用不足，故给价小民，令预备以待用，原来不是科派。皇上说：因公事预备可免究处，但说知县曾经给价，未可深信。今一切用物，内廷既备，此后太皇太后驾到，俱不必再行赍送。可传谕直隶、山西沿途官民知之。

二十一日，驻跸菩萨顶。傍晚，传谕翰林学士张玉书，明日不必赴龙泉关，可到五台山遍观胜境。二十二日，因大皇太后圣驾近龙泉关，上自菩萨顶往迎。二十三日，皇上自龙泉关行二十里，往迎太皇太后圣驾。请安完毕，随行抵达龙泉关、送入行宫。康熙认为长城岭道路虽经修治，而地势险绝，恐车驾行走艰难，特亲自到长城岭，用车亲试。每到陡峻之地，随员推车，行走困难，不能遵路而上。皇上回来，报告太皇太后。太皇太后说：我以诚恳之心瞻礼五台名山，今行至此，突然中止，我心不安。明日到长城岭，如果不能登上，可再进行研究。于是，康熙命令随行人员及内监等务须勤加演习，小心扈行。二十四日一大早，皇帝亲自到太皇太后行宫，等到驾发，随行至长城岭，上侍左右，亲督侍卫及随行人员等前后扶行，历经岭路数盘，山势陡峻，险隘殊甚。太皇太后说：岭路实险不可度，我到此而止，诚意已尽。五台诸寺，应行虔礼者，皇帝代吾行之，就等于我亲到诸佛前行礼一样。皇帝上下马，谨受太皇太后命，遂恭送车驾回龙泉关。二十五日，康熙回到菩萨顶。这一天，发白金二百两、棉四百斤，命令山西巡抚穆尔赛分给所过地方的贫民。

二十六日，康熙承太皇太后慈谕，代礼诸寺。文称：洪惟太皇太后，至仁弘德，普育群生，以五台为梵刹名胜之地，诚意真心，前往瞻礼，等待时日。皇上大孝之心，时刻挂念，遂于春二月躬行五台佛山，请祈大福。又拨国库银两，修建寺宇，不以纤毫累民。而御书扁（匾）额，以次颁布，珠林紫府之间，光辉灿烂，以达云汉（高空银河）。以告成功，自此大皇太后的心愿终于实现，皇上敬顺太皇太后之诚意无所不周。慈和孝相辅又相成，神人（天人）高兴，真是史册中罕见的盛事。

二十七日早上七时开始返京。十月初九日午时回宫。五台之行到此胜利结束。访五台拜佛寺，一路上询问民间疾苦，爱民之心不已。

六

康熙一向认为上下一心，君臣和睦，有裨于致治之道。所以为政之余，总是与臣下或身边侍从人员谈天论地，讨究各种问题。

康熙二十三年（1684 年）十一月初四日，在南巡途中，和侍讲官高士奇谈他读书的心得体会。

一日，驻跸燕子矶（今江苏南京市北京观音门外）。康熙在此读书至三鼓。高士奇说：皇上南巡以来，行殿读书写字，每至三更半夜，诚恐皇帝身体过劳，宜少自节养

（休息）。皇上说：

朕自五龄即知读书，八龄登皇帝位，每以大学、中庸、训诂等询之左右，求得大意而后愉快。每天读的书必能字字成诵，从来不肯自欺。及四子之书既已贯通，乃读尚书，于典谟训诰之中，体会古代帝王孜孜求治之意，以便体现在实践中。及读大传、易经，都在观察征兆于治乱兴衰之中，圣人扶阳抑阴，防微杜渐，处世立教的学问，朕皆反复探索，心真正弄懂，不使一点含糊。实觉义理无穷，所以乐此不疲。但是才能不够，独在易经研究上，终于未有突破性的进展。至于史记、汉书以及诸了百家、内典、道书，莫不涉猎，接触的事即能记忆。

高士奇听后对康熙说：皇上天生聪明，好学不倦，不但儒臣经生无此纯一的工夫，即或是古帝王实际上也未闻有专心致志好学如同皇上这样的程度。原来皇帝心怀坦荡、光明正大，不为外界事务所蒙弊。又勤奋好学，于古今治乱的道理，看得一目了然。故凡是用人行政，都有独到见解，英明果断，完全合乎道理。近来朝廷官员，莫不严格要求自己，欲要像皇帝那样修养自己。吏治、人心逐渐得到变化提高，唐虞三代之隆，将重新展现在目前。

康熙说：朕于政事无论大小，从未草率处理过。每在宫中默坐静思，即把天下事经营筹画于胸中。简任督、抚的时候，又必须详加察访，因为一方大吏，如果贤能，自能成为属下的楷模。今天贪污之风，未必尽除，澄清吏治，奖廉惩贪，正是为了使之潜移默化、逐步提高。

高士奇说：仰见圣学精微，又非是断章取义，而是融会贯通，迎刃而解。

以上康熙与高士奇关于读书问题的对话录，反映皇帝作学问的谦虚谨慎和好学不倦的精神。更重要的是学习为了实践，与勤政为政紧密结合，以图天下大治，四海安宁。正如高士奇所指，圣学不是徒事章句之学，而是学以致用，窥测万一呀。

七

康熙二十三年十一月初四日，大学士明珠传谕江宁府知府于成龙曰：

朕在京师，就听说你知府于成龙居官廉洁。今天临幸此地咨访，和从前听到情况一个样，因此赐给你亲书的手卷（书画横幅之长卷，仅便于用手展阅，故称手卷）一轴。朕所写的字，不是你这样地位的官员所应该得到的，特殊的原因是奖励你的清操，以示表扬。但是必须看到，凡是为人开始都表现得不错，能够坚持到底、始终如一、保持晚节的不多。你一定要自始至终，保持廉洁的作风，务必学习前任总督于成龙（同名、老于成龙）那样正直、洁己爱民，这样才不辜负朕的一片好心和期望。

于成龙接到圣上的谕旨后说：臣以前在乐亭知县的职位上。因为犯错误降级调用，承蒙皇恩留任。又已故的巡抚金世德提议，让我出任通州知州，因为逃人事件而降级解任，又一次受到皇帝的宽免。后来原任总督于成龙（老于成龙），将臣坐名题授江宁府知府，部议不准，又是皇帝批准允行。考虑到臣乃是庸庸碌碌之辈，始终成就栽培，都是主上的恩德。至于洁己奉职，这是我份内应该做的事。未曾有特殊的成绩报效，还得到皇帝恩赏的御书，稀世之珍，臣不胜惭愧和惊恐。自后有生之日，惟有捐躯献身，尽犬马之劳，以仰报皇上至高无上的恩德。

侍从官们对康熙与于成龙的对话深表赞赏。认为是皇上澄清吏治，鼓励人材，首先在廉吏，特加奖励，破格优待，赐之宸翰（手书卷轴）。并且天语煌煌，叮咛告诫，勉励其始终如一，保持廉洁，这真是鼓动万物，陶育群生，有如风雨滋润禾苗壮，万物生长靠太阳。大小官员凡是有良心的人，谁不感激圣恩，廉洁奉公。省方为了察吏，察吏为的安民，诚兼而行之。

小于成龙，字振甲，汉军镶黄旗人。曾任直隶乐亭知县，滦州知府，通州知州，江宁府知府，安徽按察使等职。他并未有惊天动地的事迹。但是老于成龙慧眼识人，推荐其人才难得，终于为康熙所重视提拔。乘首次南巡之际，赐亲书手卷一轴，特予以嘉奖。十二月初九日，返京后，专门召见小于成龙的父亲、原任参领于得水，赐以貂皮大衣、披领等物。奖励其教子有方，命令继续勉励儿子尽心尽力，始终如一。如果干得好，将继续提升任职，苟不能保持晚节，辜负国恩，定行惩治。

康熙不失前言，于二十三年十二五十六日，朝廷会议研究治河人材问题，拟举安徽按察使于成龙。

康熙问明珠的意见如何？明珠回答说：我们大家认为，于成龙是皇帝特殊提拔的人，如将他派去治河，一定会尽心竭力，似乎有利于河务管理。康熙说：修河是为了人民，此河非黄河可比。只要努力去作，对于治河来说，未有不见成效的。命令于成龙去作治河的工作。

二十五年二月十二日，考虑到直隶地方旗下人民杂处，非常重要，必得贤能官员才有利地方。康熙以小于成龙在江南工作出色，他省百姓也都称誉之，决定提升为直隶巡抚。新任巡抚如何工作？陛辞（走马上任辞别皇帝）时，康熙以启发的口吻问：

"畿辅重地利弊应兴应革者，应当哪个在先？"

于成龙答："弭盗为先，奸恶之徒依仗旗下的名义，窝藏匪类，有关方面明知而不敢深究。嗣后再有此事发生，臣当依法从事。"

其言切中时弊，康熙很满意。于成龙到职后采取诸多措施，打击盗贼，安定直隶，捍卫京师。

二十六年四月初八日，康熙再次褒奖于成龙说：如像直隶巡抚于成龙这样真实清廉者甚少，观其人品，天性老实忠厚，并无交游，惟知爱民，即使在他本旗衙门管区之内也不行走住来，直隶地方百姓旗人无不感戴称颂。如此好官若不从优褒奖，将何以为众劝？特谕旨，加太子少保衔，并赐鞍马、银两等物，以示优叙。以后屡有升迁。

二十九年，升任左都御史兼镶黄旗汉军都统。三十四年后，升至河道总督，廉洁奉公，始终一辙。三十九年病故，康熙赐银祭葬，谥号为襄勤。

从以上的简略叙述中，不难看出康熙是多么地喜欢清官、培植清官、爱护清官，为什么呢？用其自己的话说：为官不清，小民受累。

八

为消灭病虫害，极力主张捕打蝗虫。康熙同唐太宗一样，恨透了蝗虫，因为它是农作物的大害。当年唐太宗到田间地头，看见蝗虫抓起来就咬，以表示不共戴天。康熙虽然不吃，但是主张去恶务绝。

为防止虫灾进行细心研究，查阅古代文献，学习古人治蝗虫办法，总结历史上的经验教训，特作《捕蝗说》一篇，以教世人。文章提示三点内容：一最古人对蝗虫的认识及其治理方法；二是根据古人的治蝗经验和他的实际调查，提出自己的治蝗措施；三是主张在灭蝗中发挥人的作用，反对自消自灭的宿命论观点，确信事在人为、不在天，人定胜天。

下面从两道命令可以看出康熙的捕蝗思想及其对策。

康熙三十二年十月九日，上令大学士，闻山东地区蝗虫丛生，下种在田，况且今岁多雨，来春少旱，蝗虫复生。应事先防备，按时全力耕种田地，将蝗之幼虫深理土中，使其糜烂，不再更生。如果遗种未灭，来年复生，地方官员在当地组织捕打，不使滋生蔓延，是大有益的。蝗灾必须消灭，无为民患。

康熙三十四年正月二十三日，上令大学士，去年令各地捕蝗，诸省全力捕打，蝗不为灾，农田大获。去年雨水连绵，今年春时，如果稍旱，蝗种复生，就会成灾、以困我民，难以预料。凡事必须作好提前防备，才能有利。命令各地官员，深耕地亩，土埋蝗种，不使成患。如果蝗种复生，立即捕灭，不使蔓延成灾。两条谕旨一个思想，人定胜天。

与此相反，康熙反对在搏蝗时散布悲观情绪和消极等待思想。他说，或有草野愚民，往往以蝗虫不能打为口实，应该听其自然，自消自灭，这些无知的言论，必须禁止。道理很简单，捕蝗救灾，全在人事。

正因为如此，康熙出巡各地，往往和大臣以及地方官们一起研究蝗虫动向。在河北密云县对随从官员说，各处都有蝗蝻（即蝗之幼虫），恐怕地方官、老百姓，旗下的村庄，因粮食已收，于是麻痹大意。今岁如果不将蝻子捕绝，就要贻害来年，后悔无及、没等蝗虫会飞时，提前消灭。东巡盛京地方，亲自看见有一种蚂札（蚱），名曰沔虫，一定把禾苗的穗，连根带叶吃光，然后飞去。这些都是我亲自看见的，并不是得知传闻。

九

康熙四十六年二月二十、二十一日，皇帝访问治河要地溜淮套，并就开河的一系列问题，同以张鹏翮为首的治河官员们进行详细讨论，互问互答。当问到总河张鹏翮，对开挖溜淮套有何看法时，他回避主题，空谈皇上爱民如子一类之套语，引起康熙不满，当场斥责其空话无益，治河讲实。但因重点在治河方案，不便完全揭露，暂时留他一面，有话后讲。康熙对手下官员的错误，从来不讲情面，总是及时的指出，惩前毖后，察吏安民。

到了第三天，即二月二十二日，康熙亲自召见扈从的大小官员，以及总督、巡抚、司道、总河、河官们到御舟龙船之前，分列跪在岸边。

然后当着众官员的面，语重心长地谕张鹏翮说：

你的总责任是河道总督，应当随时随地视察河堤，不怕风吹雨打太阳晒，以勉尽职守，可是你竟安居署中，两三个月也不出来一次，惟到虚文浮辞为能事，什么事情都耽误了。如果论文字，朕也经常作文章，你所作的文章，也不一定好。你的口中不离朱子，朱子之书，朕是经常披阅的，随时放在身边。你能记忆一条吗？宋儒所谈的光风霁月（指人的品格气度道德修养），你哪一点像啊？你只能用一二个不称职的汉官，偏听其言，对治河事情，漫不经心。

朕曾经说过，天地风雷有不测之变化，不可以认为河岸堤坝坚固，就疏忽大意，须发挥人的力量，周密的计划。曾经再三训谕。后来洪泽湖水泛滥，堤岸危险，河官们想开滚水坝前的土坝，以便浅出水势，屡次申报，你都置若罔闻。最后导致古沟一带地方，都被冲决。你办事刻薄，对手下属员不能以礼相待，口无忌惮，出口训人，大家都非常怕你。朕虽加训谕，你并不改悔，而且好说谎话。

康熙四十四年朕南巡阅河，问你高家堰石工，何时可以修完？你报告说，本年七月内完工，结果迟延多年不能完工。又以溜淮套地方可以开河，请朕亲自视察，更是欺骗瞒哄。朕的话，都可以向大众公开发表。今天大小官员们都齐集于此，你还有什么可说？可在大家面前直说无隐。

张鹏翮免冠谢罪。

皇帝又谕曰：加筑高家堰堤岸，闭塞减水湖六坝，使淮水尽出清口，不是你的功劳；修治挑水坝，逼黄水流向北岸，不是你的功劳；堵塞仲庄闸，改建杨家闸，令黄水不致倒灌清口，不是你的功劳；此数大工程，都和你无关，更有什么勤劳可言。

张鹏翮奏言：臣实在是愚昧无知，不能仰体皇上训旨，风夜恐惧，担惊受怕。

皇上说：你不巡视河务工地，只知道天天害怕，那是白白地自寻苦恼呀！于地方何益？与其成天空怀恐惧之心，何不集中精力搞好河务工作。

张鹏翮回答说：臣的罪过实在多，惟有仰恳皇上宽大为怀，保全栽培我吧。

皇上说：赏罚者，是国家大权，内有九卿各部院官员，外有督抚，原来是为尽忠报国，爱护人民而设，不是为了让他们摘取荣华富贵、尽情享乐而已。大吏廉洁，则小吏自然效法。如果不能勤奋尽职，致误公事，怎么能因为保全一人，而废国法呢？凡事有可以保全者，也有当用果断措施者，国家官吏甚多，姑息一二人，何以服众人？

康熙又对各位官员说：历年以来幸而水不怎么大。当年靳辅、于成龙在任河道总督时，水势相当大，如果张鹏翮当此之时，河工必致不堪设想。张鹏翮惟有一技之长，于成龙每不遵朕指示，自立意见；张鹏翮则不然，朕前以河务一一指授，皆能遵行。所以几年来河工，逐渐取得成绩。

对张鹏翮一分为二，批评缺点，表扬成绩，最后决定暂留其职，继续工作。康熙向来主张君臣之间贵在合作、开诚布公，如同家人父子。他对张总河的批评，充分体现了这一点，真是仁至义尽、语重心长。

附　录

政治生涯

完善政治

在政治上，康熙进一步加强了皇权。他表示"天下大权当统于一"（《清圣祖实录》卷275，康熙五十六年十一月辛未），"天下大小事务，皆朕一身亲理，无可旁贷。若将要务分任于人，则断不可行"（《清圣祖实录》卷284，康熙五十八年四月辛亥）。为此，他一方面通过各种手段，采取强有力的措施，限制满洲贵族的权力，如剥夺各旗王公干预旗务的权力，破除"军功勋旧诸王"统兵征伐的传统，削弱议政王大臣会议的政治影响等。另一方面，康熙亲自控制了用人之权、奖惩之权，不许大臣干预；并设立密奏制度，以广泛体察下情。这种统治方式被雍正、乾隆二帝继承和发展，并为清朝其他皇帝所沿用。

经济发展

康熙认为"家给人足，而后世济"，在继续采取轻徭薄赋，与民生息的政策的同时，又采取了一系列措施，体现了他仁爱的一面。其一，是废止"圈田令"，即废止满清贵族圈京畿州县田地的特权，将土地让与百姓耕种。康熙在诏书上说："自后圈占民间房地，永行停止，其今年所已圈者，悉令给还民间"。其二，延长垦荒的免税时间。清初规定垦荒三年内免税，以后改为六年。康熙十二年重申新垦荒田十年后征税。这一政策刺激了农民垦荒的积极性，使耕地面积迅速增加。其三，实行更名地政策。对于农民耕种的原先属于明朝宗室的土地，康熙下诏农民可以不必支付田价，照常耕种。

收复疆域

康熙认为："帝王治天下自有本原，不专恃险阻"，

"守国之道惟在修德安民，民心悦则邦本得，而边境自固，所谓众志成城者是也"（《清圣祖实录》卷151，康熙三十年五月丙午）。为了维护国家的统一，康熙初步形成了剿抚并用的方针，即"乱则声讨，治则抚绥"（《清圣祖实录》卷180，康熙36年2月壬寅），"仰凭天道，俯惬人情，以万不得已而用兵"（《御制亲征平定朔漠方略序》），平定了三藩之乱；遏制了沙俄的扩张，签订了中俄尼布楚条约；武力平定割据台湾的郑氏家族，使台湾回归；康熙还亲征新疆准噶尔，击败葛尔丹，使蒙古土尔扈特臣服清朝。1684年，清政府在台湾设一府（台湾府）三县（台湾、凤山、诸罗），隶福建省，并在台湾设巡道一员，总兵官一员，副将二员，兵八千。在澎湖设副将一员，兵二千。在清朝中央政府的统一管理下，台湾与大陆的关系更加密切。

平定三藩

所谓"三藩"，是指镇守云南的平西王吴三桂，镇守福建的靖南王耿精忠和镇守广东的平南王尚可喜之子尚之信。自清初以来，他们各霸一方，形成几股割据势力。"三藩"都拥有大量武装。特别是吴三桂，"功最高，兵最强"，积极储将帅，习武备，使"四方精兵猛将，多归其部下"。他们仗着自己日益壮大的力量，飞扬跋扈，不听约束，给满清政府造成很大威胁。

1673年三月，尚可喜请求归老辽东，但请求留其子之信继续镇守广东为引线，引发了是否撤藩的激烈争论。最后康熙帝认为"藩镇久握重兵，势成尾大，非国家利"，决定下令"撤藩"。

十一月，吴三桂在云南发动叛乱，并于次年派将率军进攻湖南，攻陷常德、长沙、岳州、澧州、衡州等地。他又派人到处散布檄文，煽诱鼓动。广西将军孙延龄、四川巡抚罗森等许多地方大员纷纷叛清。接着，福建耿精忠亦叛。在短短数月之内，滇、黔、湘、桂、闽、川六省陷落，一时局面相当严重。随后，陕西提督王辅臣、广东尚之信等也相继反叛，变乱扩大到广东、江西和陕西、甘肃等省。

1676年十月，福建耿精忠在清军进攻下，被迫投降。广东的尚之信也于1677年投降。闽、粤以及江西都先后平复。1678年八月，吴三桂死，其部将迎立其孙吴世璠继位，退居云贵。此后，清军先后收复湖南、广西和四川。1681年，清军攻破昆明，吴世璠自杀，平定云贵。

平定葛尔丹叛乱

清初，西北方居住的蒙古族分为漠南蒙古、漠北喀尔喀蒙古和漠西厄鲁特蒙古三大部。漠北喀尔喀蒙古内部又分为扎萨克图、土谢图、车臣等三部。漠西厄鲁特蒙古内部又分为准噶尔、和硕特、杜尔伯特、土尔扈特四部。清军入关之前，漠南蒙古就已归附清朝，喀尔喀蒙古和厄鲁特蒙古各部，也与清政府保持着密切的关系。

葛尔丹叛乱被粉碎以后，喀尔喀蒙古各部又回到了原来的居住地。在清政府的帮助下，葛尔丹暂时退兵。同时，清政府设置将军和参赞大臣率兵驻守科布多和乌苏雅台等重镇，加强了对喀尔喀蒙古地区的管理和统治。

派兵驻藏

在西藏问题上，康熙除了承继顺治帝册封达赖政策外，还派兵于1718年至1720年（康熙五十七年至康熙五十九年）间入藏，击败了占据西藏的准噶尔叛军。此后，清政府分兵驻藏，并任命康济鼐和颇罗鼐二人分理前后藏事务。

遏制俄国

明末清初，沙俄在亚欧大陆上不断向东扩张，并于17世纪中期侵入了中国黑龙江地区。沙皇多次遣使来华，要求建立外交和通商关系，但因俄国侵占中国领土等问题而遭到清政府拒绝。此外，由于清初国内尚未安定，所以直到 17 世纪 80 年代中期，康熙才对黑龙江地区的俄国据点雅克萨采取了有力的军事行动，签订了中俄尼布楚条约，遏制了沙俄的扩张。

重视文化

康熙强调兴礼教。他在康熙十八年下诏说："盛治之世，余一余三。盖仓廪足而礼教兴，水旱乃可无虞。比闻小民不知积蓄，一逢歉岁，率致流移。夫兴俭化民，食时用礼，惟良有司是赖。"

生活逸事

养生之道

康熙在位 61 年，是中国封建社会在位时间最长的皇帝。康熙活了 69 岁，在今天看来并不算长寿，然而在中国 300 多位帝王中，能活到 69 岁者却寥若晨星。他的寿命长与其含性养身，饮食起居咸成规度，洁衣净宝，注意生活细节不无关系。康熙的养生之道，在《庭训格言》中有多处记载，对于我们今天养生仍有可吸取的东西。

一、饮食有节，起居有序。

这是康熙的养生之要。康熙曰："节饮食，慎起居，实却病之良方也。"他说，不可暴饮暴食，要"起居有常，"不可"贪睡"、"贪食"，更不可"沉湎于酒席中"色恶不食，臭恶不食。失饪不食，不时不食……。肉虽多，不使胜食气。"

二、衣着洁净，室内温馨。

爱干净，讲卫生，是康熙的健康之友。康熙曰："凡居家在外，惟宜洁净。"就是说，不论在家里或出门在外，都应该干净整洁。他说："人平日洁净，则清气著身，若近污秽，则为沌气所染。"

三、饮酒有度，药补慎用。

康熙不反对饮酒，而反对不节制沉湎于酒中，常常喝得酩酊大醉。康熙能饮酒而不多饮，只是"平日膳后，或遇年节、筵宴之日饮小杯一杯。"他厌恶贪杯之辈。康熙曰："大抵嗜酒，则心志为其所乱而昏昧，或致病疾。"

四、清虚栖心，神静心和。

"寡虑"、"寡嗜欲"、"寡言"，是康熙养生之道的另一妙方。他引庚桑子之言曰："毋使思虑营营。"就是说，不要使你的思虑焦忧不安。康熙以"寡思虑"养神，以"寡嗜欲"养性，以"寡言语"养气，方可以"养生"。因为，形体是感放生命的器具，而心是形体的主宰，精神则是心聚会的东西。康熙曰："心静则心和"，"心和而形全"。